FACHBUCHREIHE
für wirtschaftliche Bildung

Kompetenz Gesamtwirtschaft

**Wirtschafts- und Sozialkunde
für die kaufmännischen Berufsschulen**

5. Auflage

Verfasst von Lehrern des kaufmännisch-beruflichen Schulwesens

Jürgen Müller, Lektorat

9/24

VERLAG EUROPA-LEHRMITTEL
Nourney, Vollmer GmbH & Co. KG
Düsselberger Straße 23
42781 Haan-Gruiten

Europa-Nr.: 91956

EUROPA LEHRMITTEL

Mitarbeiter des Arbeitskreises:

Felsch, Stefan	Oberstudienrat	Freiburg i. Br.
Frühbauer, Raimund	Oberstudiendirektor	Wangen i. A.
Krohn, Johannes	Studiendirektor	Freiburg i. Br.
Kurtenbach, Stefan	Studiendirektor	Bad Saulgau
Metzler, Sabrina	Oberstudienrätin	Wangen i. A.
Müller, Jürgen	Studiendirektor	Freiburg i. Br.

Leitung des Arbeitskreises und Lektorat:

Jürgen Müller, Im Kapellenacker 4a, 79112 Freiburg i. Br.

Bildbearbeitung:

Verlag Europa-Lehrmittel, 42781 Haan-Gruiten

ISBN 978-3-7585-9207-2

5. Auflage 2024

Druck 5 4 3 2 1

Alle Drucke derselben Auflage sind parallel einsetzbar, da sie bis auf die Korrektur von Druckfehlern identisch sind.

Umschlag, Satz: Satz+Layout Werkstatt Kluth GmbH, 50374 Erftstadt

Umschlagkonzept: tiff.any GmbH, 10999 Berlin

Umschlagfoto: ©KB3 – stock.adobe.com

Druck: Plump Druck & Medien GmbH, 53619 Rheinbreitbach

Vorwort

»Kompetenz Gesamtwirtschaft – Wirtschafts- und Sozialkunde für die kaufmännischen Berufsschulen« ist auf den **kompetenzorientierten Wirtschafts- und Sozialkundeunterricht in kaufmännischen Ausbildungsberufen** ausgerichtet.

Das Buch kann **schulart- und lehrplanübergreifend in allen Ausbildungsberufen** eingesetzt werden, in denen Wirtschafts- und Sozialkunde unterrichtet wird.

Wirtschafts- und Sozialkunde enthält die **Kompetenzbereiche I–IV,** die in **Baden-Württemberg Grundlage des Unterrichts** und der **Prüfung in Wirtschafts- und Sozialkunde** sind. Es handelt sich um die folgenden Kompetenzbereiche:

Kompetenzbereich I	In Ausbildung und Beruf orientieren
Kompetenzbereich II	Wirtschaftliches Handeln in der Sozialen Marktwirtschaft analysieren
Kompetenzbereich III	Wirtschaftspolitische Einflüsse auf den Ausbildungsbetrieb, das Lebensumfeld und die Volkswirtschaft einschätzen
Kompetenzbereich IV	Entscheidungen im Rahmen einer beruflichen Selbstständigkeit treffen

Das Buch richtet sich an

- **Schülerinnen und Schüler in denjenigen Ausbildungsberufen, in denen Wirtschafts- und Sozialkunde kompetenzorientiert unterrichtet wird.**
- **Schülerinnen und Schüler zahlreicher kaufmännischer Ausbildungsberufe in Baden-Württemberg.** Die folgende Übersicht zeigt die betreffenden Kompetenzbereiche, die für die verschiedenen Ausbildungsberufe von Bedeutung sind:*

Fachlagerist/Fachlageristin	I–II
Automobilkaufmann/Automobilkauffrau	I–III
Bankkaufmann/Bankkauffrau	I–III
Buchhändler/Buchhändlerin	I–III
Drogist/Drogistin	I–III
Fachkraft für Kurier-, Express- und Postdienstleistungen	I–III
Fachkraft für Lagerlogistik	I–III
Industriekaufmann/Industriekauffrau (ab Schuljahr 2024/25)	I-III
Kaufmann/Kauffrau für audiovisuelle Medien	I–III
Kaufmann/Kauffrau für Büromanagement	I–III
Kaufmann/Kauffrau für Dialogmarketing	I–III
Kaufmann/Kauffrau für Digitalisierungsmanagement	I–III
Kaufmann/Kauffrau für Groß- und Außenhandelsmanagement	I–III
Kaufmann/Kauffrau für IT-System-Management	I–III
Kaufmann/Kauffrau für Tourismus und Freizeit	I–III
Kaufmann/Kauffrau für Versicherungen und Finanzanlagen	I–III
Kaufmann/Kauffrau im E-Commerce	I–III
Kaufmann/Kauffrau im Einzelhandel	I–III
Kaufmann/Kauffrau im Gesundheitswesen	I–III
Notarfachangestellter/Notarfachangestellte	I–III
Patentanwaltsfachangestellter/Patentanwaltsfachangestellte	I–III
Personaldienstleistungskaufmann/Personaldienstleistungskauffrau	I–III
Rechtsanwaltsfachangestellter/Rechtsanwaltsfachangestellte	I–III

* Vgl.: Umsetzung der Kompetenzbeschreibungen für den Unterricht in der kaufmännischen Berufsschule im Prüfungsbereich Wirtschafts- und Sozialkunde, H-14.15; hrsg. vom Landesinstitut für Schulentwicklung, Stuttgart 2014, ergänzt um neue und geänderte Ausbildungsberufe; Stand: Juli 2024

Servicefachkraft für Dialogmarketing	I–III
Servicefahrer/Servicefahrerin	I–III
Steuerfachangestellter/Steuerfachangestellte (ab Schuljahr 2023/24)	I–III
Tourismuskaufmann/Tourismuskauffrau (Kaufmann/Kauffrau für Privat- und Geschäftsreisen)	I–III
Veranstaltungskaufmann/Veranstaltungskauffrau	I–III
Verkäufer/Verkäuferin	I–III
Immobilienkaufmann/Immobilienkauffrau	I–IV
Industriekaufmann/Industriekauffrau (ab Schuljahr 2024/25 auslaufend)	I–IV
Kaufmann/Kauffrau für Kurier-, Express- und Postdienstleistungen	I–IV
Kaufmann/Kauffrau für Marketingkommunikation	I–IV
Kaufmann/Kauffrau für Spedition und Logistikdienstleistung	I–IV
Medienkaufmann/Medienkauffrau Digital- und Print	I–IV

- **Lehrpersonen und Teilnehmende an Fort- und Weiterbildungen in Unternehmen, Verbänden und sonstigen Institutionen**

Der Aufbau des Buches ist **nach Kompetenzbereichen** gegliedert. Er orientiert sich an **konkreten beruflichen Aufgabenstellungen und Handlungsabläufen im Unternehmen.**

Zusammenfassende Übersichten erleichtern den Überblick über das Erarbeitete und das strukturierte Behalten von Lerninhalten.

Aufgaben und Problemstellungen am Ende von Hauptkapiteln bieten Material für Wiederholungen und Hausaufgaben und dienen der Prüfungsvorbereitung. **Alle Lernzielebenen** werden angesprochen.

Ausführliche Inhalts- und Stichwortverzeichnisse erleichtern die Arbeit mit dem Buch.

Dieser Informationsband wird für alle drei Ausbildungsjahre durch die **dreibändige Lern- und Arbeitsbuchreihe »Kompetenz Gesamtwirtschaft – Wirtschafts- und Sozialkunde für die kaufmännischen Berufsschulen, Lernsituationen«** ergänzt. Die insgesamt **36 Lernsituationen** der Lern- und Arbeitsbücher bieten somit die Möglichkeit zur konkreten **Anwendung der im Informationsband entwickelten fachsystematischen Grundlagen.** Durch das entsprechende **Symbol** • K III Kap 4.3 **in den drei Jahresbänden** hat die Leserin/der Leser den konkreten Verweis auf die entsprechenden Kapitel im Informationsband. Die Lern- und Arbeitsbuchreihe ist erhältlich unter den **Europa-Nummern 47014, 47021, 47038**.

»Kompetenz Gesamtwirtschaft – Wirtschafts- und Sozialkunde für die kaufmännischen Berufsschulen« enthält die **gesetzlichen Rahmenbedingungen** und die **statistischen Daten** bis zum **Sommer 2024.**

Ein **Lösungsbuch** zu den Aufgaben und Problemen ist im Verlagsprogramm erhältlich **(Europa-Nummer 91963).**

Ihr Feedback ist uns wichtig. Ihre Anmerkungen, Hinweise und Verbesserungsvorschläge zu diesem Buch nehmen wir gerne auf – schreiben Sie uns unter lektorat@europa-lehrmittel.de.

Die Verfasser — Rottenburg, Juli 2024

Wichtiger Hinweis:

In diesem Buch finden sich Verweise/Links auf Internetseiten. Für die Inhalte auf diesen Seiten sind ausschließlich die Betreiber verantwortlich, weshalb eine Haftung ausgeschlossen wird. Für den Fall, dass Sie auf den angegebenen Internetseiten auf illegale oder anstößige Inhalte treffen, bitten wir Sie, uns unter info@europa-lehrmittel.de davon in Kenntnis zu setzen, damit wir beim Nachdruck dieses Buches den entsprechenden Link entfernen können.

Inhaltsverzeichnis

Kompetenzbereich I – In Ausbildung und Beruf orientieren

1 Konzept der dualen Berufsausbildung charakterisieren 11
1.1 Duales Ausbildungssystem 11
1.2 Berufsausbildungsvertrag 12
Zusammenfassende Übersicht 15

2 Den betrieblichen Arbeitsplatz analysieren und Gestaltungsvorschläge unter Beachtung von Schutzbestimmungen entwickeln 17
2.1 Arbeitsschutz 17
2.2 Gesundheits- und Unfallschutz 19
2.3 Umweltschutz 20
2.4 Jugendarbeitsschutz 20
Zusammenfassende Übersicht 22

3 Voraussetzungen für die Errichtung eines Betriebsrates und einer Jugend- und Auszubildendenvertretung prüfen 24
3.1 Betriebsrat 24
3.2 Jugend- und Auszubildendenvertretung 27
Zusammenfassende Übersicht 28

4 Mit der Bedeutung von Tarifverträgen auseinandersetzen und die Rolle der Sozialpartner beurteilen 30
4.1 Tarifautonomie 30
4.2 Rolle der Sozialpartner 30
4.3 Tarifvertrag und Betriebsvereinbarung 32
4.3.1 Tarifvertrag 32
4.3.2 Betriebsvereinbarung 34
4.4 Mittel zur Durchsetzung tarifrechtlicher Forderungen 35
4.4.1 Tarifverhandlungen und Schlichtung 35
4.4.2 Streik und Aussperrung 36
Zusammenfassende Übersicht 39

5 System der gesetzlichen Sozialversicherung beschreiben 42
5.1 Gesetzliche Sozialversicherung 42
5.2 Probleme der Sozialversicherung 45
5.3 Dreischichtenmodell der Alterssicherung 47
5.3.1 Gesetzliche Altersvorsorge 47
5.3.2 Betriebliche Altersvorsorge 47
5.3.3 Private Vorsorge 47
Zusammenfassende Übersicht 50

Kompetenzbereich II – Wirtschaftliches Handeln in der sozialen Marktwirtschaft analysieren

1 Die wechselseitigen Beziehungen der Wirtschaftssubjekte darstellen und analysieren 52
1.1 Modell des Wirtschaftskreislaufs 52
1.1.1 Einfacher Wirtschaftskreislauf 52
1.1.2 Erweiterter Wirtschaftskreislauf 53
1.1.3 Zusammenhang zwischen den Sektoren des Wirtschaftskreislaufs 54
1.2 Auswirkungen von Veränderungen gesamtwirtschaftlicher Größen 55

2 Das Bruttoinlandsprodukt als ein wichtiges Maß für die wirtschaftliche Leistung eines Landes charakterisieren 57
2.1 Entstehung, Verwendung und Verteilung des Bruttoinlandsproduktes 57
2.2 Bruttoinlandsprodukt als Maßstab für den Wohlstand eines Landes 60
2.3 Alternative Wohlstandsindikatoren 62
Zusammenfassende Übersicht 64

3 Den Grundgedanken und die Ordnungsmerkmale der Sozialen Marktwirtschaft beschreiben 68
3.1 Grundgesetz und Wirtschaftsordnung 68
3.2 Ordnungsmerkmale der Sozialen Marktwirtschaft 69
3.2.1 Privates und öffentliches Eigentum 69
3.2.2 Vertragsfreiheit 70
3.2.3 Gewerbefreiheit 70
3.2.4 Freie Berufs- und Arbeitsplatzwahl 71
Zusammenfassende Übersicht 71

4 Formen und Ziele der Kooperation und Konzentration unterscheiden .. 73
4.1 Formen der Kooperation und Konzentration 73
4.1.1 Kartell 74
4.1.2 Konzern 75
4.1.3 Vereinigtes Unternehmen (Trust) 77
4.1.4 Multinationales Unternehmen (Multis) 78
4.2 Ziele und Folgen der Kooperation und Konzentration 78
4.2.1 Ziele der Kooperation und Konzentration 78
4.2.2 Folgen der Kooperation und Konzentration 79
4.3 Staatliche Wettbewerbspolitik . 80
4.3.1 Ziele der Wettbewerbspolitik 80
4.3.2 Maßnahmen der nationalen Wettbewerbspolitik... 81
4.3.3 Maßnahmen der EU-Wettbewerbspolitik 85

5 Markt als Ort des Zusammentreffens von Angebot und Nachfrage kennzeichnen 88
5.1 Aufgaben des Marktes 88
5.2 Modell des vollkommenen Marktes 88
5.3 Marktformen 89
5.4 Preisbildung beim vollkommenen Polypol 90
5.5 Wirkungsweise von Staatseingriffen beim vollkommenen Polypol 94
5.5.1 Marktkonforme Staatseingriffe 95
5.5.2 Marktkonträre Staatseingriffe 96
Zusammenfassende Übersicht 96

6 Preisbildung beim Angebotsmonopol darstellen 100
Zusammenfassende Übersicht 102

7 Preisbildung beim Angebotsoligopol darstellen 104
Zusammenfassende Übersicht 106

Kompetenzbereich III – Wirtschaftspolitische Einflüsse auf den Ausbildungsbetrieb, das Lebensumfeld und die Volkswirtschaft einschätzen

1 Einen idealtypischen Konjunkturverlauf beschreiben 107
1.1 Konjunkturschwankungen und Konjunkturindikatoren 107
1.1.1 Konjunkturschwankungen 107
1.1.2 Konjunkturindikatoren ... 109
1.2 Fiskalpolitik 110
1.2.1 Instrumente der Fiskalpolitik 110
1.2.2 Subventionen 112
Zusammenfassende Übersicht 114

2 Die wirtschaftspolitischen Ziele charakterisieren 116
2.1 Wirtschaftspolitische Ziele des Stabilitätsgesetzes 117
2.1.1 Preisniveaustabilität 117
2.1.2 Hoher Beschäftigungsstand 123
2.1.3 Stetiges und angemessenes Wirtschaftswachstum 130
2.1.4 Außenwirtschaftliches Gleichgewicht 132
2.2 Qualitative Ziele 135

2.2.1 Erhaltung der natürlichen Lebensgrundlagen . 135
2.2.2 Gerechte Einkommens- und Vermögensverteilung ... 141
2.3 Zielbeziehungen ... 145
Zusammenfassende Übersicht ... 147

3 Den organisatorischen Aufbau und die Aufgaben des Europäischen Systems der Zentralbanken skizzieren ... 154
3.1 Stellung und Aufgaben der EZB ... 154
3.2 Geldpolitische Maßnahmen ... 156
3.2.1 Überblick über die geldpolitischen Maßnahmen ... 156
3.2.2 Wirkungsweise geldpolitischer Maßnahmen ... 159
Zusammenfassende Übersicht ... 160

4 Folgen der europäischen Integration und der Globalisierung beschreiben ... 162
4.1 Europäische Integration und Globalisierung ... 162
4.2 Freihandel, Binnenhandel und Weltmärkte ... 165
4.3 Handelsblöcke ... 169
4.3.1 Freihandelszone ... 169
4.3.2 Europäische Union ... 170
4.3.3 Präferenzräume ... 172
4.4 Handelshemmnisse ... 173
4.4.1 Tarifäre Handelshemmnisse ... 173
4.4.2 Nichttarifäre Handelshemmnisse ... 173
4.5 World Trade Organization ... 174
4.6 Die gesamtwirtschaftliche Bedeutung des Außenhandels für Deutschland darstellen ... 174
Zusammenfassende Übersicht ... 176

Kompetenzbereich IV – Entscheidungen im Rahmen einer beruflichen Selbstständigkeit treffen

1 Motive der hauptberuflichen Selbstständigkeit beschreiben ... 179
1.1 Anforderungen an eine Unternehmerpersönlichkeit ... 180
1.2 Chancen und Risiken der beruflichen Selbstständigkeit ... 181
1.3 Beratungs- und Förderangebote für die berufliche Existenzgründung ... 183
1.4 Vorbereitung der Existenzgründung mithilfe eines Businessplans ... 187
Zusammenfassende Übersicht ... 191

2 Standortfaktoren erläutern ... 193
Zusammenfassende Übersicht ... 196

3 Handelsrechtliche Vorschriften im Hinblick auf eine berufliche Selbstständigkeit herausarbeiten ... 200
3.1 Handelsrechtliche Vorschriften 200
3.1.1 Handelsregister ... 200
3.1.2 Firmengrundsätze ... 203
3.1.3 Buchführungspflicht ... 205
3.2 Kaufmannsarten ... 206
3.3 Rechtsformen ... 208
3.3.1 Einzelunternehmen ... 209
3.3.2 Gesellschaft des bürgerlichen Rechts (GbR) ... 210
3.3.3 Kommanditgesellschaft (KG) ... 211
3.3.4 Gesellschaft mit beschränkter Haftung (GmbH) ... 219
3.3.5 GmbH & Co. KG ... 225
3.3.6 Vergleich der Rechtsformen ... 226
Zusammenfassende Übersicht ... 229

4 Anspruchsgruppen und deren Interessen am Unternehmen unterscheiden und Unternehmensziele herausarbeiten ... 230
4.1 Anspruchsgruppen und deren Interessen ... 230
4.2 Unternehmensleitbild ... 232
4.3 Unternehmensziele ... 235
4.3.1 Ökonomische Ziele ... 235
4.3.2 Ökologische Ziele ... 236
4.3.3 Soziale Ziele ... 241
4.3.4 Zielbeziehungen ... 241
Zusammenfassende Übersicht ... 243

Stichwortverzeichnis ... 247

Gesetze und Verordnungen

AEUV	Vertrag über die Arbeitsweise der Europäischen Union
AGG	Allgemeines Gleichbehandlungsgesetz
AktG	Aktiengesetz
ArbSchG	Gesetz über die Durchführung von Maßnahmen des Arbeitsschutzes zur Verbesserung der Sicherheit und des Gesundheitsschutzes der Beschäftigten bei der Arbeit (Arbeitsschutzgesetz)
ArbStättV	Verordnung über Arbeitsstätten (Arbeitsstättenverordnung)
ArbZG	Gesetz zur Vereinheitlichung des Arbeitszeitrechts (Arbeitszeitgesetz)
BBankG	Gesetz über die deutsche Bundesbank (Bundesbankgesetz)
BBiG	Berufsbildungsgesetz
BEEG	Gesetz zum Elterngeld und zur Elternzeit (Bundeselterngeld- und Elternzeitgesetz)
BetrAVG	Gesetz zur Verfassung der betrieblichen Altersvorsorge (Betriebsrentengesetz)
BetrVG	Betriebsverfassungsgesetz
BeUrkG	Beurkundungsgesetz
BGB	Bürgerliches Gesetzbuch
BImSchG	Gesetz zum Schutz vor schädlichen Umwelteinwirkungen durch Luftverunreinigungen, Geräusche, Erschütterungen und akustische Vorgänge (Bundesimmissionsschutzgesetz)
BNatSchG	Gesetz über Naturschutz und Landschaftspflege (Bundesnaturschutzgesetz)
DrittelbG	Gesetz über die Drittelbeteiligung der Arbeitnehmer im Aufsichtsrat
EBRG	Gesetz über Europäische Betriebsräte
EStG	Einkommensteuergesetz
GbV	Verordnung über die Bestellung der Gefahrgutbeauftragten im Unternehmen (Gefahrgutbeauftragtenverordnung)
GenG	Gesetz betreffend die Erwerbs- und Wirtschaftsgenossenschaften
GewO	Gewerbeordnung
GG	Grundgesetz für die Bundesrepublik Deutschland
GmbHG	Gesetz betreffend die Gesellschaften mit beschränkter Haftung
GWB	Gesetz gegen Wettbewerbsbeschränkungen
HGB	Handelsgesetzbuch
JArbSchG	Gesetz zum Schutze der arbeitenden Jugend (Jugendarbeitsschutzgesetz)
KrWG	Gesetz zur Förderung der Kreislaufwirtschaft und Sicherung der umweltverträglichen Bewirtschaftung von Abfällen (Kreislaufwirtschaftsgesetz)
KSchG	Kündigungsschutzgesetz
MitbestG	Gesetz über die Mitbestimmung der Arbeitnehmer
MuSchG	Gesetz zum Schutze der erwerbstätigen Mutter (Mutterschutzgesetz)
NachwG	Gesetz über den Nachweis der für ein Arbeitsverhältnis geltenden wesentlichen Bedingungen (Nachweisgesetz)

SGB	Sozialgesetzbuch
StabG	Gesetz zur Förderung der Stabilität und des Wachstums der Wirtschaft (Stabilitätsgesetz)
StGB	Strafgesetzbuch
TVG	Tarifvertragsgesetz
UmweltHG	Umwelthaftungsgesetz
VerpackG	Gesetz über das Inverkehrbringen, die Rücknahme und die hochwertige Verwertung von Verpackungen (Verpackungsgesetz)
VwVfG	Verwaltungsverfahrensgesetz
WHG	Gesetz zur Ordnung des Wasserhaushalts (Wasserhaushaltsgesetz)
ZPO	Zivilprozessordnung

Kompetenzbereich I – In Ausbildung und Beruf orientieren I

1 Konzept der dualen Berufsausbildung charakterisieren

1.1 Duales Ausbildungssystem

Wenn von »dualem System« in der Berufsausbildung gesprochen wird, ist das in Deutschland praktizierte System der zweigeteilten beruflichen Ausbildung gemeint.

Duale Ausbildung bedeutet Ausbildung an den **zwei Lernorten Ausbildungsbetrieb und Berufsschule.** BBiG § 2

Rund zwei Drittel eines Altersjahrganges absolvieren eine Ausbildung im dualen System. Jedes Jahr beginnen über eine halbe Million Jugendliche eine berufliche Ausbildung.

Berufe, für die es eine staatlich anerkannte Ausbildungsordnung gibt (http://www.bibb.de), werden jährlich im »Verzeichnis der anerkannten Ausbildungsberufe« veröffentlicht. Grundlage ist die Ausbildungsordnung. Sie enthält genaue Anweisungen über den Inhalt § 5
der jeweiligen Ausbildung sowie über ihre Dauer und die Prüfungsanforderungen. Diese Vorschriften werden vom Bundesministerium für Wirtschaft und Klimaschutz im Einverneh- § 4
men mit dem Bundesministerium für Bildung und Forschung erlassen.

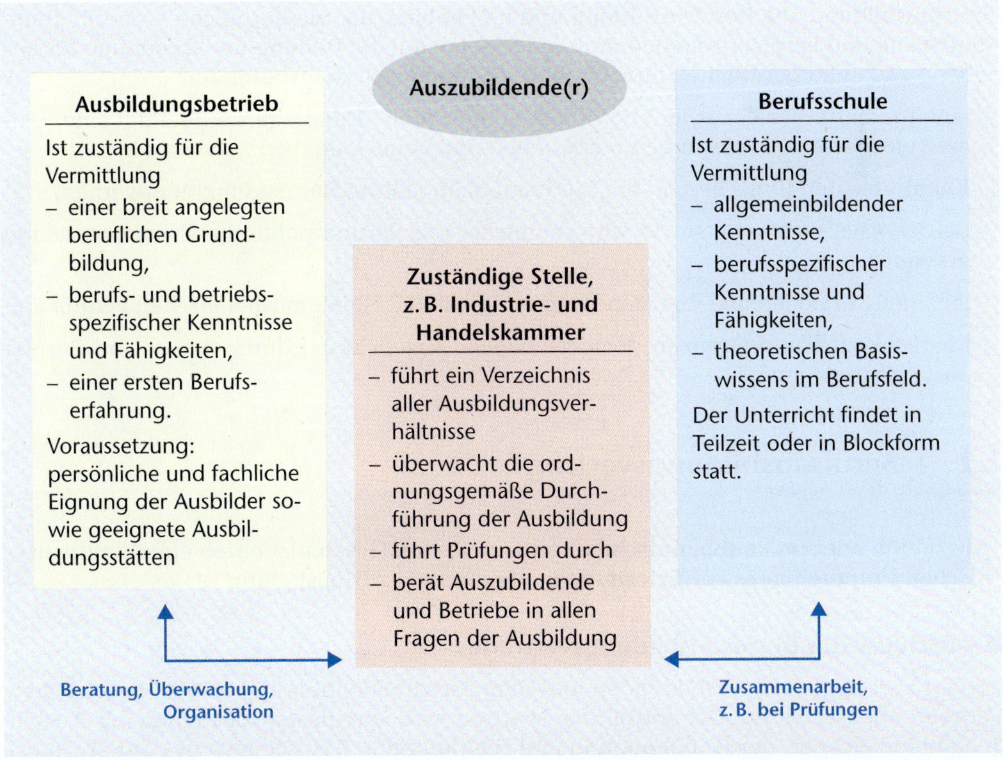

§§ 27 ff.

Funktion des Ausbilders

BBiG §§ 27 f. Nur derjenige Betrieb, der sachlich für eine bestimmte Ausbildung geeignet ist und einen **persönlich und fachlich geeigneten Ausbilder** dafür einsetzen kann, erhält die Erlaubnis zur Berufsausbildung im dualen System.

§ 32 § 71 Die Eignung wird durch die **zuständige Stelle** überwacht. Dies ist bei nichthandwerklichen Gewerbeberufen die Industrie- und Handelskammer (http://www.ihk.de). Um die betriebliche Ausbildung zu fördern, bieten die Kammern interessierten Angestellten und Facharbeitern Lehrgänge an, die mit der **Ausbildereignungsprüfung** abgeschlossen werden können. Heute dürfen im Allgemeinen nur solche Personen ausbilden, die eine Ausbildereignungsprüfung, eine Meisterprüfung oder ein entsprechendes Examen an einer Hochschule oder Berufsakademie abgelegt haben.

§ 5 Der in der **Rechtsverordnung über die Ausbildung zu einem bestimmten Beruf** enthaltene **Ausbildungsrahmenplan** nennt die vom Ausbildungsbetrieb zu vermittelnden Kenntnisse und Fertigkeiten im Einzelnen und empfiehlt, in welchem Ausbildungshalbjahr der Auszubildende hierin unterwiesen werden sollte.

Funktion der Berufsschule

Die Kultusministerkonferenz (http://www.kmk.org) beschließt für jeden anerkannten Ausbildungsberuf einen **bundeseinheitlichen Rahmenlehrplan,** dessen Anwendung den Bundesländern empfohlen wird. Jedes Bundesland hat aber die Möglichkeit, im Rahmen der Kulturhoheit besondere Lehrpläne für den berufsbezogenen Unterricht zu entwickeln. Um eine Auseinanderentwicklung möglichst zu begrenzen, haben sich die Bundesländer auf folgende Beschreibung der **Aufgaben der Berufsschule** als Lernort im dualen Ausbildungssystem verständigt:

Berufsschulen vermitteln dem Schüler allgemeine und berufsbezogene Lerninhalte für die Berufsausbildung, die Berufsausübung und im Hinblick auf die berufliche Weiterbildung. Allgemeine und berufsbezogene Lerninhalte zielen auf die Bildung und Erziehung für berufliche und außerberufliche Situationen. Die Schüler sollten insbesondere:

- eine fundierte Berufsausbildung erhalten, auf deren Grundlage sie befähigt sind, sich auf veränderte Anforderungen einzustellen und neue Aufgaben zu übernehmen,
- Kenntnisse und Einsichten in die Zusammenhänge ihrer Berufstätigkeit erwerben,
- betriebliche, rechtliche sowie wirtschaftliche, soziale und politische Zusammenhänge erkennen,
- ihr Urteilsvermögen und ihre Handlungsfähigkeit und Handlungsbereitschaft vergrößern,
- Möglichkeiten und Grenzen der persönlichen Entwicklung durch Arbeit und Berufsausübung erkennen.

1.2 Berufsausbildungsvertrag

Auszubildender im kaufmännischen Beruf ist, wer im Geschäftsbetrieb eines **kaufmännischen Unternehmens zur Erlernung kaufmännischer Dienste tätig** ist.

Abschluss des Berufsausbildungsvertrages

§§ 10 f. Er wird zwischen dem Ausbildenden und dem Auszubildenden und seinem gesetzlichen Vertreter abgeschlossen. Der Ausbildungsvertrag wird von diesen vor Beginn der Ausbil-
§§ 34 ff. dung unterzeichnet. Zur Genehmigung und Eintragung in das Verzeichnis der Berufsaus-

bildungsverhältnisse ist der Berufsausbildungsvertrag vom Ausbildenden unmittelbar nach dessen Abschluss der Industrie- und Handelskammer vorzulegen. Nur wer in dieses Verzeichnis eingetragen ist, wird zur Zwischen- und Abschlussprüfung der IHK zugelassen.

■ Pflichten des Ausbildenden (= Rechte des Auszubildenden)

BBIG §§ 14 ff.

▶ Ausbildung

Der Ausbildende hat dem Auszubildenden die berufliche Handlungsfähigkeit zu vermitteln, die notwendig ist, um das Ausbildungsziel zu erreichen. Er kann selbst ausbilden oder einen persönlich und fachlich geeigneten Vertreter (Ausbilder) ausdrücklich damit beauftragen. Die Ausbildung hat, planmäßig, zeitlich und sachlich gegliedert, die theoretischen Kenntnisse und praktischen Fertigkeiten zu vermitteln, die zum Erreichen des Ausbildungszieles erforderlich sind. Die Ausbildung kann auch in geeigneten Einrichtungen außerhalb der Ausbildungsstätte durchgeführt werden. Der Arbeitgeber hat dem Auszubildenden kostenlos die Ausbildungsmittel zur Verfügung zu stellen, ihn zum Besuch der Berufsschule und zum Führen eines Ausbildungsnachweises anzuhalten und diesen durchzusehen.

▶ Fürsorge

Der Ausbildende muss dem Auszubildenden eine angemessene, mindestens jährlich ansteigende Vergütung zahlen und ihm den vertraglich bzw. gesetzlich zustehenden Urlaub gewähren. Darüber hinaus muss er ihn zur Sozialversicherung anmelden sowie die Beiträge dafür entrichten. Er hat dafür zu sorgen, dass der Auszubildende charakterlich gefördert sowie gesundheitlich und sittlich nicht gefährdet wird.

▶ Zeugnis

Bei Beendigung der Ausbildung hat der Ausbildende ein schriftliches Zeugnis auszustellen. Es muss Angaben über die Art, die Dauer und das Ziel der Ausbildung sowie über die erworbenen Fertigkeiten, Kenntnisse und Fähigkeiten enthalten. Auf Wunsch des Auszubildenden ist es auch auf Verhalten und Leistung auszudehnen **(qualifiziertes Zeugnis).** (Infos zum Arbeitszeugnis unter https://www.arbeitszeugnis.de/)

■ Pflichten des Auszubildenden (= Rechte des Ausbildenden)

▶ Bemühung

Der Auszubildende hat sich zu bemühen, die berufliche Handlungsfähigkeit zu erwerben, die erforderlich ist, um das Ausbildungsziel zu erreichen. Deshalb muss er die ihm im Rahmen der Berufsausbildung erteilten Aufgaben sorgfältig ausführen. Insbesondere hat er die Berufsschule regelmäßig und pünktlich zu besuchen und seinen Ausbildungsnachweis laufend zu führen.

▶ Treue und Verschwiegenheit

§ 13

Der Auszubildende hat die Betriebsordnung zu beachten, die Vorteile des Geschäftes wahrzunehmen und über Geschäftsgeheimnisse (Bezugsquellen, Umsatz, Gehälter) Stillschweigen zu wahren. Ohne Einwilligung des Ausbildenden darf er weder ein eigenes Handelsgeschäft betreiben **(Handelsverbot)** noch im Geschäftszweig des Ausbildenden Geschäfte für eigene oder fremde Rechnung machen **(Wettbewerbsverbot)**.

HGB § 60

▶ Berufsschulpflicht

BBiG §§ 13, 15

Der Auszubildende ist zum regelmäßigen Besuch der Berufsschule verpflichtet.

Ausbildungsdauer

BBiG § 5 Sie soll nicht mehr als drei und nicht weniger als zwei Jahre betragen. Bei älteren oder besonders begabten Auszubildenden kann sie auf Antrag durch die IHK gekürzt werden. In
§ 8 Ausnahmefällen kann die Ausbildungszeit auf Antrag des Auszubildenden verlängert werden.

Eine verkürzte Ausbildungszeit ist allgemein üblich bei Auszubildenden, die das Zeugnis der Fachschul-, Fachhochschul- oder Hochschulreife besitzen.

§ 20 Die Ausbildungszeit beginnt mit einer **Probezeit,** die mindestens einen Monat dauern muss, höchstens aber vier Monate dauern darf. Während dieser Zeit soll der Ausbildende feststellen, ob sich der Auszubildende körperlich, geistig und charakterlich für den gewählten Beruf eignet, und der Auszubildende, ob ihm der Beruf und die Ausbildungsstätte zusagen. Beide haben die Möglichkeit, während der Probezeit das Ausbildungsverhältnis jederzeit ohne Einhaltung einer Kündigungsfrist zu kündigen.

§§ 21 ff. Möglichkeiten zur ordentlichen oder außerordentlichen Beendigung des Ausbildungsverhältnisses

Das Ausbildungsverhältnis endet

a) mit Ablauf der Ausbildungszeit;

b) vor Ablauf der Ausbildungszeit mit der Bekanntgabe des Ergebnisses durch den Prüfungsausschuss, wenn die Abschlussprüfung bestanden wurde;

c) durch schriftliche Kündigung mit der Angabe von Kündigungsgründen

   1. **von beiden Vertragspartnern** aus einem wichtigen Grund ohne Einhaltung einer Kündigungsfrist **(fristlose Kündigung)**, aber innerhalb von zwei Wochen nach Kenntnis der zur Kündigung berechtigenden Tatsachen;
   2. nur vom **Auszubildenden** mit einer Kündigungsfrist von vier Wochen, wenn er die Berufsausbildung aufgeben oder sich für eine andere Berufstätigkeit ausbilden lassen will.

§ 23 Wer den einseitigen Rücktritt verschuldet oder das Ausbildungsverhältnis nach Ablauf der Probezeit ohne Grund löst (Vertragsbruch), ist schadensersatzpflichtig.

Beispiele:

1. Der Ausbildende kommt seiner Ausbildungspflicht nicht nach. Der Auszubildende tritt deshalb vom Vertrag zurück.
2. Der Auszubildende verlässt mehrfach unbefugt seine Ausbildungsstelle. Der Ausbildende tritt deshalb vom Vertrag zurück.

§ 24 Wird der Auszubildende im Anschluss an das Ausbildungsverhältnis ohne vorherige ausdrückliche Vereinbarung weiter beschäftigt, so gilt ein Arbeitsverhältnis auf unbestimmte
NachwG § 2 Zeit als begründet. Der Arbeitgeber hat spätestens einen Monat nach dem Beginn des Arbeitsverhältnisses die wesentlichen Vertragsbedingungen schriftlich niederzulegen, die Niederschrift zu unterzeichnen und dem Arbeitnehmer auszuhändigen. Einzelne Vertragsinhalte müssen jedoch bereits früher schriftlich vorliegen (z. B. bereits am 1. Arbeitstag: Name und Anschrift der Vertragspartner, die Höhe des Arbeitsentgelts, die Arbeitszeit).

Zusammenfassende Übersicht zu Kapitel 1:
Konzept der dualen Berufsausbildung charakterisieren

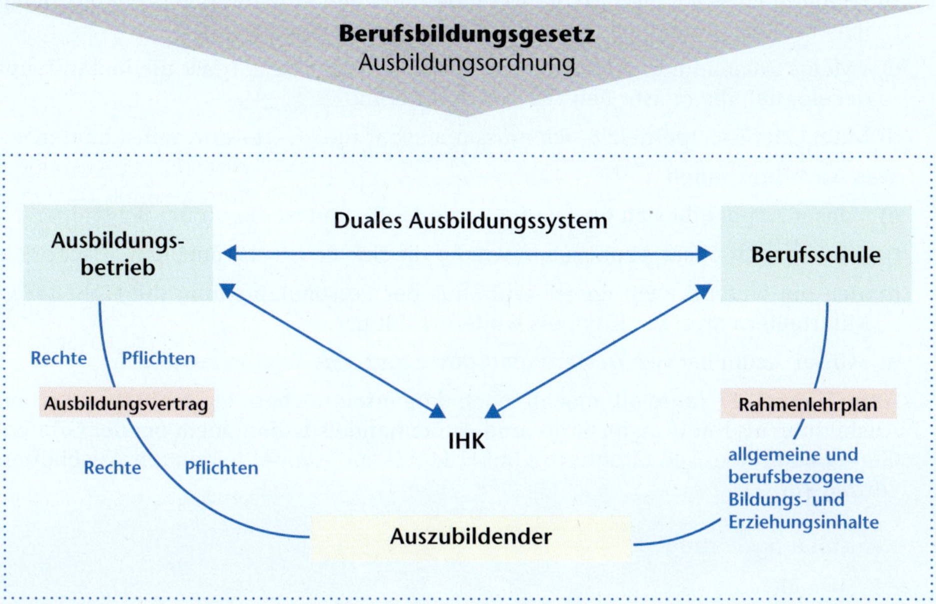

▶ Aufgaben

1. Die Auszubildenden Peter und Isabel haben vor fünf Monaten bei der Waggon GmbH einen Berufsausbildungsvertrag als Industriekaufmann/-frau abgeschlossen. Aufgrund persönlicher Differenzen mit dem Ausbilder möchte Peter so bald wie möglich die Ausbildung bei der Roth GmbH fortsetzen. Der Ausbildende ist jedoch mit dem Wechsel nicht einverstanden.

   a) Beurteilen Sie, ob Peter den Ausbildungsbetrieb wechseln kann.

   b) Isabel stellt erst jetzt fest, dass ihr der Beruf Industriekauffrau nicht liegt. Sie beabsichtigt, eine Ausbildung als Diätassistentin zu beginnen. Kann sie in den neuen Ausbildungsberuf wechseln (Begründung)?

2. Die Möbelfabrik ligne roset GmbH hat seit Kurzem einen neuen Geschäftsführer. Angesichts der angespannten wirtschaftlichen Situation, in der sich das Unternehmen augenblicklich befindet, sollen die Kosten verringert werden. Der Geschäftsführer beabsichtigt u.a., die Zahl der Mitarbeiter herabzusetzen. Auch zwei Auszubildende sollen entlassen werden. Mit dem einen wurde der Ausbildungsvertrag vor drei Wochen, mit dem anderen vor einem Jahr geschlossen.

   Stellen Sie die Konfliktsituation zwischen Geschäftsführer und Auszubildenden in einem Rollenspiel dar. (Mögliche Beteiligte: Geschäftsführer, Auszubildende, Ausbildungsleiter, Betriebsrat, …)

3. Prüfen Sie in den folgenden Fällen, inwiefern Ausbildungsbetrieb oder Auszubildende ihre Pflichten aus dem Ausbildungsvertrag verletzt haben; notieren Sie Pflichten von Betrieb und Auszubildenden (§§ 13 – 19 BBiG).

Das erzählen Auszubildende ...

a) »Mein Chef lässt mich vor Feiertagen nicht in die Berufsschule gehen, weil wir da extrem viel Arbeit haben.«

b) »Ständig muss ich im Büro Staub saugen und das Auto des Chefs putzen, obwohl ich eine Ausbildung mache.«

c) »Meine Ausbildung gefällt mir gar nicht, weil mir bisher fast nie jemand etwas gezeigt hat; die meiste Zeit sitze ich nur herum.«

d) Mein Chef ist supergeizig. Ich muss mir sogar die PC-Tastatur selbst kaufen.«

Was Ausbilder sagen ...

e) »Unser Azubi gibt sich überhaupt keine Mühe und ist ein großer Schlamper.«

f) »Gestern hat unser Azubi schon wieder die Schule geschwänzt.«

g) »Ich bin wütend, weil unser Azubi aus der Personalabteilung die Gehälter von Mitarbeitern an seine Kumpels weitererzählt hat.«

h) »Unser Azubi hat sich gestern glatt geweigert, ans Telefon zu gehen.«

4. Anne Kappel, 17 Jahre alt, möchte nach dem erfolgreichen Realschulabschluss eine Ausbildung als Kauffrau im Groß- und Außenhandelsmanagement bei der Gronbach GmbH beginnen. Die Gronbach GmbH legt Anne Kappel folgenden Ausbildungsvertrag vor:

Ausbildungsvertrag

Probezeit:

Die Probezeit beträgt für beide Vertragsparteien sechs Monate. Während dieser Zeit kann beidseitig ohne Angabe von Gründen das Ausbildungsverhältnis ohne Einhaltung einer Frist aufgelöst werden.

Urlaubsregelung:

Der Jahresurlaub der Auszubildenden beträgt 25 Werktage pro Kalenderjahr.

Sondervereinbarung:

Während der Abschlussarbeiten steht die Auszubildende dem Betrieb auch an Berufsschultagen zur Verfügung.

...

a) Prüfen Sie die auszugsweise formulierten Vertragsinhalte auf ihre Rechtsgültigkeit.

b) Welche Voraussetzungen müssen u. a. erfüllt sein, damit ein rechtsgültiger Ausbildungsvertrag zwischen Anne Kappel und der Gronbach GmbH zustande kommt?

c) Nach mehreren Gesprächen wird der Ausbildungsvertrag rechtswirksam abgeschlossen. Die Ausbildung findet im dualen System statt.

ca) Erläutern Sie das duale System in der beruflichen Bildung.

cb) Welche Rechte und Pflichten ergeben sich für Anne aus dem abgeschlossenen Vertrag?

d) Am Ende des ersten Ausbildungsjahres erhält Anne Kappel ihr Berufsschulzeugnis mit sehr schlechten Noten. Die Gronbach GmbH sieht das Ausbildungsziel gefährdet und kündigt ihr das Ausbildungsverhältnis eine Woche später.

da) Wer könnte Anne in dieser schwierigen Situation sachkundig zur Seite stehen?

db) Prüfen Sie, ob die ausgesprochene Kündigung rechtsgültig ist.

2 Den betrieblichen Arbeitsplatz analysieren und Gestaltungsvorschläge unter Beachtung von Schutzbestimmungen entwickeln

2.1 Arbeitsschutz

Arbeitszeitschutz

Nach dem Gesetz gilt der **Achtstundentag.** Mit Zustimmung des Betriebsrates kann die Arbeitszeit für einen längeren Zeitraum auf bis zu zehn Stunden erhöht werden. Eine Überschreitung dieser Grenze aus betriebstechnischen Gründen bedarf der Genehmigung des Gewerbeaufsichtsamtes oder der Vereinbarung in einem Tarifvertrag oder in einer Betriebsvereinbarung. *ArbZG §§ 3 ff.*

Verlängerte Arbeitszeiten müssen innerhalb von sechs Monaten **durch kürzere Arbeitszeiten** an anderen Tagen **ausgeglichen** werden. Für bis zu 60 Werktage jährlich ist auch ein **finanzieller Ausgleich** möglich, wenn die Tarifpartner dies vereinbaren. Sonn- und Feiertagsarbeit ist dann erlaubt, wenn technische Gegebenheiten eine ununterbrochene Produktion erfordern oder ein Unternehmen sonst seine internationale Konkurrenzfähigkeit verlieren würde. *§§ 10 ff.*

Frauen-, Mutter- und Elternschutz

Die berufstätige Frau genießt durch das Arbeitsrecht einen besonderen Schutz.

Werdende und stillende Mütter dürfen zu schwerer körperlicher Arbeit, zu Mehrarbeit, Akkord- und Fließbandarbeit, Nacht- und Sonntagsarbeit nicht herangezogen werden. *MuSchG §§ 3 ff.*

Werdende Mütter dürfen grundsätzlich sechs Wochen vor der Entbindung, Mütter bis acht Wochen nach der Entbindung nicht beschäftigt werden. Nach der Geburt des Kindes kann die Mutter und/oder der Vater bzw. der Lebensgefährte eine **Elternzeit** von bis zu 36 Monaten beanspruchen. *BEEG §§ 15 f.*

Weiterhin haben Eltern die Möglichkeit, in den ersten 14 Monaten nach der Geburt des Kindes **Elterngeld** zu beziehen. Allerdings kann ein Elternteil maximal 12 Monate Elterngeld beanspruchen. Die Höhe des Elterngeldes beträgt 67 Prozent des in den 12 Kalendermonaten vor dem Monat der Geburt des Kindes durchschnittlich erzielten monatlichen Einkommens. Es werden jedoch höchstens 1.800 EUR und mindestens 300 EUR monatlich gezahlt. *§§ 2, 4*

Schutz schwerbehinderter Menschen

Um schwerbehinderte Menschen (mindestens 50 % Grad der Behinderung) wieder in den Arbeitsprozess einzugliedern, müssen alle privaten und öffentlichen Arbeitgeber, die über mindestens 40 Arbeitsplätze verfügen, mindestens 5 % der Arbeitsplätze mit schwerbehinderten Menschen besetzen. Für jeden unbesetzten Pflichtplatz muss der Arbeitgeber eine monatliche **Ausgleichsabgabe an das Integrationsamt** entrichten; die Pflicht zur Einstellung wird jedoch dadurch nicht aufgehoben. *SGB IX § 154*, *§ 160*

Die Arbeitgeber haben die schwerbehinderten Menschen so zu beschäftigen, dass diese ihre Fähigkeiten und Kenntnisse möglichst voll anwenden und weiterentwickeln können. *§ 49*

Außerdem haben sie für eine behindertengerechte Einrichtung und Unterhaltung der Arbeitsstätten einschließlich der Betriebsanlagen sowie der Gestaltung der Arbeitsplätze zu sorgen. Arbeitgeber können hierfür beim Integrationsamt einen Zuschuss, der über die gezahlten Ausgleichsabgaben finanziert wird, beantragen.

SGB IX § 208 *§ 164*

Schwerbehinderte Menschen haben Anspruch auf einen bezahlten zusätzlichen Urlaub von fünf Arbeitstagen im Jahr. Außerdem haben sie einen Anspruch auf Teilzeitbeschäftigung, wenn die kürzere Arbeitszeit wegen der Art oder der Schwere der Behinderung notwendig ist.

Schutz vor Benachteiligung

AGG §§ 1 – 20

Das Allgemeine Gleichbehandlungsgesetz (AGG) soll Benachteiligungen aus Gründen der Rasse oder wegen der ethnischen Herkunft, des Geschlechts, der Religion oder Weltanschauung, einer Behinderung, des Alters oder der sexuellen Identität verhindern oder beseitigen. Unter anderem schützt es Beschäftigte im Unternehmen davor, dass sie aus den genannten Gründen ohne Vorliegen von sachlichen Gründen benachteiligt werden. Der Arbeitgeber hat Stellenausschreibungen und Arbeitsplätze entsprechend zu gestalten, damit es zu keiner Benachteiligung einzelner Personengruppen kommt. Andernfalls haben die Benachteiligten Anspruch auf Entschädigung und Schadensersatz.

Beispiel: Ein ausländischer Bewerber um einen Ausbildungsplatz zum Kaufmann im Groß- und Außenhandelsmanagemnet darf nicht wegen seiner Herkunft abgelehnt bzw. benachteiligt werden.

Außerdem soll das Gleichbehandlungsgesetz die Würde von Frauen und Männern durch den **Schutz vor sexueller Belästigung** am Arbeitsplatz bewahren. Verantwortlich für den Schutz sind Arbeitgeber und Dienstvorgesetzte. Sie haben die im Einzelfall angemessenen arbeitsrechtlichen Maßnahmen wie Abmahnung, Umsetzung, Versetzung oder Kündigung zu ergreifen.

Kündigungsschutz

▶ Allgemeiner Kündigungsschutz

KSchG § 1

Ihn genießen **alle Arbeitnehmer** in Unternehmen mit mehr als fünf Arbeitnehmern, sofern sie länger als sechs Monate ohne Unterbrechung in demselben Unternehmen beschäftigt sind. Für nach dem 31. Dezember 2003 eingestellte Arbeitnehmer gilt dies erst bei Unternehmen mit mehr als 10 Beschäftigten. Eine **Kündigung ist** bei diesen Voraussetzungen **unwirksam,** wenn sie nicht durch die Person oder das Verhalten des Arbeitnehmers oder durch dringende betriebliche Erfordernisse bedingt ist oder der Betriebsrat nicht gefragt wurde.

Kündigungsschutz	
allgemeiner Kündigungsschutz	**besonderer Kündigungsschutz**
Gilt für **alle** Arbeitnehmer, die länger als **6 Monate** im Betrieb tätig sind, sofern dieser mehr als 10 Beschäftigte hat.	Gilt für 1. Betriebsratsmitglieder, 2. werdende Mütter/Eltern, 3. schwerbehinderte Menschen, 4. Auszubildende.

Beispiel: Ein Unternehmen entlässt einen 50-jährigen Mitarbeiter, weil angeblich keine Aufträge vorliegen, verhandelt aber gleichzeitig mit mehreren 20-Jährigen wegen einer Anstellung.

Hält ein Arbeitnehmer eine Kündigung für sozial ungerechtfertigt, so kann er beim Betriebsrat binnen einer Woche **Einspruch** und beim Arbeitsgericht binnen drei Wochen **Klage** erheben. Entspricht das Arbeitsgericht der Klage, so gilt die Kündigung als von Anfang an unwirksam; ist jedoch dem Arbeitnehmer die Fortsetzung des Arbeitsverhältnisses nicht zumutbar, so kann das Arbeitsgericht den Arbeitgeber zur Zahlung einer einmaligen **Abfindung** von bis zu 18 Monatsverdiensten verurteilen. Für Vorstandsmitglieder und Geschäftsführer gilt dieser allgemeine Kündigungsschutz nicht. *KSchG § 3 § 4 §§ 9 ff. § 14*

▶ **Besonderer Kündigungsschutz**

Besonderen Kündigungsschutz genießen

1. **Betriebsratsmitglieder** und Mitglieder der Jugend- und Auszubildendenvertretung während ihrer Amtszeit und bis ein Jahr danach, Kandidaten zur Wahl des Betriebsrates, nicht gewählte Kandidaten bis sechs Monate nach der Wahl. *§ 15*
2. **Werdende Mütter** während der Schwangerschaft, sofern der Arbeitgeber von ihr Kenntnis hat oder innerhalb von zwei Wochen nach der Kündigung Kenntnis bekommt, außerdem während vier Monaten nach der Entbindung und **Eltern** während der Elternzeit. *MuSchG § 9 BEEG § 18*
3. **Schwerbehinderte Menschen** (mindestens 50 % Grad der Behinderung). Ihnen kann nur mit Zustimmung des Integrationsamtes gekündigt werden (auch bei außerordentlicher Kündigung). Die Kündigungsfrist muss mindestens vier Wochen betragen. *SGB IX §§ 85 ff.*
4. **Auszubildende.** Ihnen kann während der Ausbildungszeit nicht gekündigt werden (Ausnahmen: Probezeit, fristlose Kündigung). *BBiG § 22 (2)*

Das Recht zur fristlosen Kündigung bei erheblicher Pflichtverletzung bleibt vom Kündigungsschutz unberührt. Ausgenommen hiervon ist der Mutterschutz.

2.2 Gesundheits- und Unfallschutz

Arbeitgeber sind verpflichtet, die erforderlichen Maßnahmen des Arbeitsschutzes zu treffen. Dabei ist die Arbeit so zu gestalten, dass eine Gefährdung des Lebens und der Gesundheit möglichst vermieden wird. *ArbSchG § 3*

Der Arbeitgeber hat durch eine Beurteilung der mit der Arbeit verbundenen Gefährdung zu ermitteln, welche Maßnahmen der Ersten Hilfe, Brandbekämpfung und Evakuierung der Beschäftigten sowie der arbeitsmedizinischen Vorsorge und Untersuchungen notwendig sind. *§ 5 §§ 10 f.*

Beispiele: Gute Beleuchtung, ausreichende Lüftung, Beseitigung von Staub, Gasen und Abfällen. Schutzvorrichtungen sollen die Arbeitnehmer gegen die Berührung mit gefährlichen Maschinen und gegen die Gefahren bei Fabrikbränden schützen.

Die Beschäftigten sind über die Sicherheit und den Gesundheitsschutz bei der Arbeit zu unterweisen und bestimmte Sicherheitsauflagen sind einzuhalten. *§ 12*

Die **Sicherheitsauflagen** betreffen insbesondere die Unfallverhütung im Hinblick auf einen bestimmten Gegenstand, eine bestimmte Tätigkeit oder eine bestimmte Situation durch Sicherheitskennzeichen. *ArbStättV Anhang zu § 3 (1)*

Sicherheitskennzeichen sind dann einzusetzen, wenn Risiken für die Sicherheit und Gesundheit nicht vermieden oder ausreichend begrenzt werden können.

Beispiele:

Verbotszeichen	Gebotszeichen	Warnzeichen

Verhinderung von Fehlverhalten, das zu Arbeitsunfällen, Gesundheitsgefahren oder Belästigungen führen kann.	Kennzeichnung von Bereichen, in denen bestimmte Sicherheitsmaßnahmen vorgeschrieben sind.	Warnung vor einer Gefahrenstelle.

Die **Gewerbeaufsichtsämter** und die **Berufsgenossenschaften** überwachen die Einhaltung der Bestimmungen und sorgen für die Beseitigung von Missständen.

2.3 Umweltschutz

Für den Umweltschutz am Arbeitsplatz müssen zunächst Vorgaben der Umweltschutzpolitik (Kompetenzbereich III, Kap. 2.2.1) berücksichtigt werden. Auch die Unternehmensführung sollte an ökologischen Zielen (Kompetenzbereich IV, Kap. 4.3.2) ausgerichtet sein und damit Vorgaben für den Umweltschutz im Unternehmen schaffen.

Diese Vorgaben lassen sich u.a. durch konkrete Maßnahmen am Arbeitsplatz umsetzen:

Maßnahme	Beispiele
Mülltrennung	Trennen von Papier-, Bio- und Plastikmüll, um die optimale Wieder- oder Weiterverwertung zu ermöglichen
Müllvermeidung	keine unnötigen Ausdrucke, digitale Speicherung aller Dokumente und Daten, Faxempfang mit dem PC
Energie- bzw. Stromsparen	PC in der Mittagspause ausschalten, LED-Lampen statt Halogen-Leuchten, Bewegungsmelder statt Lichtschalter in Gängen
Reduzierung des berufsbedingten Kfz-Verkehrs	Videokonferenzen, Heimarbeit, Fernwartungssystem, Nutzung des öffentlichen Nahverkehrs
richtiges Heizen und Lüften	statt ständigem Lüften spart Stoßlüften Energie, Heizkörper nicht zu hoch drehen
umweltfreundlicher Transport	produzierte Güter mit möglichst wenig Umweltbelastung transportieren, die Losgrößen bei der Beschaffung von Material unter Berücksichtigung der Umweltbelastung durch die Transporte festlegen

2.4 Jugendarbeitsschutz

Für Jugendliche gelten die folgenden **Bestimmungen:**

JArbSchG §§ 8, 16

Arbeitszeit. Die tägliche Arbeitszeit darf acht Stunden, die Wochenarbeitszeit 40 Stunden nicht übersteigen. An Tagen, die für die erwachsenen Arbeitnehmer des Betriebes arbeitsfrei sind, dürfen auch Jugendliche nicht beschäftigt werden. Eine längere Arbeitszeit ist möglich, wenn an anderen Werktagen entsprechend gekürzt wird. An Samstagen dürfen Jugendliche in aller Regel nicht beschäftigt werden.

Das **Jugendarbeitsschutzgesetz** gilt für
Beschäftigte, die noch nicht 18 Jahre alt sind.

Kinder:

Das sind Personen, die
- unter 15 Jahre alt sind und
- der Vollzeitschulpflicht unterliegen.

↓

Die Beschäftigung ist bis auf gesetzliche Ausnahmen verboten.

Jugendliche:

Das sind Personen im Alter zwischen 15 und 18 Jahren. *JArbSchG §§ 2, 5*

↓

Die Beschäftigung ist unter Berücksichtigung von Bestimmungen erlaubt.

Werden Jugendliche am Samstag beschäftigt, ist ihnen die Fünf-Tage-Woche durch Freistellung an einem anderen berufsschulfreien Arbeitstag derselben Woche sicherzustellen. Mindestens zwei Samstage im Monat sollen beschäftigungsfrei bleiben.

Ruhepausen. Als Ruhepausen gelten Arbeitsunterbrechungen von mindestens 15 Minuten. Sie müssen bei einer Arbeitszeit von mehr als viereinhalb bis sechs Stunden 30 Minuten, bei mehr als sechs Stunden 60 Minuten betragen. *§ 11*

Freizeit. Nach Beendigung der täglichen Arbeitszeit ist eine ununterbrochene Freizeit von mindestens zwölf Stunden zu gewähren. Zwischen 20:00 Uhr und 06:00 Uhr, an Samstagen und an Sonn- und Feiertagen dürfen Jugendliche nicht beschäftigt werden. *§§ 13 ff.*

Ausnahmen gelten für Unternehmen mit Schichtarbeit, für Schank- und Gaststätten und im übrigen Beherbergungsgewerbe, für Bäckereien, Konditoreien und Friseure. Darüber hinaus kann die Aufsichtsbehörde weitere Ausnahmen bewilligen. *§ 27*

Berufsschulzeit. Die Unterrichtszeit einschließlich der Pausen wird auf die Arbeitszeit angerechnet. Beträgt die Schulzeit mehr als fünf Unterrichtsstunden, so ist einmal in der Woche der restliche Tag arbeitsfrei; der zweite Tag in dieser Woche jedoch nicht. Beginnt der Unterricht vor 09:00 Uhr, so darf der Jugendliche vorher nicht beschäftigt werden. Auch der letzte Arbeitstag, der der schriftlichen Abschlussprüfung unmittelbar vorangeht, ist frei. *§ 9* *§ 10*

Urlaub. Jugendliche, die zu Beginn des Kalenderjahres noch nicht 16 Jahre alt sind, haben Anspruch auf 30 Werktage Urlaub; wenn sie noch nicht 17 Jahre alt sind, auf 27 Werktage; wenn sie noch nicht 18 Jahre alt sind, auf 25 Werktage (6 Werktage = 1 Woche). Der Urlaub ist erstmals nach einer ununterbrochenen Beschäftigung von mehr als drei Monaten zu gewähren. Vor Antritt des Urlaubs ist das Urlaubsentgelt auszubezahlen. Der Urlaub soll zusammenhängend, bei Berufsschülern in der Zeit der Schulferien, gegeben werden. Soweit er nicht in den Berufsschulferien gegeben wird, hat der Jugendliche für jeden Schultag von mindestens fünf Stunden Anspruch auf einen weiteren Urlaubstag. Während des Urlaubs darf keine dem Urlaubszweck widersprechende Erwerbstätigkeit ausgeübt werden. *§ 19*

Gesundheitliche Betreuung. Vor Aufnahme der Beschäftigung und nach einjähriger Beschäftigung sind für den Jugendlichen kostenfreie ärztliche Untersuchungen vorgeschrieben, deren Ergebnisse den Erziehungsberechtigten mitgeteilt werden. Der Arbeitgeber erhält eine Bescheinigung, dass die Untersuchung stattgefunden hat. In ihr sind die Arbeiten vermerkt, bei deren Ausübung der Arzt die Gesundheit für gefährdet hält. Ohne den Nachweis der ärztlichen Untersuchung darf der Ausbildungsvertrag von der IHK nicht eingetragen werden. *§§ 32 f.*

JArbSchG §§ 22 ff.

Beschäftigungsbeschränkungen. Das Gesetz verbietet die Beschäftigung eines Jugendlichen mit Arbeiten, die seine körperlichen Kräfte übersteigen oder bei denen er sittlichen Gefahren ausgesetzt ist. Die Beschäftigung mit Akkord- und Fließbandarbeit ist ausdrücklich verboten. Personen, die die bürgerlichen Ehrenrechte nicht besitzen, dürfen Jugendliche nicht beschäftigen und nicht im Rahmen eines Beschäftigungsverhältnisses anweisen oder beaufsichtigen.

Für die Beschäftigung verwandter Kinder und Jugendlicher sowie für die Beschäftigung im Familienhaushalt, in der Landwirtschaft, im Bergbau und in der Heimarbeit enthält das Gesetz besondere Bestimmungen.

Zusammenfassende Übersicht zu Kapitel 2:
Den betrieblichen Arbeitsplatz analysieren und Gestaltungsvorschläge unter Beachtung von Schutzbestimmungen entwickeln

Gesundheits- und Unfallschutz

Jugendarbeitsschutz — **Arbeitsplatz** — **Umweltschutz**

Arbeitsschutz

- Arbeitszeitschutz (ArbZG)
- Frauen-, Mutter-, Elternschutz (MuSchG, BEEG)
- Kündigungsschutz (KSchG u. a.)
- Schutz schwerbehinderter Menschen (SGB IX)
- Schutz vor Benachteiligung (AGG)

▶ Aufgaben

1. Das Großhandelsunternehmen Gronbach KG handelt deutschlandweit mit Bürozubehör. Seit einiger Zeit ist der Umsatz rückläufig. Deshalb will die Geschäftsleitung durch Personalabbau und andere Rationalisierungsmaßnahmen Kosten einsparen.
   a) 25 % der Belegschaft soll gekündigt werden. Was muss der Arbeitgeber im Rahmen des allgemeinen Kündigungsschutzes beachten?
   b) Bei einem Gespräch zwischen der Geschäftsleitung und dem Betriebsrat weist der Betriebsrat darauf hin, dass bei den Kündigungen der »besondere Kündigungsschutz« für bestimmte Mitarbeitergruppen berücksichtigt werden muss. Was versteht man unter diesem Kündigungsschutz?
   c) Erläutern Sie, aus welchen Gründen diese Gruppen geschützt sind.
2. Sybille Gross ist noch in der Probezeit. Sie hat erst vor zwei Monaten mit ihrer Tätigkeit begonnen. Deshalb ist sie sich unsicher, ob das Mutterschutzgesetz auch auf sie zutrifft.
   a) Nehmen Sie begründet Stellung.
   b) Der Arbeitgeber weiß jetzt, dass Sybille schwanger ist und dass er eine mögliche Gesundheitsgefährdung, die sich aus ihrer beruflichen Tätigkeit ergibt, ausschließen muss. Worauf muss er bei der Einrichtung des Arbeitsplatzes für Sybille Gross besonders achten?

c) Um den Schutz der werdenden Mutter zu gewährleisten, verbietet das Mutterschutzgesetz manche Arbeiten absolut. Wann dürfte Sybille zum Beispiel überhaupt nicht mehr beschäftigt werden?

3. Lesen Sie folgenden Sachverhalt:

Starker Umsatzrückgang bei Ulmer Metallgroßhandel GmbH

Ulm, 04.03.2024. Die Metallgroßhandel GmbH in Ulm mit insgesamt mehr als 50 Mitarbeitern verzeichnet aufgrund der wachsenden Konkurrenz aus dem Ausland einen starken Umsatzrückgang. Die Geschäftsleitung der Metallgroßhandlung versucht deswegen, mit radikalen Einsparungen aus den roten Zahlen herauszukommen.

In der kaufmännischen Verwaltung sollen von den fünf Stellen zwei abgebaut werden. Die Kündigungen sollen zum 01.06.2024 ausgesprochen werden. [...]

Nach einer Vorauswahl bleiben noch vier Mitarbeiter übrig, die für eine Kündigung infrage kommen. Zwei Mitarbeitern muss gekündigt werden. Heute findet die entscheidende Sitzung statt. Sie sind Mitarbeiter in der Personalabteilung und sollen für diese Sitzung eine Empfehlung erarbeiten, welchen beiden Mitarbeitern gekündigt werden sollte.

Die folgenden Mitarbeiter – alle haben ähnliche Qualifikationen und erledigen ihre Tätigkeiten zur vollsten Zufriedenheit – stehen zur Auswahl:

Frank Ohlendorf; geboren am: 15.06.1997; ledig, keine Kinder

beschäftigt seit: 10.02.2022

Zusatzinformationen: Herr Ohlendorf ist seit einem Motorradunfall zu 50 % schwerbehindert.

Maria Funke; geboren am: 12.01.1983; verheiratet, ein schulpflichtiges Kind

beschäftigt seit: 13.05.2020

Zusatzinformationen: Frau Funkes Ehemann ist als Lagerist bei der Metallgroßhandel GmbH beschäftigt.

Anna Sandmann; geboren am: 14.02.2000; ledig, ein Kind im Kindergarten

beschäftigt seit: 01.01.2024

Zusatzinformationen: Die Probezeit von Frau Sandmann ist am 01.03.2024 abgelaufen.

Wilhelm Heinemann; geboren am: 24.01.1971; verheiratet, drei schulpflichtige Kinder

beschäftigt seit: 15.08.2013

Zusatzinformationen: Die Frau von Herrn Heinemann ist zurzeit arbeitslos.

Geben Sie eine Kündigungsempfehlung ab und begründen Sie diese. Beachten Sie dabei die Voraussetzungen für den allgemeinen Kündigungsschutz.

4. Warum haben Jugendliche einen längeren Urlaub als Erwachsene?

5. Warum sind für Jugendliche kostenfreie ärztliche Untersuchungen vorgesehen?

3 Voraussetzungen für die Errichtung eines Betriebsrates und einer Jugend- und Auszubildendenvertretung prüfen

Um das Interesse der Arbeitnehmer an ihrem Unternehmen zu steigern, um ihnen Gelegenheit zu geben, am innerbetrieblichen Geschehen mitzuwirken, ja eventuell mitzubestimmen, und um ihre Stellung gegenüber dem Arbeitgeber durch eine gemeinsame Vertretung zu festigen, wurden im Betriebsverfassungsgesetz die Wahl und die Aufgaben eines **Betriebsrates** einheitlich geregelt. Ein Zwang zur Wahl eines Betriebsrates besteht jedoch nicht, wenn die Arbeitnehmer von ihrem Recht keinen Gebrauch machen wollen. Sie verlieren damit aber die Chance, eine gesetzlich verankerte innerbetriebliche Mitbestimmung zu praktizieren.

Neben dieser innerbetrieblichen Mitbestimmung gibt es noch die Mitbestimmung im **Aufsichtsrat** und **Vorstand.** Hier geht es um die Frage, inwieweit Vertreter der Arbeitnehmer in die wirtschaftlichen Angelegenheiten des Unternehmens eingebunden werden sollen. Man könnte von der unternehmerischen Mitbestimmung sprechen.

3.1 Betriebsrat

BetrVG §§ 1, 14, 21

In allen Betrieben mit mindestens fünf ständigen wahlberechtigten Arbeitnehmern wird in geheimer und unmittelbarer Wahl ein **Betriebsrat** auf vier Jahre gewählt.

EBRG § 3 § 32

In Unternehmen mit EU-weit mindestens 1.000 Arbeitnehmern (davon in zwei Mitgliedsstaaten jeweils mindestens 150 Mitarbeiter) muss ein **Europäischer Betriebsrat** gewählt werden. Ein per Gesetz eingesetzter Europäischer Betriebsrat besteht aus mindestens drei und höchstens dreißig Mitgliedern. Er kann einen geschäftsführenden Ausschuss bilden. Seine Zuständigkeit ist als Mindestregelung in der Richtlinie des EU-Ministerrates so umrissen:

- Er ist nur für Fragen zuständig, die mindestens zwei Betriebe oder Unternehmen in mindestens zwei Mitgliedsstaaten betreffen.
- Seine Rechte treten neben die der nationalen Arbeitnehmervertretungen.
- Er trifft mindestens einmal jährlich mit der zentralen Leitung des Unternehmens zusammen, um informiert und angehört zu werden.

Wahl des Betriebsrates

BetrVG § 7

Wahlberechtigt sind alle Arbeitnehmer, die das 16. Lebensjahr vollendet haben. Geringfügig beschäftigte Arbeitnehmer und Arbeitnehmerinnen, Mitarbeiter mit Zeitverträgen, Frauen in Mutterschutz und Elternzeit, Teilzeitkräfte und andere sind ebenfalls wahlberechtigt, wenn sie über 18 Jahre alt sind.

§ 8 **Wählbar** sind alle Wahlberechtigten, die mindestens ein halbes Jahr dem Betrieb angehören.

§ 9 Die **Zahl der Betriebsratsmitglieder** richtet sich nach der Zahl der Arbeitnehmer. In Unternehmen mit mehr als 200 Beschäftigten ist eine bestimmte Anzahl der Mitglieder von der Berufstätigkeit freizustellen.

Zahl der Mitarbeiter im Betrieb	5 – 20	21 – 50	51 – 100	101 – 200	201 – 400	401 – 700	701 – 1.000	1.001 – 1.500	1.501 – 2.000	… jede weitere 500	7.001 – 9.000
freizustellende Betriebsratsmitglieder	**1**	**3**	**5**	**7**	**9**	**11**	**13**	**15**	**17**	**+2**	**35**

In Betrieben mit mehr als 9.000 Arbeitnehmern erhöht sich die Zahl der Betriebsratsmitglieder für je angefangene weitere 3.000 Arbeitnehmer um 2 Mitglieder.

Der Betriebsrat soll sich möglichst aus Arbeitnehmern der einzelnen Organisationsbereiche und der verschiedenen Beschäftigungsarten der im Unternehmen tätigen Arbeitnehmer zusammensetzen. Das Geschlecht, das in der Belegschaft in der Minderheit ist, muss seinem zahlenmäßigen Verhältnis nach im Betriebsrat vertreten sein, wenn dieser aus mindestens drei Mitgliedern besteht. *BetrVG § 15*

Zusammenarbeit von Arbeitgeber und Betriebsrat

Arbeitgeber und Betriebsrat sollen mindestens einmal im Monat zusammentreten. Bei strittigen Fragen sollen sie mit dem ernsten Willen zur Einigung verhandeln und Vorschläge für die Beilegung von Meinungsverschiedenheiten machen. Der Betriebsrat muss einmal in jedem Kalendervierteljahr in einer **Betriebsversammlung,** zu der alle Arbeitnehmer einzuladen sind, einen Bericht über seine Tätigkeit geben. Für einzelne Bereiche des Unternehmens können auch **Abteilungsversammlungen** stattfinden. *§ 74* *§ 43*

Zur Beilegung von Meinungsverschiedenheiten zwischen Betriebsrat und dem Arbeitgeber, z. B. bei Verweigerung der Zustimmung zu betrieblichen Maßnahmen, wird eine **Einigungsstelle** gebildet. Sie besteht aus einem unparteiischen Vorsitzenden und aus Beisitzern, die je zur Hälfte vom Arbeitgeber und vom Betriebsrat bestellt werden. Der Spruch der Einigungsstelle ersetzt die Einigung zwischen Arbeitgeber und Betriebsrat. Gegen diesen Spruch kann beim Arbeitsgericht Klage erhoben werden. *§ 76*

Rund 75 % aller Verfahren können ohne Einschaltung der Arbeitsgerichte durch die Einigungsstellen beigelegt werden.

Allgemeine Aufgaben des Betriebsrates

a) Er hat die betrieblichen Interessen der Beschäftigten zu vertreten. Insbesondere hat er darüber zu wachen, dass die zugunsten der Arbeitnehmer geltenden Gesetze, Verordnungen, Unfallverhütungsvorschriften, Tarifverträge und Betriebsvereinbarungen durchgeführt werden.

b) Er hat die Eingliederung schwerbehinderter Menschen und sonstiger besonders schutzbedürftiger Personen zu fördern.

c) Er soll die Integration ausländischer Arbeitnehmer im Unternehmen und das Verständnis zwischen ihnen und den deutschen Arbeitnehmern fördern.

d) Außerdem hat der Betriebsrat für die Durchsetzung der tatsächlichen Gleichstellung von Frauen und Männern, insbesondere bei der Einstellung, Beschäftigung, Aus-, Fort- und Weiterbildung und dem beruflichen Aufstieg zu sorgen.

Rechte des Betriebsrates

▶ Information

BetrVG §§ 81 ff.

Der Betriebsrat oder der Wirtschaftsausschuss kann verlangen, dass er über betriebliche Vorgänge unterrichtet wird oder ihm die erforderlichen Unterlagen unterbreitet werden.

Beispiele: Unterrichtung des Wirtschaftsausschusses über wirtschaftliche Angelegenheiten, Unterrichtung des Betriebsrates bei der Einstellung leitender Angestellter; Recht des einzelnen Arbeitnehmers auf Einsichtnahme in seine Personalakte

▶ Beratung

Der Arbeitgeber muss den Betriebsrat unterrichten und sich mit ihm beraten.

Beispiele: Planung von Bauten, technischen Anlagen, neuen Arbeitsverfahren, Arbeitsabläufen; Einführung neuer Techniken (der Arbeitgeber muss hier auch mit dem einzelnen Arbeitnehmer über Weiterbildungsmaßnahmen beraten); Personalplanung; Berufsbildung; Einschränkung, Stilllegung und Verlegung des Betriebes oder von Betriebsteilen (Aufstellung eines Sozialplanes, um nachteilige Folgen für die Arbeitnehmer zu verhindern)

▶ Mitwirkung

Der Betriebsrat kann aus bestimmten Gründen betrieblichen Maßnahmen widersprechen. Diese werden dadurch jedoch nicht unwirksam. Im Streitfall entscheidet das Arbeitsgericht oder die Einigungsstelle.

Beispiele: Kündigungen; Änderung der Arbeitsplätze, des Arbeitsablaufes oder der Arbeitsumgebung; Einstellung, Eingruppierung und Versetzung in Unternehmen mit mehr als 20 wahlberechtigten Arbeitnehmern

▶ Mitbestimmung

Betriebliche Maßnahmen werden erst mit Zustimmung des Betriebsrates wirksam.

Beispiele: Beginn und Ende der täglichen Arbeitszeit einschließlich der Pausen, Urlaubsplan, Lohngestaltung, Einführung von Arbeitszeiterfassungsgeräten, Telefondatenerfassung, betriebliche Regelungen über den Gesundheits- und Unfallschutz, Erhöhung der täglichen Arbeitszeit über acht Stunden hinaus und die damit verbundene Festlegung des Ausgleichszeitraumes, Einführung von Personalfragebogen, Durchführung von Gruppenarbeit

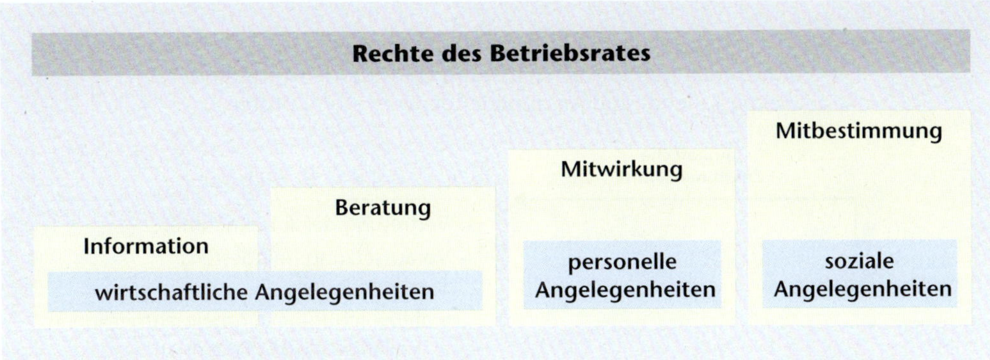

Weitere Infos zum Thema Betriebsrat finden Sie unter http://www.betriebsrat.com.

3.2 Jugend- und Auszubildendenvertretung

In allen Unternehmen, in denen in der Regel mindestens fünf Arbeitnehmer beschäftigt werden, die das 18. Lebensjahr noch nicht vollendet haben oder die zu ihrer Berufsausbildung beschäftigt sind, werden **Jugend- und Auszubildendenvertretungen** gewählt. Voraussetzung hierfür ist allerdings, dass ein Betriebsrat besteht. Für die Wahlberechtigung spielen weder die Nationalität noch das Fehlen der Geschäftsfähigkeit eine Rolle. Mitglieder des Betriebsrates können nicht in die Jugend- und Auszubildendenvertretungen gewählt werden. *BetrVG §§ 60–73*

Wählbar sind alle Arbeitnehmer/innen des Betriebs, die das 25. Lebensjahr noch nicht vollendet haben oder zu ihrer Berufsausbildung beschäftigt sind.

Eine wichtige Aufgabe dieser Vertretung ist die Förderung von Maßnahmen der Berufsausbildung und die Überwachung der Einhaltung von Bestimmungen (Jugendschutzgesetz, Tarifvertrag). Die Jugend- und Auszubildendenvertretung kann zu allen Sitzungen des Betriebsrates einen Vertreter entsenden. Bei Tagesordnungspunkten, die Jugendliche oder Auszubildende betreffen, hat die gesamte Jugend- und Auszubildendenvertretung Teilnahme- und Stimmrecht.

Zusammenfassende Übersicht zu Kapitel 3: Voraussetzungen für die Errichtung eines Betriebsrates und einer Jugend- und Auszubildendenvertretung prüfen

monatliche Zusammenkünfte

Arbeitgeber

Betriebsrat

- Vertretung der Arbeitnehmer
- Voraussetzung: mindestens 5 Arbeitnehmer
- wahlberechtigt: alle Arbeitnehmer/innen ab vollendetem 16. Lebensjahr
- wählbar: alle Wahlberechtigten mit mindestens ½ Jahr Betriebszugehörigkeit

Aufgaben

- Interessenvertretung der Beschäftigten
- Förderung der
  - Eingliederung schwerbehinderter Menschen
  - Integration ausländischer Arbeitnehmer
  - Gleichstellung von Mann und Frau

Rechte

- in wirtschaftlichen Angelegenheiten:
  - Information
  - Beratung
- in personellen Angelegenheiten:
  - Mitwirkung
- in sozialen Angelegenheiten:
  - Mitbestimmung

1. Voraussetzung

Teilnahme an Sitzungen

Jugend- und Auszubildendenvertretung

- Vertretung der Jugendlichen und Auszubildenden
- **2. Voraussetzung:** mind. 5 Jugendliche oder Auszubildende

Aufgaben

- Förderung der Berufsausbildung
- Überwachung der Jugendarbeitsschutzbestimmungen

▶ Aufgaben

1. In einer Betriebsratssitzung werden Personalprobleme diskutiert. Beurteilen Sie die Rechtslage und begründen Sie Ihre Entscheidung.

   a) Herr Frohweis, 28 Jahre alt, bewirbt sich um einen Platz auf der Wahlliste zum Betriebsrat. Er ist am Wahltag seit vier Monaten beschäftigt.

   b) Als Herr Krien zum Betriebsrat kandidiert, kündigt ihm der Arbeitgeber, weil er befürchtet, dass Krien als Betriebsrat Unruhe in den Betrieb bringen würde.

2. Um Entlassungen zu vermeiden, will der Betrieb Kurzarbeit einführen.

   a) In welcher Form ist der Betriebsrat zu beteiligen?

   b) Diskutieren Sie die Vor- und Nachteile der Einführung der Kurzarbeit

      – für den Arbeitnehmer,

      – für den Arbeitgeber.

3. Entscheiden Sie, wer von den aufgeführten Beschäftigten der Lünemann GmbH bei den anstehenden Wahlen zur Jugend- und Auszubildendenvertretung wahlberechtigt und/oder wählbar ist.

a) Karin (19 Jahre) ist Auszubildende zur Industriekauffrau im 2. Ausbildungsjahr.

b) Serkan ist 17 Jahre alt und türkischer Staatsbürger.

c) Der 20-jährige Olaf befindet sich im 2. Ausbildungsjahr zum Industriekaufmann und ist seit einem halben Jahr Mitglied des Betriebsrates.

d) Larissa (16 Jahre) hat vor wenigen Wochen eine Ausbildung zur Kauffrau für Büromanagement begonnen.

e) Inken ist 26 Jahre alt und im 3. Ausbildungsjahr zur Kauffrau für Büromanagement.

4. Bei der Gronbach GmbH stehen die Wahlen zur Jugend- und Auszubildendenvertretung an. Anne ist begeistert, lässt sich aufstellen und wird gewählt.

a) Welche Bedeutung hat die Einrichtung einer solchen Vertretung?

b) Wer hat aktives bzw. passives Wahlrecht?

c) Beschreiben Sie, in welchen Bereichen sich Anne als Jugend- und Auszubildendenvertreterin engagieren kann.

Der Betriebsrat hat sich mit folgenden Problemen zu befassen:

d) Im Betriebsrat wird die nächste Betriebsratswahl vorbereitet. Dabei stellt sich die Frage nach dem aktiven und passiven Wahlrecht bei den Kollegen, die seit zwei Jahren im Betrieb sind und eine ausländische Staatsangehörigkeit haben. Ein Betriebsrat meint, das Ausländerwahlrecht werde zurzeit erst politisch diskutiert und gelte deshalb für den Betriebsrat noch nicht. Erläutern Sie die Rechtslage.

e) Nach Einführung der gleitenden Arbeitszeit haben manche Mitarbeiter die tarifvertraglich geregelte Arbeitszeit nicht eingehalten. Deshalb hat die Geschäftsleitung Zeiterfassungsgeräte angeschafft, ohne den Betriebsrat zu informieren. Erläutern Sie die Rechtslage.

4 Mit der Bedeutung von Tarifverträgen auseinandersetzen und die Rolle der Sozialpartner beurteilen

4.1 Tarifautonomie

GG Art. 9 (3)

In der Bundesrepublik Deutschland herrscht das Prinzip der Tarifautonomie der Sozialpartner. Sie wird aus der im Grundgesetz verankerten Koalitionsfreiheit abgeleitet.

Tarifautonomie ist das Recht der Sozialpartner, die **Arbeits- und Einkommensbedingungen ohne staatliche Eingriffe** in freien Tarifverhandlungen **kollektiv festzulegen.**

Als **Sozialpartner** werden Arbeitgeber- und Arbeitnehmerverbände bezeichnet. Die Sozialpartner sind zuständig für die Festlegung von Gehältern und Ausbildungsvergütungen, für Pausenregelungen, für die Wochenarbeitszeit und den Urlaub. Diese Regelungen werden in entsprechenden Tarifverträgen vereinbart. Nur für eng begrenzte Vertragsinhalte hat der Staat aus sozialpolitischen Erwägungen Untergrenzen vorgegeben, die von den Sozial- bzw. **Tarifpartnern** respektiert werden müssen. Ebenso gibt es Obergrenzen.

Beispiele:

1. Untergrenzen: Mindesturlaub, Lohnfortzahlung im Krankheitsfall
2. Obergrenze: tägliche Arbeitszeit

4.2 Rolle der Sozialpartner

Arbeitgeberverbände (Unternehmerorganisationen)

Sie dienen zur Wahrung der Interessen der Arbeitgeber (Unternehmen) gegenüber den Arbeitnehmern (Tarifverträge) oder gegenüber dem Staat (Gesetzgebung).

Es gibt folgende **Arbeitgeberverbände:**

a) Organisationen mit **beruflich-fachlichen** Aufgaben, z. B. Bundesverband Großhandel, Außenhandel, Dienstleistungen e. V. (BGA), Bundesverband der Deutschen Industrie (BDI), Verband der privaten Krankenversicherung e.V. und die Zentralverbände der übrigen Wirtschaftszweige;

b) Organisationen mit **tarif- und sozialpolitischen** Aufgaben. In der Bundesvereinigung der Deutschen Arbeitgeberverbände (BDA) sind 46 Bundesfachspitzenverbände und 14 Landesvereinigungen zusammengeschlossen.

   Beispiele: Bundesverband Großhandel, Außenhandel, Dienstleistungen e.V., Berlin; Arbeitgeberverband der Versicherungsunternehmen in Deutschland e.V., München; Gesamtverband der metallindustriellen Arbeitgeberverbände e.V. – Gesamtmetall, Berlin; Hauptverband der Deutschen Bauindustrie e. V., Berlin; Handelsverband Deutschland – HDE, Berlin; Arbeitgeberverband der deutschen Immobilienwirtschaft e.V., Düsseldorf.

Arbeitnehmerverbände (Gewerkschaften)

Die Gewerkschaften sind Vereinigungen der Arbeitnehmer/innen zur Förderung und Wahrung der Arbeits- und Wirtschaftsbedingungen. Sie dienen der Wahrung der Interessen der Arbeitnehmer/innen gegenüber den Arbeitgebern und dem Staat. Der Beitritt zu einer Gewerkschaft ist freiwillig.

Die Gewerkschaften haben sich folgende **Aufgaben** gestellt:

a) **Kampfaufgabe.** Verbesserung der Lohn- und Arbeitsbedingungen, um die Lebensqualität der Arbeitnehmer zu heben (Lohn- und Gehaltserhöhung, Arbeitszeitverkürzung, Mitbestimmung); gegebenenfalls mithilfe des Streiks, des klassischen Kampfmittels der Gewerkschaften

b) **Bildungsaufgabe.** Berufliche Weiterbildung und Umschulung; Leistungssteigerung durch Vorträge, Kurse, Arbeitsgemeinschaften, Berufswettkämpfe; Mitwirkung im Berufsbildungsausschuss und in den Prüfungsausschüssen

c) **Rechtliche Aufgabe.** Abschluss von Tarifverträgen, Rechtshilfe und Rechtsschutz für die Arbeitnehmer und Auszubildenden bei den Arbeitsgerichten, Mitbestimmungsrecht in den Unternehmen

d) **Wirtschaftspolitische Aufgabe.** Verbesserung der Wirtschafts- und Sozialordnung (Förderung der Vermögensbildung der Arbeitnehmer, Sozialversicherungsreform)

Zusammenwirken der Verbände

TVG § 2

Die wichtigste Aufgabe im Zusammenwirken der Verbände ergibt sich aus der im Tarifvertragsgesetz geregelten Befugnis, **Tarifverträge** auszuhandeln und abzuschließen. Verhandlungsgegenstand sind **allgemeine Arbeitsbedingungen, Löhne und Gehälter, Arbeitszeiten sowie Sonderleistungen.**

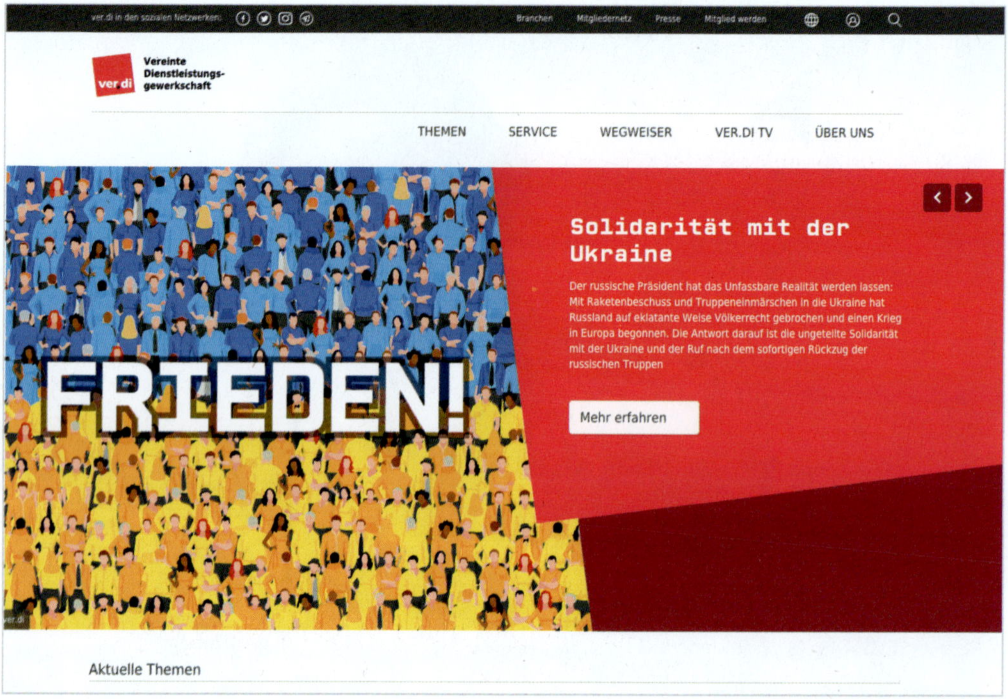

4.3 Tarifvertrag und Betriebsvereinbarung

4.3.1 Tarifvertrag

Der **Tarifvertrag** ist ein **Kollektivarbeitsvertrag zwischen den Tarifpartnern,** in dem die Arbeits- und Entgeltbedingungen gewöhnlich für ganze Berufsgruppen eines Wirtschaftszweiges in freien Verhandlungen einheitlich festgelegt werden.

■ Arten der Tarifverträge

Man unterscheidet

▶ **nach den Tarifpartnern**

Werk- oder Haustarifverträge und Verbandstarifverträge.

Beispiele:
- Haustarifvertrag der Volkswagen AG
- Manteltarifvertrag der IG-Metall für das Kfz-Handwerk und den Kfz-Handel in NRW

▶ **nach dem räumlichen Geltungsbereich**

Werks- und Flächentarifverträge (Bezirks-, Landes- und Bundestarifverträge).

Beispiel: **TVöD** = **T**arifvertrag **ö**ffentlicher **D**ienst

▶ **nach dem Inhalt**

a) **Rahmentarifverträge (Manteltarifverträge).** Sie enthalten allgemeine Arbeitsbedingungen, die für längere Zeit gleich bleiben (Arbeitszeit, Mehrarbeit, Sonn- und Feiertagsarbeit, Urlaub, Kündigungsfristen, Weiterbildung u.a.), sowie Bestimmungen über ein Schiedsgericht zur Beilegung von Streitigkeiten.

b) Lohn- und Gehaltstarifverträge. Sie enthalten den Gruppenplan, in dem die Arbeitnehmer nach ihrer Vorbildung (gelernte, angelernte, ungelernte Tätigkeit) oder nach dem Schwierigkeitsgrad ihrer Arbeitsaufgabe (Arbeitswert) in verschiedene Lohn- oder Gehaltsgruppen eingeteilt sind, und die Lohnsätze für die einzelnen Lohn- oder Gehaltsgruppen. Bei Lohntarifverträgen wird ein Grundlohn vereinbart, der die Grundlage (100 %) für Zu- und Abschläge nach Lohngruppen, Arbeitswerten oder Lebensjahren ist.

Der Gruppenplan kann auch in einem besonderen **Lohnrahmentarifvertrag** festgelegt sein. Der Lohntarifvertrag enthält dann nur die sich häufig ändernden Lohnsätze.

c) Arbeitszeittarifverträge. Sie regeln die täglichen und wöchentlichen Arbeitszeiten der Arbeitnehmer, sofern sie nicht schon im Rahmentarifvertrag vereinbart sind.

d) Tarifverträge über Sonderleistungen (Weihnachtsgeld, Urlaubsgeld, Vermögensbildung).

e) Tarifverträge über Qualifizierungsmaßnahmen (Recht auf Weiterbildung).

Wirkungen der Tarifverträge

▶ Erfüllungspflicht

Die Vertragsparteien sind verpflichtet, dafür zu sorgen, dass ihre Mitglieder die Verträge verwirklichen und sich an ihre Bestimmungen halten. Dabei ist der Grundsatz der Unabdingbarkeit zu beachten. Danach dürfen die Bedingungen eines Einzelarbeitsvertrages für den Arbeitnehmer nicht ungünstiger sein als die des Tarifvertrages, auch wenn der einzelne Arbeitnehmer mit einer Schlechterstellung einverstanden wäre. *TVG § 4*

▶ Friedenspflicht

Während der Gültigkeit des Vertrages dürfen keine Kampfmaßnahmen gegen die Vereinbarungen ergriffen werden. Es besteht Tarifgebundenheit für alle Mitglieder der Tarifvertragsparteien. *§ 3*

▶ Nachwirkung

Der Tarifvertrag endet mit dem Ablauf der in ihm festgelegten Zeitdauer, bei Abschluss auf unbestimmte Zeit durch Kündigung oder durch Abschluss eines neuen Tarifvertrages. Die Bestimmungen des alten Tarifvertrages bleiben auf jeden Fall so lange in Kraft, bis ein neuer Tarifvertrag abgeschlossen ist. *§ 4*

Bedeutung der Tarifverträge

Die **Bedeutung** der Tarifverträge liegt im Wesentlichen in den folgenden drei Funktionen:

▶ Schutzfunktion

Der Tarifvertrag soll den einzelnen Arbeitnehmer davor schützen, dass der wirtschaftlich stärkere Arbeitgeber bei der Festlegung der Arbeitsbedingungen einseitig seine Forderungen durchsetzt. Der Tarifvertrag dient damit der Chancengleichheit zwischen der Arbeitnehmer- und der Arbeitgeberseite.

▶ Ordnungsfunktion

Die Tarifverträge führen zu einer Typisierung der Arbeitsverträge, zu einer Überschaubarkeit der Personalkosten und damit zu einer autonomen Ordnung des Arbeitslebens.

▶ Friedensfunktion

Der Tarifvertrag schließt während seiner Laufzeit Arbeitskämpfe und neue Forderungen hinsichtlich der in ihm geregelten Bedingungen aus.

4.3.2 Betriebsvereinbarung

In **Betriebsvereinbarungen** werden Arbeitsbedingungen zwischen dem **Betriebsrat** und dem **Arbeitgeber** eines bestimmten Unternehmens geregelt.

BetrVG §§ 77, 88 Sie dürfen den Bestimmungen des Tarifvertrages nicht entgegenstehen, sondern sollen diese ergänzen, erläutern und den besonderen Verhältnissen des Unternehmens anpassen.

Inhalte von Betriebsvereinbarungen:
- die Lohn- und Arbeitsbedingungen,
- den Beginn und das Ende der täglichen Arbeitszeit und der Pausen,
- die Zeit und den Ort der Lohnzahlung,
- die Aufstellung eines Urlaubsplanes,
- die Maßnahmen zur Verhütung von Betriebsunfällen und Gesundheitsschädigungen,
- die Errichtung von Sozialeinrichtungen,
- das Verhalten der Arbeitnehmer im Unternehmen, z. B. Rauchen, Kantinenbesuch,
- Internet- und Parkplatzbenutzung.

Durch Betriebsvereinbarungen werden insbesondere **Betriebsordnungen** und **Dienstordnungen** aufgestellt. Sie müssen an geeigneter Stelle im Unternehmen ausgehängt oder den Betriebsangehörigen beim Eintritt in das Unternehmen ausgehändigt werden.

Manche Tarifverträge lassen ausdrücklich zu, in Betriebsvereinbarungen von tariflichen Leistungen abzuweichen, um im Gegenzug Arbeits- und Ausbildungsplätze zu sichern **(Öffnungsklausel in Flächentarifverträgen)**.

Nicht tarifgebundene Unternehmen gehen vermehrt dazu über, mit dem Betriebsrat **Einzelvereinbarungen** bezüglich **Arbeitsverdienst** und **Arbeitszeit** zu treffen, um sich nicht mehr an tarifliche Vereinbarungen anzulehnen.

Betriebsvereinbarungen haben im Zuge der **Flexibilisierung der Arbeitszeit** zusätzliche Bedeutung gewonnen. Zwischen Betriebsrat und Geschäftsleitung wird dabei ein Arbeitszeitrahmen vereinbart, in dem keine Mehrarbeitszuschläge anfallen, z. B. für Samstagsarbeit. Die Mitarbeiter erhalten ein Zeitkonto. Dieses können die Mitarbeiter in Abhängigkeit vom anfallenden Arbeitsumfang mit Stunden auffüllen oder unterschreiten, ohne eine Ober- oder Untergrenze einhalten zu müssen; erst zum Jahresende sollte das Zeitkonto ausgeglichen werden.

Auf diese Weise sollen im Rahmen der »Verbetrieblichung der Tarifpolitik« betriebliche Anforderungen, das Kundeninteresse und persönliche Interessen der Mitarbeiter in Einklang gebracht werden.

Beispiel: Die Hans-Böckler-Stiftung archiviert und analysiert in einem eigenen Arbeitsfeld betriebliche Regelungen. Das Archiv umfasst ca. 4.800 Vereinbarungen (www.boeckler.de).

4.4 Mittel zur Durchsetzung tarifrechtlicher Forderungen

4.4.1 Tarifverhandlungen und Schlichtung

Tarifverhandlungen

Tarifverhandlungen werden notwendig, wenn eine der Vertragsparteien den noch laufenden Tarifvertrag **kündigt.** Danach treten die **Tarifkommissionen** der Vertragsparteien zu Verhandlungen zusammen. Meist steht den Maximalforderungen der Gewerkschaften das Minimalangebot der Arbeitgeberverbände gegenüber. Ziel der oft wochenlangen Verhandlungen ist es, einen Kompromiss zu finden, bei dem beide Seiten dieses Verhandlungsergebnis als Erfolg darstellen können.

Können sich die Vertragsparteien einigen, so kommt es zum Abschluss eines **neuen Tarifvertrages.** Zur Gültigkeit des Tarifvertrages ist **Schriftform** nötig. *TVG § 1*

Der Abschluss, die Änderung und die Aufhebung der Tarifverträge werden in das **Tarifregister** eingetragen, das beim Bundesministerium für Arbeit und Soziales geführt wird. *§ 6*

Tarifgebunden sind die Mitglieder der Tarifvertragsparteien, also die organisierten Arbeitgeber und Arbeitnehmer. *§ 3*

Ein Antrag auf **Allgemeinverbindlichkeit** wird meist nicht mehr gestellt, da die Arbeitgeber den nicht organisierten Arbeitnehmern die gleichen Lohn- und Arbeitsbedingungen einräumen wie den organisierten, um den Betriebsfrieden nicht zu stören. *§ 5*

Können sich die Tarifpartner bei den Verhandlungen nicht einigen, so kommt es zum **Arbeitskampf.**

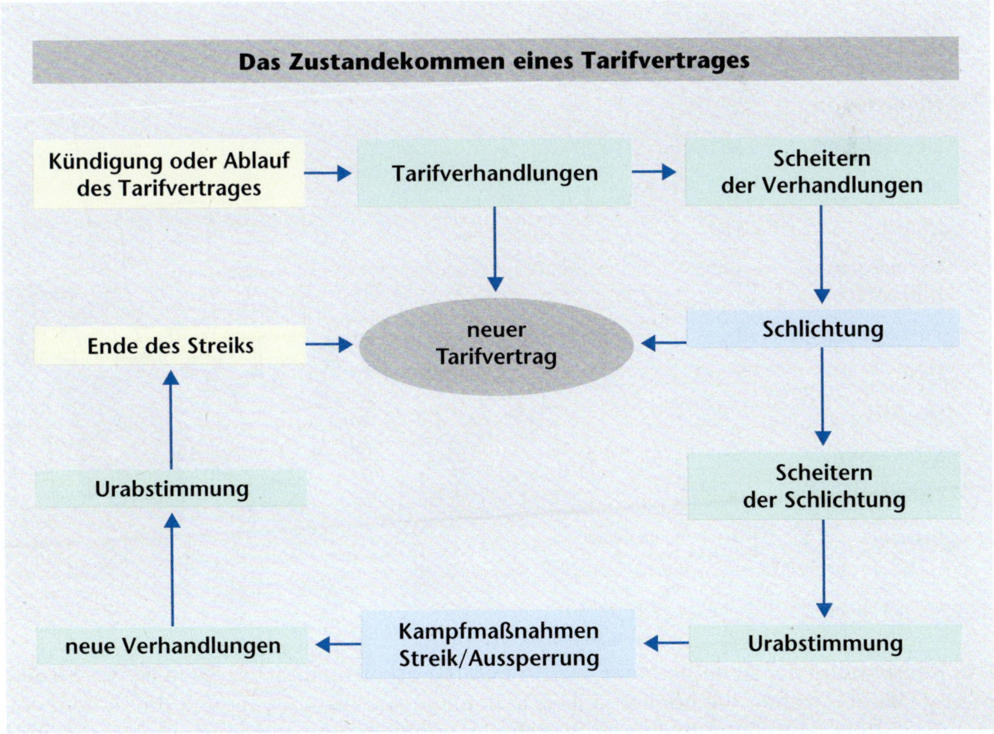

Schlichtung

Zur Verhütung oder Beilegung von Streitigkeiten bei Vertragsverhandlungen zwischen Arbeitgebern und Arbeitnehmern oder deren Verbänden wurde eigens ein Schlichtungswesen geschaffen. Es ist nur für solche Streitigkeiten anwendbar, die nicht der Zuständigkeit der Arbeitsgerichte unterliegen. Seine Aufgabe ist es, eine vertragliche Grundlage zu schaffen, während die Arbeitsgerichte das bestehende Recht auslegen und über Streitigkeiten nach bestehendem Recht entscheiden.

Das **Ausgleichsverfahren** wird von Schlichtungsstellen durchgeführt, deren Besetzung im Tarifvertrag oder in der Betriebsvereinbarung festgelegt ist. Sie sollen angerufen werden, um Meinungsverschiedenheiten zu klären. Wird keine Einigung erzielt, so können Behörden oder anerkannte Persönlichkeiten des öffentlichen Lebens eingeschaltet werden.

4.4.2 Streik und Aussperrung

Streik

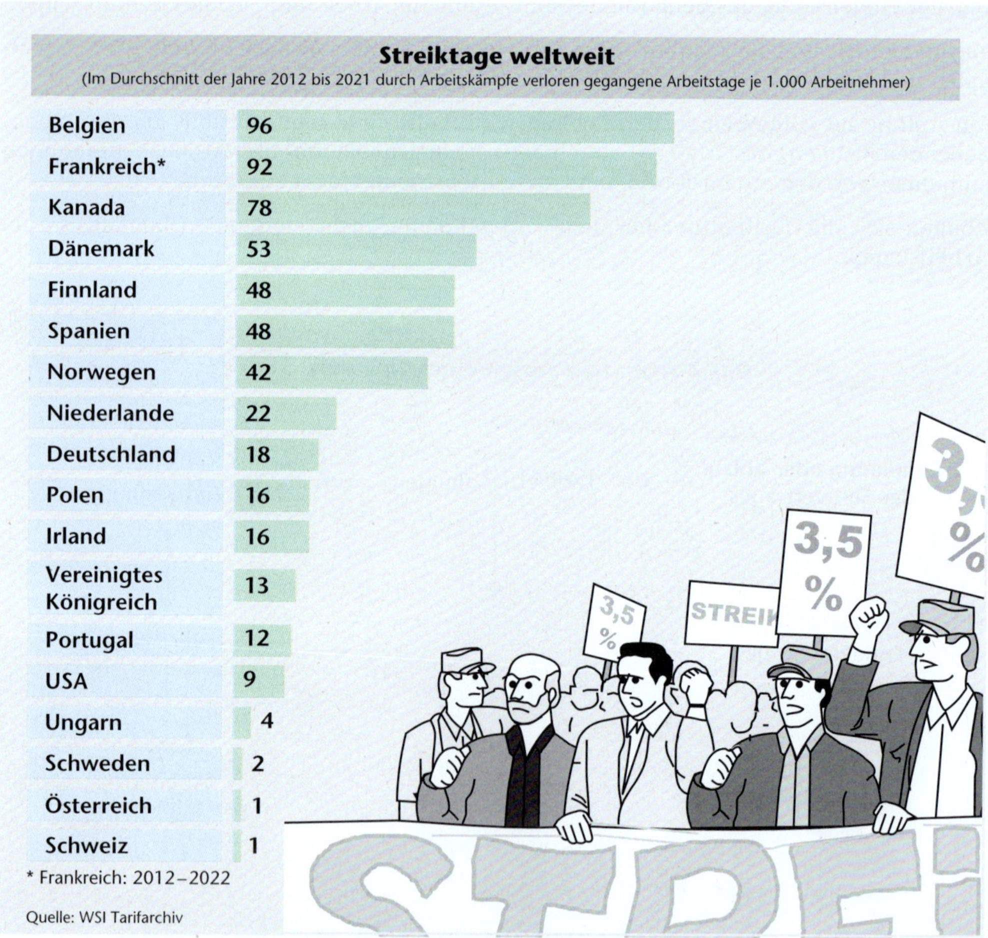

Das Kampfmittel der **Arbeitnehmer** zur Erreichung arbeitsrechtlicher Ziele ist der **Streik.** Man versteht darunter die gemeinsame, planmäßige Arbeitsniederlegung der Arbeitnehmer. Ein Streik kann unter folgenden **Voraussetzungen** geführt werden:

a) **Auslaufen des Tarifvertrages** bzw. Scheitern der Schlichtungsverhandlungen.

b) **Urabstimmung**, d.h., 75 % der abstimmungsberechtigten Gewerkschaftsmitglieder eines Tarifbezirks müssen sich für den Streik entscheiden. Oft muss der Hauptvorstand der Gewerkschaft diesen Beschluss noch genehmigen.

c) **Organisation** des Streiks durch die Gewerkschaft (Tarifvertragspartei).

Treffen diese Voraussetzungen nicht zu, spricht man von »wildem« Streik.

Folgende **Arten des Streiks** sind möglich:

- **Voll- oder Flächenstreik.** Alle Arbeitnehmer eines Tarifgebiets legen die Arbeit nieder.
- **»Mini-Max«-Streik. (Schwerpunktstreik).** Die Gewerkschaft bestreikt mit minimalem Aufwand die Zulieferbetriebe eines größeren Wirtschaftsbereichs, um eine maximale Wirkung zu erzielen.

  Beispiel: Bestreikung der Hersteller von Autobatterien und -kühlern, um die Autoindustrie stillzulegen.
- **Flexi-Streik.** Dabei werden tageweise abwechselnd Betriebe des Fahrzeugbaus, dann der Metall- und Elektroindustrie und schließlich Betriebe des Mittelstandes bestreikt. Die Gewerkschaft will mit diesen Kurzstreiks verhindern, dass es zu einer »kalten Aussperrung« kommt. Zugleich will sie ihre Streikkosten so gering wie möglich halten.
- **Warnstreik.** Kurzfristige Arbeitsniederlegung, um die Streikentschlossenheit zu demonstrieren. Dieser Streik kann auch während der Friedenspflicht stattfinden.

Aussperrung

Das Kampfmittel der **Arbeitgeber** ist die **Aussperrung**, d.h., die vorübergehende Aufhebung der Arbeitsverhältnisse der Arbeitnehmer bestimmter Betriebe oder aller Betriebe einer Branche. Die Aussperrung ist rechtlich nur gültig als Kampfmittel der Arbeitgeber gegen Schwerpunktstreiks der Gewerkschaften. Die Aussperrung ist nur zulässig in einem Umfang, der sich nach dem Grundsatz der Verhältnismäßigkeit richtet **(Übermaßverbot).**

Das Mittel der Aussperrung ist nicht unumstritten. So verbietet die Landesverfassung von Hessen die Aussperrung. Auch haben die Gewerkschaften versucht, durch Verfahren vor dem Bundesarbeits- und Bundesverfassungsgericht die Aussperrung für unzulässig erklären zu lassen.

Wirksamkeit von Arbeitskämpfen

Streik und Aussperrung sind nur wirksam, wenn die jeweiligen Interessenverbände geschlossen und entschlossen für ihre Ziele kämpfen. Außerdem hängt die Wirksamkeit der Arbeitskampfmaßnahmen von der Arbeitsmarktsituation und der Ertragslage der Unternehmen ab. Ist das Angebot an Arbeitskräften knapp und stehen die Arbeitnehmer geschlossen hinter ihrer Gewerkschaft, so werden sie (bei guter Auftrags- und Ertragslage der Unternehmen) ihre Forderungen leicht durchsetzen. Ist dagegen die Auftrags- und Ertragslage der Unternehmen schlecht und herrscht Arbeitslosigkeit, so können hohe Forderungen nicht durchgesetzt werden.

Auswirkungen von Arbeitskämpfen

Die **Arbeitsverhältnisse** der streikenden oder ausgesperrten Arbeitnehmer sind während des Arbeitskampfs unterbrochen. Deshalb erhalten diese keine Arbeitsentgelte. Die Gewerkschaft zahlt an ihre Mitglieder Streikunterstützung, die sich nach der Beitragshöhe und der Mitgliedsdauer richtet. Arbeitswillige haben Anspruch auf Entlohnung. Er entfällt, wenn sie wegen des Streiks nicht beschäftigt werden können.

Um auch privatrechtliche Folgen für einzelne Arbeitnehmer zu vermeiden, bemühen sich die Gewerkschaften, jeden Streik durch einen Vergleich zu beenden, der ein Verbot der Maßregelung und ein Gebot der Wiedereinstellung aller Arbeitnehmer enthält.

Allgemein gesehen können bei einem Arbeitskampf wegen seiner Auswirkungen auf unbeteiligte Dritte negative Reaktionen der Öffentlichkeit erfolgen.

Auswirkungen ergeben sich vor allem dadurch, dass Streiks und Aussperrungen hohe Kosten für die Wirtschaft verursachen.

Spannungen ergeben sich durch die unterschiedlichen Interessenlagen von Großbetrieben einerseits und Klein- und Mittelbetrieben andererseits:

- In der Metallindustrie beschäftigen z. B. Klein- und Mittelbetriebe 80 % der Arbeitnehmer, deren Lohnkostenanteil bis zu 50 % beträgt.
- Nur 20 % der Arbeitnehmer arbeiten in den Großbetrieben, deren Lohnkostenanteil z. T. unter 10 % liegt.
- Gerade aber die Großbetriebe sind in den Tarifverhandlungen richtungsweisend, nicht aber die Klein- und Mittelbetriebe.

Die Gewerkschaften müssen für die streikenden und ausgesperrten Mitglieder Streikgelder bezahlen. Die Unternehmen erleiden Verluste, da keine Erzeugnisse produziert und verkauft werden und die Kunden sich eventuell anderweitig eindecken.

Mit den Tariferhöhungen soll das Einkommen der Arbeitnehmer gesteigert werden. Da bei einer Tarifsteigerung von brutto 100 EUR ca. 40 EUR für Steuern und Sozialversicherungsbeiträge aufzuwenden sind, bleiben für den Arbeitnehmer nur etwa 60 EUR. Den Arbeitgeber kostet es aber 100 EUR brutto, zzgl. ca. 20 EUR Sozialversicherungsbeiträge, also insgesamt ca. 120 EUR.

Werden Forderungen durchgesetzt, die die Unternehmen nicht auffangen oder als zusätzliche Kosten über die Preise abwälzen können, so besteht die Gefahr, dass teurer gewordene Arbeitskräfte durch Maschinen ersetzt werden oder die Produktion ins Ausland verlagert wird.

Können die Unternehmen die erhöhten Arbeitskosten auf die Preise abwälzen, so wird das gewerkschaftliche Ziel, die Realeinkommen der Arbeitnehmer zu erhöhen, nicht erreicht. Dies kann zu neuen Forderungen führen.

Zusammenfassende Übersicht zu Kapitel 4: Mit der Bedeutung von Tarifverträgen auseinandersetzen und die Rolle der Sozialpartner beurteilen

Grundgesetz Art. 9
Tarifautonomie

Sozialpartner

Arbeitnehmerverbände Gewerkschaften

- beruflich-fachliche Aufgaben (z. B. Bildung, Rechtsschutz, Rechtshilfe)
- tarif- und sozialpolitische Aufgaben

Arbeitgeberverbände Unternehmensorganisationen

- beruflich-fachliche Aufgaben (z. B. Beratung, Rechtsschutz, Rechtshilfe)
- tarif- und sozialpolitische Aufgaben

Zusammenwirken

↓

Tarifverträge

Wirkung

- Erfüllungspflicht
- Friedenspflicht
- Nachwirkung

Arten

- nach dem Inhalt (z. B. Rahmentarifvertrag, Lohn- und Gehaltstarifvertrag)
- nach Tarifpartnern (z. B. Haustarifvertrag, Verbandstarifvertrag)
- nach Geltungsbereich (z. B. Werktarifvertrag, Flächentarifvertrag)

Bedeutung

- Schutzfunktion
- Ordnungsfunktion
- Friedensfunktion

Mittel zur Durchsetzung tariflicher Forderungen

Tarifverhandlungen

Schlichtung (neutrale Schlichtungsstelle)

Einigung

Aussperrung (Arbeitgeber)

Unterbrechung des Arbeitsverhältnisses

Streik (Gewerkschaften)

Flächenstreik

Schwerpunktstreik

▶ Aufgaben

1. Warum räumen die Arbeitgeber den nicht organisierten Arbeitnehmern die gleichen Lohn- und Arbeitsbedingungen ein wie den organisierten Arbeitnehmern?
2. Im Wirtschaftsteil der Tageszeitung liest Katja: »Bei den Tarifverhandlungen um einen neuen Manteltarifvertrag sind die Sozialpartner noch zu keiner Einigung gekommen. Beobachter sprechen bereits von Überlegungen über einen Streik.«
   a) Erklären Sie die Begriffe Manteltarifvertrag und Sozialpartner.
   b) Außer den Manteltarifverträgen gibt es weitere Tarifverträge. Wie unterscheiden diese sich inhaltlich und in ihrer Geltungsdauer von Manteltarifverträgen?
   c) Im Zusammenhang mit Tarifverhandlungen fällt oft der Begriff »Tarifautonomie«. Erklären Sie diesen Begriff.
   d) Unter welcher Voraussetzung gilt der Tarifvertrag für alle Arbeitnehmer und Arbeitgeber einer Branche?
3. Beurteilen Sie folgende Fälle:
   a) In einem Einzelarbeitsvertrag vereinbaren Arbeitgeber und Arbeitnehmer, dass der Angestellte auf den Urlaub verzichtet, dafür aber ein Gehalt erhält, das 10 % über dem Tarifgehalt liegt.
   b) Ein Unternehmer verspricht jedem Arbeitnehmer, der nicht der Gewerkschaft angehört, einen um 50 EUR höheren Verdienst.
   c) Eine Gewerkschaft verlangt in Tarifverhandlungen für Gewerkschaftsmitglieder eine Sonderzahlung von 150 EUR.
4. Schlagen Sie im Grundgesetz Art. 9 nach und erläutern Sie, was man unter »Koalitionsfreiheit« versteht.
5. Bereiten Sie mithilfe einer Internetrecherche zum Thema Arbeitslosigkeit eine Podiumsdiskussion vor, in der Argumente aus der Sicht der Arbeitgeber und der Gewerkschaften ausgetauscht werden. Die Podiumsdiskussion soll mit einer Situationsbeschreibung aufgrund aktueller Statistiken (z.B. http://www.destatis.de) eingeleitet werden. Bilden Sie hierzu Gruppen (Vertreter der Arbeitgeber und Gewerkschaften), die unterschiedliche Aufgaben lösen sollen.

   Gruppe Arbeitgeber:

   - Finden Sie heraus, welche Gründe für die Arbeitslosigkeit der Bundesverband Großhandel, Außenhandel, Dienstleistungen e. V. (http://www.bga.de) anführt.
   - Stellen Sie die Maßnahmen dar, durch die die Arbeitslosigkeit aus Sicht des Verbandes verringert werden kann.
   - Vertreten Sie die Position des Verbandes in der Podiumsdiskussion.

   Gruppe Gewerkschaften:

   - Finden Sie heraus, welche Gründe für die Arbeitslosigkeit die Vereinte Dienstleistungsgewerkschaft (http://www.verdi.de) anführt.
   - Stellen Sie die Maßnahmen dar, durch die die Arbeitslosigkeit aus der Sicht von ver.di verringert werden kann.
   - Vertreten Sie die Position von ver.di in der Podiumsdiskussion.
6. Nach gescheiterten Tarifverhandlungen stehen die Gewerkschaften vor der Notwendigkeit, zur Durchsetzung ihrer Forderungen eine **Urabstimmung** durchzuführen und einen **Streik** auszurufen. Für den Fall eines Streiks drohen die Arbeitgeber

mit **Aussperrung.** Stimmen aus dem Kreis der Arbeitnehmer werden laut: »Streik ist Notwehr, Aussperrung ist Terror.«

a) Erklären Sie die fett gedruckten Begriffe.

b) Nehmen Sie Stellung zu der oben wiedergegebenen Aussage der Arbeitnehmer aus der Sicht beider Tarifpartner.

c) Die Gewerkschaften bevorzugen meist den Schwerpunktstreik. Erläutern Sie zwei Vorteile dieser Streikvariante.

d) Welche volkswirtschaftlichen Auswirkungen können mit hohen Lohn- und Gehaltssteigerungen verbunden sein?

e) Welche Gründe sprechen für angemessene Lohn- und Gehaltserhöhungen?

f) Zur Beendigung eines lang währenden Arbeitskampfes wird der Arbeitsminister aufgefordert, die Tariferhöhung endlich festzusetzen. Nehmen Sie aus tarifrechtlicher Sicht dazu Stellung.

7. Die Reifen Roesch GmbH ist Mitglied im regionalen Arbeitgeberverband Großhandel, Außenhandel, Dienstleistungen. Zwischen diesem Arbeitgeberverband und der Gewerkschaft ver.di finden Tarifverhandlungen statt.

a) Für wen würde die im neuen Tarifvertrag vereinbarte Arbeitszeitverkürzung zunächst nur gelten?

b) Erläutern Sie die Voraussetzungen, unter denen die Vereinbarung für die ganze Branche gelten würde.

c) Erläutern Sie die Grundvoraussetzungen, die nach einem Scheitern der Tarifverhandlungen erfüllt sein müssen, wenn die Gewerkschaft ver.di zu einem Streik aufrufen will.

d) Begründen Sie, ob ein Minister zur Beendigung eines Arbeitskampfes mit Ratschlägen in Tarifverhandlungen eingreifen kann.

e) Unter welchen Voraussetzungen kann der Streik abgebrochen und beendet werden?

8. Entwerfen Sie eine Betriebsvereinbarung zu einem der folgenden Themenbereiche:

- Gesundheitsförderung,
- DV-Nutzung,
- flexible Arbeitszeiten.

Recherchieren Sie hierfür zunächst bei der Hans-Böckler-Stiftung nach passenden Auszügen aus Betriebsvereinbarungen (http://www.boeckler.de/). Erstellen Sie anschließend eine Betriebsvereinbarung und präsentieren Sie das Ergebnis Ihren Mitschülern.

5 System der gesetzlichen Sozialversicherung beschreiben

5.1 Gesetzliche Sozialversicherung

In der Bundesrepublik Deutschland ist der **Sozialstaatsgedanke** ein Verfassungsgebot. Ausdrücklich verankert ist der Sozialstaat im Grundgesetz in zwei Artikeln (Art. 20 und 28), die den demokratischen und sozialen Bundes- bzw. Rechtsstaat fordern. Damit ist das Bemühen um einen sozialen Ausgleich zwischen Starken und Schwachen, Armen und Reichen gemeint. Darüber hinaus geht es aber vor allem um ein System der sozialen Sicherung für alle Bevölkerungskreise. In erster Linie tragen dazu die **Sozialversicherungen** bei. Sie bieten Schutz, verhindern Notlagen und sorgen für ein menschenwürdiges Dasein.

Die heutige Sozialversicherung ist in fünf Zweige gegliedert:

Die **Beiträge** zu den Sozialversicherungszweigen richten sich nach den Einkommen der Versicherten, die **Leistungen** sind gesetzlich festgelegt. Danach erhalten in der Kranken- und Pflegeversicherung alle Versicherten einschließlich ihrer nicht selbst versicherten Angehörigen trotz unterschiedlich hoher Beitragszahlungen die gleichen Versicherungsleistungen. In der Renten-, Arbeitslosen- und Unfallversicherung aber finden die unterschiedlichen Beitragszahlungen auch in unterschiedlich hohen Versicherungsleistungen ihren Niederschlag.

Die **Sozialversicherung** leistet in unserem Staat den wichtigsten Teil der sozialen Sicherung. Sie ist eine gesetzliche Versicherung, die weiten Bevölkerungskreisen zur Pflicht gemacht ist, um die Versicherten vor wirtschaftlicher Not im **Alter** und bei **Erwerbsminderung,** bei **Arbeitslosigkeit, Krankheit, Pflegebedürftigkeit und Unfall** zu schützen.

Zweige der Sozialversicherung

Sozialversicherungszweige	Gesetzliche Rentenversicherung	Gesetzliche Arbeitslosenversicherung	Gesetzliche Krankenversicherung	Soziale Pflegeversicherung	Gesetzliche Unfallversicherung
Rechtsgrundlagen	Grundlage des Sozialversicherungsrechts ist das **Sozialgesetzbuch (SGB)**. Es besteht aus 12 Teilbüchern.				
	SGB, Buch 6 §§ 1–321	SGB, Buch 2 und 3 §§ 1–69 bzw. §§ 1–434	SGB, Buch 5 §§ 1–307	SGB, Buch 11 §§ 1–112	SGB, Buch 7 §§ 1–221
Sozialgerichtsbarkeit	Ist ein Versicherter mit dem Bescheid eines Sozialversicherungsträgers nicht einverstanden, so kann er Widerspruch erheben. Gegen einen darauf ergehenden Widerspruchsbescheid kann er beim **Sozialgericht** klagen. Gegen Urteile des Sozialgerichts ist die Berufung beim **Landessozialgericht** und gegen dessen Urteil Revision beim **Bundessozialgericht** in Kassel möglich.				
Sozialversicherungsträger	Alle Sozialversicherer haben die Rechtsform einer **Körperschaft des öffentlichen Rechts** und somit das Recht der Selbstverwaltung.				
	Deutsche Rentenversicherung Bund	Bundesagentur für Arbeit	Allgemeine Ortskrankenkassen (AOK), Innungs-, Betriebskrankenkassen, Ersatzkassen, u.a.	Pflegekassen, die von den Organen der Krankenkassen mitbetreut werden.	Berufsgenossenschaften und Unfallversicherungsanstalten von Bund, Ländern, Gemeinden, von Bahn, Post und Telekom.
Versicherte	**Versicherungspflichtige:** Alle gegen Entgelt beschäftigten Arbeiter und Angestellten, arbeitnehmerähnliche Selbstständige (mit der Möglichkeit der Befreiung), in die Handwerksrolle eingetragene Handwerker u. a. **Freiwillig Versicherte:** Alle nicht versicherungspflichtigen Personen ab Vollendung des 16. Lebensjahres. **Nachversicherte:** Dies sind Personen, die versicherungsfrei oder von der Versicherungspflicht befreit waren, z. B. Beamte auf Zeit, wenn sie ohne Anspruch auf Versorgung aus ihrer Beschäftigung ausgeschieden sind.	**Versicherungspflichtig** sind v. a. Personen, die – gegen Arbeitsentgelt oder – zu ihrer Berufsausbildung beschäftigt sind. **Versicherungsfrei** sind u. a. Beamte, Richter, Berufssoldaten.	**Versicherungspflicht:** Es besteht eine allgemeine **Versicherungspflicht,** d. h., jeder muss in einer privaten oder gesetzlichen Krankenkasse versichert sein. Arbeitnehmer, deren Arbeitsentgelt in den letzten drei Jahren die Jahresarbeitsentgeltgrenze (2024 = 69.300 EUR) nicht überschritten hat, sowie Auszubildende, Studenten, Wehr- und Zivildienstleistende u.a. sind in der gesetzlichen Krankenkasse versicherungspflichtig.	**Versicherungspflichtig** sind alle in der gesetzlichen Krankenversicherung pflichtgemäß und freiwillig Versicherten. **Versicherungsfrei** sind Personen, die eine private Pflegeversicherung abgeschlossen haben, deren Leistungsumfang dem der sozialen Pflegeversicherung entspricht.	**Versicherungspflichtige:** Alle gegen Entgelt beschäftigten Arbeitnehmer. Auszubildende und Lernende während der beruflichen Fortbildung. Kinder in Kindergärten, Schüler während der Schulzeit, Studierende während der Aus- und Fortbildung an Fachhochschulen und Hochschulen u. a.

Sozialversicherungszweige	Gesetzliche Rentenversicherung	Gesetzliche Arbeitslosenversicherung	Gesetzliche Krankenversicherung	Soziale Pflegeversicherung	Gesetzliche Unfallversicherung
Sozialversicherungsleistungen	**Leistungen zur Rehabilitation:** Medizinische, berufsfördernde (z. B. Umschulungen), ergänzende (z. B. Haushaltshilfe) und sonstige Leistungen (z. B. zur Wiedereingliederung in das Erwerbsleben), Übergangsgeld. **Rentenzahlungen:** – Regelaltersrente ab Vollendung des 67. Lebensjahres. Bestimmte Personengruppen (langjährig Versicherte, schwerbehinderte Menschen, langjährig unter Tage beschäftigte Bergleute) können schon vor Vollendung des 67. Lebensjahres eine Altersrente beziehen. Unter Inkaufnahme von Rentenminderungen können Arbeitnehmer vor Erreichen der Altersgrenze Altersrente beziehen. – Grundrente – Renten wegen teilweiser bzw. voller Erwerbsminderung für Versicherte, die außerstande sind, täglich mindestens 6 bzw. 3 Stunden erwerbstätig zu sein. – Witwen- und Witwer-, Erziehungs- oder Waisenrenten.	**Arbeitslosengeld** je nach Dauer des Versicherungspflichtverhältnisses für längstens 24 Monate, 67 % vom pauschalierten Nettoarbeitsentgelt, für Kinderlose 60 %. **Bürgergeld** wird gewährt, wenn kein Anspruch auf Arbeitslosengeld sowie Bedürftigkeit besteht. **Berufsberatung** sowie **Ausbildungs- und Arbeitsvermittlung** und diese unterstützende Leistungen. **Gründungszuschuss** zur Aufnahme einer selbstständigen Tätigkeit. **Berufsausbildungsbeihilfe** **Kurzarbeitergeld** und **Saison-Kurzarbeitergeld** **Insolvenzgeld**	**Verhütung von Krankheiten,** u.a. durch Vorsorgebehandlung von Geschwächten sowie Vorsorgekuren für Mütter und Väter. **Regelmäßige Gesundheitsuntersuchungen** zur Früherkennung von Krankheiten. **Krankenbehandlung:** Ärztliche und zahnärztliche Behandlung, Arznei-, Verband-, Heil- und Hilfsmittel, Zuschüsse bei Zahnersatz, häusliche Krankenpflege, Haushaltshilfe, Krankenhausbehandlung, Kuren. **Krankengeld** ab der 7. Woche in Höhe von 70 % des regelmäßigen Arbeitsentgelts. **Kosten des Krankentransports**	**Häusliche Pflege:** – Sachleistungen in Form von Hilfen stündlich bis rund um die Uhr bei der Körperpflege, Ernährung, Mobilität, hauswirtschaftlichen Versorgung. – Pflegegeld für selbstbeschaffte Pflegehilfen. – Vergütung für die Beratung durch Pflegeeinrichtungen. **Teilstationäre Pflege:** Tages- und Nachtpflege bzw. Kurzzeitpflege, wenn häusliche Pflege (vorübergehend) nicht sichergestellt werden kann. **Stationäre Pflege:** – pflegebedingte Aufwendungen, – Aufwendungen der sozialen Betreuung. Die Kosten der Unterkunft und Verpflegung müssen die Pflegebedürftigen selbst tragen.	**Heilbehandlung und Verletztengeld** (entspricht Krankengeld) als Ersatzeinkommen während der Behandlung. Leistungen zur **Förderung der beruflichen und sozialen Rehabilitation.** **Pflegegeld** während der verletzungsbedingten Hilflosigkeit. **Renten** für Versicherte, deren Erwerbsfähigkeit um mind. 20 % gemindert ist. **Leistungen an Hinterbliebene** in Form von Sterbegeld, Überführungskosten an den Bestattungsort sowie Hinterbliebenenrente. **Abfindung mit einer Gesamtvergütung** statt Rentenzahlung an Versicherte und Hinterbliebene (Kapitalabfindung). Maßnahmen zur **Verhütung** von **Arbeitsunfällen** und **Berufskrankheiten** sowie **arbeitsbedingte Gesundheitsgefahren.**
Sozialversicherungsbeiträge	18,6 % vom Bruttoverdienst	2,6 % vom Bruttoverdienst	14,6 %** vom Bruttoverdienst	4,0 %*** vom Bruttoverdienst	Die Beiträge sind allein vom Arbeitgeber zu tragen. Ihre Höhe wird durch ein Umlageverfahren ermittelt, das den mit der Arbeit verbundenen Gefahrenumständen Rechnung trägt.
	höchstens aber von der Beitragsbemessungsgrenze 2024: 7.550 EUR pro Monat*		**2024: 5.175,00 EUR pro Monat**		
	Arbeitgeber und Arbeitnehmer tragen **je die Hälfte.** Die Geringverdienergrenze von 325 EUR, bis zu welcher der Arbeitgeber die kompletten Sozialversicherungsbeiträge allein trägt, gilt nur noch für Auszubildende, Praktikanten und für Teilnehmer am freiwilligen sozialen und ökologischen Jahr. Für geringfügig Beschäftigte (538 EUR) muss der Arbeitgeber eine Pauschale abführen.				

*** 7.450,00 EUR für neue Bundesländer; ** zzgl. eines Zusatzbeitrages zur Krankenversicherung;**
***** Kinderlose über 23 Jahre zahlen zusätzlich 0,6 %, der Arbeitnehmeranteil bei größeren Familien sinkt, gestaffelt nach der Anzahl der Kinder**

5.2 Probleme der Sozialversicherung

Bereits gegenwärtig haben die Sozialversicherungszweige mit Problemen zu kämpfen. Grundsätzlich geht es dabei um die Frage der Finanzierbarkeit ihrer Leistungen. Alle Voraussagen deuten auf eine Zunahme der Probleme hin. Deshalb werden Reformmöglichkeiten diskutiert. Die möglichen Lösungen müssen einerseits die Finanzierbarkeit sichern und andererseits die Sicherheit und den Schutz der Bevölkerung gewährleisten.

Probleme am Beispiel der gesetzlichen Rentenversicherung

Die Rentenversicherung ist auf der Grundlage des »Generationenvertrages« aufgebaut. Probleme ergeben sich aus einer laufenden Abnahme der beitragszahlenden erwerbstätigen Bevölkerung und aus der Zunahme der nicht im Arbeitsleben stehenden zu versorgenden Menschen.

▶ Rentendynamik und Finanzierungsprobleme

Grundsatz der gesetzlichen Rentenversicherung ist eine alljährlich durch Rentenanpassungsgesetze an die allgemeine Kaufkraft- und Einkommensentwicklung angeschlossene Versorgung der Rentner. Dadurch werden die Rentner, genau wie die erwerbstätige Bevölkerung, an der Entwicklung des Nationaleinkommens beteiligt. Die Rentenerhöhungen richten sich nach den Produktivitätssteigerungen der Wirtschaft. Eine solchermaßen an das Wirtschaftswachstum angepasste Rente nennt man »**dynamische Produktivitätsrente**«.

Diese Leistungsdynamik wirft jedoch bei abnehmendem Wirtschaftswachstum, bei lang anhaltender Arbeitslosigkeit sowie bei Geburtenrückgang einerseits und längerer Lebenserwartung (»Rentenberg«) andererseits erhebliche Finanzierungsprobleme auf.

▶ Probleme aus dem Generationenvertrag

Wer im Alter eine Rente beziehen möchte, müsste normalerweise das für die Rentenauszahlung notwendige Kapital selbst angespart haben. Das Risiko einer solchen Regelung bestünde aber darin,

- dass sich bei inflationärer Entwicklung die Kaufkraft der Rente laufend vermindert und
- dass die rentenbeziehende Person ab ihrem Eintritt in das Rentenalter nicht mehr an der allgemeinen Einkommensentwicklung teilnimmt.

„Mittelfristig alles o.k. Junge. – Aber den trägst du, wenn du groß bist!"

© Schöpper, Rudolf - [Münster, Westf.], 12.06.[19]86; Universitäts- und Landesbibliothek Münster, N. Schöpper K 12,057

Mit der »dynamischen Produktivitätsrente« hat man diese Probleme zugunsten der Rentner zu lösen versucht. Obwohl sie Beiträge nach den wirtschaftlichen Gegebenheiten der Vergangenheit gezahlt haben, erhalten sie Leistungen nach den Erfordernissen der Gegenwart. Dies ist nur dadurch möglich, dass man die jeweils laufenden Leistungen für die Rentner aus den jeweils laufenden Beiträgen der Erwerbstätigen finanziert. Die gegenwärtig arbeitende Generation versorgt also die frühere, gegenwärtig nicht mehr arbeitende Generation. Außerdem müssen die arbeitenden Menschen für die in Gestalt der Kinder und Jugendlichen nachwachsende und noch nicht arbeitende künftige Generation aufkommen. Diese »Vereinbarung« unter den arbeitenden und nicht mehr bzw. noch nicht arbeitenden Menschen nennt man »**Generationenvertrag**«.

Probleme für den Vertrag zwischen den Generationen ergeben sich aus einer zunehmenden Überalterung der Bevölkerung.

Während die Anzahl und das Lebensalter der Rentner laufend zunehmen, wird die Zahl der Erwerbstätigen aufgrund des Geburtenrückgangs und der zunehmenden Automatisierung eher kleiner. Für die Zukunft ist für die Erwerbstätigen mit einem starken Anstieg der Alterslast zu rechnen.

Auch die anderen Zweige der Sozialversicherung haben vergleichbare Probleme. Auf der einen Seite nehmen die Ausgaben für beanspruchte Leistungen zu, da es u. a. immer mehr Leistungsempfänger gibt und die Kosten für bestimmte Leistungen steigen. Auf der anderen Seite sinken die Einnahmen der Sozialversicherung, u. a. bedingt durch weniger Erwerbstätige. Hieraus ergibt sich ein Reformbedarf des Sozialversicherungssystems und damit verbunden auch die Notwendigkeit der privaten Vorsorge bzw. Absicherung.

Reformansätze für die gesetzliche Rentenversicherung

Eine Lösung der beschriebenen Probleme kann nur dann ohne soziale Spannungen erreicht werden, wenn beide Seiten, die Erwerbstätigen und die Rentner, gemeinsam die Finanzierungsfrage angehen. Maßvolle Beitragserhöhungen und eine maßvolle Senkung des Rentenniveaus müssen einander ergänzen.

Hierfür werden verschiedene Vorschläge diskutiert:

- Wesentliche Erhöhungen der Versicherungsbeiträge (2024 = 18,6 %, Prognose für 2040 bis zu 22 %),
- allgemeine Senkung des Rentenniveaus um 10 bis 15 %,
- Anhebung der Altersgrenze für die Rente über das 67. Lebensjahr hinaus,
- Erhöhung der Bundeszuschüsse für die Rentenversorgung,
- Aufbau eines Stiftungsvermögens durch den Bund (»Generationenkapital«), mit dem langfristig das Rentensystem finanziell gesichert werden soll.
- Umstellung von der beitrags- zur steuerfinanzierten Rente.

Eine Lösung, wie die Rentenlast getragen werden kann, muss aus einer Kombination verschiedener Lösungsmöglichkeiten bestehen.

5.3 Dreischichtenmodell der Alterssicherung

Die künftigen Rentner werden sich darauf einstellen müssen, dass die gesetzliche Rentenversicherung ihnen nur noch eine Grundsicherung (gesetzliche Altersvorsorge) bietet, die durch betriebliche (betriebliche Altersvorsorge) und eigenverantwortliche Altersvorsorge (private Vorsorge) erweitert werden sollte. Man nennt eine solche Vorsorge auch das **»Dreischichtenmodell der Alterssicherung«.**

Das Dreischichtenmodell der Alterssicherung

Gesetzliche Altersvorsorge	Betriebliche Altersvorsorge	Private Vorsorge
Staat	Unternehmen/ Arbeitgeber	Arbeitnehmer

5.3.1 Gesetzliche Altersvorsorge

Die gesetzliche Rentenversicherung wird zukünftig nicht mehr in der Lage sein, allen Rentnern eine Rente zu zahlen, die es ihnen ermöglicht, den Lebensstandard zu halten, den sie als Erwerbstätige hatten. Deswegen werden die Rentenzahlungen der gesetzlichen Rentenversicherung nur noch eine Grundvorsorge (gesetzliche Altersvorsorge) bilden, die den Rentnern das Existenzminimum sichert.

Die **Grundsicherung** im Alter und bei Erwerbsminderung ist seit dem 1. Januar 2003 in Deutschland gesetzlich festgeschrieben. Sie wird Personen gewährt, die durch Alter oder Erwerbsminderung auf Dauer aus dem Erwerbsleben ausgeschieden sind und ihren Lebensunterhalt nicht selbst bestreiten können. *SGB XII §§ 41 ff.*

5.3.2 Betriebliche Altersvorsorge

Bei der **betrieblichen Altersversorgung** sichert der **Arbeitgeber** seinem Arbeitnehmer **Versorgungsleistungen** bei Erreichen der Altersgrenze, im Falle der Invalidität oder im Todesfalle zu. *BetrAVG § 1*

Die betriebliche Altersversorgung kann in Form einer **direkten Zusage** des Arbeitgebers erfolgen. Dabei verpflichtet sich der Arbeitgeber durch die Bildung von Pensionsrückstellungen, seinen Mitarbeitern später direkt eine Rente zu zahlen. Alternativ dazu kann der Arbeitgeber die betriebliche Alterversorgung auch durch rechtlich selbstständige Unternehmen durchführen lassen. Diese Unternehmen treten als **Unterstützungskasse, Pensionskasse, Pensionsfonds** oder **Direktversicherung** am Markt auf. Die Beiträge für die betriebliche Altersversorgung werden vom Arbeitgeber und/oder vom Arbeitnehmer getragen.

5.3.3 Private Vorsorge

Der privaten Vorsorge kommt angesichts der zunehmenden Probleme der gesetzlichen Sozialversicherung eine besondere Bedeutung zu. Durch die Einschränkung der Leistungen aus der gesetzlichen Sozialversicherung reichen diese häufig nicht mehr aus und müssen durch eigene Leistungen ergänzt werden.

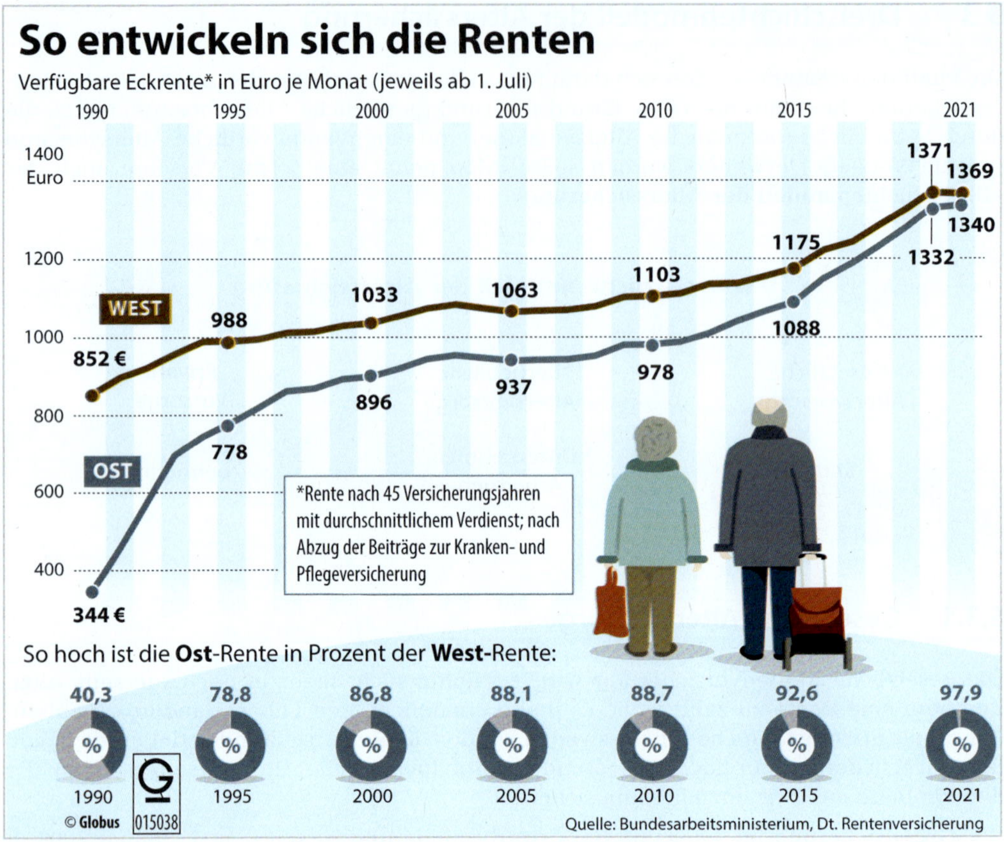

Die gesetzliche Rentenversicherung war nie als Vollversorgungssystem gedacht. Die monatliche **Rentenzahlung** deckt auch bei einer Beitragszahlung von 45 Versicherungsjahren nur einen Teil des Bruttoeinkommens ab.

Beispiel: Bei einem monatlichen Bruttoeinkommen von 2.000 EUR kann der Versicherungsnehmer mit einer Rente von etwa 900 EUR rechnen.

Für ein realistisch anzustrebendes **Versorgungsziel** bietet sich derjenige Teil des Einkommens an, über den jeder Arbeitnehmer tatsächlich verfügen kann. Das ist im Normalfall das Nettoeinkommen. Da die Abzüge (Steuern und Sozialversicherungsbeiträge) vom Bruttoeinkommen zurzeit mindestens 35 % betragen, können deshalb 65 % vom Bruttogehalt als Versorgungsziel dienen.

Beispiel: Bei einem monatlichen Bruttoeinkommen von 2.000 EUR ist ein monatliches Versorgungsziel von 1.300 EUR anzustreben.

Die entstehende Differenz zwischen Versorgungsziel und der Rente aus der gesetzlichen Rentenversicherung wird **Versorgungslücke** genannt. Sie entsteht bei den Renten wegen Alters und wegen Erwerbsminderung.

Beispiel: Die monatliche Versorgungslücke von 400 EUR entsteht bei einem Versorgungsziel von 1.300 EUR und einer gesetzlichen Rentenzahlung von 900 EUR.

Private Vorsorgemaßnahmen müssen also die finanzielle Absicherung aus der gesetzlichen Rentenversicherung **ergänzen.**

Berufsunfähigkeit

Bei Berufsunfähigkeit (BU) denkt man oft zuerst an Unfallfolgen. In jungen Jahren mag das zutreffend sein. Doch insgesamt sind Erkrankungen die häufigste Ursache.

Ursachen für Berufsunfähigkeit

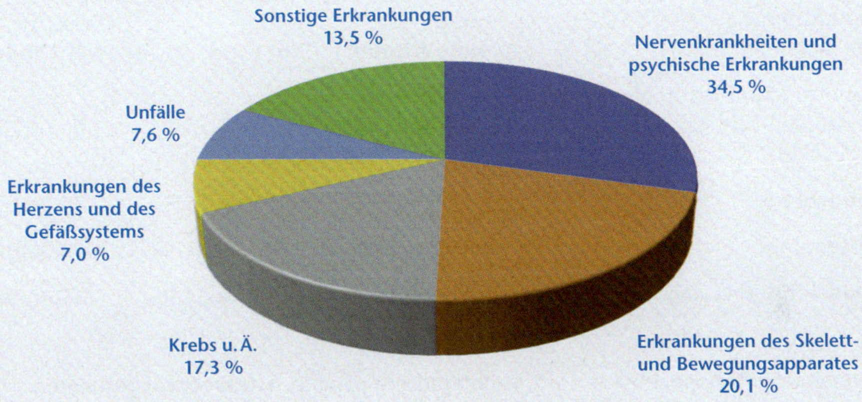

Quelle: Helberg Versicherungsmakler, Stand 4/2024

Mindestens jeder vierte Erwerbstätige in Deutschland ist vor Erreichen des Rentenalters zumindest einmal in seinem Arbeitsleben berufsunfähig. Dadurch können sie ihren Beruf nicht ausüben. Sie sind aber nicht erwerbsunfähig, sofern sie einer anderen Erwerbstätigkeit nachgehen können. Damit sind sie vermindert erwerbsfähig. Jährlich sind mehr als 400.000 Bundesbürger **aufgrund von schweren Unfällen oder Krankheiten** so stark behindert, dass sie eine Rente wegen verminderter Erwerbsfähigkeit beantragen müssen.

Beispiel: Ein kaufmännischer Angestellter erleidet einen Bandscheibenvorfall und kann in seinem Beruf nicht mehr arbeiten. Der Rentenversicherungsträger legt fest, dass er aber durchaus noch mehr als 6 Stunden an einer Kinokasse sitzen kann. Er erhält keine Leistungen.

Fast alle privaten Versicherer bieten inzwischen **Berufsunfähigkeitsversicherungen** an, meist als Berufsunfähigkeits-Zusatzversicherung in Kombination mit Risiko-, Kapital- oder privaten Rentenversicherungen. Generell gilt dabei: Je jünger ein Versicherter ist, desto günstiger sind die Vertragskonditionen. Allerdings hängt der Beitrag in hohem Maß vom ausgeübten Beruf ab. Da jede Versicherungsgesellschaft ihre Bedingungen selbst festlegen kann, sollte man vor Abschluss einer privaten BU-Versicherung nicht nur die Preise sorgfältig vergleichen, sondern auch die Vertragsklauseln genau prüfen.

Beispiele:

1. Ein späterer Wechsel in einen gefährlichen Beruf oder die Aufnahme eines gefährlichen Hobbys muss angezeigt werden **(Anzeigepflicht bei Berufswechsel).**
2. Die Leistungspflicht wird davon abhängig gemacht, ob eine Behandlung, die der Versicherer vorschlägt, durchgeführt wird **(Arztanordnungsklausel).**

3. Versicherer können selbst dann leisten, wenn eine Berufsunfähigkeit durch eigene Fahrlässigkeit verursacht wurde **(Leistungspflicht bei Fahrlässigkeit).**

Private Altersvorsorge

Seit dem Jahr 2002 fördert der Staat Arbeitnehmer, die sich zusätzlich zur gesetzlichen Rente eine **private kapitalgedeckte Altersvorsorge (»Riester-Rente«)** aufbauen. Die **Förderung** besteht aus einer **Grundzulage** und einer **Kinderzulage.** Diese ist abhängig vom Geburtsjahr des Kindes (vor 2008 geborene Kinder = 185 EUR, ab 2008 geborene Kinder = 300 EUR) Um in den Genuss der staatlichen Förderung zu kommen, müssen bestimmte **Eigensparleistungen** (Mindesteigenbeiträge) erbracht werden.

Jahreseinkommen (jeweils 20.000,00 EUR)	**ledig, ohne Kinder**	**ledig, ein Kind**	**verheiratet, zwei Kinder**
Anlagebetrag zum Erreichen der maximalen Riester-Zulagen (4 % pro Jahr)*	800,00 EUR	800,00 EUR	800,00 EUR
– Grundzulage	175,00 EUR	175,00 EUR	175,00 EUR
– Kinderzulage	0,00 EUR	300,00 EUR	600,00 EUR
= Mindesteigenbeitrag	**635,00 EUR**	**335,00 EUR**	**25,00 EUR**

* Höchstbetrag pro Jahr: 2.100 EUR

Das »Altersvermögensgesetz« fördert verschiedene private **Altersvorsorgeformen:**

- Rentenversicherungen,
- Fonds- und Banksparpläne,
- Einsatz von Wohneigentum.

Die Altersvorsorgeverträge werden staatlich gefördert, wenn sie sich einer Prüfung (Zertifizierung) unterziehen. Den Abschluss einer zertifizierten Anlageform können Arbeitnehmer auch über ihr Unternehmen tätigen. Sie können dann ihre Eigensparleistung direkt durch die Umwandlung von Lohn- oder Gehaltsanteilen einbringen.

**Zusammenfassende Übersicht zu Kapitel 5:
System der gesetzlichen Sozialversicherung beschreiben**

GG Art. 20 (1): Die Bundesrepublik Deutschland ist ein demokratischer und **sozialer Bundesstaat.**

Zweige der Sozialversicherung

Arbeitslosenversicherung	Rentenversicherung	Krankenversicherung	Pflegeversicherung	Unfallversicherung
grundsätzlich: – Pflichtversicherung bis Jahresarbeitsentgeltgrenze – Beitragsleistung: Arbeitnehmer und Arbeitgeber – Beitragsleistung bis Beitragsbemessungsgrenze				Beitragsleistung: Arbeitgeber

Probleme der Sozialversicherung
(Beispiel: Rentenversicherung)

Altersaufbau der Gesellschaft → Generationenvertrag

→ steigende Lebenserwartung
→ Rückgang der Geburten
→ sinkendes Renteneintrittsalter

↳ **Versorgungslücken**

⇩

Das Dreischichtenmodell der Alterssicherung

Gesetzliche Altersvorsorge	Betriebliche Altersvorsorge	Private Vorsorge
Reformvorschläge: – Erhöhung der Beiträge – Senkung der Renten – Anhebung der Altersgrenze – Staatszuschüsse	– Pensionskasse – Direktversicherung	– kapitalgedeckte Rente (Riester-Rente) – Fondssparen – Wohneigentum – Berufsunfähigkeitsversicherung

▶ Aufgaben

1. »Mein Gedanke war, die arbeitenden Klassen zu gewinnen, oder soll ich sagen zu bestechen, den Staat als soziale Einrichtung anzusehen, die ihretwegen besteht und für ihr Wohl sorgen möchte.« (Reichskanzler Otto von Bismarck).

   Welchen Grund für die Einrichtung der Sozialversicherung in den 1880er-Jahren entnehmen Sie der Aussage Bismarcks?
2. Nehmen Sie zu nachfolgenden Behauptungen Stellung:

   a) »Sozialversicherung bedeutet für den Einzelnen Einkommensbindung.«

   b) »Die Sozialversicherung entlastet den Staat.«
3. In Deutschland sind die Sozialversicherungen Pflichtversicherungen. In anderen Ländern hingegen ist es jedem weitestgehend freigestellt, ob er sich entsprechend versichert oder nicht. Diskutieren Sie die Vor- und Nachteile dieser unterschiedlichen Systeme am Beispiel der Krankenversicherung.
4. Welches ist der jüngste Zweig der Sozialversicherung?
5. Recherchieren Sie den Begriff der Beitragsbemessungsgrenze.
6. Welche Unterstützung erhält jemand, der aus wirtschaftlichen Gründen des Unternehmens nicht voll beschäftigt werden kann?
7. Für welchen Zweig der Sozialversicherung muss allein der Unternehmer Beiträge abführen?

II Kompetenzbereich II – Wirtschaftliches Handeln in der sozialen Marktwirtschaft analysieren

1 Die wechselseitigen Beziehungen der Wirtschaftssubjekte darstellen und analysieren

1.1 Modell des Wirtschaftskreislaufs

Eine Volkswirtschaft besteht aus einer Vielzahl handelnder Akteure, zwischen denen vielfältige Beziehungen bestehen: Unternehmen stellen Güter und Dienstleistungen her, die sie auf Märkten anbieten. Menschen fragen diese Güter nach, um ihre Bedürfnisse zu befriedigen. Der Staat erhebt Steuern von den Unternehmen und Haushalten und stellt Güter und Dienstleistungen zur Verfügung.

Der Wirtschaftskreislauf dient einer übersichtlichen Darstellung der handelnden Akteure in einer Volkswirtschaft. Damit bei der Vielzahl der Akteure und den Transaktionen zwischen diesen der Überblick nicht verloren geht, werden diese zu Wirtschaftssubjekten oder Sektoren zusammengefasst.

1.1.1 Einfacher Wirtschaftskreislauf

Im einfachen Wirtschaftskreislauf treten lediglich **Unternehmen** und **Haushalte** auf. Beide können sowohl Anbieter als auch Nachfrager nach Gütern und Dienstleistungen sein.

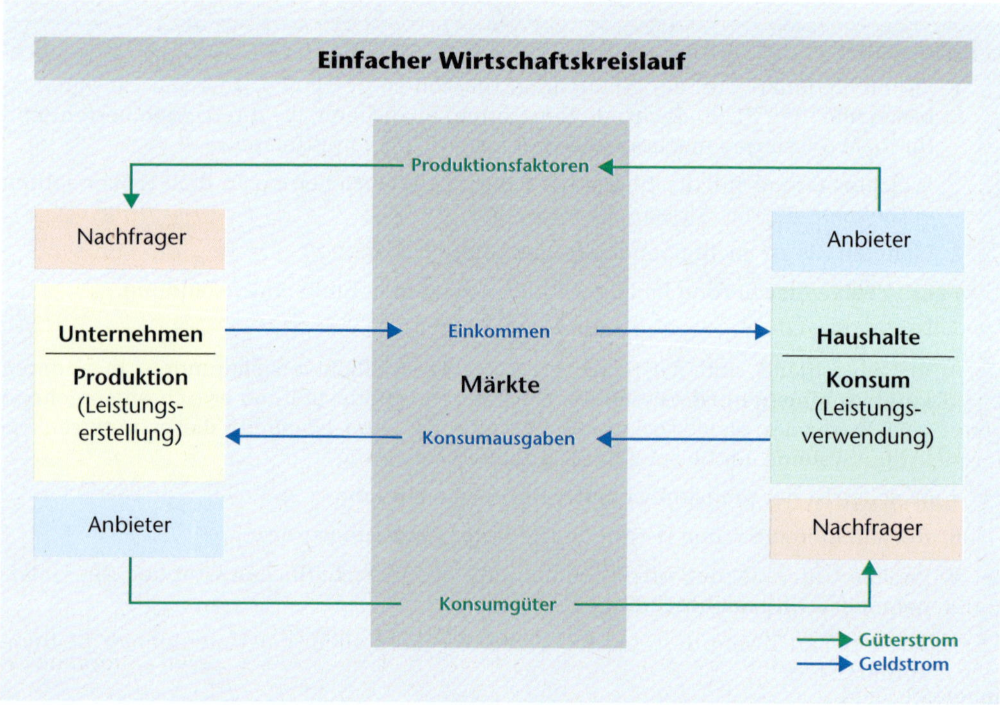

▶ **Unternehmen**

Sie produzieren Güter und Dienstleistungen (Leistungserstellung). Um diese Leistungen produzieren zu können, fragen die Unternehmen die betriebswirtschaftlichen Produktionsfaktoren Arbeit, Roh-, Hilfs- und Betriebsstoffe und Betriebsmittel nach.

Beispiel: Ein Industrieunternehmen benötigt zur Herstellung von Sitzmöbeln Mitarbeiter, den Rohstoff Holz, die Hilfsstoffe Schrauben und Leim sowie eine Werkhalle und Maschinen.

Unternehmen treten auf den Märkten als **Nachfrager** nach **Produktionsfaktoren** (Arbeitsleistungen und sachliche Mittel) auf. Gleichzeitig sind sie **Anbieter** von **Gütern und Dienstleistungen.**

Sie bestimmen ihre Geschäftstätigkeit selbst und orientieren sich dabei über die Preise an der Nachfrage am Markt.

Beispiel: Im Bereich mobile Kommunikation herrscht ein Preiskampf für Smartphones. Der Großhandel auf der Absatzseite ist davon ebenso betroffen wie der Großhandel im Beschaffungbereich für Rohstoffe zur Herstellung von Geräten. Auf allen Stufen führt der Kostendruck dazu, die Kosten zu senken oder die Gewinnspanne zu reduzieren.

Wesentliche Merkmale der Unternehmen sind die Absicht, maximalen Gewinn zu erzielen und die Bereitschaft, das Unternehmerrisiko zu übernehmen.

▶ **Haushalte**

Die von den Unternehmen produzierten Konsumgüter und Dienstleistungen werden von den Haushalten konsumiert (Leistungsverwendung).

Haushalte treten auf den Märkten als **Anbieter** von **Produktionsfaktoren** und als **Nachfrager** nach **Konsumgütern** auf.

Sie finanzieren ihren Konsum aus Einkommen, das sie durch die Bereitstellung von Produktionsfaktoren bezogen haben.

1.1.2 Erweiterter Wirtschaftskreislauf

Im erweiterten Wirtschaftskreislauf kommen neben den **Unternehmen** und **Haushalten** noch der **Staat,** das **Ausland** sowie **Kapitalsammelstellen** als Sektoren hinzu.

Der **Staat** tritt über den Bund, die Länder und Gemeinden als Anbieter und Nachfrager von Gütern und Dienstleistungen auf.

Die **Kapitalsammelstellen** (Banken, Versicherungen und Bausparkassen) sammeln die Ersparnisse der privaten Haushalte, der Unternehmen und des Staates. Sie werden den Unternehmen zu Investitionszwecken zur Verfügung gestellt.

Innerhalb des Sektors der Unternehmen führen die Außenhandelsbetriebe die wirtschaftlichen Beziehungen zum **Ausland** als Außenhandelspartner.

Im Normalfall wächst die Wirtschaft von Jahr zu Jahr. Zu diesem Zweck müssen neue Produktionsanlagen geschaffen werden. Die Vergrößerung und Verbesserung des Produktionsapparates setzt voraus, dass die Konsumenten nicht alles erworbene Geld konsumieren, sondern einen Teil davon sparen, d. h., Kapital bilden, das dann in den Unternehmen investiert wird.

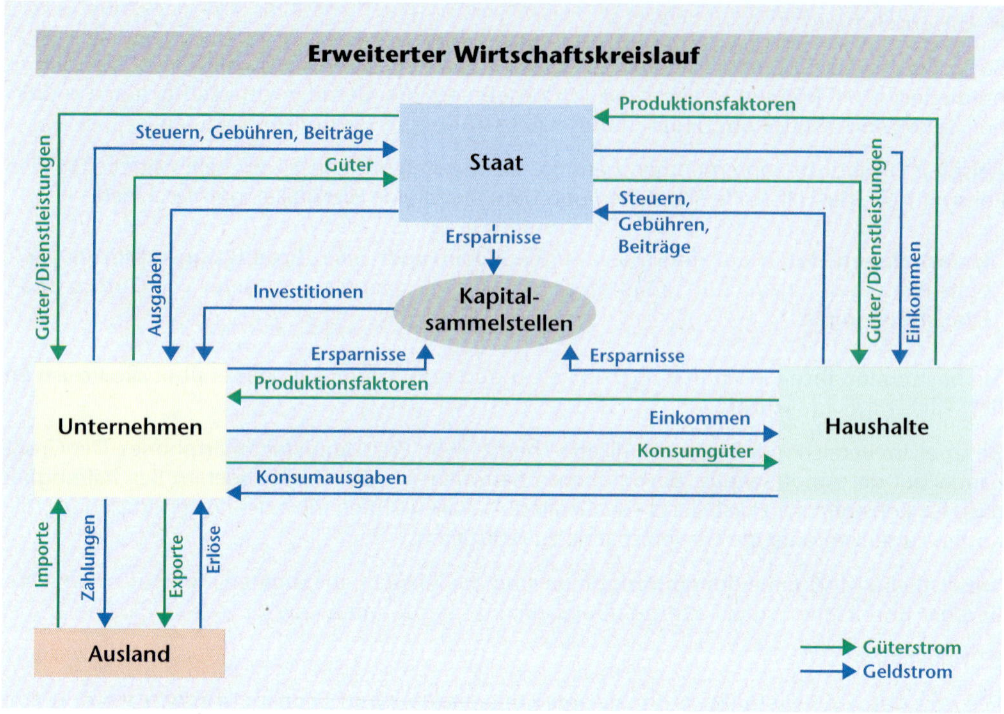

1.1.3 Zusammenhang zwischen den Sektoren des Wirtschaftskreislaufs

Die vielfältigen Beziehungen zwischen den Sektoren lassen sich im Wirtschaftskreislauf durch **geld- und güterwirtschaftliche Beziehungen** modellhaft darstellen. Die Gesamtheit der privaten Haushalte, aller Unternehmen und des Staates innerhalb einer Volkswirtschaft sowie der ausländischen Volkswirtschaften vollzieht einen ständigen **Austausch von Leistungen.** Dieser Austausch von Leistungen erfolgt in zwei gegenläufigen Strömen:

- **Güterstrom:** Austausch von Produktionsfaktoren, Sachgütern und Dienstleistungen,
- **Geldstrom:** Erzeugt durch Einkommen bzw. getätigte Ausgaben für den Kauf bzw. Verkauf von Produktionsfaktoren, Sachgütern und Dienstleistungen.

In der Volkswirtschaft entsprechen die Güterströme den Geldströmen. Aus Vereinfachungsgründen genügt es deshalb, die gegenläufigen Ströme nur einmal, und zwar in Geld, zu messen.

▶ Beziehungen zwischen privaten Haushalten und Unternehmen

Private Haushalte stellen den Unternehmen die volkswirtschaftlichen **Produktionsfaktoren** Arbeit, Natur und Kapital zur Verfügung. Sie beziehen dafür **Einkommen** in Form von Arbeitsentgelt, Miete, Pacht und Zinsen sowie Gewinn.

In den Unternehmen werden durch den Einsatz der Produktionsfaktoren Güter in Form von Sachgütern und Dienstleistungen erstellt, die die privaten Haushalte erwerben.

▶ Beziehungen zwischen privaten Haushalten und Staat

Private Haushalte stellen auch den öffentlichen Gemeinwesen Produktionsfaktoren, insbesondere Arbeit im öffentlichen Dienst und Geldkapital, zur Verfügung. Sie empfangen dafür Einkommen in Form von Arbeitsentgelt und Zinsen.

Bei den öffentlichen Gemeinwesen werden durch den Einsatz dieser Arbeits- und Kapitalleistungen auch **Güter** (Sach- und Dienstleistungen) produziert, welche der kollektiven Bedarfsdeckung der Haushalte dienen. Diese müssen dafür **Steuern, Gebühren und Beiträge** an die öffentlichen Gemeinwesen abführen.

▶ Beziehungen zwischen Unternehmen und Staat

Der Staat stellt den Unternehmen **Güter** zur Verfügung. Die Unternehmen müssen dafür Steuern, Gebühren, Beiträge an die öffentlichen Gemeinwesen abführen.

Zur Erfüllung ihrer öffentlichen Aufgaben benötigen die Gemeinwesen jedoch auch **Güter** in Form von Sachgütern und Dienstleistungen, die von den Unternehmen produziert werden. Für die Verwendung dieser Güter müssen auch die Gemeinwesen die vereinbarten **Entgelte** entrichten, die den Unternehmen als Erlöse zufließen.

▶ Beziehungen zwischen Inland und Ausland

Inländische Unternehmen **exportieren Güter** in Form von Sachgütern und Dienstleistungen ins Ausland. Für diese Güter müssen die ausländischen Verwender Entgelte bezahlen, die als **Exporterlöse** den Unternehmen zufließen.

Inländische Unternehmen **importieren Güter** aus dem Ausland und müssen dafür Entgelte **(Importausgaben)** leisten.

▶ Beziehungen zwischen Kapitalsammelstellen, privaten Haushalten, Unternehmen und Staat

Die **Kapitalsammelstellen** sammeln die Ersparnisse der privaten Haushalte, der Unternehmen und des Staates. Sie werden den Unternehmen zu Investitionszwecken zur Verfügung gestellt.

1.2 Auswirkungen von Veränderungen gesamtwirtschaftlicher Größen

In den Modellen des einfachen und erweiterten Wirtschaftskreislaufs unterscheidet man zwischen **stationärer** und **evolutorischer** Wirtschaft. Während in einer stationären Wirtschaft gesamtwirtschaftliche Größen wie z. B. Angebot oder Nachfrage konstant bleiben, verändern sich diese in einer evolutorischen Wirtschaft.

	stationäre Wirtschaft	**evolutorische Wirtschaft**
Merkmal	keine Veränderungen im Zeitablauf: **konstant**	Veränderungen im Zeitablauf: **wachsend oder schrumpfend**
Verhalten der Marktteilnehmer	– Die Haushalte konsumieren ihr gesamtes Einkommen. – Die Unternehmen ersetzen das abgenutzte Anlagevermögen.	– Die Haushalte sparen und können damit Kapital für mögliche Investitionen bereitstellen. – Die Unternehmen erweitern ihre Kapazitäten, um zusätzliche Güter bereitzustellen.
Annahmen des Modells	– Die Bevölkerungszahl bleibt gleich. – Die Struktur der Bevölkerung bleibt gleich.	– Die Bevölkerungszahl ändert sich. – Der Verbrauch ändert sich. – Es findet technischer Fortschritt statt. – In der Gesellschaft steht Kapital zur Verfügung.

	stationäre Wirtschaft	evolutorische Wirtschaft
Ergebnis	Die Gesellschaft hat keinen Zuwachs bzw. Rückgang an Wohlstand.	– Eine wachsende Wirtschaft kann Grundlage dafür sein, dass der Wohlstand steigt. – Eine schrumpfende Wirtschaft kann zu Wohlstandsverlusten führen.

▶ Aufgaben

1. Für eine Volkswirtschaft gelten folgende Größen:
   - Einkommen der privaten Haushalte von den Unternehmen ?
   - Einkommen der privaten Haushalte vom Staat (Transferleistungen) 500 GE
   - Ersparnisse der privaten Haushalte 300 GE
   - Konsumausgaben der privaten Haushalte 2.400 GE
   - von privaten Haushalten an den Staat abgeführte direkte Steuern 1.100 GE
   - von Unternehmen an den Staat abgeführte Steuern ?
   - Subventionen 200 GE
   - Ausgaben des Staates für Sachgüter und Dienstleistungen 1.300 GE
   - von Unternehmen bei Kapitalsammelstellen in Anspruch genommene Investitionskredite 300 GE
   - Exporte und Importe belaufen sich auf je 120 GE

   a) Zeichnen Sie einen erweiterten Wirtschaftskreislauf und tragen Sie die einzelnen Geldströme und Stromgrößen ein.

   b) Wie hoch müssen die Einkommen der privaten Haushalte von Unternehmen sein, damit der Kreislauf geschlossen ist?

   c) Wie hoch müssen die Steuern der Unternehmen an den Staat sein, damit der Staatshaushalt ausgeglichen ist?
2. Weshalb ist eine stationäre Wirtschaft weder wünschenswert noch vorstellbar?
3. Erklären Sie den Begriff der evolutorischen Wirtschaft.

2 Das Bruttoinlandsprodukt als ein wichtiges Maß für die wirtschaftliche Leistung eines Landes charakterisieren

2.1 Entstehung, Verwendung und Verteilung des Bruttoinlandsproduktes

Das Statistische Bundesamt erstellt für unsere Volkswirtschaft regelmäßig Statistiken, die auch zur Erstellung der **Volkswirtschaftlichen Gesamtrechnung (VGR)** führen. Dabei hat der volkswirtschaftliche Begriff **Bruttoinlandsprodukt** eine wesentliche Bedeutung.

Die Berechnung des Bruttoinlandsproduktes berücksichtigt den Einsatz der Produktionsfaktoren in einer Volkswirtschaft.

Das Bruttoinlandsprodukt (BIP) ist eine **Messgröße,** die die Summe aller in einer Volkswirtschaft in einem Jahr **produzierten Güter und Dienstleistungen** erfasst.

Damit kann diese Größe zu **Vergleichen** herangezogen werden:

- Vergleich des Wachstums einer Volkswirtschaft **verschiedener Jahre,**
- Vergleich des Wachstums einer Volkswirtschaft **mit anderen Volkswirtschaften.**

Wenn man die Entwicklung der Volkswirtschaft durch den Vergleich mit vergangenen Jahren oder mit anderen Nationen untersucht hat, lassen sich anschließend für die Wirtschaftspolitik wichtige Empfehlungen ableiten.

Der Ausweis der Wachstumswerte muss als **reale Größe** erfolgen. Dabei werden die Zahlen des Bruttoinlandsproduktes auf ein **Basisjahr** (z. B. 2015) zurückgeführt. Die Statistik ermöglicht

- eine Übersicht über den Umfang und den Wert der **wirtschaftlichen Leistung** (Gesamtproduktion – BIP),
- einen Einblick in die **Produktionsstruktur** Deutschlands,
- eine Darstellung der **Einkommensverteilung** auf die an der Produktion beteiligten gesellschaftlichen Gruppen,
- einen Überblick über die **Verwendungsarten** der produzierten Güter,
- einen **Vergleich** mit anderen Volkswirtschaften.

Bruttowertschöpfung nach Wirtschaftsbereichen						
Wirtschaftsbereich	2021	2022	2023	2021	2022	2023
	in jeweiligen Preisen, Mrd. EUR			preisbereinigt, Veränderung gegenüber dem Vorjahr in %		
Land- und Forstwirtschaft, Fischerei	25,7	35,6	29,8	8,0	–6,2	1,4
Produzierendes Gewerbe, ohne Baugewerbe	806,0	841,8	923,5	7,4	–0,5	–1,8
Baugewerbe	171,9	201,1	233,7	–5,3	–3,3	–0,2
Handel, Verkehr, Gastgewerbe	515,0	591,7	616	1,2	3,3	–1,0
Information und Kommunikation	167,5	176,2	189,4	7,8	5,0	2,6
Finanz- und Versicherungsdienstleister	138,6	139,0	143,3	6,8	4,2	–0,4
Grundstücks- und Wohnungswesen	336,4	343,8	375,7	1,4	0,8	1,1
Unternehmensdienstleister	374,8	400,9	428,5	4,6	2,6	0,4
Öffentliche Dienstleister, Erziehung, Gesundheit	628,3	657,4	695,2	1,2	2,7	1,0
Sonstige Dienstleister	111,3	114,4	124,8	0,2	6,0	1,8
Alle Wirtschaftsbereiche	3.276,3	3.509,6	3.765,8	3,3	1,7	–0,1

Quelle: Statistisches Bundesamt http://www.destatis.de: Detaillierte Jahresergebnisse März 2024

Die Steigerung des Bruttoinlandsproduktes kann durch eine Veränderung der Preise erfolgt sein, ohne dass dadurch mehr Güter und Dienstleistungen produziert wurden. Um die tatsächliche Entwicklung der Mehrproduktion erfassen zu können, müssen Preisveränderungen herausgerechnet werden.

Eine wichtige Größe für die Planungen der Träger der Wirtschaftspolitik ist das **Volkseinkommen.** Es wird in der Verteilungsrechnung ermittelt als die Summe aus dem Arbeitnehmereinkommen und dem Unternehmens- und Vermögenseinkommen.

Das **Volkseinkommen** (Nettonationaleinkommen) lässt sich in **Arbeitnehmerentgelt** und in **Unternehmens- und Vermögenseinkommen** aufteilen. Damit entsteht die Frage, wann von einer gerechten Einkommens- und Vermögensverteilung gesprochen werden kann (vgl. Seite 143).

Verteilung des Volkseinkommens	2021	2022	2023	2021	2022	2023
	Mrd. EUR			Lohn- und Gewinnquote		
Arbeitnehmerentgelt	1.918,3	2.023,6	2.158,8	69,3 %	70,0 %	70,1 %
Unternehmens- und Vermögenseinkommen	851,0	867,4	921,6	30,7 %	30,0 %	29,9 %
Volkseinkommen	2.769,36	2.890,9	3.080,4	100 %	100 %	100 %

Quelle: Monatsbericht der Deutschen Bundesbank, April 2024; Prozentsätze gerundet

Die Ermittlung des Bruttoinlandsproduktes (Jahr 2023, in Mrd. EUR)

Entstehung (Entstehungsrechnung)

Es wird ermittelt, **welchen Beitrag** die einzelnen **Wirtschaftsbereiche** zum Bruttoinlandsprodukt **beitragen.**

Bruttowertschöpfung aus
- Land- und Forstwirtschaft, Fischerei 29,5
- Baugewerbe 235,2
- produzierendes Gewerbe 924,5
- Handel, Gastgewerbe und Verkehr 616,3
- Information und Kommunikation 189,6
- Finanz- und Versicherungsdienstleister 144,4
- Grundstücks- und Wohnungswesen 375,6
- Unternehmensdienstleister 428,7
- Öffentliche und private Dienstleister 824,7

\+

Gütersteuern abzüglich Gütersubventionen* 352,6

=

Verwendung (Verwendungsrechnung)

Es wird ermittelt, **von wem** die produzierten Güter und Dienstleistungen **verbraucht** werden.

Ausgaben für
- privaten Konsum und Konsum privater Organisationen ohne Erwerbszweck 2.088,0
- Konsumausgaben des Staates 886,5

\+

Investitionen 972,9

\+

Außenbeitrag (Exporte – Importe) 173,7

=

Verteilung (Verteilungsrechnung)

Es wird ermittelt, **welche Gruppen** welchen **Anteil** am Bruttoinlandsprodukt **erhalten.**

- Arbeitnehmereinkommen (Löhne und Gehälter) 2.158,5
- Unternehmens- und Vermögenseinkommen 923,7

=

Volkseinkommen

\+

Produktions- und Importabgaben 356,8

=

Nettonationaleinkommen

\+

Abschreibungen 849,9

=

Bruttonationaleinkommen

–

Saldo der Primäreinkommen aus der übrigen Welt –167,8

=

Bruttoinlandsprodukt 4.121,2

* Abgaben beziehungsweise Zuschüsse, die mengen- oder wertabhängig von den produzierten Gütern berechnet werden, z. B. Tabaksteuer, Zuschüsse für den ÖPNV.

Quelle: Statistisches Bundesamt

Durch die **Lohn- und Gewinnquote** wird ausgedrückt, wie sich gesamtwirtschaftlich betrachtet das Einkommen auf die **Produktionsfaktoren Arbeit** und **Kapital** aufteilt.

Gleiche Verteilung von Einkommen und Vermögen würde voraussetzen, dass alle Einkommensbezieher eine gleichwertige Leistung erbringen. Das entspricht aber nicht den wirklichen Gegebenheiten. Vielmehr wird eine höhere Leistung auch höher bezahlt. Da es keine gleiche Einkommensverteilung gibt, ist auch eine gleiche Verteilung des Vermögens unrealistisch.

Ungleiche Verteilung führt aber immer zu sozialen Spannungen. Es ist deshalb eine ständige Auseinandersetzung zwischen Arbeitgebern und Arbeitnehmern darüber im Gange, welches Verhältnis zwischen Arbeitnehmerentgelt (Lohnquote) und Unternehmens- und Vermögenseinkommen (Gewinnquote) richtig sei.

Bei der Interpretation dieser Zahlen muss allerdings beachtet werden, dass auch Arbeitnehmer und ihre Angehörigen Vermögenseinkommen beispielsweise in Form von Zinsen, Dividenden oder Mieterträgen erhalten können.

2.2 Bruttoinlandsprodukt als Maßstab für den Wohlstand eines Landes

Teilt man das **Bruttoinlandsprodukt** eines Landes durch die **Einwohnerzahl,** so erhält man das **Bruttoinlandsprodukt pro Kopf.**

Häufig wird das Bruttoinlandsprodukt pro Kopf als Maßstab für den Wohlstand der Bevölkerung in einer Volkswirtschaft verwendet.

Grundsätzlich ist zwar richtig, dass ein steigendes Bruttoinlandsprodukt pro Kopf eine zunehmende Versorgung mit materiellen Gütern signalisiert. Das bedeutet aber nicht ohne Weiteres eine Steigerung des Lebensstandards und Wohlstands. Denn einerseits gibt es bei der Erfassung und Zurechnung des Bruttoinlandsproduktes Erfassungs- und Zurechnungsprobleme. Andererseits ist das Wohlergehen der Menschen nicht nur von der Menge der hergestellten Güter abhängig, sondern auch von immateriellen Gütern wie z. B. soziale Sicherheit, Gesundheitssystem und Umwelterhaltung.

Liste der G20-Staaten* nach Bruttoinlandsprodukt (kaufkraftbereinigt) pro Kopf und Jahr (Quellen: IWF, Statistisches Bundesamt, Stand 2022):

Rang	Land	BIP pro Kopf (in USD)
1	USA	76.300
2	Australien	64.800
…		
4	Deutschland	48.800
…		
6	Frankreich	42.300
…		
8	EU-27	35.200
…		
13	China	12.700
…		
20	Indien	2.400

* Als G20 bezeichnet man die 19 wichtigsten Industrie- und Schwellenländer sowie die EU und die Afrikanische Union.

An der Vorgehensweise, das Bruttoinlandsprodukt pro Kopf als Maßstab für Wohlstand zu verwenden, lassen sich einige Kritikpunkte benennen.

Kritikpunkte	Beispiele
1. Viele Güter werden im Bruttoinlandsprodukt nicht erfasst, weil sie nicht auf Märkten gehandelt werden.	Hausfrauenarbeit, Nachbarschaftshilfe, Erträge von Hobbygärtnern
2. In der offiziellen Statistik werden Leistungen der Schattenwirtschaft nicht erfasst. Diese tragen aber zur gesamtwirtschaftlichen Wertschöpfung bei. Sie gehen nur als Schätzgröße in die Statistik ein.	Schwarzarbeit, Lieferungen und Leistungen ohne Rechnung
3. In das Bruttoinlandsprodukt gehen nur Gütermengen und Güterpreise ein. Die Qualität der Güter wird nicht berücksichtigt.	Wenn die Gebrauchsdauer eines Konsumgutes (z. B. Waschmaschine) gering ist, werden dadurch natürliche Rohstoffe beansprucht und es entstehen Entsorgungs- und Abfallprobleme.
4. Die Höhe des Bruttoinlandsproduktes pro Kopf sagt nichts über die wirkliche Einkommensverteilung aus.	Wenn in einem Schwellenland ein Pro-Kopf-Einkommen von 2.000 EUR errechnet wird, ist dies nur eine Rechengröße und zeigt nicht, dass 10 % der Bevölkerung 80 % des gesamten Einkommens beziehen und 90 % nur den Rest von 20 %.
5. Neben den vom produzierenden Unternehmen übernommenen Kosten werden bei der Güterproduktion auch Kosten der Allgemeinheit angelastet. Das Bruttoinlandsprodukt berücksichtigt diese sozialen Kosten nicht.	Kosten für die Beseitigung von Umweltschäden, die durch den Ausstoß von Schadstoffen bei der Güterproduktion entstehen.
6. Kosten für die Beseitigung von Schadensfällen erhöhen das Bruttoinlandsprodukt, obwohl es sich nur um Reparatur- oder Ersatzaufwendungen handelt.	Reparatur von Umweltschäden, Krankenhauskosten nach einem Verkehrsunfall oder Ersatz des Fahrzeugs mit Totalschaden

2.3 Alternative Wohlstandsindikatoren

Ein wesentlicher Kritikpunkt an der Aussagekraft des Bruttoinlandsproduktes ist, dass nur quantitative Aussagen über die materielle Güterversorgung ermöglicht werden. Qualitative Bereiche wie Gesundheits- und Bildungsstand der Bevölkerung bleiben unberücksichtigt. Deshalb wird das Bruttoinlandsprodukt als Messgröße für Wohlstand durch ein **System sozialer Indikatoren** ergänzt. Aber auch hierbei ergeben sich Erhebungs- und Messprobleme. Und es bleibt die Hauptschwierigkeit, dass »Wohlstand« und »Lebensqualität« nicht eindeutig definiert sind und von Kulturkreis zu Kulturkreis unterschiedlich interpretiert werden.

Ein System sozialer Indikatoren ist der vom **UNDP** (**U**nited **N**ations **D**evelopment **P**rogramme) entwickelte **Human Development Index (HDI).** Hier werden neben dem Pro-Kopf-Einkommen auch Daten über die Lebenserwartung, den Bildungsstand und die Ausgaben für Bildung und Erziehung berücksichtigt.

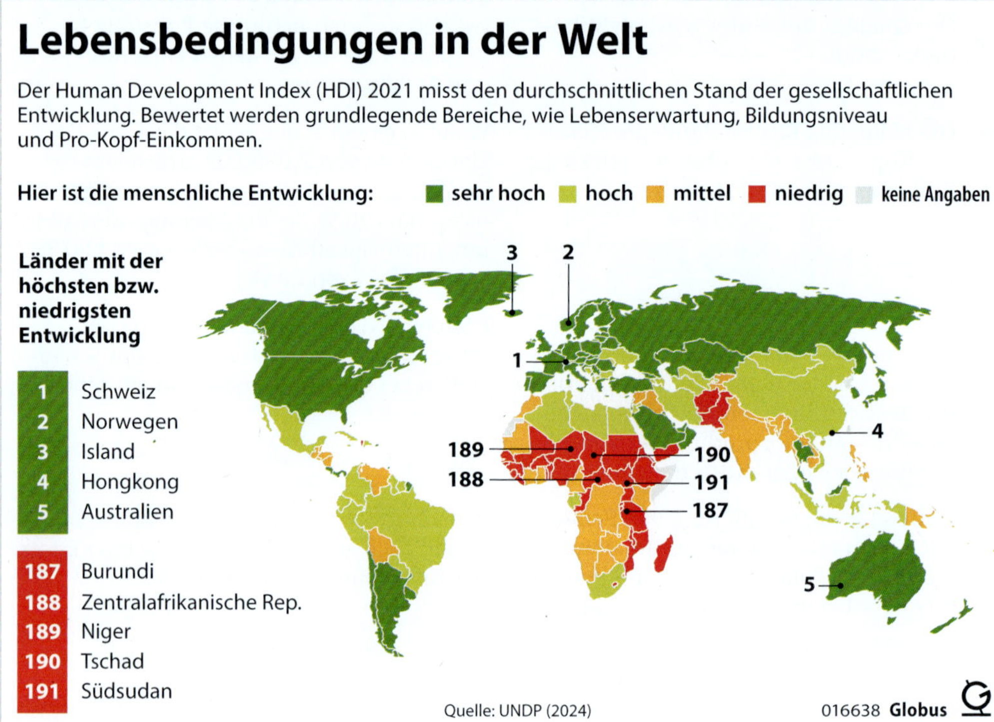

An der Spitze lagen Schweiz, Norwegen, Irland. Die letzten Plätze nahmen die afrikanischen Staaten Burundi, Zentralafrikanische Republik, Niger, Tschad und Südsudan ein.

Der »**Happy-Planet-Index**« berücksichtigt sowohl Daten zur Lebensqualität als auch zum Ressourcenverbrauch – wodurch mehrere Karibikländer ganz oben landen. Deutschland erreicht nach diesem Index nur den Rang 29.

Als **alternativer Indikator** für Wohlstand wird häufig das **Lebensglück** der Bürger vorgeschlagen. Doch Studien zeigen, dass die Zufriedenheit nur bis zu einem bestimmten Lebensstandard steigt. Zudem scheint das Glücksempfinden stark mit nationalen Eigenheiten zusammenzuhängen – wie ein Vergleich europäischer Länder zeigt. In Dänemark, Island und den Niederlanden sind im Durchschnitt deutlich über die Hälfte der Bürger

»sehr zufrieden« mit ihrem Leben. In Deutschland dagegen nur jeder Vierte, also nur 25 %.

Wohlstand – anders vermessen

Bislang gilt das Bruttoinlandsprodukt (BIP) und seine Wachstumsrate als Maßstab, um den Wohlstand eines Landes zu messen. Eine Bundestags-Kommission hat Vorschläge für einen breiteren und nachhaltigeren Wohlstandsbegriff gemacht. Er umfasst drei Bereiche mit zehn **Leitindikatoren** und sogenannten **Warnlampen**.

Bereiche	*Materieller Wohlstand*	*Soziales und Teilhabe*	*Ökologie*
Leitindikatoren	• BIP • Einkommensverteilung • Staatsschulden	• Beschäftigung • Bildung • Gesundheit (Lebenserwartung) • Freiheit	• Treibhausgasemissionen national • Stickstoffüberschuss national • Artenvielfalt national
Warnlampen	• Nettoinvestitionen • Vermögensverteilung • Finanzielle Nachhaltigkeit des Privatsektors	• Qualität der Arbeit • Weiterbildung • Gesundheit (gesunde Lebensjahre)	• Treibhausgasemissionen international • Stickstoffüberschuss international • Artenvielfalt international
außerdem **Hinweislampe**	• Nicht-marktvermittelte Produktion (z. B. Hausarbeit, ehrenamtliche Tätigkeit)		

Stand 2013
Quelle: Deutscher Bundestag

Zusammenfassende Übersicht zu Kapitel 2: Das Bruttoinlandsprodukt als ein wichtiges Maß für die wirtschaftliche Leistung eines Landes charakterisieren

Bruttoinlandsprodukt (BIP)
= die Summe aller produzierten Güter und Dienstleistungen einer Volkswirtschaft

Entstehung
Wo wird das BIP erarbeitet?

Verwendung
Wofür wird das BIP verwendet?

Verteilung
Wer erhält wie viel des BIP?

Wohlstandsmaßstab
nationaler Vergleich
internationaler Vergleich

Kritik

- **Nichterfassen mancher Leistungen**
- **Schattenwirtschaft**
- **Güterqualität**
- **Einkommensverteilung**
- **soziale Kosten**
- **Beseitigung von Umweltschäden**

alternative Wohlstandsindikatoren

soziale Indikatoren (Bildung, Gesundheit)

Human-Development-Index

Lebensglück Zufriedenheit

▶ **Aufgaben**

1. Beschreiben und erläutern Sie die Aussagen des Schaubildes. Gehen Sie dabei wie folgt vor:
   - Beschreiben Sie zuerst, welche verschiedenen grafischen Darstellungen zu sehen sind und deren Informationen.
   - Erläutern Sie nun die Aussagen der Informationen.
   - Interpretieren Sie die Aussagen des Schaubildes.

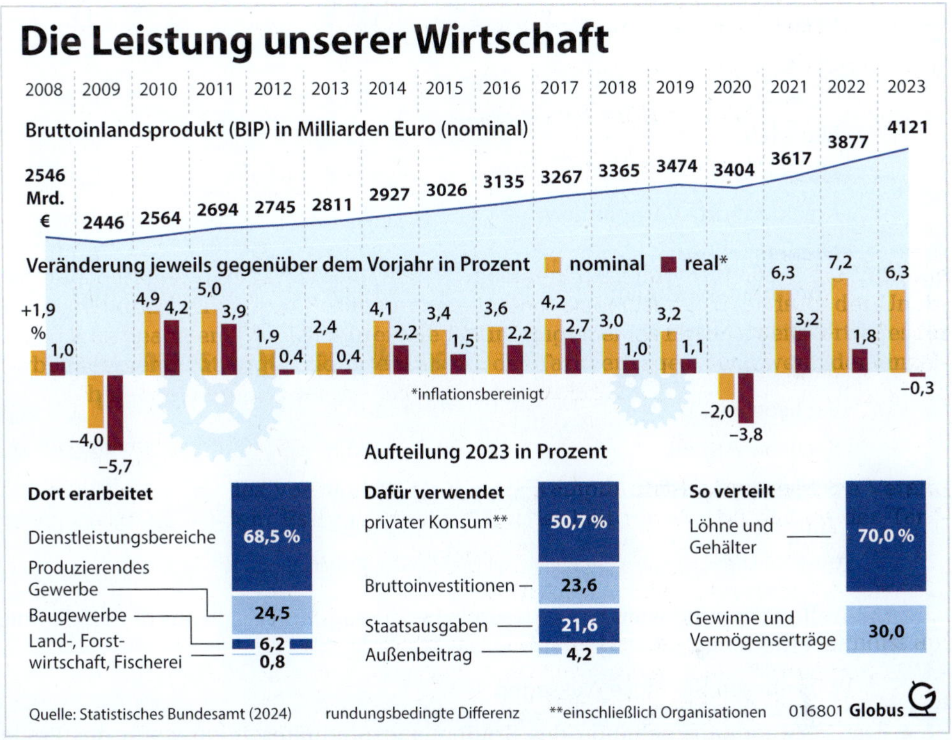

2. Erklären Sie den Zusammenhang zwischen Volkseinkommen einerseits und Arbeitnehmerentgelt und Unternehmens- und Vermögenseinkommen andererseits.

3. a) Werten Sie die Tabelle aus.

	Bruttoinlandsprodukt Mrd. EUR 2022	Bevölkerung in 1.000.000 31.12.2022
Deutschland	**3.867,1**	**84,3**
Baden-Württemberg	572,8	11,3
Bayern	716,8	13,3
Berlin	179,4	3,8
Brandenburg	88,8	2,6
Bremen	38,7	0,7
Hamburg	144,2	1,9
Hessen	323,4	6,4
Mecklenburg-Vorpommern	53,4	1,6
Niedersachsen	339,4	8,1
Nordrhein-Westfalen	793,8	18,1
Rheinland-Pfalz	171,7	4,2
Saarland	38,5	1,0
Sachsen	146,5	4,1
Sachsen-Anhalt	75,8	2,2
Schleswig-Holstein	112,8	3,0
Thüringen	71,4	2,1

Quelle: Statistische Ämter des Bundes und der Länder, Zahlen gerundet

b) Treffen Sie mindestens fünf wesentliche Aussagen, die sich aus dem Zahlenmaterial ergeben.

c) Präsentieren Sie diese Aussagen.

4. Die Verwendungsrechnung des Bruttoinlandsproduktes zeigt, wofür das Produktionsergebnis verwendet wurde.

Ermitteln Sie anhand der nachstehenden Daten den Außenbeitrag.

– private Konsumausgaben	1.330,98 Mrd. EUR
– Konsumausgaben des Staates	414,75 Mrd. EUR
– Ausrüstungen	153,85 Mrd. EUR
– Bauten	204,97 Mrd. EUR
– sonstige Anlagen	26,52 Mrd. EUR
– inländische Verwendung	2.131,07 Mrd. EUR
– Bruttoinlandsprodukt	2.244,00 Mrd. EUR

5. Erläutern Sie, welche Mängel die Aussagekraft des Bruttoinlandsproduktes als Wohlstandsmaßstab beeinträchtigen.

6. Nennen Sie soziale Indikatoren zur Wohlstandsmessung.

7. Erläutern Sie, was man unter einem HDI-Index versteht.

8. Begründen Sie, ob das Bruttoinlandsprodukt aufgrund folgender Vorgänge steigt, sinkt oder unverändert bleibt.

   a) In zwei verschiedenen privaten Haushalten wird jeweils eine Putzhilfe beschäftigt. In einem Fall werden ordnungsgemäß Lohnsteuer und Sozialversicherungsbeiträge abgeführt, im anderen Falle nicht.

   b) Eine dritte Familie beschäftigt keine Putzhilfe. Die Hausarbeit wird von den beiden Ehepartnern gemeinsam in der Freizeit geleistet.

   c) Ein Hobbygärtner versorgt seine Familie und seine Nachbarschaft mit Frischobst und Gemüse.

   d) Im Jahr 1995 wurde in Deutschland die Pflegeversicherung als Pflichtversicherung eingeführt – mit der Folge, dass auch Arbeitgeber stärker belastet wurden. Als Ausgleich wurde der Buß- und Bettag als gesetzlicher Feiertag abgeschafft. Seither muss ein Großteil der Arbeitnehmer (außer in Sachsen) einen Tag mehr im Jahr arbeiten.

   e) Die Tochter eines demenzkranken 90-jährigen Mannes pflegt ihren Vater zu Hause.

   f) Nach einem Unfall müssen mehrere Personen mit dem Rettungsdienst in ein Krankenhaus gebracht, dort operiert und längere Zeit behandelt werden. Die beiden Fahrzeuge müssen wegen Totalschadens durch neue ersetzt werden, die durch den Unfall beschädigte Ampelanlage muss ebenfalls ersetzt werden.

   g) Ein Eigenheimbesitzer lässt durch einen befreundeten Maler samstags seine Wohnung renovieren. Er bezahlt ihn mit dem für diesen Beruf üblichen Stundensatz.

   h) Durch überhöhte Düngung mit Gülle wird in einem Wasserschutzgebiet das Grundwasser erheblich mit Nitrat belastet. Um die Trinkwasserschutzverordnung einzuhalten, muss die Gemeinde in einem kostenaufwendigen Mischverfahren belastetes Grundwasser mit unbelastetem Grundwasser mischen.

   i) An einem Flughafen werden Schallschutzmaßnahmen für mehrere Millionen Euro errichtet.

   j) Der Kölner Dom ist praktisch eine Dauerbaustelle. Wegen der erheblichen Luftverschmutzung müssen ständig Fassadenerneuerungen an dem UNESCO-Weltkulturerbe erfolgen.

3 Den Grundgedanken und die Ordnungsmerkmale der Sozialen Marktwirtschaft beschreiben

3.1 Grundgesetz und Wirtschaftsordnung

Das Grundgesetz enthält keinen ausdrücklichen Hinweis auf eine bestimmte Wirtschaftsordnung. Die Freiheitsrechte im Rahmen der Grundrechte machen aber deutlich, dass der Gesetzgeber eine Wirtschaftsordnung nach dem Modell der Zentralverwaltungswirtschaft wegen der damit verbundenen Einschränkung der Freiheitsrechte nicht wollte. Deshalb haben Gesetzgeber und Bundesregierung auf der Grundlage des Grundgesetzes die Wirtschaftsordnung der Sozialen Marktwirtschaft geschaffen.

Die **Freiheitsrechte** beziehen sich u. a. auf

GG Art 2 – die freie Entfaltung der Persönlichkeit, d. h. die allgemeine Handlungsfreiheit und Vertragsfreiheit;

Art. 9 – die Bildung von Vereinen und Gesellschaften, d. h. die Gründung von Unternehmen;

Art. 9 – die Bildung von Vereinigungen zur Wahrung und Förderung der Arbeits- und Wirtschaftsbedingungen, d. h. die Gründung von Gewerkschaften und Unternehmensverbänden zur Wahrnehmung der Tarifautonomie;

Art. 11 – die Freizügigkeit, d. h. die freie Wahl des Wohnorts und des Niederlassungsorts für Gewerbetreibende;

Art. 12 – die freie Berufs- und Arbeitsplatzwahl sowie die freie Wahl der Ausbildungsstätte;

Art. 14, 15 – das Privateigentum an Grund und Boden und den Produktionsmitteln sowie die Entschädigung bei Enteignung.

Dem Staat sind bei einem Eingriff in die Grundrechte enge Grenzen gesetzt. Die Eingriffe dürfen nicht gegen folgende Verfassungsprinzipien verstoßen:

- Verhältnismäßigkeit, d. h. Übermaßverbot.

  Beispiel: Für den Bau einer Straße darf nicht der ganze Acker, sondern nur der dafür benötigte Teil enteignet werden.

- Gleichbehandlung, d. h. Willkürverbot.

  Beispiel: Beim Bau einer Straße müssen notwendige Entscheidungen bei allen betroffenen Anliegern herbeigeführt werden.

Art. 12, 15, 19 Auch die Sozialisierungsermächtigung für Grund und Boden, Naturschätze und Produktionsmittel ist an strenge Auflagen gebunden und nach herrschender Meinung als Ausnahme zu betrachten.

Art. 20a Dagegen darf der Staat in die Freiheitsrechte eingreifen, um in der Verantwortung für die künftigen Generationen die natürlichen Lebensgrundlagen zu schützen. Der Schutz ist im Rahmen der verfassungsmäßigen Ordnung durch die Gesetzgebung zu gewährleisten.

3.2 Ordnungsmerkmale der Sozialen Marktwirtschaft

3.2.1 Privates und öffentliches Eigentum

Privates Eigentum

Das Grundgesetz gewährleistet das Privateigentum. Jeder Einzelne ist daran interessiert, sein Eigentum zu erhalten, da Eigentumserwerb mit Verzicht verbunden ist.

Beispiel: Der Kauf eines Mittelklassewagens ist nur möglich, wenn genügend Geldmittel vorhanden sind, die zuvor durch Verzicht auf andere Konsumgüter gespart werden mussten.

Das Streben nach Eigentumserhalt setzt Antriebskräfte für den wirtschaftlichen und technischen Fortschritt frei.

Beispiel: Forschen nach neuen Materialien, um Güter haltbarer und langlebiger zu machen.

Mit Gesetzen wird sichergestellt, dass jeder Eigentum erwerben kann, aber auch, dass kein Missbrauch damit getrieben wird.

Beispiel: Staatliche Förderprogramme für Vermögensbildung, Alterssicherung, Existenzgründung, Wohnungsbau. Steuererleichterungen bei Investitionen in den neuen Bundesländern.

Die Gesetze sind **sozialverträglich** gestaltet, um einer möglichst breiten Schicht der Bevölkerung Privateigentum zukommen zu lassen.

Von besonderer Bedeutung für die marktwirtschaftliche Ordnung ist das **Privateigentum an Produktionsmitteln** (Maschinen, Fabrikgebäude). Es bildet die Voraussetzung für die private unternehmerische Betätigung. Der private Unternehmer setzt auf eigenes Risiko sein Vermögen ein, um Marktlücken zu schließen und durch Produktion geeigneter Güter einen Beitrag zur Bedarfsdeckung zu leisten. Private Unternehmen haben einen besseren Überblick über die Nachfrage auf ihren Absatzmärkten als noch so gut ausgestattete staatliche Behörden. Sie können deshalb auch mit weit größerer Sicherheit Investitionsentscheidungen treffen als diese. Da sie ihr eigenes Vermögen aufs Spiel setzen, sind sie einerseits vorsichtiger, andererseits aber auch wegen der Gewinnchancen wagemutiger und schneller in der Ausführung als eine Behörde.

Öffentliches Eigentum

Dennoch kann auch in einer auf Privateigentum gegründeten Marktwirtschaft nicht auf **öffentliches Eigentum (Gemeineigentum) an Produktionsmitteln** verzichtet werden. So ist Gemeineigentum erforderlich, wenn der Bedarf der Bevölkerung durch private Unternehmen nicht oder nur unzureichend gedeckt werden kann.

Beispiel: Krankenhäuser dienen der Grundversorgung, die nur dann gewährleistet ist, wenn durch den Staat eventuelle Verluste übernommen werden.

Dem Recht auf Eigentum steht die Pflicht gegenüber, es so zu nutzen, dass es zugleich dem Wohl der Allgemeinheit dient. Eigentum verpflichtet. *GG Art 14 (2)*

Beispiel: Der Eigentümer einer Papierfabrik leistet der Allgemeinheit durch die Herstellung von Papier sicher einen wichtigen Dienst. Dies berechtigt ihn aber nicht, einen nahegelegenen Fluss mit den bei der Produktion anfallenden Abwässern zu verschmutzen und die Trinkwasserversorgung zu gefährden. Er kann verpflichtet werden, eine Kläranlage zu erstellen.

Ziel der Eigentumspolitik des Staates muss es sein, das Eigentum an Produktionsvermögen weit zu streuen. So kann für viele Menschen der durch Eigentum gewährleistete Freiheitsraum geschaffen werden. Andererseits hat der Staat in zwingenden Fällen das Recht,

GG Art. 14 (3) Vermögen dann zu **enteignen,** wenn das öffentliche Interesse wichtiger ist als das Privatinteresse des Privateigentümers. Die Enteignung muss aber gegen angemessene Entschädigung erfolgen.

Beispiel: Enteignung eines Ackers zur Erweiterung einer Bahntrasse.

3.2.2 Vertragsfreiheit

Das Leben in Freiheit schließt das Recht der Menschen mit ein, ihre Beziehungen zueinander durch Verträge frei und eigenverantwortlich zu regeln. Die Vertragsfreiheit ist wesentliches Merkmal der Marktwirtschaft.

Vertragsfreiheit

Abschlussfreiheit	Inhaltsfreiheit	Formfreiheit
Geschäftsfähige Personen können ihre Vertragspartner frei wählen.	Verträge können inhaltlich frei gestaltet werden.	Verträge können in jeder beliebigen Form abgeschlossen werden.
Beispiel: Das Unternehmen schließt mit dem Lieferanten einen Vertrag ab, der nach den Kriterien der Lieferantenauswahl der geeignetste ist.	**Beispiel:** In den Vertrag können individuelle Vereinbarungen über Lieferzeit und Zahlungsbedingungen aufgenommen werden.	**Beispiel:** Der Vertrag über einen Rohstoffeinkauf kann mündlich geschlossen werden.

Grenzen der Vertragsfreiheit. Die Vertragsfreiheit hat dort ihre Grenzen, wo der Einzelne bzw. die Allgemeinheit schutzbedürftig ist. Deshalb enthält unsere Rechtsordnung Regelungen, die **zwingendes Recht** sind und durch die Vertragspartner nicht abgeändert werden können.

Beispiele:

1. Ein Vertrag, der Rauschgifthandel zum Inhalt hat, ist nichtig.
2. Beim Grundstückskauf ist die notarielle Beurkundung vorgeschrieben.

3.2.3 Gewerbefreiheit

Nach der Gewerbeordnung und dem Grundgesetz kann **grundsätzlich jedermann ein Gewerbe betreiben.** Die Gewerbefreiheit ermöglicht den freien Wettbewerb und damit preisgünstige Bedarfsdeckung.

Der Schutz der Öffentlichkeit erfordert aber eine gewisse **Beschränkung** der Gewerbefreiheit.

GewO §§ 30 ff. Sie gibt es z. B. im Einzelhandel, gewerblichen Güterverkehr, Kredit- und Versicherungswesen, Gaststättengewerbe, beim Handel mit Arzneimitteln und Giften. Die Erlaubnis oder Genehmigung zur Ausübung des Gewerbes kann in solchen Fällen von der persönlichen Zuverlässigkeit, häufig auch vom Nachweis der Sachkunde, abhängig gemacht werden.

Die Errichtung und der Betrieb von Anlagen, die wegen ihrer Gefährlichkeit einer besonderen Überwachung bedürfen, können von einer behördlichen Erlaubnis abhängig gemacht werden.

Beispiele: Dampfkessel, Druckbehälter, Aufzugsanlagen, elektrische Anlagen in besonders gefährdeten Räumen

Die Bundesregierung kann verordnen, dass diese Anlagen vor Inbetriebnahme und regelmäßig wiederkehrend technisch geprüft werden müssen. Aufsichtsbehörde ist das Gewerbeaufsichtsamt.

Das Bundes-Immissionsschutzgesetz regelt die Errichtung und Betreibung von genehmigungsbedürftigen Anlagen. Das Gesetz über die friedliche Verwendung der Kernenergie und den Schutz gegen ihre Gefahren regelt den Umgang mit der Kerntechnik. Mit dem Gesetz zur Bekämpfung der Umweltkriminalität sind im Strafgesetzbuch Bestimmungen aufgenommen worden, welche die Verunreinigung von Gewässern, Luft und Boden als kriminelles Delikt unter Strafe stellen.

StGB §§ 324–328

3.2.4 Freie Berufs- und Arbeitsplatzwahl

Jeder hat das Recht, Beruf, Arbeitsplatz und Ausbildungsstätte frei zu wählen (Berufsfreiheit). Es steht jedem Einzelnen frei, mit welchem Arbeitgeber er einen Arbeitsvertrag abschließen will. Für die Ausübung eines Berufes gelten jedoch gesetzliche Vorschriften über Ausbildung, Abschluss sowie körperliche und gesundheitliche Eignung.

GG Art. 14 (2)

Beispiele:

1. Meisterprüfung und Sachkundenachweis im Hinblick auf die fachliche Eignung
2. Gesundheitsnachweis für Lebensmitteleinzelhändler und Gastwirte
3. abgeschlossenes Studium für Ärzte und Apotheker

Durch Maßnahmen der Arbeitsförderung versucht der Staat, lenkend in den Arbeitsmarkt einzugreifen. Er hilft Berufseinsteigern oder Berufswechslern bei der Wahl des richtigen Berufes. Damit wird bereits im Vorfeld versucht, Arbeitslosigkeit zu verhindern.

**Zusammenfassende Übersicht zu Kapitel 3:
Den Grundgedanken und die Ordnungsmerkmale
der Sozialen Marktwirtschaft beschreiben**

Grundgesetz → **Freiheitsrechte** → **Ordnungsmerkmale**

- privates und öffentliches Eigentum
- Vertragsfreiheit
- Gewerbefreiheit
- freie Berufs- und Arbeitsplatzwahl

▶ Aufgaben

1. Erläutern Sie, in welcher Weise in der Bundesrepublik Deutschland in die Grundrechte eingegriffen werden kann.
2. Eine Gemeinde verfolgt folgende Projekte:

   – Erweiterung von Sportanlagen,

   – Anlegen eines Golfplatzes,

   – Verlegung einer Straße.

   Prüfen Sie anhand des Grundgesetzes, ob die Gemeinde für die Realisierung der Projekte Privatgrundstücke enteignen könnte.
3. Herr Krauss ist Alleinerbe eines Wohnhauses geworden. Als er mit seiner Familie in das Haus einziehen will, erreicht ihn ein Schreiben des Bürgermeisteramtes mit der Ankündigung, dass das Haus abgerissen werden müsse. Die Trasse der neuen Umgehungsstraße führe direkt über das Grundstück. Der Beschluss des Gemeinderates ist inzwischen rechtskräftig geworden.

   Prüfen Sie, welche Chancen Herr Krauss hat, das Erbe anzutreten.
4. Erläutern Sie, an welche gesellschaftspolitische Grundeinstellung die Soziale Marktwirtschaft gebunden ist.
5. Worin sehen Sie die Leistungsfähigkeit der Marktwirtschaft?
6. Zählen Sie Vor- und Nachteile auf, die das Eigentum an Produktionsmitteln dem privaten Unternehmer bringt.
7. Begründen Sie, warum das Privateigentum an Produktionsmitteln eine Gewähr dafür bietet, dass die Produzenten nur Güter anbieten, welche von den Haushalten gewünscht werden.
8. Inwiefern ist Privateigentum das beste Mittel zur Erhaltung gesamtwirtschaftlichen Vermögens?
9. Nehmen Sie Stellung zu der Aussage, dass die Marktwirtschaft durch die Gesetzgebung des Staates sozial gestaltet werden muss.
10. In der Sozialen Marktwirtschaft gibt es auch staatliches Eigentum an Produktionsmitteln.

    Erörtern Sie diese Notwendigkeit.
11. Nennen Sie Gründe für die Einschränkung des Eigentums in der Sozialen Marktwirtschaft.
12. Begründen Sie, warum das System der Sozialen Marktwirtschaft nicht ohne Vertragsfreiheit denkbar ist.
13. Warum muss der Staat in der Sozialen Marktwirtschaft dafür sorgen, dass die Regeln des Wettbewerbs eingehalten werden?
14. Erörtern Sie, was Gewerbefreiheit mit Wettbewerb zu tun hat.
15. Begründen Sie, ob die staatliche Berufsberatung mit der Freiheit der Berufswahl zu vereinbaren ist.

4 Formen und Ziele der Kooperation und Konzentration unterscheiden

Die Begriffe Kooperation und Konzentration

Der Kaufmann steht vor der dauernden Herausforderung, wettbewerbsfähig zu bleiben, um seinen Absatz zu sichern und nicht vom Markt verdrängt zu werden. Um diesem ständigen Wettbewerb zu begegnen, bedient man sich in vielen Wirtschaftsbereichen einer Kooperation und Konzentration.

Kooperation liegt vor, wenn **selbstständige Unternehmen** sich durch **Verträge zur Zusammenarbeit** verpflichten.

Beispiele:

1. Absprachen über einheitliche Lieferungs- und Zahlungsbedingungen.
2. Mehrere Einzelhandelsunternehmen arbeiten im Bereich Einkauf und Lagerwirtschaft zusammen.

Von **Konzentration** spricht man, wenn die **wirtschaftliche Selbstständigkeit aufgegeben** wird und die Unternehmen einer umfassenden zentralen **Leitung** unterstellt werden.

Beispiele:

1. Selbstständige Arzneimittelgroßhändler vereinigen sich unter einheitlicher Leitung.
2. Mehrere Speditionsunternehmen fassen ihre Logistikleistungen in einem eigenen Unternehmen zusammen.

Rechtliche Erscheinungsformen

Ein **rechtlicher** Zusammenhang ensteht durch

a) mündliche oder schriftliche Vereinbarung (Abrede),

b) Gründung einer Arbeitsgemeinschaft (Gesellschaft des bürgerlichen Rechts),

c) gegenseitige Kapitalbeteiligung (Kapitalverflechtung),

d) Verschmelzung von mehreren Unternehmen (Zusammenschluss).

4.1 Formen der Kooperation und Konzentration

Kooperation und Konzentration kann auf jeder Wirtschaftsstufe stattfinden. Man unterscheidet dabei drei Formen der Zusammenschlüsse:

Formen der Zusammenschlüsse	Ziele	Beispiele
horizontal (gleiche Produktions- oder Handelsstufen)	Eine stärkere Marktposition schaffen	Telefon-gesell-schaft ↔ Telefon-gesell-schaft ↔ Telefon-gesell-schaft
vertikal (aufeinanderfolgende Produktions- und Handelsstufen)	Beschaffung und Absatz sichern	Maschinenhandel ↕ Maschinenfabrik ↕ Walzwerk ↕ Hüttenwerk ↕ Bergwerk
anorganisch (branchenfremder Zusammenschluss)	Branchen-spezifische Risiken ausgleichen	Brauerei – Versicherungs-gesellschaft – Zeitungs-verlag

4.1.1 Kartell

Ein **Kartell** ist ein vertraglicher **Zusammenschluss** oder eine **Vereinbarung zwischen Unternehmen,** die **ihr Verhalten** am Markt **koordinieren,** um dadurch den **Wettbewerb einzuschränken** oder **auszuschalten.**

Beispiel: Wettbewerber sprechen sich über Preise, Mengen oder Absatzgebiete ab.

Ein solches Verhalten kann zu höheren Gewinnen führen und somit den Verbraucher schädigen, da der Wettbewerb geringer oder gar unterbunden wird.

Man unterscheidet folgende **Kartellarten:**

▶ **Preiskartell**

Es setzt einheitliche Preise neben gleichen Lieferungs- und Zahlungsbedingungen fest (horizontale Preisbindung).

▶ **Submissionskartell**

Bei Ausschreibungen von Aufträgen vereinbaren Unternehmen Angebotspreise, die nicht unterboten werden dürfen. Gegenstand der Vereinbarung kann auch sein, dass nur ein Kartellmitglied ein Angebot abgibt.

▶ **Konditionenkartell**

Die Mitglieder vereinbaren die einheitliche Anwendung von allgemeinen Geschäfts-, Lieferungs- und Zahlungsbedingungen.

▶ **Rabattkartell**

Die Mitglieder legen einheitliche Verkaufsrabatte vertraglich fest.

▶ **Kalkulationskartell**

Die Mitglieder stimmen sich im Aufbau und Inhalt ihrer Kostenrechnung ab, was eine Vorstufe zu einem Preiskartell darstellt.

▶ **Rationalisierungskartell**

- Das **Normen- und Typenkartell** regelt die einheitliche Anwendung von Normen und Typen.
- Das **Spezialisierungskartell** rationalisiert wirtschaftliche Vorgänge durch Spezialisierung.
- Das **Syndikat** ist eine gemeinsame Beschaffungs- und Vertriebseinrichtung (Einkaufs- und Verkaufskontore) mit eigener Rechtspersönlichkeit. Es rationalisiert die Beschaffung oder den Absatz seiner Mitglieder.

▶ **Quotenkartell**

Es teilt jedem Unternehmen die Absatzmenge im Verhältnis zu seiner Kapazität zu. Über das Angebot werden die Preise beeinflusst. Wenn die Absatzmengen geringer gehalten werden als sie möglich wären, treibt das verknappte Angebot die Preise nach oben (siehe Verhalten der OPEC).

▶ **Gebietskartell**

Es teilt jedem Unternehmen ein bestimmtes Absatzgebiet zu. Damit wird der gegenseitige Wettbewerb ausgeschlossen.

4.1.2 Konzern

Der **Konzern** ist ein horizontaler, vertikaler oder anorganischer Zusammenschluss von Unternehmen, die **rechtlich selbstständig** bleiben, aber ihre **wirtschaftliche Selbstständigkeit** aufgeben und **einer einheitlichen Leitung** unterstellen.

Beispiel: Zur Metro AG (Metro-Group) gehören u.a. Metro Wholesale, Food Service Distribution (FSD), Ceconomy AG (Media Markt, Saturn)

Unterordnungskonzern

Ein Unternehmen (Ober- oder Muttergesellschaft) beherrscht ein oder mehrere andere Unternehmen (Unter- oder Tochtergesellschaft) durch Kapital- oder Stimmenmehrheit. *AktG § 18*

Die Obergesellschaft bei einem Unterordnungskonzern ist häufig eine Dachgesellschaft (Holdinggesellschaft). Sie stellt die Konzernunternehmen, an denen sie die Kapital- oder Stimmenmehrheit besitzt, unter ihre einheitliche Leitung.

Beispiele für die Metro AG:

- Vertriebslinien: METRO/MAKRO, Cash & Carry und Real
- Belieferungsspezialisten: Food Service Distribution (FSD): Classic Fine Foods, Rungis Express und Pro à Pro, Metro-Lieferservice
- MXcel-Programm zur Förderung von Start-ups
- Servicegesellschaften (übergreifende Dienstleistungen in den Bereichen Immobilien, Informationstechnologie, Logistik und Werbung): Classic Fine Foods, Pro à Pro, Rungis Express, Aviludo und Davigel Spanien

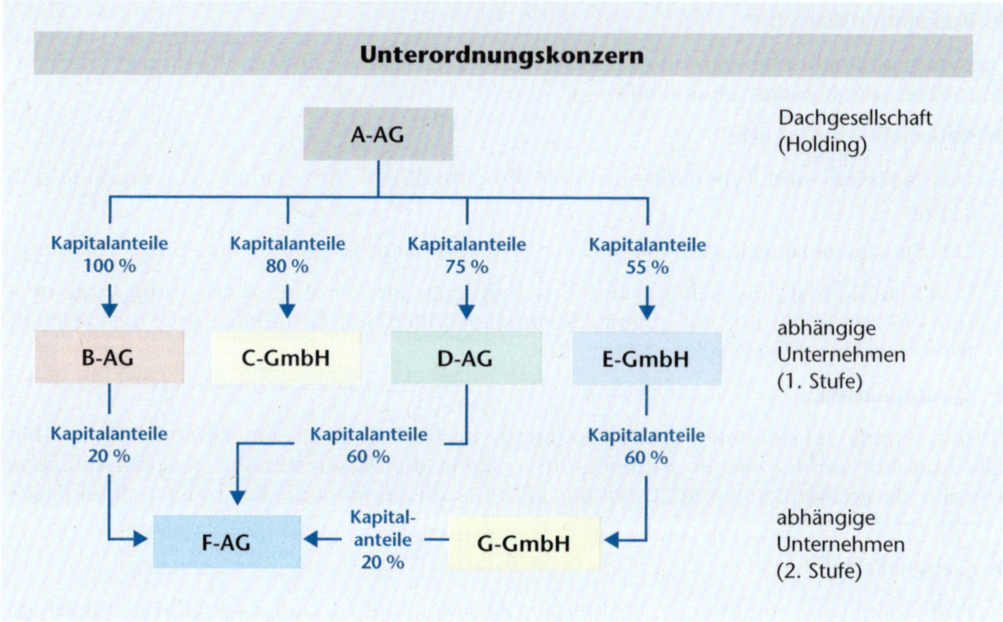

Gleichordnungskonzern

Er fasst Unternehmen unter einer einheitlichen Leitung zusammen, ohne dass das eine von dem anderen abhängig ist; sie bleiben dabei unabhängig.

AktG § 19

Wechselseitig beteiligte Unternehmen

Auch bei ihnen bleiben die Unternehmen rechtlich selbstständig. Ihre wirtschaftliche Selbstständigkeit wird aber dadurch beschränkt, dass jedes Unternehmen mehr als 25 % (Sperrminorität) der Kapitalanteile des anderen Unternehmens erwirbt. Die Unternehmen erhalten dadurch gegenseitigen Einfluss auf die Geschäftsführung (Schwestergesellschaften).

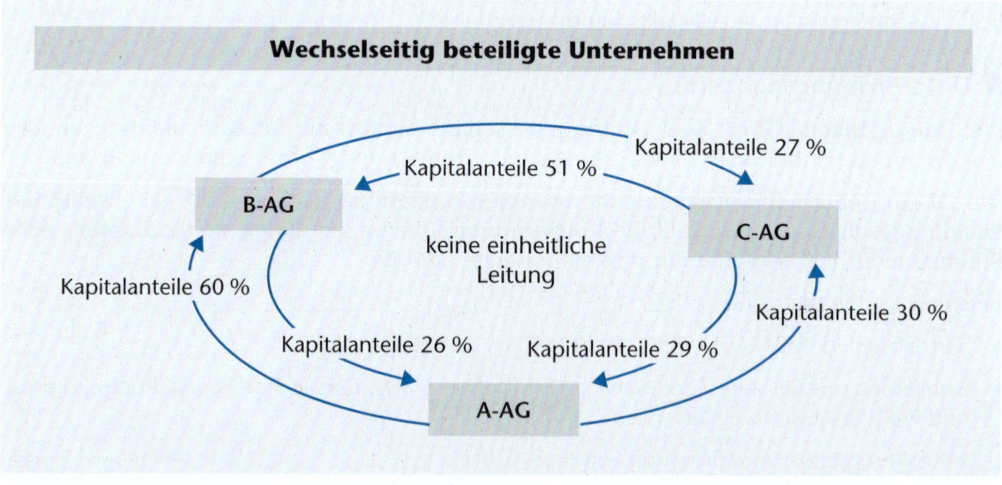

Beispiel: Die Maschinen-Großhandelsgesellschaften A, B und C sind wechselseitig beteiligt. A besitzt 26 % des Aktienkapitals von B und 29 % des Aktienkapitals von C; B 60 % von A und 51 % von C; C 30 % von A und 27 % von B.

Durch Vertrag verbundene Unternehmen

AktG §§ 291 f.

Neben dem Zusammenschluss von Unternehmen als Konzern durch einen Beherrschungsvertrag können verbundene Unternehmen auch durch Gewinnabführungs-, Gewinngemeinschafts-, Teilgewinnabführungs-, Betriebspacht- oder Betriebsüberlassungsvertrag entstehen.

Beispiel: Vereinbarung zur Patentübernahme gegen Gewährung von 10 % des Bilanzgewinns.

4.1.3 Vereinigtes Unternehmen (Trust)

Ein Vereinigtes Unternehmen (Trust) ist ein Zusammenschluss von Unternehmen, die **ihre rechtliche und wirtschaftliche Selbstständigkeit aufgeben.**

Beispiel: Die Stahlgroßhandlung Luster AG beschließt nach Erwerb von 100 % des Aktienkapitals der Stahlgroßhandlung Marter AG den Zusammenschluss. Die Stahlgroßhandlung Marter AG wird als Zweigwerk eingegliedert. Ihre Firma erlischt.

Die Verschmelzung oder der Zusammenschluss von Unternehmen zu einem Vereinigten Unternehmen (Trust) kann auf zwei Arten erfolgen:

Verschmelzung durch Aufnahme

Das Vermögen und die Schulden des übertragenden Unternehmens gehen in voller Höhe in das übernehmende Unternehmen ein. Gründe dafür können sein: § 339

- Starker Wettbewerb hat ein Unternehmen aufnahmewillig gemacht.
- Die Aktien einer AG wurden allmählich aufgekauft.

Das übertragende Unternehmen erlischt.

Verschmelzung durch Neubildung

Es wird ein neues Unternehmen gegründet. In das neue Unternehmen gehen Vermögen und Schulden der sich vereinigenden Unternehmen ein. Handelt es sich um Aktiengesellschaften, werden die Aktien der beteiligten Unternehmen eingebracht. Alle übertragenden Unternehmen erlöschen.

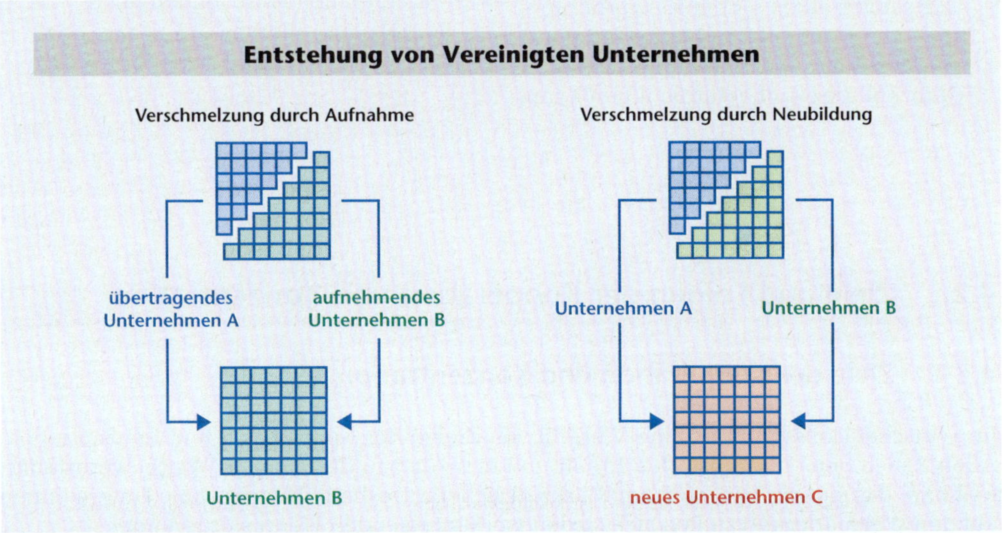

4.1.4 Multinationales Unternehmen (Multis)

Die größten und mächtigsten deutschen Konzerne beschränken sich schon lange nicht mehr auf Deutschland. Aus nationalen Konzernen sind längst multinationale Unternehmen geworden.

Ein multinationales Unternehmen ist ein horizontaler, vertikaler oder anorganischer Zusammenschluss von Unternehmen, die aus **international operierenden Einheiten** bestehen **(Global Players).**

Multinationale Unternehmen besitzen in der ganzen Welt Vertriebsnetze.

Hunderte von Tochtergesellschaften und Beteiligungsunternehmen verleihen den »Multis« ein ungeheures wirtschaftliches und politisches Machtpotenzial. Damit können sie sich nationaler Kontrolle weitgehend entziehen.

Die **Befürworter** der »Multis« bringen u. a. Folgendes vor:	Die **Gegner** werfen den »Multis« u. a. Folgendes vor:
– Die These, dass Multis Staaten beherrschen, ist reine Theorie. Die Staaten können über ihre Gesetzgebung die Niederlassung eines Unternehmens verhindern oder mit strengen Auflagen versehen. – Viele Staaten werben um Niederlassungen der Multis, um Arbeitsplätze zu schaffen und Steuerquellen zu erschließen. – Produktionsverlagerungen, die willkürlich geschehen, sind normalerweise nicht möglich. Die Stilllegung der einen Produktionsstätte verlangt den Aufbau einer neuen in einem neuen Land. Gewerkschaften sind außerdem gegenüber Multis nicht machtlos, weil z. B. ein Streik in einem Konzernunternehmen in einem Land aufgrund der Verflechtung und Abhängigkeit den ganzen Konzern beeinträchtigen kann.	– Sind mächtiger als Staaten. Sie beherrschen Wirtschaft und Politik der Staaten, in denen sie sich niedergelassen haben. – Beuten die Entwicklungsländer aus. Technischer Vorsprung verstärkt die Ausbeutung. – Verlegen Betriebsteile in Länder, in denen es keine Gewerkschaften gibt. – Vernichten Arbeitsplätze im Inland, indem sie »willkürlich« Betriebsteile in Länder mit niedrigen Arbeitslöhnen verlagern. – Zahlen kaum Steuern, weil sie ihre Unternehmenssitze in Steueroasen legen. – Kassieren hohe Subventionen bei Betriebsansiedlung.

4.2 Ziele und Folgen der Kooperation und Konzentration

4.2.1 Ziele der Kooperation und Konzentration

Im Wirtschaftsleben gibt es eine Vielzahl von Zielen der Kooperation und Konzentration. Allen Zielen gemeinsam ist, den Erhalt und den Ausbau der eigenen Wettbewerbsfähigkeit bzw. das eigene Auftreten am Markt zu sichern. Deshalb drängen viele Unternehmen auf den Weltmarkt und stellen sich so den weltumfassenden Herausforderungen.

	Zielsetzung	Beispiele
a)	Sicherung und Verbesserung von Beschaffung und Absatz.	Juweliere schließen sich zusammen und kaufen gemeinsam in Südamerika und Afrika ihre Rohstoffe ein. Spielwarenhändler schließen einen gemeinsamen Einkaufsverbund (vedes). Winzer organisieren ihren Absatz durch eine gemeinsame Genossenschaft. Eine Zellulosefabrik, eine Papierfabrik, eine Druckerei und ein Zeitungsverlag beteiligen sich gegenseitig.
b)	Gemeinsame Werbung.	In einem Einkaufszentrum werben verschiedene Einzelhändler gemeinsam. Reisebüros und Hersteller von Freizeitkleidung werben gemeinsam.
c)	Höhere Erträge durch Beschränkung und Ausschaltung des Wettbewerbs.	Konkurrierende Unternehmen treffen Absprachen über Preise, über die Beschränkung von Ausbringungsmengen, die Abgrenzung der Absatzgebiete, über den einheitlichen Aufbau der Kalkulation und die einheitliche Anwendung von allgemeinen Geschäfts-, Lieferungs- und Zahlungsbedingungen.
d)	Sicherung der Beschäftigung durch Übernahme von Aufträgen, die das Leistungsvermögen und die Finanzkraft eines einzelnen Unternehmens übersteigen würden.	Mehrere Bauunternehmen erstellen in einer Arbeitsgemeinschaft (Arge) ein Großbauwerk.
e)	Höherer technischer und wirtschaftlicher Erfolg durch gemeinsame Entwicklungs- und Forschungsarbeiten.	Gründung einer Forschungs-GmbH mit Kapitalbeteiligung mehrerer Unternehmen (Automobil-, Elektroindustrie, chemische Industrie).
f)	Größere Wirtschaftlichkeit durch gemeinsame Rationalisierung der Fertigungsverfahren, der Fertigungsgegenstände und der Sortimentsgestaltung.	Absprachen über gemeinsame Normen und Typen: Zusammenfassung, Ergänzung oder Aufteilung der Produktionsprogramme (Spezialisierung); Gestaltung des Produktionsprogramms.
g)	Erhaltung der Konkurrenzfähigkeit gegenüber ausländischen Unternehmen.	Inländische Automobilfabriken schließen sich zum gemeinsamen Vertrieb ihrer Erzeugnisse auf Auslandsmärkten zusammen. Hamburger Schlepperbetriebe verbinden sich gegen Rotterdamer Schlepperbetriebe, sprechen die Preise ab, um im Hamburger Hafen alleine Schiffe zu schleppen.

4.2.2 Folgen der Kooperation und Konzentration

Je nach Zielsetzung der Kooperation und Konzentration können daraus Vor- oder Nachteile entstehen.

Vorteile

- Senkung der Preise, wenn die Unternehmen ihre Kostenminderung im Preis weitergeben.

- Bessere Versorgung der Verbraucher, wenn Rationalisierungsmaßnahmen Leistungssteigerungen ermöglichen.
- Sicherung der Abnahme von Gütern und Dienstleistungen der Lieferanten.
- Größere Übersichtlichkeit des Marktes durch Bereinigung der Sortimente.
- Expandierende Unternehmen übernehmen Unternehmen mit Absatzproblemen.
- Die außenwirtschaftliche Wettbewerbsfähigkeit kann erhalten oder gestärkt werden.
- Bruttoinlandsprodukt und Wirtschaftswachstum werden gesichert.

Nachteile

- Die Preise können überhöht sein, sofern kein hinreichender Wettbewerb gegeben ist.
- Die Preise werden überhöht, wenn sie durch Kosten unwirtschaftlich arbeitender Unternehmen bestimmt werden.
- Die Vielfalt des Angebots an Gütern und Dienstleistungen wird im Allgemeinen vermindert.
- Die Freisetzung von Rationalisierungspotenzial gefährdet Arbeitsplätze.
- Der technische Fortschritt kann durch den Schutz rückständiger Unternehmen gehemmt werden.
- Die Stilllegung unwirtschaftlich arbeitender Unternehmen führt zum Abbau von Arbeitsplätzen.
- Die Konzentration wirtschaftlicher Macht birgt die Gefahr ihres Missbrauchs zu politischer Macht in sich.

4.3 Staatliche Wettbewerbspolitik

Ein Ordnungssystem und Regeln sind notwendig, damit der Markt in der Sozialen Marktwirtschaft funktionieren kann. Um diese zu schützen, haben sowohl Deutschland als auch die Europäische Union Gesetze erlassen, die den Wettbewerb gegen unlautere Methoden schützen.

4.3.1 Ziele der Wettbewerbspolitik

Die **staatliche Politik** zur Sicherung des Wettbewerbs soll die Allgemeinheit vor den Nachteilen der Unternehmenszusammenschlüsse bewahren und einen marktwirtschaftlichen Wettbewerb gewährleisten.

AEUV §§ 101 f.

Auch die **Europäische Union (EU)** verbietet allen Unternehmen und Unternehmensvereinigungen ihrer Mitgliedsstaaten, Vereinbarungen zu treffen, durch die der Wettbewerb innerhalb des gemeinsamen Marktes beeinträchtigt, eingeschränkt, verfälscht oder verhindert wird. Auch die missbräuchliche Ausnutzung einer marktbeherrschenden Stellung ist nicht erlaubt.

GWB § 22

Das europäische und das deutsche Kartellrecht gelten grundsätzlich nebeneinander. Sind die Verhältnisse aber unklar, gilt das europäische Recht vor dem deutschen Recht. Das Ziel beider Rechtsvorschriften ist der Schutz des Wettbewerbs auf dem europäischen bzw. auf dem deutschen Markt. Damit sollen Marktabsprachen, Machtmissbrauch und Machtkonzentration verhindert werden.

4.3.2 Maßnahmen der nationalen Wettbewerbspolitik

Wettbewerbsförderung durch Kartellverbot

Im deutschen Kartellrecht ist die **Bildung von Kartellen grundsätzlich verboten (Verbotsprinzip).** Es gibt aber zwei Ausnahmebereiche: die freigestellten Vereinbarungen und die Mittelstandskartelle. Innerhalb dieser unterscheidet der Gesetzgeber zwischen Vereinbarungen auf der gleichen Wirtschaftsstufe **(horizontale Vereinbarungen)** und auf unterschiedlichen Wirtschaftsstufen **(vertikale Vereinbarungen).** GWB § 1

Ob wettbewerbsbeschränkende Vereinbarungen zulässig sind oder nicht, muss jedes Unternehmen selbst prüfen. Es empfiehlt sich deswegen, unternehmensintern ein Risikomanagement für Kartellrechtsfragen einzurichten, um Verstöße zu verhindern.

Messgröße für zulässige Vereinbarungen ist grundsätzlich der Marktanteil der beteiligten Unternehmen. Als Anhaltspunkt gilt die Vorgabe der EU-Kommission:

Grenzen für zulässige Vereinbarungen

Marktanteil aller Beteiligten

- auf der vertikalen Wirtschaftsstufe weniger als 15 %
- auf der horizontalen Wirtschaftsstufe weniger als 10 %

Da das GWB die Begriffe Wettbewerb und Wettbewerbsbeschränkung nicht exakt definiert, ist immer eine Prüfung des Einzelfalls erforderlich.

Stellt die Kartellbehörde beispielsweise gleichzeitige Preiserhöhungen von Unternehmen für ihre Produkte fest, kann es sich um wettbewerbsschädliche Preisabsprachen handeln, aber ebenso um unbewusstes Parallelverhalten aufgrund der gestiegenen Nachfrage nach diesen Produkten. Für die Kartellbehörde ist es demnach nicht immer einfach zu beurteilen, ob unternehmerisches Verhalten wettbewerbsbeschränkend oder wettbewerbskonform ist.

Grundsätzlich führen aber vereinbarte Preis-, Gebiets- und Quotenabsprachen (Hardcore-Kartelle) zu Wettbewerbsbeschränkungen und damit zu deren Verbot.

▶ Freigestellte Vereinbarungen

Freigestellt sind Vereinbarungen zwischen Unternehmen oder aufeinander abgestimmte Verhaltensweisen, wenn sie § 2

- die Verbraucher angemessen an dem entstehenden Gewinn beteiligen,
- zur Verbesserung der Warenerzeugung oder -verteilung oder zur Förderung des technischen oder wirtschaftlichen Fortschritts beitragen,
- dadurch nicht die Möglichkeit schaffen, für die betreffenden Produkte den Wettbewerb auszuschalten.

▶ Mittelstandskartelle

Kleinen und mittelständischen Unternehmen wird durch diese Gesetzesvorschrift ein Ausgleich für ihre strukturellen Nachteile gegenüber größeren Wettbewerbern angeboten. § 3

Demnach sind Vereinbarungen und Beschlüsse von miteinander in Wettbewerb stehenden kleinen und mittelständischen Unternehmen erlaubt, wenn sie

- die Rationalisierung ihrer Vorgänge durch zwischenbetriebliche Zusammenarbeit vereinbaren,
- den Wettbewerb auf dem entsprechenden Markt nicht wesentlich beeinträchtigen,
- durch die horizontale Kooperation ihre Wettbewerbsfähigkeit erhöhen.

Grundsätzlich kann auch ein Großunternehmen Mitglied eines Mittelstandskartells sein, wenn die kleinen und mittleren Unternehmen dadurch verbesserte Bezugs- oder Vertriebsmöglichkeiten erhalten.

Kartelle

verboten

»Hardcore-Kartelle«, z. B.
- Preiskartelle
- Gebietskartelle
- Quotenkartelle

erlaubt

- Vereinbarungen mit einem Marktanteil bis zu 10 % bzw. 15 %
- freigestellte Vereinbarungen
- Mittelstandskartelle

Wettbewerbsförderung durch Zusammenschlusskontrolle

GWB § 39 Zusammenschlüsse sind vor dem Vollzug dem Bundeskartellamt anzumelden und nach dem Vollzug anzuzeigen. Die Zusammenschlusskontrolle findet statt, wenn die Beteiligten vor dem Zusammenschluss folgende Umsatzerlöse erreicht haben:

§ 35 **Geltungsbereich der Zusammenschlusskontrolle**

Umsatzerlöse weltweit > 500 Mio. EUR und **Umsatzerlöse eines Beteiligten im Inland > 50 Mio. EUR**

§ 41 Besteht die Gefahr, dass durch den **Zusammenschluss eine marktbeherrschende Stellung entsteht oder verstärkt** wird, so kann die Kartellbehörde einen Zusammenschluss untersagen. Ein bereits vollzogener Zusammenschluss kann unter bestimmten Voraussetzungen durch ein **Zusammenschlussverbot** entflochten, d. h. aufgelöst werden.

Merkmale einer überragenden Marktstellung sind die Finanzkraft, der Zugang zu Beschaffungs- oder Absatzmärkten und die Verflechtung mit anderen Unternehmen.

Zur Begutachtung der Entwicklung der Unternehmenskonzentration ist eine Monopolkommission aus Fachleuten der Wirtschaft und Wissenschaft gebildet worden.

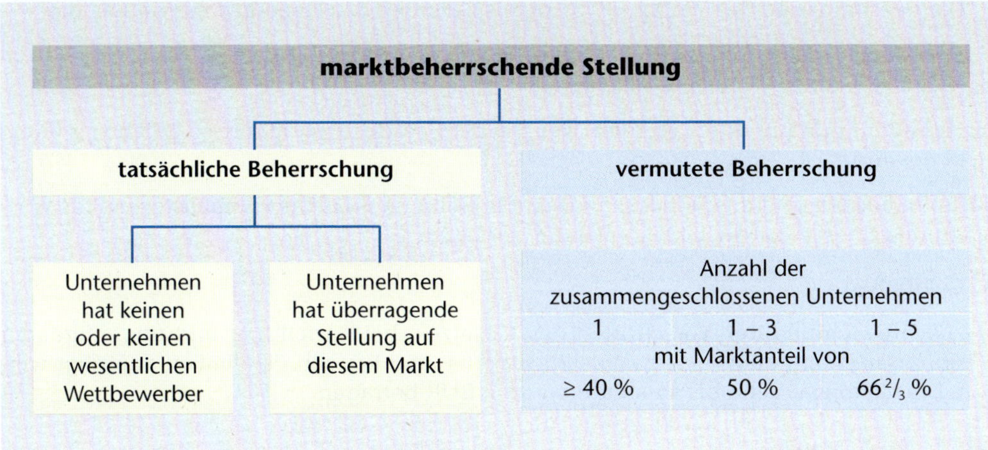

GWB § 18

Wettbewerbsförderung durch Missbrauchsaufsicht

Die Missbrauchsaufsicht ist die dritte Säule der Wettbewerbsförderung neben dem Kartellverbot und der Zusammenschlusskontrolle. § 19 Sie hat die Aufgabe, zu verhindern, dass ein bereits marktbeherrschendes Unternehmen seine Marktstellung missbraucht. Nutzt es seine marktbeherrschende Stellung missbräuchlich aus, so kann die Kartellbehörde dieses Verhalten untersagen und Verträge für unwirksam erklären. Gegen Verfügungen der Kartellbehörde kann Beschwerde beim Kammergericht am Oberlandesgericht in Düsseldorf geführt werden. § 74 Gegen Entscheidungen des Kammergerichts können Rechtsbeschwerden an den Kartellsenat des Bundesgerichtshofs gerichtet werden.

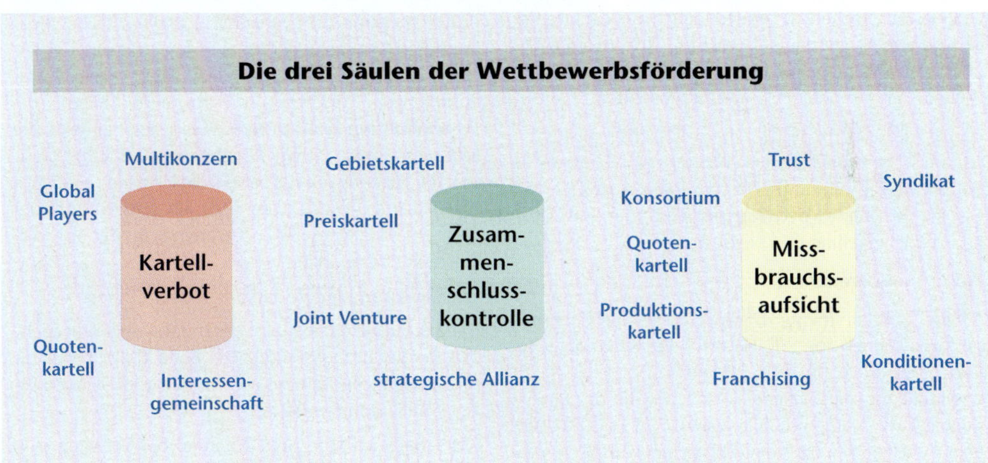

Generalausnahmeklausel und Geldbußen

▶ Generalausnahmeklausel

Der Bundesminister für Wirtschaft und Energie kann Kartelle zulassen, die vom Kartellamt nicht genehmigt oder durch das Kartellrecht verboten sind. § 42 In zwei Fällen können Kartelle erlaubt werden (Ministererlaubnis):

- Die Beschränkung des Wettbewerbs ist aus Gründen des Gemeinwohls notwendig.
- Es besteht eine unmittelbare Gefahr für den Bestand des überwiegenden Teils der Unternehmen eines Wirtschaftszweiges.

Die Erlaubnis darf nur erteilt werden, wenn in der Folge die marktwirtschaftliche Ordnung nicht gefährdet ist.

GWB § 74 **Kartellbehörden** sind das Bundeskartellamt in Bonn und das Bundesministerium für Wirtschaft und Energie sowie die Kartellämter der Länder.

▶ Geldbußen

§ 81 a Bei Nichtbeachtung der Vorschriften des Gesetzes, bei unrichtiger und ungenügender Auskunftserteilung und bei Aufsichtspflichtverletzung können Geldbußen auferlegt werden. § 81 c Die Geldbuße kann bis zu mehreren Mio. EUR betragen.

Beispiel für Geldbußen:

Automobilindustrie

EU: Kartellstrafen gegen VW und BMW

Deutsche Autobauer hatten sich illegal abgesprochen und kassieren deswegen nun eine Millionenstrafe der EU-Kommission. Glück im Unglück für die PS-Konzerne: Zuvor war ein Großteil der Vorwürfe fallen gelassen worden.

Die EU-Kommission hat gegen die beiden deutschen Autobauer BMW und Volkswagen Wettbewerbsstrafen in dreistelliger Millionenhöhe verhängt. Wegen rechtswidriger Absprachen zu sogenannten AdBlue-Tanks für eine bessere Abgasreinigung soll BMW knapp 375 Millionen Euro zahlen, Volkswagen gut 500 Millionen Euro, wie die Kommission am Donnerstag mitteilte.

Damit wird das mögliche Strafmaß nicht voll ausgeschöpft. Theoretisch können Zahlungen von bis zu zehn Prozent des Jahresumsatzes fällig werden. Auch Daimler war an dem Kartell beteiligt, profitiert aber von einer Kronzeugenregelung und bleibt straffrei.

Zuviel Transparenz?

AdBlue-Tanks nehmen in Dieselautos neuerer Katalysator-Generationen spezielle Harnstoff-Lösungen auf. Die Gemische sorgen für eine effizientere Abgasreinigung und damit für eine Senkung schädlicher Stickoxid-Emissionen. BMW hatte sich mit Volkswagen und Daimler abgesprochen, wie groß die AdBlue-Tanks ausfallen sollten, die die Autoabgase von Schadstoffen reinigen.

Dabei habe man „ein zu hohes Maß an Transparenz hergestellt", räumte BMW ein. Tatsächlich umgesetzt wurde die Absprache nach Angaben der Konkurrenten nie. „Alle Unternehmen haben ihre Kartellbeteiligung eingeräumt und einem Vergleich zugestimmt", hieß es in einer Mitteilung der EU-Kommission.

Nach Angaben der Kommission hatten die Autobauer regelmäßig Fachtreffen abgehalten, bei denen sie über die Entwicklung der Abgas-Technologie berieten. Bei diesen Zusammenkünften verständigten sie sich demnach über einen Zeitraum von mehr als fünf Jahren zwischen 2009 und 2014 darauf, nicht miteinander um eine über die gesetzlichen Vorgaben hinausgehende Abgasreinigung zu konkurrieren - obwohl die dafür benötigte Technologie zur Verfügung stand.

Kartellrechtliches Neuland

Brüssel habe mit dem Verfahren „kartellrechtliches Neuland" betreten, teilte BMW am Donnerstag mit. Gegenstand der Untersuchung seien nicht Preis- oder Gebietsabsprachen gewesen - trotzdem habe die EU-Kommission bei der Berechnung des Bußgelds die Maßstäbe eines solchen „klassischen" Kartells angelegt und die Neuartigkeit des Falles lediglich durch einen Abschlag berücksichtigt. Dieses Vorgehen führe trotz der weitgehend fallen gelassenen Vorwürfe zu der nun festgelegten Bußgeldhöhe.

Erleichterung hier, Widerspruch dort

Diesem Bußgeld habe der Vorstand mit dem vorliegenden Vergleich zugestimmt. Das hatte BMW bereits in Aussicht gestellt, als der Konzern die Rückstellungen für eine Strafe reduziert hatte.

BMW hatte im Jahr 2019 aufgrund der Vorwürfe eine Rückstellung von 1,4 Milliarden Euro gebildet, davon im Mai dieses Jahres aber bereits rund eine Milliarde Euro wieder aufgelöst, weil die Kommission bestimmte Vorwürfe gegen BMW vollständig hatte fallen lassen.

Während BMW den Vergleich akzeptieren will, erwägt Volkswagen, Rechtsmittel gegen die Höhe der Buße einzulegen.

Quelle: https://www.dw.com/de/eu-kartellstrafen-gegen-vw-und-bmw/a-58201199 v. 08.07.2021

4.3.3 Maßnahmen der EU-Wettbewerbspolitik

Grundsätzlich sind das deutsche und das europäische Kartellrecht verwandt. Beide enthalten ein **Kartellverbot** mit **Ausnahmen** bzw. **Freistellungsmöglichkeiten,** eine Missbrauchsaufsicht und eine Zusammenschlusskontrolle. Sie treten in Kraft, wenn eine marktbeherrschende Stellung entsteht oder verstärkt wird. Beide Rechtssysteme unterscheiden sich jedoch in ihren Institutionen: Während in Deutschland das Kartellrecht auf Bundesebene durch eine selbstständige Behörde angewendet wird, entscheidet nach EG-Recht die EU-Kommission in Brüssel. Sie ist als ein politisches Organ auch für andere wirtschaftliche und politische Entscheidungen zuständig.

Die Europäische Kommission ist für alle Wettbewerbsbeschränkungen zuständig, die den Handel zwischen den Mitgliedsstaaten beeinträchtigen. Die nationalen Kartellbehörden können ebenfalls die Wettbewerbsregeln des EG-Vertrages anwenden, solange die Europäische Kommission kein eigenes Verfahren eingeleitet hat.

Zusammenfassende Übersicht zu Kapitel 4:
Formen und Ziele der Kooperation und Konzentration unterscheiden

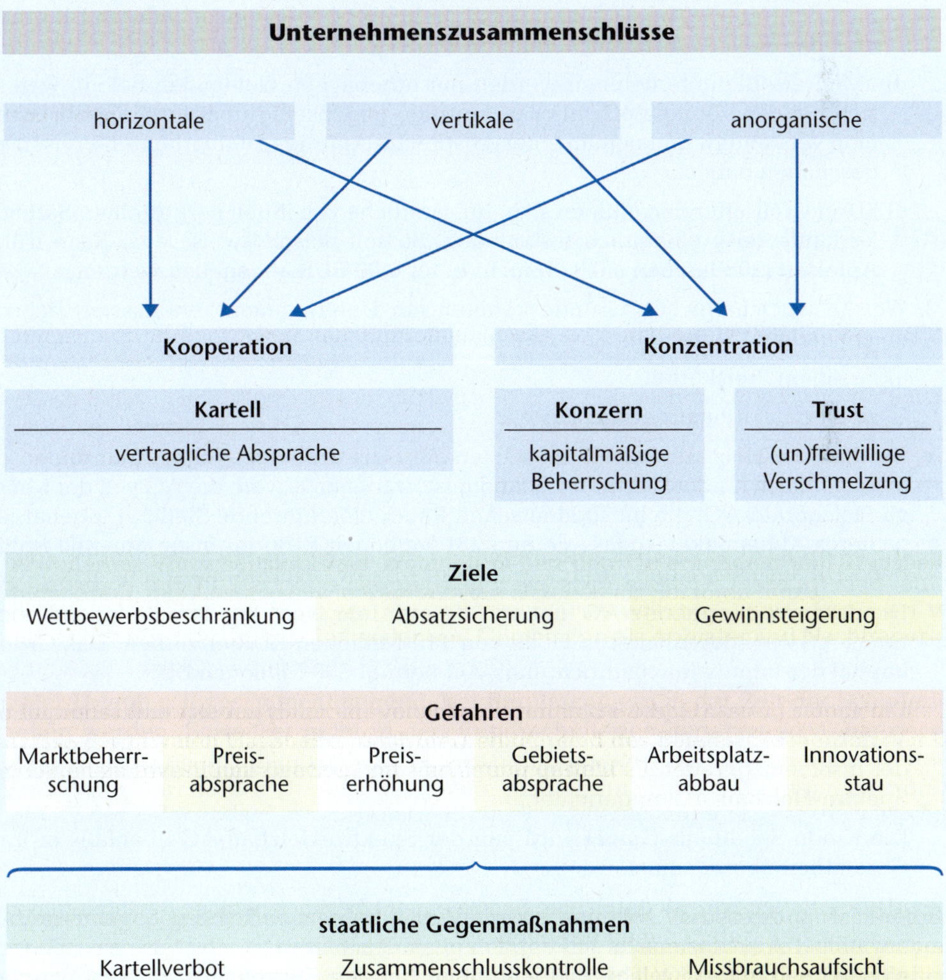

▶ Aufgaben

1. Die BASF AG und der Schweizer Konzern Hoffmann La Roche treten mit denselben Preisen für synthetische Vitamine auf dem deutschen Markt auf.

   Begründen Sie, ob es sich dabei um eine Kooperation, um eine Konzentration oder um keines von beiden handelt.

2. Beantworten Sie folgende Fragen aufgrund der Pressenotizen a) bis e):
   - Welche Ziele verfolgen die einzelnen Unternehmen?
   - Wie werden diese Zusammenschlüsse genannt?
   - Welche Vor- und Nachteile ergeben sich aus deren Zusammenschluss?

   a) »Zwei Automobil-AGs wollen gemeinsam ein Fahrzeug mit Brennstoffzellenantrieb bauen, das weltweit vertrieben werden soll. An einen Aktienerwerb bei einem beteiligten Unternehmen ist dabei nicht gedacht.«

   b) »Die Spezialbrot- und Keksfabrik Steinfurt GmbH wird von der Holzofenbrotfabrik Karl Jause & Co., Starnberg, übernommen.«

   c) »Aus informierten Branchenkreisen verlautet, dass sich ein führendes Unternehmen der Unterhaltungselektronik mit mehr als 50 % an einem anderen Unternehmen der gleichen Branche beteiligen wird.«

   d) »Mehrere Bauunternehmen werden mit erheblichen Geldbußen belegt, weil sie sich bei der Vergabe öffentlicher Aufträge gegenseitig über ihre Angebotssummen verständigt und gemäß einer Absprache Aufträge zu überhöhten Preisen zugeschoben haben.«

   e) »Drei Großsaftereien einigen sich, für sämtliche von ihnen hergestellten Säfte die Verkaufspreise einheitlich festzulegen. So soll beispielsweise eine Kiste trüber Apfelsaft (20 Flaschen à 0,33 l) nicht unter 6,00 EUR abgegeben werden.«

3. Welche wirtschaftlichen Gründe könnten ein Unternehmen veranlassen, sich mit einem anderen Unternehmen zusammenzuschließen

   a) zu einem Preiskartell,

   b) zu einem Rationalisierungskartell?

4. Die Spektro-Holzbau-AG hat im letzten Jahr die Transport-GmbH gegründet, die ausschließlich für den Vertrieb zuständig ist. Daneben erwarb die AG von der Minerva-Holzgeräte-AG, die im süddeutschen Raum eine führende Stellung innehat, ein weiteres Aktienpaket, sodass sie nun 231 Millionen EUR des insgesamt 460 Millionen EUR ausmachenden Grundkapitals der Minerva-Holzgeräte-AG besitzt.

   Die Minerva-Holzgeräte-AG hat in diesem Jahr von der Impuls-Inneneinrichtungs-AG ein Aktienpaket in Höhe von 110 Millionen EUR erworben. Das Grundkapital der Impuls-Inneneinrichtungs-AG beträgt 330 Millionen EUR.

   Die Elektrizitäts-AG, die aufgrund von Managementfehlern seit mehreren Jahren Verluste erwirtschaftet, wird durch die Übernahme des gesamten Aktienpakets vor der Insolvenz gerettet. Es wird eine gemeinsame Leitung von Elektrizitäts-AG und Spektro-Holzbau-AG eingerichtet.

   Die Krado-Speditions-GmbH wird von der Spektro-Holzbau-AG ebenfalls in ihrer Gesamtheit übernommen.

   a) Verschaffen Sie sich durch eine Skizze einen Überblick, welche Beziehungen zwischen den Unternehmen bestehen.

   b) Entscheiden Sie, welche Zielrichtungen bei den Zusammenschlüssen zwischen den einzelnen Unternehmen erkennbar sind.

5. Vervollständigen Sie die folgende Übersicht.

	Grundlage der Zusammenarbeit	rechtliche Selbstständigkeit	wirtschaftliche Selbstständigkeit	Behandlung im GWB
Kartell				
Konzern				
Trust				

6. Begründen Sie, welche Zielsetzungen der Kooperation und Konzentration volkswirtschaftlich erwünscht bzw. welche Wirkungen nicht erwünscht sind.
7. Recherchieren Sie, welche Unternehmen in Deutschland als »Multis« bzw. »Global Players« bezeichnet werden.
8. Wägen Sie ab, inwieweit »Multis« bzw. »Global Players« mächtiger sind als nationale Regierungen.
9. In den letzten Jahren sind viele kleine und mittelgroße Unternehmen verkauft oder aufgegeben worden.
   a) Nennen Sie mögliche Ursachen.
   b) Welche Auswirkungen hatte dies auf die Verbraucher?
   c) Wie versuchen noch existierende kleine Unternehmen, diese Entwicklung zu überleben?
   d) Welche Maßnahmen ergreift der Staat, um den Mittelstand zu fördern?
   e) Aus welchen Gründen ergreift der Staat diese Maßnahmen?
10. Die Anzahl der Unternehmenszusammenschlüsse (Fusionen) hat in den letzten Jahren stark zugenommen. Nennen Sie vier Gründe für diese Entwicklung.
11. Auf welche Weise kann wirtschaftliche Macht zu politischer Macht führen?
12. Warum und in welchem Fall ist der Grundsatz des Kartellverbots durch Freistellung von diesem Verbot durchbrochen?
13. Jedes Unternehmen hat die Pflicht, selbst zu prüfen, ob sein Verhalten, seine Absprachen und seine Beschlüsse kartellrechtlich zulässig sind.

    Bestimmen Sie ein Kriterium, mit dem geprüft werden kann, ob es sich um ein verbotenes Kartell oder um eine erlaubte Kooperation handelt. Prüfen Sie dieses Kriterium kritisch.
14. Bringen Sie mithilfe der Homepage des Bundeskartellamtes in Erfahrung, welche Unternehmenszusammenschlüsse in die Zuständigkeit der EU-Kommission fallen.
15. Auf der Homepage des Bundeskartellamtes finden Sie unter »Über uns/Das Bundeskartellamt« die untenstehenden Themen. Geben Sie den jeweiligen Inhalt auf dieser Seite in Kurzform wieder.
    a) Vorteile des wettbewerblichen Ordnungsprinzips,
    b) das Gesetz gegen Wettbewerbsbeschränkungen (GWB),
    c) Aufgaben des Bundeskartellamtes.
16. Welche Vor- und Nachteile hat ein Beherrschungsvertrag für die beteiligten Unternehmen?
17. Begründen Sie, warum die Gefahr der Entstehung von Überkapazitäten durch einen Konzern in höherem Maße als durch ein Kartell vermieden werden kann.
18. Erläutern Sie die Bedeutung des Wettbewerbs für die marktwirtschaftliche Ordnung.

5 Markt als Ort des Zusammentreffens von Angebot und Nachfrage kennzeichnen

5.1 Aufgaben des Marktes

Aufgaben des Marktes		
sachlich	**räumlich**	**wertmäßig**
Er führt leistungsbereite Anbieter und beschaffungsbereite Nachfrager bestimmter Güter zusammen.	Er verbindet den Ort der Leistungserstellung mit dem Ort der Leistungsverwendung.	Er ermöglicht den Ausgleich von Tauschgütern, die als unterschiedlich wertvoll angesehen werden. Dabei ergeben sich **Preise.** Mithilfe eines gegenseitig anerkannten und beliebig teilbaren Zwischentauschgutes, des Geldes, wird der Ausgleich vollzogen.

Das **Gesamtangebot,** das sich aus den Güterangeboten zahlreicher Einzelanbieter zusammensetzt, und die **Gesamtnachfrage,** die sich aus den Bedarfsvorstellungen unzähliger Einzelnachfrager herausbildet, werden meist nur als Angebot und Nachfrage bezeichnet.

Die **gesamtwirtschaftliche Aufgabe des Marktes** besteht darin, das **Gesamtangebot** mit der **Gesamtnachfrage** über den Preis **ins Gleichgewicht** zu bringen.

Diese Überlegungen machen deutlich, dass vom Staat festgesetzte Preise die Aufgabe des Marktes nicht erfüllen, da sie sich nicht nach dem Verhältnis von Angebot und Nachfrage richten.

5.2 Modell des vollkommenen Marktes

Konkurrenten sind in aller Regel bemüht, ihre Leistungen mit besonderen Vorzügen **(Präferenzen)** auszustatten, sodass am Markt mehr oder weniger unterschiedliche Leistungen miteinander konkurrieren. Man unterscheidet zwischen dem vollkommenen und dem unvollkommenen Markt.

a) Der vollkommene Markt setzt voraus:

- **Markttransparenz.** Alle Marktteilnehmer verfügen über die erforderlichen Informationen, damit der Markt für alle voll überschaubar ist.
- **Homogenität der Güter.** Die auf dem Markt von Konkurrenten angebotenen Güter sind völlig gleichartig (homogen).
- **Keine Präferenzen.** Einzelne Marktteilnehmer dürfen nicht von anderen Marktteilnehmern bevorzugt werden, weder in sachlicher, zeitlicher, örtlicher noch persönlicher Hinsicht.

b) Der unvollkommene Markt liegt vor, wenn mindestens eine der Voraussetzungen des vollkommenen Marktes nicht erfüllt ist.

Fast alle Märkte sind mehr oder weniger **unvollkommene Märkte** (Ausnahme: Börse).

5.3 Marktformen

Unterscheidung nach räumlich-zeitlichen Gesichtspunkten

Betrachtet man das Zusammentreffen von Angebot und Nachfrage unter dem räumlich-zeitlichen Gesichtspunkt (Wo und wann treffen sich Gesamtangebot und Gesamtnachfrage?), so kann zwischen zentralisiertem und dezentralisiertem Markt unterschieden werden.

▶ Der zentralisierte Markt

Angebot und Nachfrage eines größeren Wirtschaftsraumes konzentrieren sich zu festgelegten Zeiten an bestimmten Marktorten. Anbieter wie Nachfrager können sich verhältnismäßig rasch und bequem einen Überblick über die Verkaufs- und Kaufmöglichkeiten verschaffen. Der zentralisierte Markt ist transparent.

Beispiel: Zu den zentralisierten Märkten zählen neben den allgemeinen Märkten (Jahrmarkt, Großmarkt) auch spezielle Märkte (Versteigerung, Messe, Börse).

▶ Der dezentralisierte Markt

Die meisten Güter werden auf dezentralisierten Märkten gehandelt. Anbieter und Nachfrager eines größeren Wirtschaftsraumes können den Austausch der Güter frei an vielerlei Stellen besorgen. Durch die räumliche Aufspaltung fehlt dem dezentralisierten Markt weitgehend die gewünschte Einheitlichkeit und Übersichtlichkeit des gesamten Marktgeschehens. Der dezentralisierte Markt ist nicht transparent.

Beispiele: Aufteilung des Lebensmittelhandels einer Stadt auf viele Einzelhandelsgeschäfte; briefliche oder telefonische Geschäftsabschlüsse zwischen Industrie- und Handelsunternehmen, deren Standorte voneinander entfernt sind; E-Commerce

Unterscheidung nach quantitativen Gesichtspunkten

▶ Polypol

Viele Konkurrenten stehen miteinander im Wettbewerb. Handelt es sich um so viele Wettbewerber, dass eine Erhöhung oder Verminderung der Gütermengen den Preis nur unerheblich beeinflusst, spricht man von einer vollkommenen Konkurrenz.

▶ Oligopol

Einige wenige Wettbewerber beherrschen den Markt.

▶ Monopol

Das gesamte Angebot (Angebotsmonopol) oder die gesamte Nachfrage (Nachfragemonopol) auf dem Markt eines Gutes befindet sich in einer Hand. Preise und Geschäftsbedingungen unterliegen einer einheitlichen Willensbildung und werden nicht durch Wettbewerb beeinflusst.

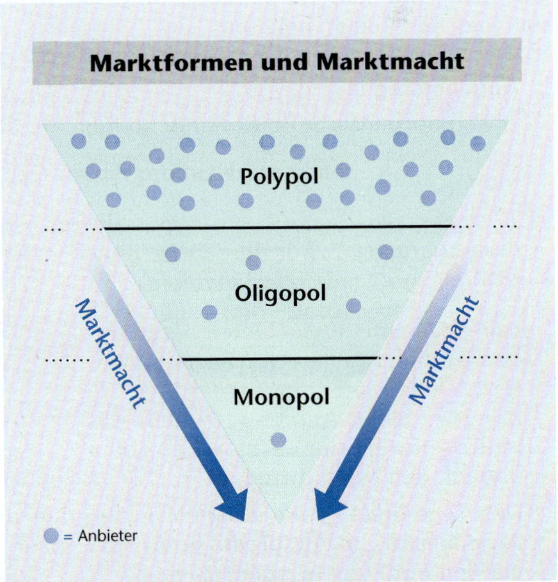

Da die Zahl der Konkurrenten sowohl auf der Angebotsseite als auch auf der Nachfrageseite verschieden sein kann, ergibt sich folgendes **Marktformenschema:**

Anzahl der Anbieter / Anzahl der Nachfrager	sehr viele	wenige	einer
sehr viele	Polypol	Angebotsoligopol	Angebotsmonopol
wenige	Nachfrage-oligopol	beiderseitiges Oligopol	beschränktes Angebotsmonopol
einer	Nachfrage-monopol	beschränktes Nachfragemonopol	beiderseitiges Monopol

Beispiele:

1. **Polypol:** Lebensmittelmarkt einer Großstadt mit zahlreichen Lebensmittelgeschäften
2. **Angebotsoligopol:** Lebensmittelmarkt einer Kleinstadt mit nur wenigen Lebensmittelgeschäften
3. **Angebotsmonopol:** einziges Schuhgeschäft einer Kleinstadt
4. **Nachfragemonopol:** Markt für militärische Ausrüstungsgegenstände
5. **Beiderseitiges Oligopol:** Markt für Satellitentransporte ins Weltall
6. **Beiderseitiges Monopol:** Tarifverhandlungen auf dem Arbeitsmarkt

5.4 Preisbildung beim vollkommenen Polypol

Das **Polypol** ist die Marktform, bei der es sehr viele Anbieter und sehr viele Nachfrager gibt. Viele Konkurrenten stehen miteinander im Wettbewerb. Bei **vollkommener Konkurrenz** auf beiden Seiten des Marktes bildet sich der **Gleichgewichtspreis.**

Wechselwirkung von Angebot, Nachfrage und Preis

Aus dem Verhalten der Anbieter und Nachfrager gegenüber Preisentwicklungen lassen sich folgende Regeln ableiten:

Angebotsregel:

Je stärker der Preis eines Gutes steigt, desto größer wird die angebotene Menge.

Je stärker der Preis eines Gutes sinkt, desto geringer wird die angebotene Menge.

Der steigende Preis bietet lieferfähigen Anbietern einen wachsenden Anreiz, mehr Güter auf den Markt zu bringen. Mehr Anbieter werden das teurer gewordene Gut produzieren und auf den Markt bringen.

Der sinkende Preis vermindert den Anreiz, ein Gut zu produzieren und auf den Markt zu bringen.

Nachfrageregel:

Je stärker der Preis eines Gutes steigt, desto geringer wird die nachgefragte Menge.

Je stärker der Preis eines Gutes sinkt, desto größer wird die nachgefragte Menge.

Der steigende Preis vermindert den Anreiz und die Fähigkeit, ein Gut zu erwerben.

Der sinkende Preis erleichtert den Kaufentschluss und ermöglicht auch weniger kaufkräftigen Nachfragern den Kauf.

Grafisch lassen sich diese Regeln in **typischen Kurvenverläufen** darstellen:

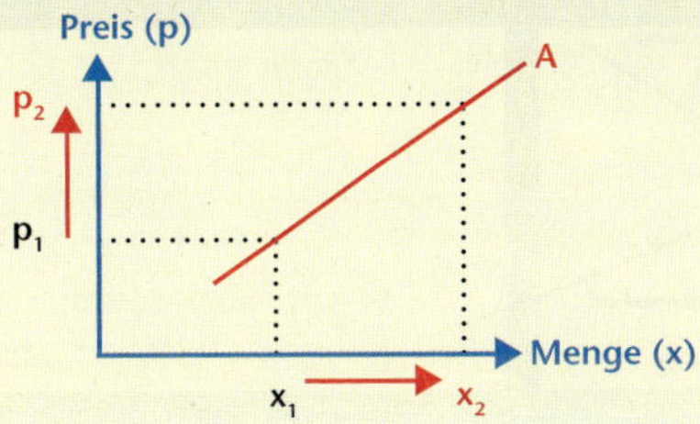

Die typische **Angebotskurve** steigt.

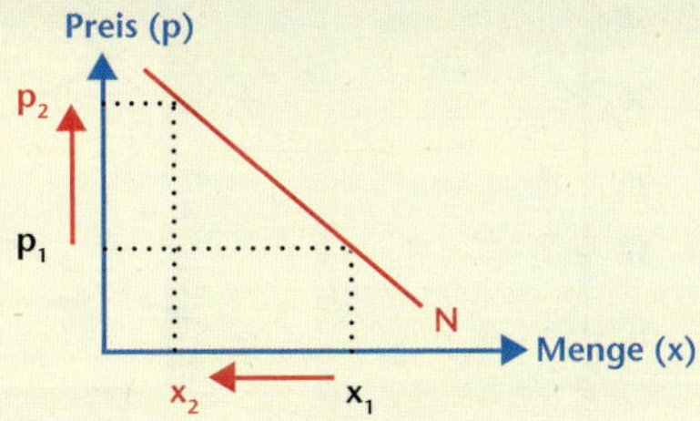

Die typische **Nachfragekurve** fällt.

Marktpreisbildung

Beispiel: Auf dem Wochenmarkt unterhalten sich Händler über die Preise für Kartoffeln. Dabei werden Preise zwischen 48 EUR und 60 EUR je Doppelzentner (dz) genannt. Aufgrund des regelmäßigen Angebots- und Nachfrageverlaufs wären zu den jeweiligen Preisen folgende Angebots- und Nachfragemengen zu erwarten:

Preis EUR je dz	zu erwartendes **Angebot** dz	zu erwartende **Nachfrage** dz	**Marktlage**	jeweils mögliche **umgesetzte Menge** dz
48	14.500	19.500	Nachfrageüberhang = Angebotslücke	14.500
50	15.500	18.605		15.500
52	16.350	17.750		16.350
54	17.000	17.000	Gleichgewicht	17.000
56	17.500	16.250	Angebotsüberhang = Nachfragelücke	16.250
58	17.800	15.750		15.750
60	18.100	15.250		15.250

Analyse der jeweiligen Marktlage:

- Angenommener Preis von unter 54 EUR: **Nachfrageüberhang.**

  Bei transparenter Marktlage bemerken die Anbieter einen fließenden Absatz, die Nachfrager Warenknappheit. Dies gibt den Anbietern Anlass, einen höheren Preis zu fordern; die Nachfrager sind bereit, einen höheren Preis zu zahlen. Der Preis steigt. Es besteht ein **»Verkäufermarkt«.**

- Angenommener Preis von über 54 EUR: **Angebotsüberhang.**

  Bei transparenter Marktlage bemerken die Anbieter schleppenden Absatz, die Nachfrager ein großes Angebot. Die Nachfrager verhalten sich abwartend; die Anbieter sind bereit, mit dem Preis nachzugeben. Der Preis fällt. Es besteht ein **»Käufermarkt«.**

- Marktpreis von 54 EUR: **Marktgleichgewicht.**

  Gleichgewicht von Angebot und Nachfrage. Bei diesem Preis, bei dem weder ein Angebots- noch ein Nachfrageüberhang besteht, ist die umgesetzte Menge am größten. Es tritt eine Preisberuhigung ein. Er ist der **Gleichgewichtspreis.**

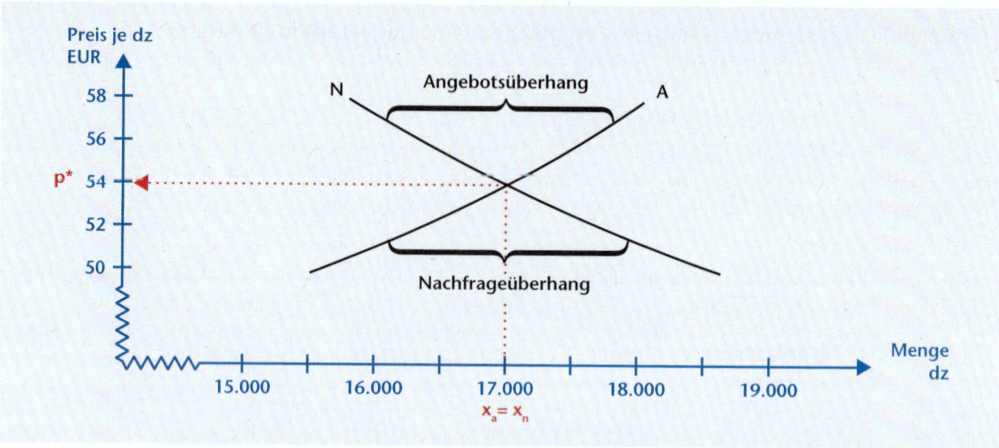

Aus diesem Beispiel und seiner Analyse ergibt sich das marktwirtschaftliche

Preisbildungsgesetz: Das Verhältnis von Angebot und Nachfrage bestimmt den Preis.

Da der **Gleichgewichtspreis** von den marktwirksamen Kräften, nämlich von Angebot und Nachfrage, am Markt gebildet wird, nennt man ihn auch den **Marktpreis.**

Änderungen des Gleichgewichtspreises

Das Gesamtangebot am Markt ändert sich fortwährend, da die Erwartungen der Produzenten über die künftige Wirtschaftslage, über die erzielbaren Gewinne und die zu erwartenden Produktionskosten zu ständig neuen Produktionsbedingungen führen. Auch die Gesamtnachfrage ändert sich mit der Zahl der Nachfrager, mit deren Kaufvorstellungen und Einkommen.

Mit jedem neuen Angebot-Nachfrage-Verhältnis muss sich aber auch ein neuer Gleichgewichtspreis herausbilden. **Marktpreise** müssen sich also **ständig ändern.**

Beispiele:

1. Es wird angenommen, dass die Nachfrage infolge gestiegener Einkommen gewachsen ist. Die Nachfragekurve verschiebt sich von N_1 nach N_2.

   Bei gleichbleibender Angebotssituation steigt der Gleichgewichtspreis p_1 auf p_2.

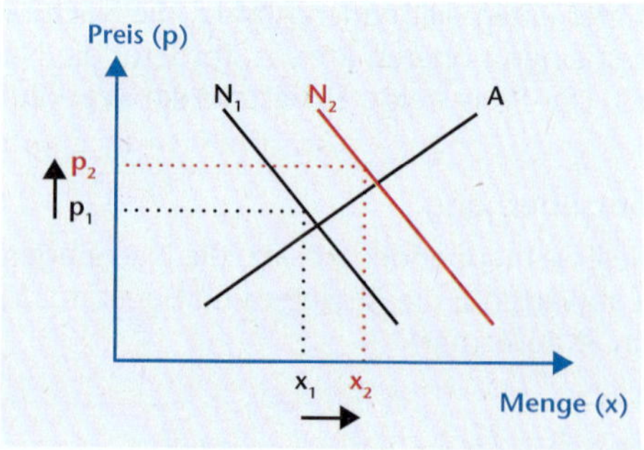

2. Es wird angenommen, dass das Angebot infolge von Rationalisierungsmaßnahmen im Produktionsbereich gestiegen ist. Die Angebotskurve verschiebt sich von A_1 nach A_2.

   Bei gleichbleibender Nachfragesituation fällt der Gleichgewichtspreis p_1 auf p_3.

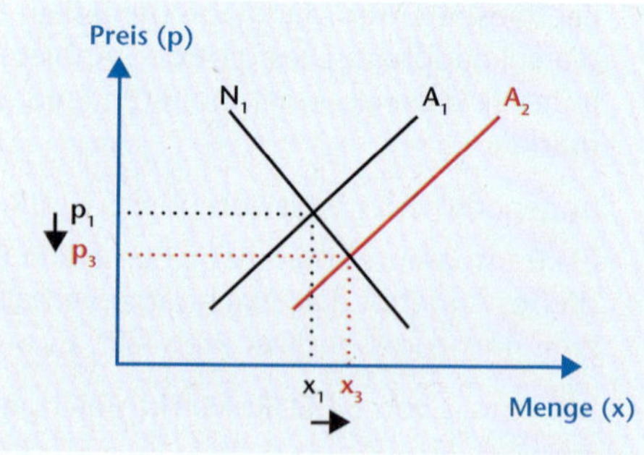

Bei fallender Nachfrage bzw. bei fallendem Angebot würden sich umgekehrte Preisänderungen ergeben.

Wirkung des Gleichgewichtspreises

Beim **Gleichgewichtspreis,** und nur bei diesem, ist der **Güterumsatz am höchsten.**

»**Der Gleichgewichtspreis räumt den Markt.**« (W. Röpke)

Der Gleichgewichtspreis, der sich durch das Spiel von Angebot und Nachfrage bildet, räumt den Markt

- von der größtmöglichen Gütermenge, die nur bei diesem Preis umgesetzt werden kann, und damit auch
- von der größtmöglichen Zahl zufriedener Anbieter, die zu diesem Preis ihre Ware verkaufen konnten, und
- von der größtmöglichen Zahl zufriedener Nachfrager, die zu diesem Preis die Ware kaufen konnten.

Die **größtmögliche Umsatztätigkeit** auf allen Märkten bedeutet in gesamtwirtschaftlicher Hinsicht **optimale Bedarfsdeckung.** Dieses wichtigste volkswirtschaftliche Ziel wird also **nur bei freier Preisbildung** erreicht.

Jeder staatliche Preiseingriff führt in der Regel zu einem Preis über oder unter dem Gleichgewichtspreis, bei dem der mögliche Umsatz niedriger ist. Staatliche Preisfestsetzung verhindert also die optimale Bedarfsdeckung.

Funktionen des Gleichgewichtspreises

Funktionen des Gleichgewichtspreises			
Bestimmungsgrößen für das *Angebot*	**Anbieterziel**	**Wirkungsweise des Gleichgewichtspreises**	**Benennung**
1. Zielsetzung der Produzenten	Erzielung eines angemessenen Gewinnes (erwerbswirtschaftliches Primärziel)	– Steigender Preis zeigt den Produzenten an, wo durch vermehrte Produktion der Gewinn noch verbessert werden kann. – Sinkender Preis zeigt den Produzenten an, wo infolge Marktsättigung der bisherige Gewinn nicht mehr erzielt werden kann.	**Informationsfunktion**
2. Faktorkosten der Produzenten	Finden eines günstigeren Verhältnisses zwischen Erlösen und Kosten	– Steigender Preis lenkt Produktionsfaktoren in die Produktion der Güter, für die Bedarf, Nachfrage und damit Gewinnchancen bestehen. – Sinkender Preis lenkt Produktionsfaktoren aus derjenigen Produktion heraus, bei der bereits Marktsättigung erreicht ist.	**Lenkungsfunktion**
3. Wettbewerbssituation der Produzenten	Erhaltung der Wettbewerbsfähigkeit	– Starke Preiskonkurrenz zwingt die Produzenten zu fortschrittlicher Produktionsweise. – Fehlende Preiskonkurrenz behindert Produktionsfortschritt und Wettbewerbsfähigkeit.	**Fortschrittsfunktion**

Funktionen des Gleichgewichtspreises			
Bestimmungsgrößen für die *Nachfrage*	**Nachfragerziel**	**Wirkungsweise des Gleichgewichtspreises**	**Benennung**
1. Zielvorstellung der Nachfrager	Bedarfsdeckung gemäß Dringlichkeit der Bedürfnisse	– Steigende Preise zeigen an, wo noch dringlicher Bedarf vorhanden ist. – Sinkende Preise zeigen an, wo die Dringlichkeit des Bedarfs zurückgegangen ist.	**Informationsfunktion**
2. Preise der Güter für die Nachfrager	Möglichst preisgünstige Bedarfsdeckung	– Bei Nachfrageüberhang steigen die Preise, bewirken Kaufzurückhaltung, bis die Nachfrage wieder mit dem Angebot im Gleichgewicht ist. – Bei Nachfragelücke sinken die Preise, bewirken Kaufzunahme, bis die Nachfrage wieder mit dem Angebot im Gleichgewicht ist.	**Ausgleichsfunktion**
3. Verfügbares Einkommen der Nachfrager	Erlangung eines angemessenen Anteils am Bruttoinlandsprodukt	– Steigender Preis bewirkt bei gleichbleibendem Einkommen eine geringere Güterzuteilung. – Sinkender Preis bewirkt bei gleichbleibendem Einkommen eine vermehrte Güterzuteilung.	**Zuteilungsfunktion**

Da sich mithilfe des Gleichgewichtspreises also ein Ausgleich zwischen den Anbieter- und Nachfragerzielen von selbst einstellt, nennt man das Zusammenspiel der Marktkräfte auch **Marktautomatismus** oder **Marktmechanismus.**

Unternehmenspolitik beim Polypol auf dem vollkommenen Markt

Bei einer großen Zahl von Konkurrenten mit gleichartigen Angeboten und bei überschaubaren Marktverhältnissen wird der Preis durch das Gesamtangebot und die Gesamtnachfrage, also »vom Markt«, vorgegeben. Der **Marktpreis** ist ein »**Datum«.** Das anbietende Unternehmen ist an diesen Preis gebunden; es kann den Marktpreis selbst kaum beeinflussen. Seine Marktpolitik richtet sich weniger auf den Preis als auf die Absatzmenge.

Bei vollkommener Konkurrenz ist der **einzelne Anbieter ein »Mengenanpasser«; er betreibt nur Mengenpolitik, keine aktive Preispolitik.**

5.5 Wirkungsweise von Staatseingriffen beim vollkommenen Polypol

Wesentliches Merkmal der Sozialen Marktwirtschaft ist die **Steuerung der Wirtschaft durch Angebot und Nachfrage am Markt.** Treten dabei unsoziale Auswirkungen auf, versucht der Staat, diese durch **Eingriffe** auszugleichen.

5.5.1 Marktkonforme Staatseingriffe

Als **marktkonform** bezeichnet man solche Markteingriffe, bei denen der Marktmechanismus nicht aufgehoben wird. **Sie wirken somit indirekt auf die Preisbildung.**

Einflussnahme auf die Nachfrage

Erhöhung der Nachfrage	Senkung der Nachfrage
Der Staat kann entweder seine eigene Nachfrage erhöhen oder Maßnahmen ergreifen, damit die Nachfrager ein höheres Einkommen zur Verfügung haben und damit ihre Nachfrage erhöhen.	Der Staat kann entweder seine eigene Nachfrage senken oder Maßnahmen ergreifen, damit die Nachfrager ein geringeres Einkommen zur Verfügung haben und damit ihre Nachfrage senken.
Beispiele: 1. Der Staat kauft neue Dienstwagen. 2. Die Umsatzsteuer wird gesenkt. 3. Das Kindergeld wird erhöht.	**Beispiele:** 1. Der Staat verschiebt Baumaßnahmen auf spätere Perioden. 2. Die Umsatzsteuer wird erhöht. 3. Das Kindergeld wird nur noch für Kinder bis 16 Jahre bezahlt.
Auswirkung: Es kommt zu einer Verschiebung der Nachfragekurve nach rechts. Die nachgefragte Menge nimmt zu, der Gleichgewichtspreis steigt. 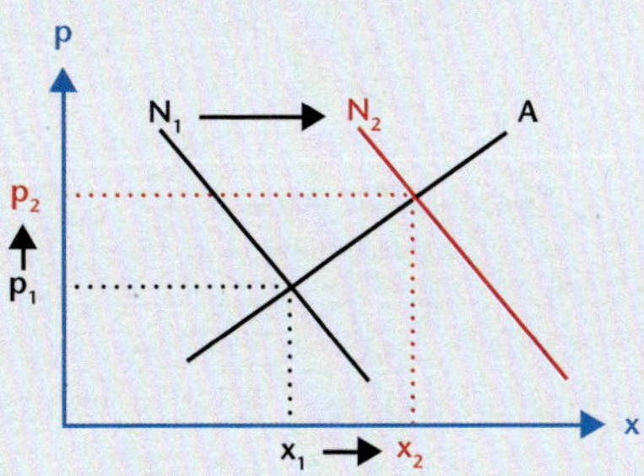	**Auswirkung:** Es kommt zu einer Verschiebung der Nachfragekurve nach links. Die nachgefragte Menge nimmt ab, der Gleichgewichtspreis sinkt. 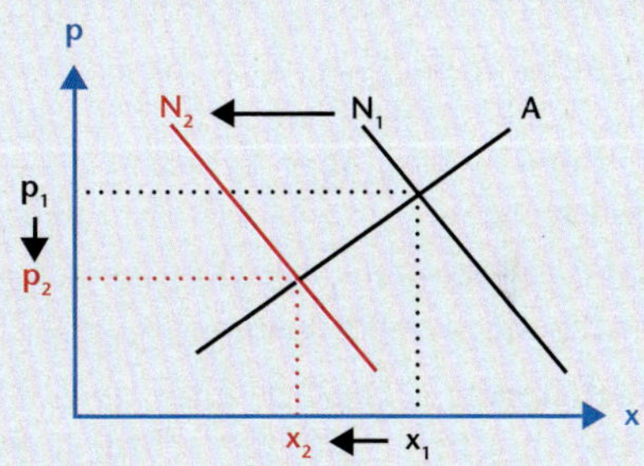

Einflussnahme auf das Angebot

Erhöhung des Angebots	Senkung des Angebots
Der Staat ergreift Maßnahmen, damit die Anbieter bereit sind, ihr Angebot zu erhöhen.	Der Staat ergreift Maßnahmen, damit die Anbieter bereit sind, ihr Angebot zu senken.
Beispiele: 1. Beseitigung von Einfuhrbeschränkungen 2. Subventionen an Unternehmen 3. Senkung der Mineralölsteuer	**Beispiele:** 1. Beschränkung der Einfuhr 2. Subventionen für Betriebsstilllegungen 3. Erhöhung der Mineralölsteuer

Auswirkung: Es kommt zu einer Verschiebung der Angebotskurve nach rechts. Die angebotene Menge nimmt zu, der Gleichgewichtspreis sinkt.

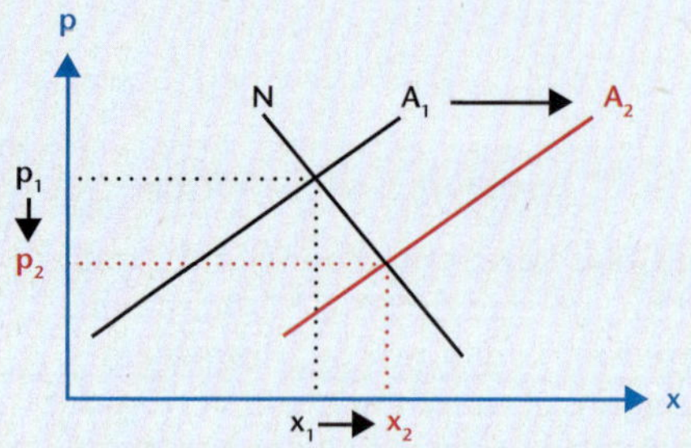

Auswirkung: Es kommt zu einer Verschiebung der Angebotskurve nach links. Die angebotene Menge nimmt ab, der Gleichgewichtspreis steigt.

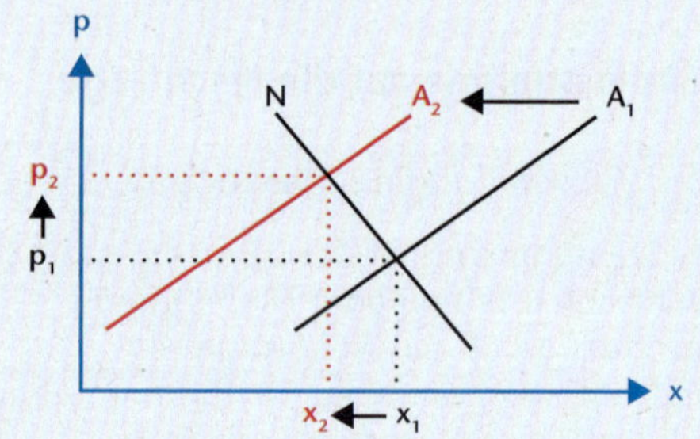

5.5.2 Marktkonträre Staatseingriffe

Marktkonträr ist die unmittelbare behördliche **Festsetzung von Fest-, Mindest- oder Höchstpreisen,** z. B. Lohn- und Preisstopp. Dieser Preis würde zu einem Instrument der Fehlsteuerung, da sich kein Gleichgewichtspreis bilden kann.

Beim **Festpreis** legt der Staat die Höhe des Preises fest, von dem nicht abgewichen werden darf.

Beispiele: Preise für Taxifahrten in einem bestimmten Bezirk

Ein **Mindestpreis** (p_M) wird über dem Gleichgewichtspreis festgelegt. Er darf nicht unterschritten, aber jederzeit überschritten werden.

Beispiele: Mindestlohn, Mindestpreise bei landwirtschaftlichen Produkten

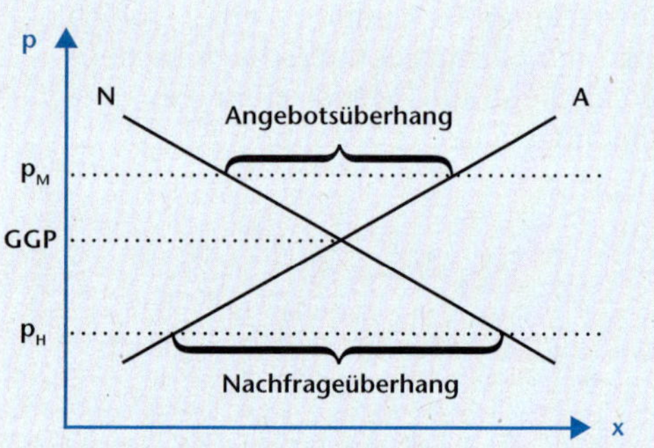

Ein **Höchstpreis** (p_H) wird unter dem Gleichgewichtspreis festgelegt. Er darf nicht überschritten, aber jederzeit unterschritten werden.

Beispiele: Höchstpreise bei lebensnotwendigen Gütern in Krisenzeiten, Höchstmieten

Zusammenfassende Übersicht zu Kapitel 5:
Markt als Ort des Zusammentreffens von Angebot und Nachfrage kennzeichnen

Marktformen

Unterscheidung nach

räumlich-zeitlichen Gesichtspunkten
- zentralisierter Markt
- dezentralisierter Markt

qualitativen Gesichtspunkten
- vollkommener Markt
- unvollkommener Markt

quantitativen Gesichtspunkten
- Polypol
- Oligopol
- Monopol

Preisbildung

Gleichgewichtspreis beim vollkommenen Polypol

Markteingriffe des Staates in der Sozialen Marktwirtschaft durch
- marktkonforme Maßnahmen
- marktkonträre Maßnahmen

▶ Aufgaben

1. Was versteht man unter Markttransparenz?
2. Unterscheiden Sie zwischen Polypol, Oligopol und Monopol.
3. Beschreiben Sie die Marktverhältnisse auf dem Benzinmarkt.
4. Erklären Sie folgende Vorgänge und Erscheinungen in einer Volkswirtschaft:
   a) Im Sommer und Herbst fallen die Preise für Obst beträchtlich.
   b) Trotz Steigens der Produktionskosten und erheblicher Werbekosten für ein Gut ist sein Preis gefallen.
   c) Trotz Nachfragerückganges steigt der Preis eines Gutes.
5. Ermitteln Sie mithilfe eines Diagramms den Gleichgewichtspreis und die dazugehörige Menge.

angebotene Menge in Stück	100	150	200	300	400	550	700	900
Preis in EUR je Stück	10	20	30	40	50	60	70	80
nachgefragte Menge in Stück	900	700	550	400	300	200	150	100

6. Dem Makler an der Wertpapierbörse liegen folgende Aufträge in Aktien der Telematik AG vor:

Verkaufsaufträge (zum Nennwert 1 EUR)	
6.500 Stück	bestens*
6.000 Stück	limit 56,00
9.000 Stück	limit 56,50
8.000 Stück	limit 57,00
10.000 Stück	limit 57,50

Kaufaufträge (zum Nennwert 1 EUR)	
8.000 Stück	billigst*
7.000 Stück	limit 55,00
7.500 Stück	limit 55,50
6.500 Stück	limit 56,00
4.000 Stück	limit 56,50
5.000 Stück	limit 57,00

* Die Begriffe »bestens« und »billigst« bedeuten, dass die Verkäufer bzw. Käufer an diesem Handelstag jeden vom Makler festgestellten Kurs akzeptieren.

a) Ermitteln Sie in einer Gesamtaufstellung die Marktlage bei den jeweiligen Preisen (Kursen) und den Gleichgewichtspreis.

b) Warum ist dieser Preis der optimale Preis?

7. a) »Je mehr der Preis eines Gutes sinkt, desto größer wird die nachgefragte Menge.« Um welche Regel handelt es sich?

b) Stellen Sie diese Regel grafisch dar.

8. Entscheiden Sie in den folgenden Fällen, ob die Markteingriffe des Staates marktkonform sind:

a) Die Kostenexplosion bei den Arzneimitteln und den ärztlichen Leistungen hat den Gesetzgeber veranlasst,

– Höchstsätze für verschreibungspflichtige Arzneimittel und

– Budgets für die Abrechnung zwischen Ärzten und gesetzlichen Krankenkassen

festzulegen.

b) Im Rahmen von Arbeitsförderungsmaßnahmen gewährt der Staat Unternehmen Zuschüsse, wenn sie Langzeitarbeitslose einstellen.

c) Landwirtschaftsministerien verbieten die Einfuhr von Rindfleisch.

d) Der Export von Maschinen in Kriegsgebiete ist verboten.

e) Ein Bauherr erhält staatliche Zuschüsse mit der Auflage, die Wohnungen nur an sozial schwache Mieter zu einem staatlich festgelegten Höchstpreis zu vermieten.

9. Prüfen und begründen Sie, inwieweit folgende staatliche Maßnahmen mit den Prinzipien der Sozialen Markwirtschaft vereinbar sind:

a) Erhöhung der Umsatzsteuer (Mehrwertsteuer)

b) Jeder muss für seine Kinder Schulgeld bezahlen, da Bildung Privatsache ist.

c) Kürzung der Zuschüsse an Unternehmen zur Einstellung von Langzeitarbeitslosen

d) Zahlung von Elterngeld

e) Vergabe von Aufträgen zum Bau von Verkehrswegen

f) Um Landwirte zu unterstützen, wird für Rindfleisch ein Mindestpreis eingeführt.

g) Senkung des Spitzensteuersatzes in der Einkommen- und Körperschaftsteuer

h) Absenkung der Einfuhrzölle

i) Zur Erweiterung des Krankenhauses werden angrenzende Grundstückseigner von der Gemeinde enteignet.

j) Neuordnung des Steuersystems, damit jeder Steuerpflichtige über das gleiche Nettoeinkommen verfügt.

10. Es herrschen die gezeigten Marktsituationen vor. Der Staat ergreift Maßnahmen:

a) Nennen Sie die Markteingriffe, die der Staat in diesen Fällen vorgenommen haben könnte.

b) Erläutern Sie mögliche Auswirkungen dieser Markteingriffe.

Fall 1:

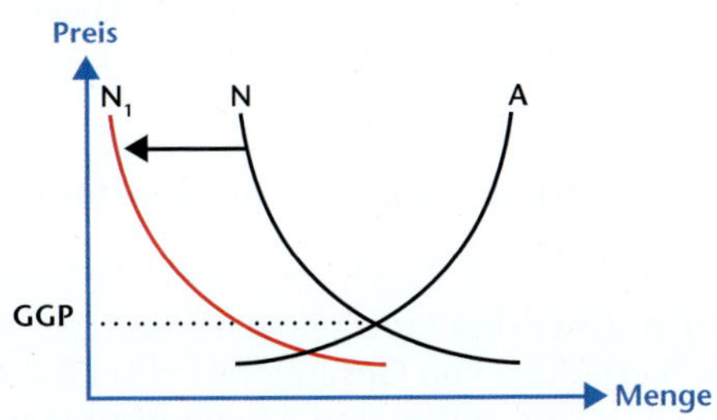

Fall 2:

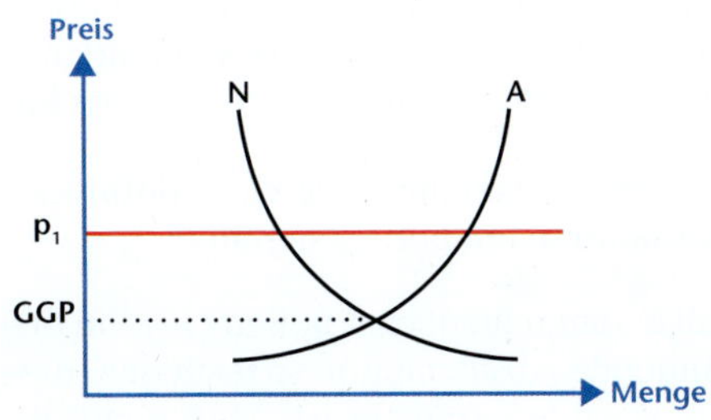

6 Preisbildung beim Angebotsmonopol darstellen

Ein **Angebotsmonopol** liegt vor, wenn es nur einen Anbieter (keine Konkurrenz) und sehr viele Nachfrager gibt.

Erlös-, Kosten- und Gewinnsituation des Monopolisten

Dem alleinigen Angebot des Monopolisten steht die gesamte Nachfragemenge des Marktes gegenüber. Obwohl der Absatz des Monopolisten durch das Gesamtverhalten der Nachfrager bestimmt wird, setzt er den Monopolpreis fest. Dabei muss er beachten: Übersteigt der Monopolpreis die Nutzenerwartung, den die Nachfrager seiner Leistung zuerkennen, so verliert er jeglichen Absatz. Je niedriger aber der Monopolpreis angesetzt wird, desto mehr nimmt die Absatzmenge zu. Diesen Zusammenhang zwischen alternativen Monopolpreisen und dementsprechenden Absatzmengen nennt man **Preis-Absatz-Funktion.** Unterschiedliche Absatzmengen setzen aber unterschiedliche Leistungsmengen voraus, verursachen also auch unterschiedliche Kosten.

Bei der **Festsetzung des Monopolpreises** muss der Monopolist den **Gesamterlös** und die **Gesamtkosten** berücksichtigen.

Will er einen möglichst hohen Gewinn erzielen, muss er den Preis und die damit zusammenhängende Absatzmenge so festlegen, dass das Verhältnis von Gesamterlös und Gesamtkosten besonders günstig ist. Man nennt diesen Preis den **optimalen Monopolpreis** und die dazugehörige Leistungsmenge den **optimalen Beschäftigungsgrad** des Monopolisten.

Beispiel: Die monatliche Kapazität eines Monopolunternehmens beträgt 400 Stück eines Produktes. Eine Kosten-Erlös-Untersuchung ergab die folgenden Werte, aus denen sich die Gesamterlöse und die Gesamtkosten und damit auch der jeweilige Gesamtgewinn wie folgt ermitteln lassen:

Produktions- und Absatzmenge (Stück)	50	100	150	200	250	300	350	400
Preis (Erlös) je Stück (EUR)	4.000	3.500	3.000	2.500	2.000	1.500	1.000	500
Kosten je Stück (EUR)	4.000	2.200	1.600	1.400	1.200	1.100	1.000	900
Gesamterlös (EUR)	200.000	350.000	450.000	500.000	500.000	450.000	350.000	200.000
Gesamtkosten (EUR)	200.000	220.000	240.000	280.000	300.000	330.000	350.000	360.000
Gesamtgewinn (EUR)	0	130.000	210.000	220.000	200.000	120.000	0	–160.000

Auswertung der Tabelle:

1. Menge 50 Stück, Preis 4.000 EUR:

   An diesem Punkt deckt der Gesamterlös gerade die Gesamtkosten. Es entsteht weder Gewinn noch Verlust. Dieser Punkt ist die **Gewinnschwelle.** Hier verlässt der Betrieb bei steigender Produktion die Verlustzone und gelangt in die Gewinnzone.

2. Menge 350 Stück, Preis 1.000 EUR:

   An diesem Punkt deckt der Gesamterlös gerade noch die Gesamtkosten. Es entsteht weder Gewinn noch Verlust. Dieser Punkt ist die **Gewinngrenze.** Hier verlässt der Betrieb bei steigender Produktion die Gewinnzone und gerät in die Verlustzone.

3. Zwischen der **Gewinnschwelle** und der **Gewinngrenze** liegt die **Gewinnzone** des Monopolisten. Diese liegt hier zwischen den Preisen von 4.000 EUR und 1.000 EUR. In diesem Bereich kann der Monopolist seinen Preis setzen und Gewinn erzielen, diesen Bereich nennt man auch das **monopolistische Preisintervall.**

4. Menge 200 Stück, Preis 2.500 EUR:

   An diesem Punkt erzielt der Monopolist sein **Gewinnmaximum.** Der Preis, bei dem der Gewinn am höchsten ist, bezeichnet man als **optimalen Monopolpreis,** die Menge von 200 Stück ist der **optimale Beschäftigungsgrad** des Monopolisten.

5. Menge 200 Stück; Preis 2.500 EUR und 250 Stück; Preis 2.000 EUR

   An diesen beiden Punkten erzielt der Monopolist den **maximalen Erlös.**

Die Erlös-, Gewinn- sowie die Kostensituation des Monopolunternehmens lässt sich alternativ grafisch darstellen, indem die Kosten- und Erlösfunktionen abgebildet werden.

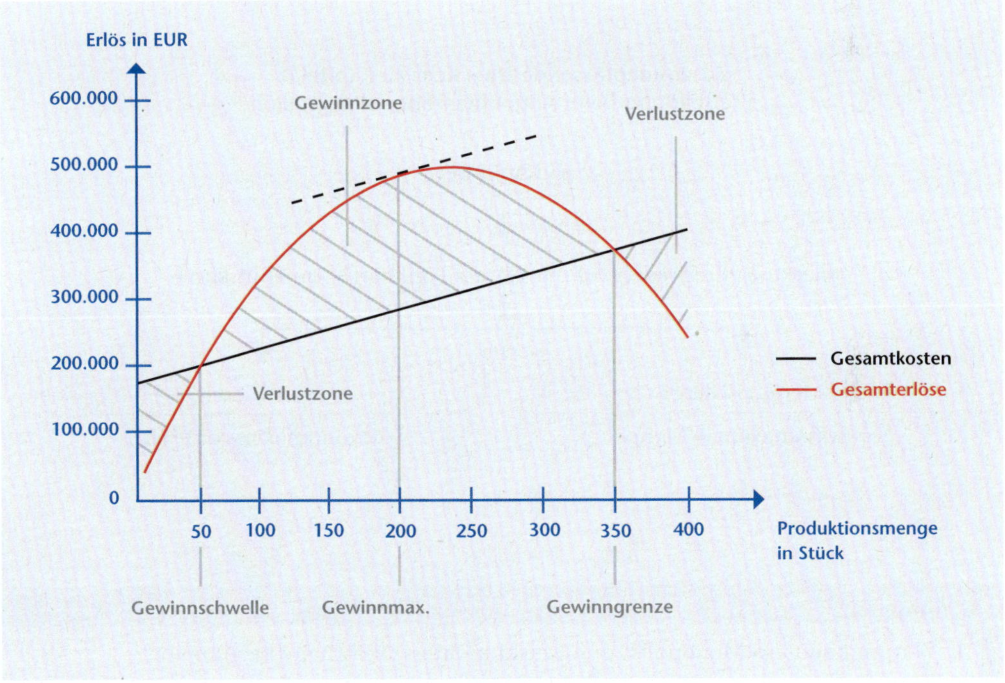

Unternehmenspolitik beim Monopol

Im Gegensatz zum Anbieter bei polypolistischer Konkurrenz kann der Angebotsmonopolist entweder mit Preisen **(Preisfixierer)** oder mit Absatzmengen **(Mengenfixierer)** operieren.

Durch das Verhalten der Nachfrager wird der monopolistischen Preiswillkür eine Grenze gesetzt. Dennoch kann der Monopolist seinen monopolistischen Preisspielraum nutzen und den für ihn günstigsten Preis wählen. Dadurch erlangt er eine **wirtschaftliche Macht-**

stellung, die er zum Nachteil seiner Geschäftpartner nutzen kann. Der Monopolist beherrscht den Markt.

hohe Preise	schlechte Marktversorgung	geringe Qualität	fehlender Fortschritt
Der Monopolist kann den Preis setzen und wird im Vergleich zum Polypol höhere Preise verlangen, um seinen Gewinn zu maximieren.	Der verlangte Preis führt nicht zur vollen Auslastung der Kapazitäten. Das Angebot ist damit geringer als bei einer Vollauslastung der Kapazitäten.	Der Monopolist hat keine Konkurrenz zu fürchten; ihm fehlt der Anreiz, hochwertige Leistungen anzubieten.	Der Monopolist hat keinen Anreiz, seine Leistungen zu verbessern; er wird daher Investitionen verzögern.

Unter marktwirtschaftlichen Gesichtspunkten sind Monopole unerwünscht.

Zusammenfassende Übersicht zu Kapitel 6:
Preisbildung beim Angebotsmonopol darstellen

Ein Anbieter

↓

Marktnachfragekurve = Preis-Absatz-Funktion = Angebotskurve

↓ oder ↓

Mengenfixierer	**Preisfixierer**
gewinnmaximale Menge	**gewinnmaximaler Preis**

▶ Aufgaben

1. Warum kann ein Monopolist den Markt nicht »willkürlich« bestimmen?
2. Ein Monopolunternehmen ermittelt durch eine Kosten-Erlös-Untersuchung für sein Produkt folgende Ergebnisse:

Preis in EUR je Stück	1.000	900	800	700	600	500	400	300	200
Produktionsmenge in Stück	10	20	30	40	50	60	70	80	90
Gesamtkosten in EUR	15.000	18.000	21.000	24.000	27.000	30.000	33.000	36.000	39.000

Stellen Sie anhand dieser Zahlen fest:

a) Menge und Preis der Gewinnschwelle,

b) Menge und Preis der Gewinngrenze,

c) das »monopolistische Preisintervall«,

d) den »optimalen Preis« und den »optimalen Beschäftigungsgrad« des Monopolisten.

e) Stellen Sie den Sachverhalt grafisch dar.

3. Ein Monopolunternehmen könnte monatlich maximal 400 Stück eines Produktes herstellen. Eine Kosten-Erlös-Untersuchung ergab folgende Werte:

Produktionsmenge in Stück	50	100	150	200	250	300	350	400
Preis je Stück in EUR	2.000	1.750	1.500	1.250	1.000	750	500	250
Kosten je Stück in EUR	2.000	1.100	800	700	600	550	500	450

Ermitteln Sie anhand dieser Werte, jeweils mit Begründung und Berechnung,

a) das monopolistische Preisintervall,

b) den Preis mit dem höchsten Gewinn je Stück,

c) den »optimalen Preis« des Monopolisten,

d) den »optimalen Beschäftigungsgrad« des Monopolisten (in Prozent der Kapazitätsgrenze).

7 Preisbildung beim Angebotsoligopol darstellen

Ein **Angebotsoligopol** liegt vor, wenn es **wenige Anbieter, aber viele Nachfrager** gibt.

Die Anbieter, die untereinander Konkurrenten sind, sind in ihrer Preisfestlegung nicht unabhängig. Setzt ein Anbieter den Preis für seine Leistungen herab, fordert er damit seine Konkurrenten heraus. Diese werden ihre Preise ebenfalls senken (sofern dies durch die Kostensituation im Unternehmen möglich ist), womöglich sogar noch stärker senken. Erhöht ein Anbieter den Preis für seine Leistungen, führt dies zu einer Einschränkung der Absatzmenge, wenn die Konkurrenz nicht ebenfalls die Preise erhöht. Ein Oligopolist muss also sowohl die Reaktionen der anderen Anbieter als auch die Reaktionen der Nachfrager bei seinen Entscheidungen berücksichtigen.

Mögliche Verhaltensweisen der Anbieter im Oligopol:

- **Preiskampf**

Die Oligopolisten versuchen, ihren Marktanteil zu erhöhen, indem sie die Preise für ihre Produkte senken. Die Konkurrenz reagiert mit dem Ziel, den lästigen **Mitbewerber vom Markt zu verdrängen,** indem sie billiger, unter Umständen vorübergehend sogar mit Verlust, verkauft. Wer den größeren finanziellen Rückhalt hat, wird diesen Kampf bestehen **(Verdrängungswettbewerb)**.

- **Preisstarrheit**

Der Preiskampf auf oligopolistischen Märkten birgt für die Anbieter meist große Risiken. Deshalb versuchen die Anbieter durch andere Maßnahmen ihre Marktanteile zu sichern oder zu steigern. Die Konkurrenzprodukte werden durch technische Veränderung oder geeignete Werbung attraktiver gemacht, um die entstandene Preisdifferenz zu rechtfertigen (Leistungsdifferenzierung). Die Preise werden auf diese Weise sehr lange stabil gehalten **(Preisstarrheit)**.

- **Preisführerschaft**

Häufig verändert ein Anbieter seine Preise, **die anderen Anbieter** reagieren entsprechend und **passen ihre Preise im gleichen Umfang an.** Dies geschieht, wenn ein Anbieter aufgrund seiner Größe eine stärkere Markstellung als die Konkurrenten hat. Sind die Marktanteile der Anbieter etwa gleich verteilt, kann die Preisführerschaft auch zwischen den Unternehmen wechseln.

- **Preisabsprachen**

Je weniger Aussicht auf einen Erfolg im Preiskampf besteht (etwa bei gleich starken Unternehmen), umso eher werden sich die Oligopolisten untereinander abstimmen und die Preise gleichzeitig und im gleichen Umfang ändern. So entsteht ein **Preiskartell.** Ein Angebotsoligopol wird damit zu einem kollektiven Angebotsmonopol.

Grafische Darstellung des Anbieterverhaltens

Beispiel: Das Tankstellennetz in einer Kleinstadt umfasst sechs Tankstellen. Alle haben in etwa denselben Marktanteil. Momentan verkauft Tankstelle A bei einem Preis von p_0 die Menge x_0. Um seinen Umsatz zu steigern, hat A grundsätzlich zwei Möglichkeiten: den Preis zu erhöhen bzw. den Preis zu senken. Bevor A eine Entscheidung trifft, stellt er folgende Überlegungen an:

– Senkung des Preises auf p_1: Da der Markt übersichtlich ist, werden die Nachfrager verstärkt bei ihm tanken. Die Konkurrenten verlieren dadurch Marktanteile, was sie nicht wollen und deshalb auch ihren Preis senken. Dadurch haben nun alle wieder die alten Absatzmengen, aber zu einem niedrigeren Preis, und damit Umsatzeinbußen. Da A diesen Effekt nicht will, verzichtet er auf die Preissenkung.

– Erhöhung des Preises auf p_2: Die Nachfrager werden verstärkt bei der Konkurrenz tanken, er wird also Marktanteile verlieren. Die Konkurrenten freuen sich über die Zunahme ihres Absatzes bei gleichem Preis und sehen deshalb keine Veranlassung, den Preis zu erhöhen. Auch diesen Effekt will A nicht; er verzichtet daher auf eine Preiserhöhung.

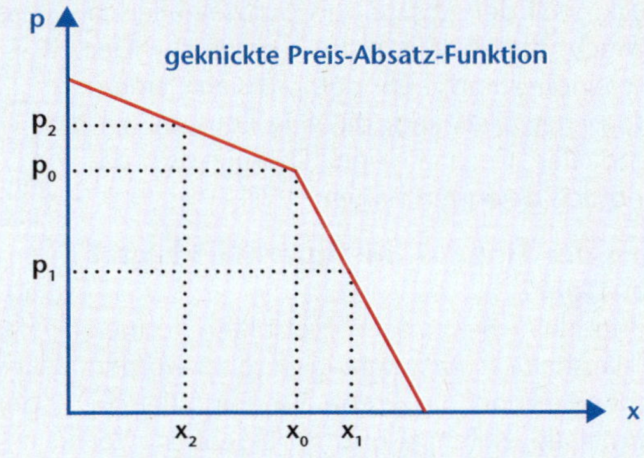

Folge: Bei annähernd gleichen Marktanteilen, Markttransparenz und einem homogenen Gut herrscht Preisstarrheit, allerdings nur, wenn die Preisreaktionen nicht auf Faktoren beruhen, die der einzelne Anbieter nicht beeinflussen kann (z. B. Steuererhöhung, Kostensteigerung).

Lebensmittelhandel

Dutzende Produkte reduziert

Aldi reagiert im Preiskampf der Discounter – diese Produkte werden günstiger

Düsseldorf Supermärkte und Discounter drehen endlich die Preisschraube runter. Nachdem Aldi am Mittwoch den Preis für sämtliche Tiefkühlprodukte reduzierte, reagierten die Erzrivalen Lidl, Kaufland und Norma prompt. Viele Wurst-Artikel sind nun dort günstiger zu haben.

Jetzt folgt die Preisschlacht – und Kunden können sich über fallende Preise freuen. Kurz vor Monatsende läuten die Discounter Lidl, Kaufland und Norma eine weitere Preissenkungsrunde ein. Auf viele Eigenmarken gibt es nun an der Wursttheke *Rabatte*. Als Grund geben die Pressestellen die gesunkenen Rohwarenpreise an.

Die Ersparnis liegt bei etwa zehn Cent pro Packung. Bei bestimmten Schweinewürsten sind es 20 Cent und bei Geflügelprodukten immerhin noch fünf Cent. Konkret können Kundinnen und Kunden nun bei Edelsalami, Teewurst, Bockwurst, Hähnchenbruststreifen, Schinken und Fleischwurst **sparen.** Am Vortag hatte Aldi bereits Preissenkungen für **Tiefkühlobst und Tiefkühlkartoffelprodukte angekündigt.** Nahezu alle Discounter und auch Supermärkte folgten diesem Schritt. Der Preiskampf ist somit im vollen Gang.

Aldi reagiert auf Preisansage der Discounter mit weiteren Rabatten

Die Preissenkungen der Discounter blieben nicht unbeantwortet. Die Discounter-Riesen Aldi Süd und Aldi Nord kündigten in einer Pressemitteilung an, ebenfalls ab Freitag sämtliche Wurstwaren zu reduzieren. Auch hier liegt die *Ersparnis* für Haushalte zwischen fünf und 20 Cent. Gleichzeitig kündigte Aldi Preissenkungen bei Pflanzenfetten und Pflanzenmargarinen an. Es ist mehr als wahrscheinlich, dass Penny, Lidl, Kaufland und Norma dieser Preissenkung bei Pflanzenfetten folgen werden.

Wird Fleisch jetzt beim Discounter „verramscht"?

Nein. Bei den aktuellen Preissenkungen handelt es sich um Absatzimpulse, so Torsten Staack, Geschäftsführer der Interessengemeinschaft der Schweinehalter Deutschlands auf Anfrage. „Die Verbraucherpreise für Schweinefleisch liegen momentan noch immer um circa 30 Prozent höher als vor der **Corona-**

Krise. Die Preissenkungen im Einzelhandel sind also richtig, um den Fleischabsatz anzukurbeln." Die Schweinepreise geraten unter Druck, weil der Absatz von Schweinefleisch schwach bleibt. Allerdings gilt auch: Der Schweinebestand befindet sich auf einem historischen Tiefstand, da viele Betriebe aufgrund der Corona- und Energiekrise das Handtuch geworfen haben.

Wird der Einkauf im Supermarkt jetzt günstiger?

Ja und Nein. Bei einigen Produkten können die Haushalte *sparen*. Anfang Oktober wurden flächendeckend die Preise für Frischfleisch, Marmelade, Ketchup und Brot gesenkt. Vor allem bei Eigenmarken kaufen Kunden günstiger ein. Mitte Oktober senkten Discounter und Supermärkte die Preise für Käse, Mehl und Tomatenmark. Auch bei Tiefkühlkartoffeln und Tiefkühlobst gibt es inzwischen spürbare Preissenkungen.

Derzeit laufen allerdings noch die Konditionsverhandlungen zwischen den Markenherstellern und dem Handel. Dabei geht es auch um die Halbjahres- und Jahrespreise für wichtige Lebensmittel. Während die Hersteller auf Preiserhöhungen drängen, lehnt der Handel diese ab. Hintergrund ist auch, dass Hersteller und Handel während der Corona- und Energiekrise in beide Richtungen Zugeständnisse gemacht haben.

Quelle: Focus Online vom 26.10.2023

**Zusammenfassende Übersicht zu Kapitel 7:
Preisbildung beim Angebotsoligopol darstellen**

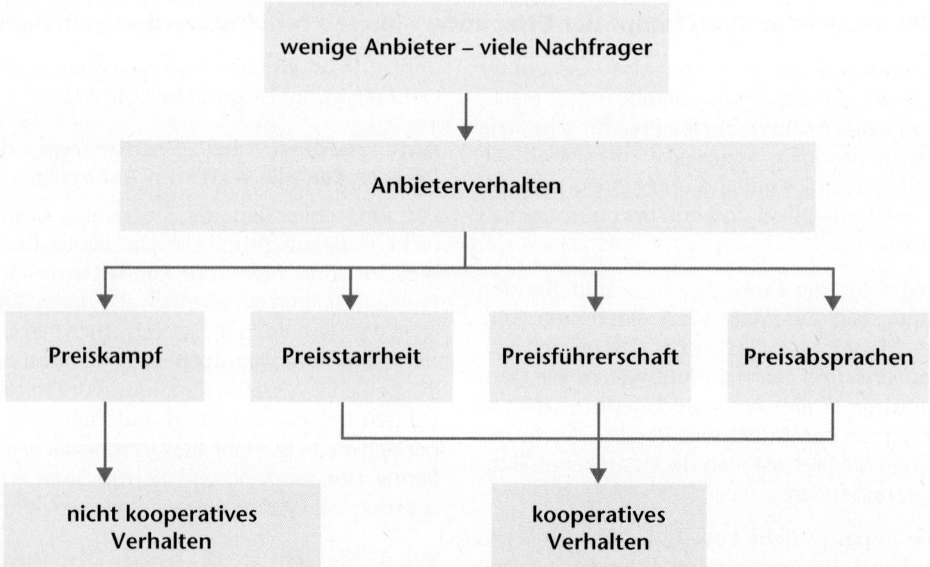

▶ Aufgabe

Unter welchen Umständen gelingt es einem Oligopolisten trotz einer Preissenkung nicht, seinen Konkurrenten Marktanteile abzunehmen?

Kompetenzbereich III – Wirtschaftspolitische Einflüsse auf den Ausbildungsbetrieb, das Lebensumfeld und die Volkswirtschaft einschätzen

III

1 Einen idealtypischen Konjunkturverlauf beschreiben

1.1 Konjunkturschwankungen und Konjunkturindikatoren

1.1.1 Konjunkturschwankungen

Die reale Veränderung des Bruttoinlandsproduktes wird als Messgröße für den Verlauf des Wirtschaftsgeschehens (Konjunktur) verwendet.

Dieser Verlauf vollzieht sich in wellenförmigen Phasen.

Es werden unterschieden:

- **Strukturelle Schwankungen.** Ursache dafür sind grundlegende Veränderungen als Folge des technischen Fortschritts und dadurch geänderter Arbeitsbedingungen für den Menschen (Bergbau, Künstliche Intelligenz/Roboter, Biotechnologie). Auch die Teilnahme am internationalen Wirtschaftsgeschehen kann zu tiefgreifender Veränderung führen. Der Verlauf beträgt ca. 50 Jahre.
- **Konjunkturelle Schwankungen.** Die mittelfristigen Schwankungen mit einer Dauer von 4 bis 6 Jahren werden als die eigentlichen und **für die Wirtschaftspolitik bedeutsamen Konjunkturschwankungen** bezeichnet. Man nennt sie auch Konjunkturzyklen (Bild).
- **Saisonale Schwankungen.** Sie haben ihre Ursache in den Lebensgewohnheiten und Traditionen der Menschen (Urlaub, Ferienregelungen, religiöse Feste) und in klimatischen Gegebenheiten (Sommer, Winter). Ihre Bedeutung gilt nur für einzelne Wirtschaftszweige und hat sonst kaum Auswirkungen auf die Gesamtwirtschaft.

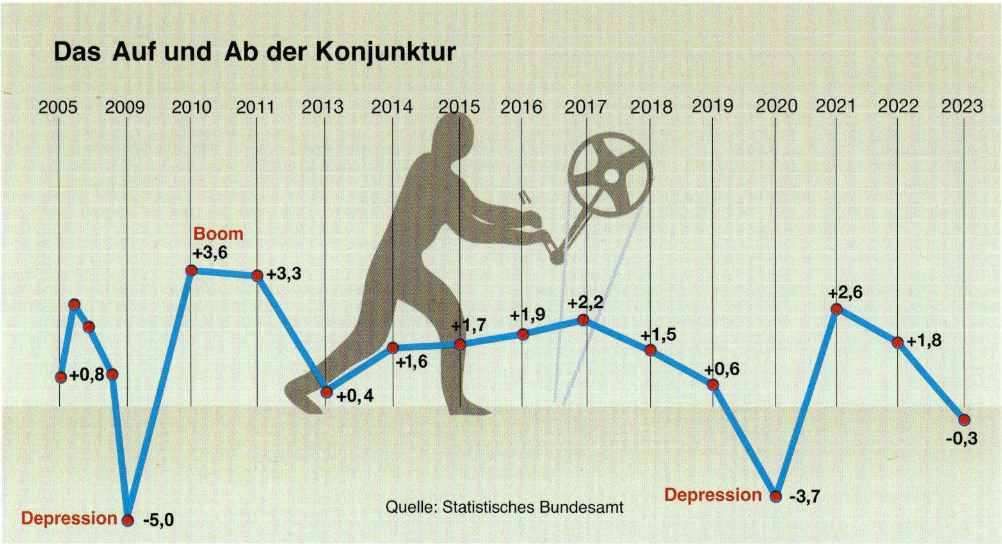

Konjunkturzyklus mit Konjunkturphasen

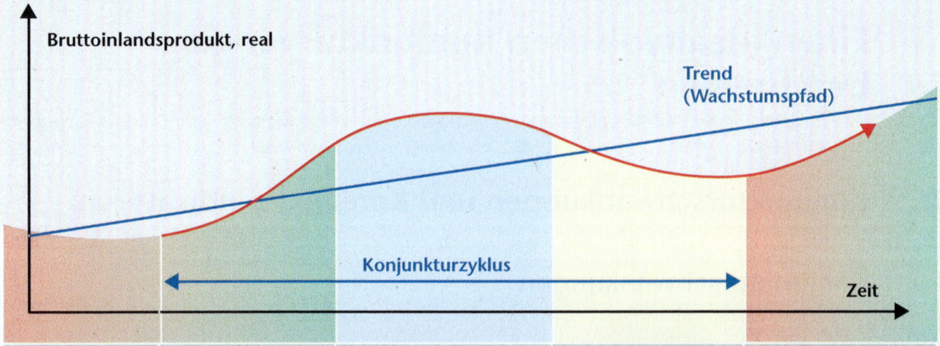

Konjunkturphasen / Konjunkturindikatoren	1. Aufschwung (Anstieg)	2. Boom (Hochkonjunktur)	3. Rezession* (Rückgang) / Krise (Niedergang)	4. Depression** (Talsohle)
1. Auftragslage	zunehmender Auftragseingang	hohe Auftragsbestände, Lager sind geräumt, lange Lieferfristen	Auftragsrückgang, Zahlungsfähigkeit der Kunden verschlechtert sich	nahezu Auftragsstopp
2. Produktion und Absatz	Steigerung der Produktion und des Absatzes, zunehmende Kapazitätsauslastung	maximale Kapazitätsauslastung, Produktions- und Absatzhöchststand	Produktions- und Absatzrückgang, Entstehung ungenutzter Kapazitäten	Produktionstiefstand, stillgelegte Kapazitäten, starke Absatzschwierigkeiten
3. Beschäftigung	Beschäftigungszunahme, Rückgang der Arbeitslosigkeit	Vollbeschäftigung mit Neigung zur Überbeschäftigung, Arbeitskräftemangel	Kurzarbeit, Entlassung von Arbeitnehmern	anhaltende Unterbeschäftigung, Massenarbeitslosigkeit
4. Investitionsneigung	starke Investitionsneigung, Kapazitätsausbau	weitere Investitionszunahme trotz hoher Zinsen	Investitionsrückgang, Kapazitätsabbau trotz fallender Zinsen	Investitionsstopp trotz sehr niedriger Zinsen
5. Preise	bessere Kapazitätsauslastung bewirkt gewisse Preisstabilität	dauerhafter Nachfrageüberhang bewirkt Preissteigerungen, Verkäufermarkt	nachgebende Preise, Käufermarkt	ruinöser Preiswettbewerb, Preisverfall
6. Aktienkurse	Aktienkurse steigen infolge optimistischer Konjunkturerwartungen	Aktienkurse spekulativ überzogen	Aktienkurse sinken infolge pessimistischer Konjunkturerwartungen	Einbruch der Aktienkurse

* **Rezession:** Sie macht sich am Ende der Hochkonjunkturphase durch eine Wachstumsstockung (»Stagnation«) oder einen leichten Rückgang bemerkbar. Werden rechtzeitig geeignete Steuerungsmaßnahmen ergriffen, kann eine neue Hochkonjunkturphase eingeleitet werden, ohne dass die Wirtschaft zuvor über eine Krise in die Depression abgleitet.

** **Depression:** Sie kennzeichnet den Tiefstand einer Volkswirtschaft. Ist die Depression überwunden, folgt ein neuer Aufschwung.

1.1.2 Konjunkturindikatoren

Mithilfe von Konjunkturindikatoren kann festgestellt werden, in welcher Konjunkturphase sich die Wirtschaft befindet. Darauf aufbauend können Maßnahmen der Konjunkturpolitik ergriffen werden.

Konjunkturindikatoren sind **Messwerte,** die den gegenwärtigen **Stand (Diagnose)** und die voraussichtliche **Entwicklung (Prognose) des Wirtschaftsablaufs** anzeigen.

Den Stand der Konjunktur kann man durch drei Gruppen von Indikatoren feststellen:

Konjunkturindikatoren

Frühindikatoren	Gegenwartsindikatoren	Spätindikatoren
Sie haben einen zeitlichen Vorlauf, d. h., ihre Veränderungen kündigen die nächste Phase des Konjunkturzyklus an.	Sie fallen mit der Konjunkturphase zusammen.	Sie haben eine zeitliche Verzögerung, d. h., ihre Veränderungen treten gegen Ende der Konjunkturphase auf.
Beispiele: 1. Zahl der Baugenehmigungen 2. Auftragseingänge in der Industrie 3. Lagerbestände in den Unternehmen 4. Erwartungen über die Geschäftsentwicklung 5. Geschäftsklimaindex*	**Beispiele:** 1. Umsätze des Einzelhandels 2. Umfang der Produktion von Konsum- und Investitionsgütern 3. Nachfrage nach Krediten 4. Entwicklung des Bruttoinlandsproduktes	**Beispiele:** 1. Entwicklung der Löhne und Gehälter 2. Entwicklung der Güterpreise 3. Entwicklung der Arbeitslosenquote 4. Höhe der Beschäftigung 5. Zahl der Unternehmensinsolvenzen

* Ein Geschäftsklimaindex beruht auf Umfragen in den Unternehmen. Er gibt Auskunft über die Erwartungen der Unternehmen im Hinblick auf die künftige Markt- oder Konjunkturentwicklung.

Die einzelnen Indikatoren sollten immer gemeinsam betrachtet werden, um daraus Prognoserechnungen ableiten zu können. Ergebnisse stellen immer nur mögliche zukünftige Verläufe dar.

Konjunkturprognosen werden von zahlreichen Institutionen (Bundesregierung, Europäische Zentralbank, Sachverständigenrat zur Begutachtung der wirtschaftlichen Entwicklung, Großbanken, internationale Organisationen, Wirtschaftsforschungsinstitute, OECD – Organisation for Economic Co-operation and Development (Organisation für wirtschaftliche Zusammenarbeit und Entwicklung) veröffentlicht.

Beispiel für Konjunkturindikator »Entwicklung des Bruttoinlandsproduktes«:

1. Indikator	**Entwicklung des realen Bruttoinlandsproduktes**									
	Jahr	2014	2015	2017	2018	2019	2020	2021	2022	2023
	Zu-/Abnahme in % gegenüber Vorjahr	+1,5	+1,7	+2,2	+1,5	+0,6	–3,7	+2,9	+1,8	–0,3

2. Diagnose	Die Jahre 2014 bis 2017 waren geprägt durch ein stetiges Wirtschaftswachstum. Wegen der schwachen Weltkonjunktur gab es in den Jahren 2018 und 2019 ein Abflauen mit geringen Wachstumsraten. Die Coronapandemie und damit verbundene Lockdowns führten zu einer massiven Rezession im Jahr 2020. Im Folgejahr erholte sich die deutsche Wirtschaft mit deutlichem Wachstum. Infolge des Krieges in der Ukraine schwächte sich 2022 das Wachstum wiederum ab. 2023 kam es zu einem kräftigen Konjunktureinbruch.
3. Prognose	Für das Jahr 2024 gibt es unterschiedliche Prognosen, die zwischen 0 % und 0,7 % Wachstum liegen. Als Gründe für das geringe Wachstum werden die Sparmaßnahmen der Bundesregierung aufgrund der Haushaltslage genannt, aber auch Auswirkungen zahlreicher Streiks in unterschiedlichen Branchen. Außerdem fehlen in allen Bereichen der Wirtschaft Arbeitskräfte, sodass bereits von einem strukturellen Problem gesprochen wird. Generell besteht eine Zurückhaltung der Unternehmen bei Investitionen.
4. Aufgabe der Wirtschaftspolitik	Die Bundesregierung ist aufgefordert, mit fiskalischen Maßnahmen die Investitions- und Produktionsbereitschaft der Unternehmen zu fördern, z.B. durch Senkung von Unternehmenssteuern, Subventionen im Energiebereich, Abbau von Bürokratie.

Beispiel für Konjunkturindikator »Beschäftigung«:

Entwicklung der **Arbeitslosenquote** in Deutschland											
1. Indikator	2005	2009	2011	2013	2015	2017	2018	2019	2020	2021	2023
	11,7 %	8,1 %	7,1 %	6,9 %	6,4 %	5,7 %	5,2 %	5,0 %	5,9 %	5,7 %	5,7 %
2. Diagnose	Die Arbeitslosenquote liegt deutlich über der für einen idealen Beschäftigungsstand angesetzten Marge von 2 %. Seit dem sehr hohen Stand von 11,7 % im Jahr 2005 ist die Quote gesunken. Der Arbeitsmarkt profitierte in der Vergangenheit vom stetigen Wirtschaftswachstum. Erst die Corona-Pandemie führte 2020 zu einer Erhöhung der Arbeitslosenzahlen. Seither verharrt die Arbeitslosenquote auf diesem zu hohen Niveau.										
3. Prognose	Der Sachverständigenrat zur Begutachtung der gesamtwirtschaftlichen Entwicklung rechnet damit, dass die Arbeitslosenquote im Jahr 2024 bei 5,6 % liegen wird.										
4. Aufgabe der Wirtschaftspolitik	Ergreifen von Maßnahmen, um den positiven Trend am Arbeitsmarkt zu erhalten, z.B. Senkung der Kosten (der Arbeit), Förderung innovativer Unternehmen, Bildungsförderung, Stabilisierung der Kreditwirtschaft.										

1.2 Fiskalpolitik

1.2.1 Instrumente der Fiskalpolitik

Die Einnahmen- und Ausgabenpolitik des Staates soll antizyklisch sein, also gegen den jeweiligen Konjunkturverlauf gerichtet.

Um sich antizyklisch verhalten zu können, braucht der Staat die entsprechenden finanziellen Steuerungsmittel. Diese Mittel kann er sich beschaffen

- durch **Bildung einer Konjunkturausgleichsrücklage.**

  Zu diesem Zweck müsste der Staat die in Zeiten der Hochkonjunktur erzielten Steuereinnahmen ansammeln und »einfrieren«, bis eine rückläufige (rezessive) Wirtschaftslage eintritt. In dieser Phase kann er dann die Mittel dazu verwenden, der Wirtschaft über Staatsaufträge zu Wachstum zu verhelfen.

- durch **Deficit Spending.**

  Wenn dem Staat in einer Zeit wirtschaftlicher Depression infolge geringer Steuereinnahmen die Haushaltsmittel fehlen, kann er sich diese durch bewusstes Schuldenmachen bei Banken oder am Kapitalmarkt beschaffen.

Konjunkturverlauf, Staatsausgaben, Staatseinnahmen

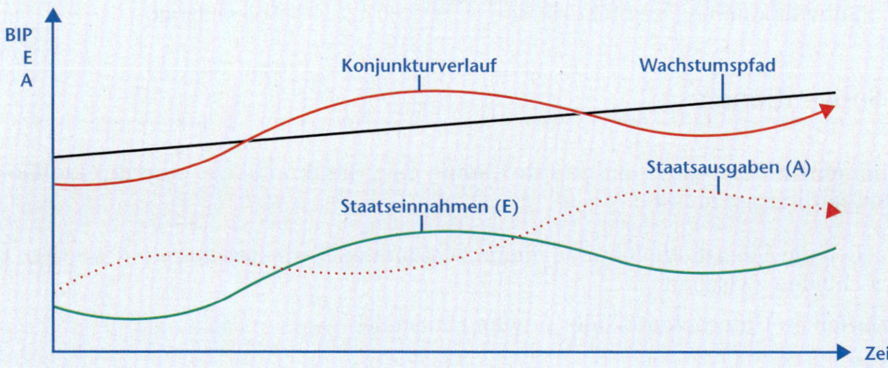

Für den Staat gibt es unterschiedliche Instrumente der Fiskalpolitik:

Ansatz	Maßnahme	Wirkung	Beispiel
Steuern	Erhöhung	Verfügbares Einkommen sinkt, der Konsum geht zurück; betriebliche Gewinne nach Steuern werden geringer, Investitionen gehen zurück.	Erhöhung der Einkommen- und Körperschaftsteuersätze; Abschreibungsvergünstigungen werden gekürzt oder gestrichen.
	Senkung	Verfügbares Einkommen steigt, der Konsum nimmt zu; betriebliche Gewinne nach Steuern nehmen zu, zusätzliche Investitionen werden getätigt.	Senkung der Einkommen- und Körperschaftsteuersätze; Abschreibungsmöglichkeiten werden gewährt oder erhöht.
Staatsausgaben	Erhöhung, Vorziehen geplanter Ausgaben	Staatliche Nachfrage verbessert die Auftragslage der Unternehmen, schafft Einkommen bei den Erwerbstätigen.	Neubau von Schulen; Ausbau und Erweiterung des öffentlichen Nahverkehrs wird vorgezogen.
	Kürzung, Hinausschieben geplanter Ausgaben	Rückgang staatlicher Nachfrage verringert die Auftragslage der Unternehmen.	Bau der Bundesstraße wird um zwei Jahre hinausgeschoben.

Ansatz	Maßnahme	Wirkung	Beispiel
Spar-anreize	Senkung, Abbau von Sparprämien	Private Haushalte sparen weniger und konsumieren mehr.	Senkung der Wohnungsbauprämien
	Erhöhung, Einführung von Sparprämien	Private Haushalte sparen mehr und konsumieren weniger.	Einführung einer Sparprämie zur Rentenvorsorge
Subven-tionen	Erhöhung, Einführung neuer Subventionen	Anreize zur Investitions- oder Konsumtätigkeit werden geschaffen.	Förderung des Einbaus von Filteranlagen; Unterstützung bei Einstellung von Arbeitslosen
	Senkung, Abschaffung von Subventionen	Nicht unbedingt betriebsnotwendige Investitionen werden zurückgestellt.	Einstellung oder Beschränkung der Förderung von Solaranlagen

1.2.2 Subventionen

Subventionen werden **vom Staat gewährt, ohne** dass die Empfänger **eine direkte Gegenleistung** erbringen müssen.

Dadurch sollen die Marktteilnehmer zu einem bestimmten Verhalten angeregt werden. Es wird unterschieden zwischen

- **Finanzhilfen** an Unternehmen oder private Haushalte.

  Beispiele:

  1. Der Unternehmer erhält einen Zuschuss, wenn er sein Geschäftsgebäude energetisch saniert.
  2. Ein Student erhält einen zinsgünstigen Kredit, den er nach Abschluss des Studiums zurückzahlen muss.
  3. Ein Groß- und Außenhändler erhält vom Staat eine Exportausfallbürgschaft.

- **Steuervergünstigungen oder Steuererlasse** an Unternehmen oder private Haushalte.

  Beispiele:

  1. Energieintensive Unternehmen erhalten Vergünstigungen bei der Stromsteuer.
  2. Eine Privatperson erhält eine Befreiung von der Kfz-Steuer, wenn sie ein Elektrofahrzeug anschafft.

Ziel der obigen Maßnahmen ist, die Wirtschaft in eine bestimmte Richtung zu lenken.

Unternehmen, Wirtschaftsbereiche und Regionen werden durch folgende Maßnahmen unterstützt.

- **Erhaltungshilfen** für Wirtschaftsbereiche, um deren Bestand zu garantieren.

  Beispiel: Unterstützung des deutschen Kohlebergbaus und der Landwirtschaft

- **Anpassungshilfen,** um Unternehmen, Wirtschaftsbereiche oder Regionen eine Anpassung an geänderte Strukturen und Bedingungen zu ermöglichen.

  Beispiel: Unterstützung des »Aufbaus Ost«

- **Produktivitäts-(Wachstums)hilfen,** um die wirtschaftliche Entwicklung zu fördern.

  Beispiel: Unterstützung bei der Existenzgründung

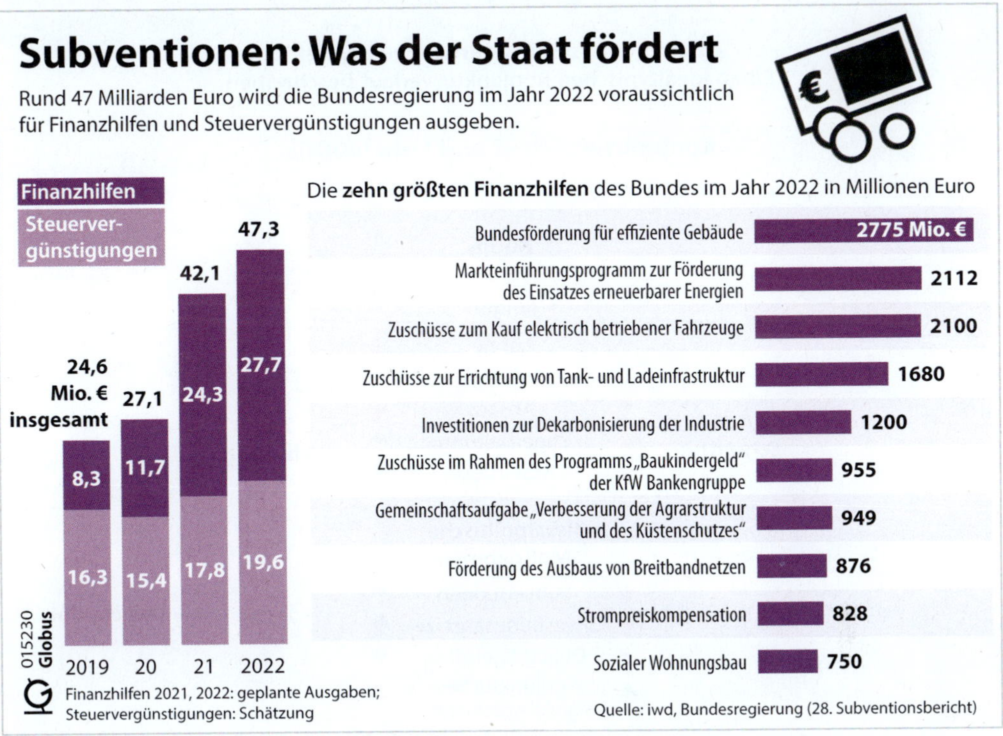

Subventionen müssen regelmäßig daraufhin überprüft werden, ob ihre Gewährung für die Gesellschaft überhaupt noch den gewünschten Nutzen bringt. Die Bundesregierung ist deshalb verpflichtet, alle zwei Jahre einen **Subventionsbericht** zu veröffentlichen, in dem gewährte Unterstützungen begründet und auf ihren Erfolg überprüft werden müssen.

Subventionen werden in ihren Auswirkungen für die Gesellschaft zunehmend kritisch hinterfragt.

Bericht der Bundesregierung über die Entwicklung der Finanzhilfen des Bundes und der Steuervergünstigungen für die Jahre 2019 bis 2022 (28. Subventionsbericht)

29. Subventionsbericht der Bundesregierung

- Das Subventionsvolumen der Finanzhilfen und Steuervergünstigungen des Bundes steigt im Berichtszeitraum von verausgabten 37,9 Mrd. Euro im Jahr 2021 auf veranschlagte 67,1 Mrd. Euro im Jahr 2024.
- Die Subventionspolitik der Bundesregierung wird durch die Klima- und Umweltpolitik geprägt, insbesondere im Bereich der direkten Förderung durch Finanzhilfen des Bundes. Weitere Förderschwerpunkte liegen in den Bereichen Wohnungsbau, Digitalisierung und Mobilität.
- Entsprechend den subventionspolitischen Vorgaben werden die meisten im Berichtszeitraum neu eingeführten Finanzhilfen nur befristet gewährt.

Quelle: https://www.bundesfinanzministerium.de/Monatsberichte/2023/11/Inhalte/Kapitel-3-Analysen/3-4-29-subventionsbericht.html

kritisch-negative Ansicht	kritisch-positive Ansicht
– Unternehmen werden erhalten, die am Markt nicht bestehen könnten.	– Die Standortsicherung wird gewährleistet.
– Wettbewerbsverzerrung gegenüber nichtsubventionierten Unternehmen oder Wirtschaftsbereichen kann auftreten.	– Einkommen wird geschaffen, das zu Konsumzwecken verwendet werden kann.
– Kann im Wahlkampf zu politischen Zwecken missbraucht werden.	– Die staatlich erwünschte Wirkung kann erzielt werden.
– Politische Entscheidungsträger können beeinflusst werden.	– Arbeitsplätze können geschaffen oder gesichert werden.

Zusammenfassende Übersicht zu Kapitel 1:
Einen idealtypischen Konjunkturverlauf beschreiben

Konjunkturverlauf und Fiskalpolitik

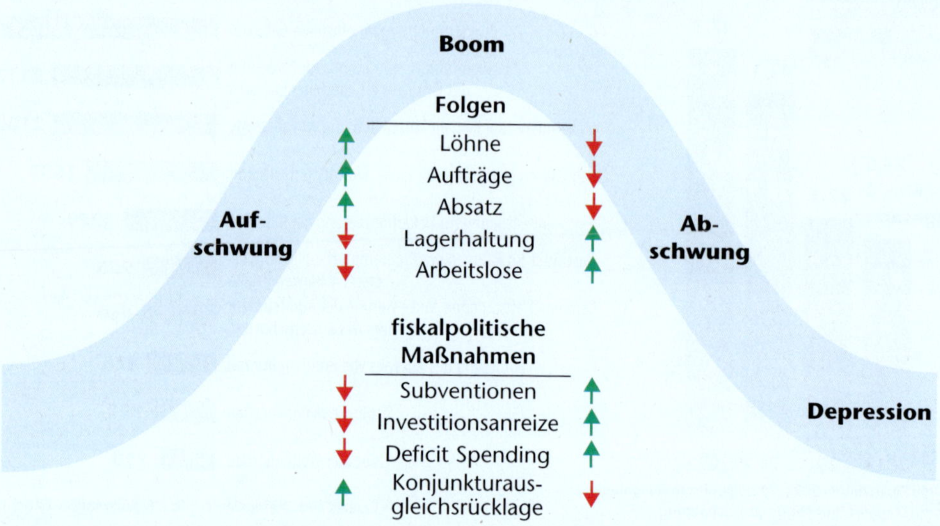

▶ Aufgaben

1. a) Stellen Sie die Konjunkturphasen anhand folgender Umsatzzahlen bildlich dar.

Jahr	Umsatz in Mrd. EUR	Jahr	Umsatz in Mrd. EUR
2014	230	2019	200
2015	200	2020	190
2016	120	2021	180
2017	180	2022	188
2018	210	2023	190

   b) Unterscheiden Sie Rezession und Depression anhand der Lösung von a).

2. In einer Volkswirtschaft werden folgende Daten ermittelt:
   - Preissteigerungsrate gegenüber dem Vorjahr 12,4 %
   - Wachstum des Bruttoinlandsproduktes gegenüber dem Vorjahr 6,3 %
   - Exportvolumen 180 Mrd. EUR
   - Importvolumen 158 Mrd. EUR
   - Arbeitslosenquote 1,2 %

   a) In welcher Konjunkturphase befindet sich die Volkswirtschaft?
   b) Warum sind Sachwerte in dieser Konjunkturphase sehr gefragt?
   c) Der Staat beschließt in dieser Situation, die Konjunktur zu dämpfen. Diskutieren Sie, welche Ausgaben der Staat streichen oder kürzen könnte.

d) Nennen Sie Möglichkeiten, wie der Staat über die Einnahmenseite die Konjunktur dämpfen könnte.

e) Welche wirtschaftspolitischen Probleme können mit der staatlichen Konjunkturdämpfung gemildert werden?

3. Welche positiven und welche negativen Auswirkungen kann eine Hochkonjunktur haben?

4. Wie wirken sich die einzelnen Konjunkturphasen aus auf

   a) den Beschäftigungsstand,

   b) das Preisniveau,

   c) die Investitionstätigkeit,

   d) die Auftragslage?

5. Erläutern Sie die Aussagemöglichkeiten folgender Konjunkturindikatoren:

   a) Entwicklung der Aktienkurse,

   b) Wohnungsbaunachfrage und Nachfrage auf dem Automobilmarkt,

   c) Anlageinvestitionen deutscher Unternehmen,

   d) Zahl der Insolvenzen wegen Zahlungsunfähigkeit,

   e) demografische Entwicklung (Entwicklung der Bevölkerungszahl und des generativen Verhaltens).

6. Welche Folgen hat die Verlagerung der Produktion in Niedriglohnländer

   a) für die Entwicklung der Arbeitslosenquote,

   b) für die deutschen Arbeitnehmer,

   c) für die deutschen Unternehmen?

7. Der Bund der Steuerzahler kritisiert die Anschaffung teurer Krankenhauseinrichtungen durch die öffentliche Hand mit dem Hinweis, dass sich Ausgabenbeschränkungen auf alle Bereiche der Staates zu beziehen habe.

   a) Diskutieren Sie die Problematik der Ausgabenpolitik auf dem Sektor des Gesundheitswesens.

   b) Stellen Sie mögliche Auswirkungen für die Versicherungsbranche dar, wenn die Meinung des Bundes der Steuerzahler politisch durchsetzbar werden sollte.

8. Was bedeutet antizyklische Haushaltspolitik in den verschiedenen Konjunkturphasen?

9. In welchen Konjunkturphasen ist Deficit Spending berechtigt, in welchen nicht?

10. Unter welchen Voraussetzungen haben Steuererhöhungen eine konjunkturdämpfende Wirkung?

11. a) Begründen Sie aus Sicht des Staates, weshalb mittelständische Unternehmen subventioniert werden.

    b) Nennen Sie Motive für die Gewährung von Finanzhilfen und Steuervergünstigungen des Bundes.

12. Stellen Sie in einer Ursache-Wirkungskette (Kausalkette) dar, dass durch Subventionen die Marktpreisbildung verzerrt wird und dadurch gesellschaftliche Nachteile entstehen können.

2 Die wirtschaftspolitischen Ziele charakterisieren

Die **staatliche Wirtschaftspolitik** hat das Ziel, positive wirtschaftliche Entwicklungen zu unterstützen sowie Fehlentwicklungen und Störungen zu verhindern oder zumindest einzudämmen. Damit beeinflusst und gestaltet sie das wirtschaftliche Leben.

Ziele der Wirtschaftspolitik

gesamtwirtschaftliches Gleichgewicht					
Stabilität des Preisniveaus	hoher Beschäftigungsstand (Vollbeschäftigung)	außenwirtschaftliches Gleichgewicht	stetiges und angemessenes Wirtschaftswachstum	gerechte Einkommens- und Vermögensverteilung	Erhaltung der natürlichen Lebensgrundlagen
quantitative Ziele				qualitative Ziele	

Die quantitativen Ziele sind gesetzlich im »**Stabilitätsgesetz**« (Gesetz zur Förderung der Stabilität und des Wachstums der Wirtschaft – StabG – vom 8. Juni 1967) zusammengefasst.

StabG § 1

»Bund und Länder haben bei ihren wirtschaftlichen Maßnahmen die Erfordernisse des **gesamtwirtschaftlichen Gleichgewichts** zu beachten. Die Maßnahmen sind so zu treffen, dass sie im Rahmen der marktwirtschaftlichen Ordnung gleichzeitig zur **Stabilität des Preisniveaus,** zu einem **hohen Beschäftigungsstand** und **außenwirtschaftlichem Gleichgewicht** bei stetigem und angemessenem **Wirtschaftswachstum** beitragen«.

Zur **gerechten Verteilung von Einkommen und Vermögen** und für die **Erhaltung der natürlichen Lebensgrundlagen** (Umweltschutz) gibt es eine Vielzahl besonderer Umwelt-, Arbeits- und Steuergesetze.

Neben diesen Zielen bestehen noch **weitere wirtschaftspolitische Ziele** wie z. B.

- Erhaltung der Arbeitskraft und Förderung des Leistungsstandes der Bevölkerung durch zeitgemäße Aus- und Weiterbildung sowie durch verbesserte Gesundheitsfürsorge;
- Sicherung des technischen Fortschritts durch Unterstützung der wissenschaftlichen Forschung;
- Sicherung der Rohstoffversorgung aus inländischen und ausländischen Quellen (Ressourcen).

2.1 Wirtschaftspolitische Ziele des Stabilitätsgesetzes

2.1.1 Preisniveaustabilität

Messung der Preisentwicklung – der Verbraucherpreisindex

Der **Verbraucherpreisindex für Deutschland** zeigt die Preis- und Kaufkraftentwicklung deutscher Haushalte. Die Ermittlung des Verbraucherpreisindexes erfolgt, indem man für ein **Basisjahr** die durchschnittlichen Ausgaben eines Standardhaushaltes (2 Erwachsene, 2 Kinder) für verschiedene Waren und Dienstleistungen ermittelt.

Die jeweiligen Ausgaben werden dann in Prozent der Gesamtausgaben des Haushaltes ausgedrückt. Dies bedeutet, dass sich Preissteigerungen bestimmter Waren und Dienstleistungen stärker auf den Verbraucherpreisindex auswirken, wenn diese Waren und Dienstleistungen einen größeren Anteil am Warenkorb haben (siehe Rechenbeispiel, Seite 118).

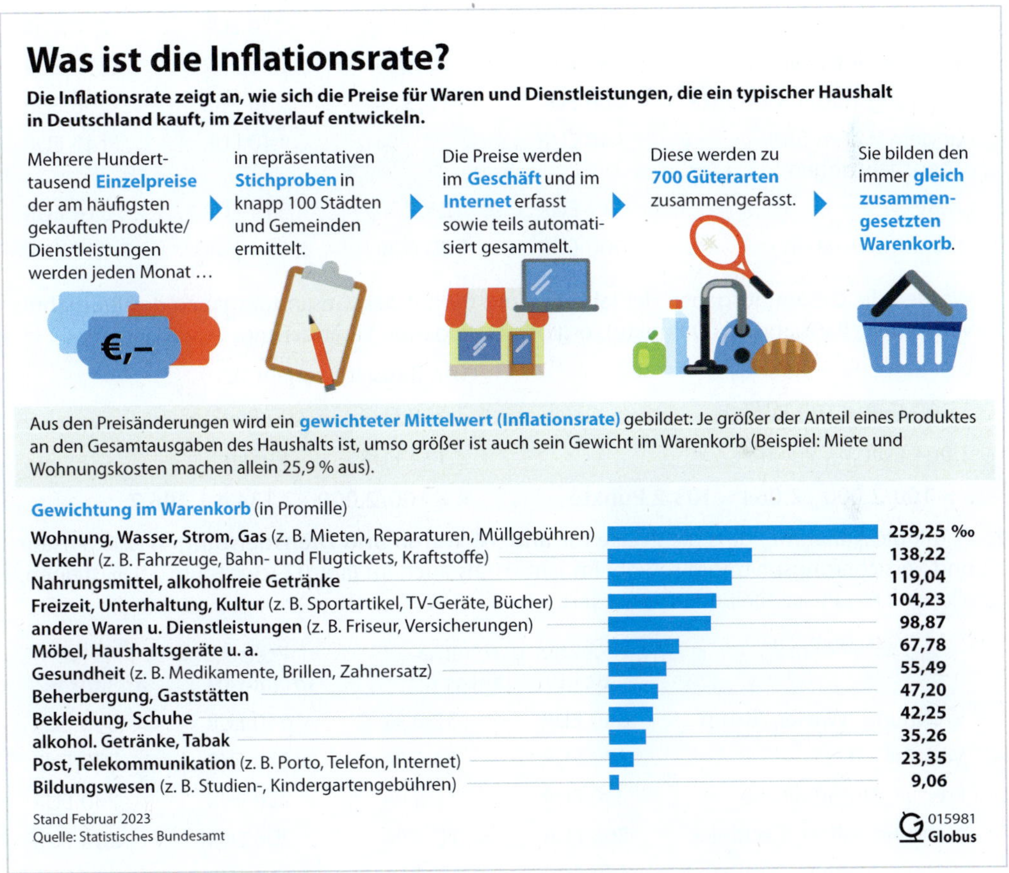

Der **Verbraucherpreisindex** wird in Abständen von ca. 5 Jahren neu berechnet. Die Berechnung erfolgt auf der Grundlage eines Warenkorbes. Der Warenkorb für das **Basisjahr 2020** enthält ca. 700 Produkte und Dienstleistungen, deren Preisentwicklung vom Statistischen Bundesamt laufend verfolgt wird. Da sich die Verbrauchsgewohnheiten ändern, wurden veraltete Produkte aus dem Warenkorb entfernt (Schreibmaschinenpapier), und neue Produkte aufgenommen (Streaming-Dienste, E-Book-Reader).

Um eine europäische Vergleichbarkeit der Preisentwicklung zu ermöglichen, gibt es den **harmonisierten Verbraucherpreisindex (HVPI).**

Beispiel zur Ermittlung des Verbraucherpreisindexes:

1. Es gilt die Annahme, dass die **Preise für Wohnung, Wasser, Strom** sowohl im Jahr 01 als auch im Jahr 02 jeweils um 10 % steigen; alle anderen Preise bleiben unverändert.

Warenkorb*	Wägungsschema des Basisjahres 00		Preise im Jahr 01	Preise im Jahr 02
Wohnung, Wasser, Strom	640 EUR	32,0 %	704 EUR	774 EUR
Verkehr	270 EUR	13,5 %	270 EUR	270 EUR
Freizeit, Unterhaltung	230 EUR	11,5 %	230 EUR	230 EUR
Nahrungsmittel, Getränke	206 EUR	10,3 %	206 EUR	206 EUR
andere Waren und Dienstleistungen	140 EUR	7,0 %	140 EUR	140 EUR
Rest	514 EUR	25,7 %	514 EUR	514 EUR
Gesamtausgaben	2.000 EUR	100,0 %	2.064 EUR	2.134 EUR

Werden die Gesamtausgaben der Jahre 01 und 02 mit den Gesamtausgaben des Basisjahres verglichen (Basisjahr = 100 Punkte), ergibt sich folgende Veränderung:

von Basisjahr zu Jahr 01:

2.000 EUR = 100 Punkte

2.064 EUR = × Punkte

× = 100/2.000 · 2.064 = **103,2 Punkte**

von Basisjahr zu Jahr 02:

2.000 EUR = 100 Punkte

2.134 EUR = × Punkte

× = 100/2.000 · 2.134,4 = **106,7**

2. Es gilt die Annahme, dass die **Preise für andere Waren und Dienstleistungen** (z. B. Friseur und Versicherungsbeiträge) sowohl im Jahr 01 als auch im Jahr 02 jeweils um 10 % steigen; alle anderen Preise bleiben unverändert.

Warenkorb*	Wägungsschema des Basisjahres 00		Preise im Jahr 01	Preise im Jahr 02
Wohnung, Wasser, Strom	640 EUR	32,0 %	640 EUR	640 EUR
Verkehr	270 EUR	13,5 %	270 EUR	270 EUR
Freizeit, Unterhaltung	230 EUR	11,5 %	230 EUR	230 EUR
Nahrungsmittel, Getränke	206 EUR	10,3 %	206 EUR	206 EUR
andere Waren u. Dienstl.	140 EUR	7,0 %	154 EUR	169 EUR
Rest	514 EUR	25,7 %	514 EUR	514 EUR
Gesamtausgaben	2.000 EUR	100,0 %	2.014 EUR	2.029 EUR

* Die Gewichtung im Warenkorb ist exemplarisch und ändert sich mit der Umstellung auf ein neues Basisjahr.

Werden die Gesamtausgaben der Jahre 01 und 02 mit den Gesamtausgaben des Basisjahres verglichen (Basisjahr = 100 Punkte), ergibt sich folgende Veränderung:

von Basisjahr zu Jahr 01:

$x = 100/2.000 \cdot 2.014 =$ **100,70**

von Basisjahr zu Jahr 02:

$x = 100/2.000 \cdot 2.029 =$ **101,45**

Die Entwicklung des Verbraucherpreisindex zeigen die folgenden Zahlen.

Harmonisierter Verbraucherpreisindex für Deutschland in %, **Basisjahr 2015**				
Jahr	2020	2021	2022	2023
Index in %	105,8	109,2	118,7	125,9
Zu-/Abnahme in % gegenüber dem Vorjahr	+0,4	+3,2	+8,7	+6,0
Quelle: Monatsbericht der Deutschen Bundesbank, März 2024				

Aus dem Vergleich des Verbraucherpreisindex mit entsprechenden Messzahlen der Lohneinkommen (Lohnindizes) kann man auf Verbesserungen oder Verschlechterungen des Lebensstandards der Bevölkerung schließen.

Stabilität des Preisniveaus

Stabilität des Preisniveaus herrscht, wenn die **Inflationsrate bei 2 %** liegt.

Die für die verschiedenen Güter zu zahlenden Preise sollen über einen längeren Zeitraum möglichst stabil bleiben. Dies ist nur dann zu erreichen, wenn auch die Kaufkraft des Geldes in dieser Zeit erhalten bleibt. Die **Kaufkraft des Geldes** bestimmt sich nach der Gütermenge, die man mit einer Geldeinheit kaufen kann. Je höher das Preisniveau der Güter ist, desto weniger kann man mit einer Geldeinheit kaufen; je niedriger das Preisniveau, desto mehr Güter kann man mit einer Geldeinheit kaufen.

Mit steigendem Preisniveau sinkt die Kaufkraft des Geldes.

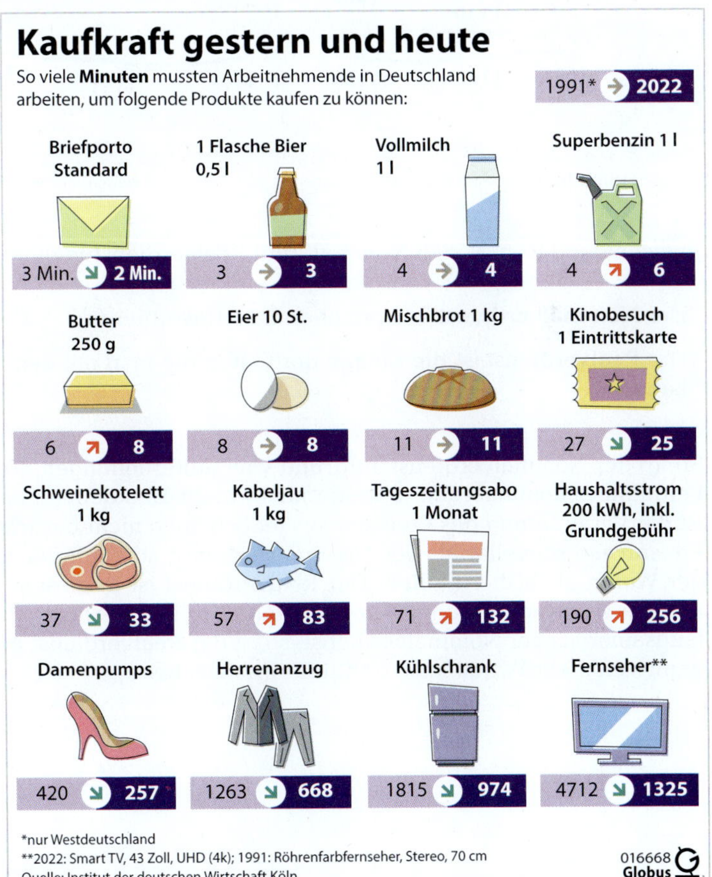

Die Kaufkraft des Geldes – Nominalverdienst und Realverdienst

Für die Arbeitnehmer ist es nicht entscheidend, in welchem Umfang die Verbraucherpreise steigen. Ebenso ist der Anstieg der Löhne und Gehälter von untergeordneter Bedeutung.

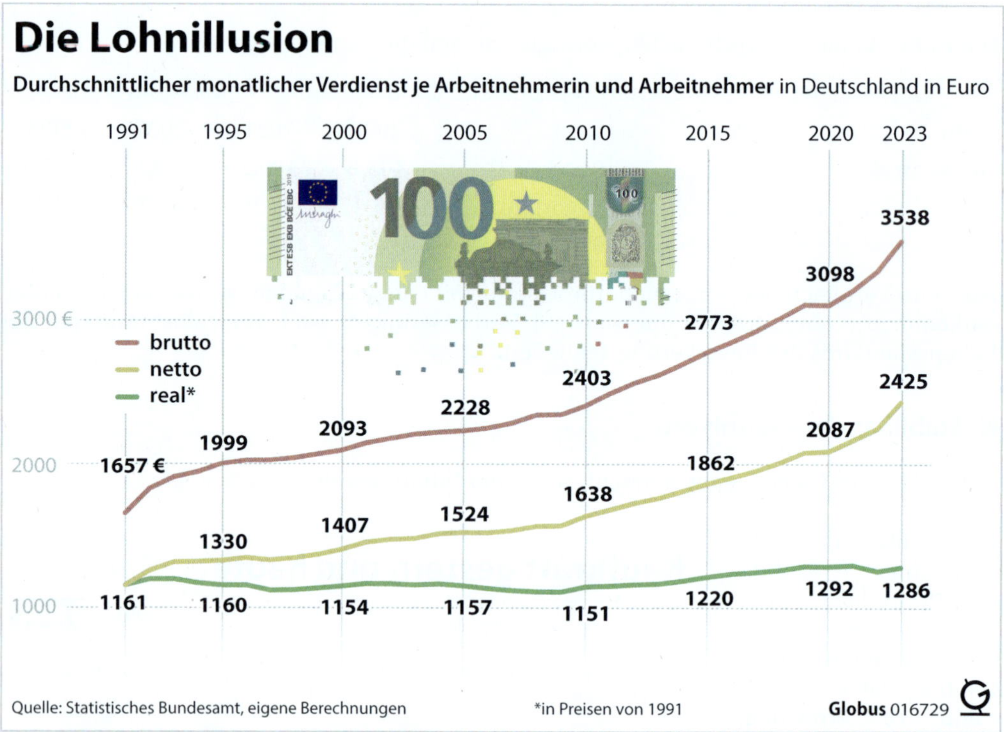

Entscheidend ist, wie sich Nominal- und Realverdienst in einer Periode verändert haben.

Der **Nominalverdienst** entspricht dem Nettoverdienst.

Der **Realverdienst** ist die Menge der Güter, die man mit dem Nominalverdienst kaufen kann.

Steigt der Nominalverdienst aufgrund von Tariferhöhungen, so bedeutet dies, dass die Arbeitnehmer nominal (dem Betrage nach) mehr Einkommen zur Verfügung haben. Dabei ist die Veränderung des Preisniveaus jedoch noch nicht berücksichtigt. Steigt nämlich das Preisniveau schneller als der Nominalverdienst, so kann der Einkommensbezieher weniger Waren als bisher kaufen. Der Realverdienst ist in diesem Fall gesunken; der Arbeitnehmer kann sich weniger Waren leisten (Kaufkraftverlust). Steigt jedoch das Preisniveau langsamer als der Nominalverdienst, so ist der Realverdienst gestiegen; der Arbeitnehmer kann sich mehr Waren leisten (Kaufkraftzuwachs).

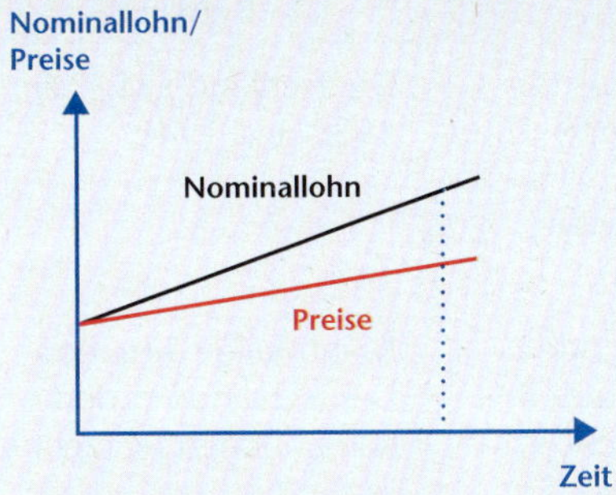

Nominallohnanstieg > Anstieg der Preise
→ Zunahme des Reallohnes

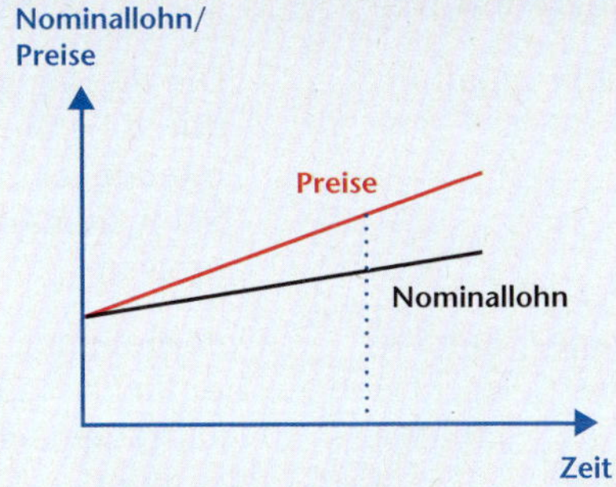

Nominallohnanstieg < Anstieg der Preise
→ Abnahme des Reallohnes

Die **Entwicklung des Realverdienstes** ergibt sich aus der **Veränderung der Nominalverdienste und des Preisniveaus.**

Inflation

Inflation ist eine **anhaltende Steigerung** des Preisniveaus.

▶ Ursachen der Inflation

Die Ursachen der Erhöhungen des Preisniveaus sind

- übermäßige Kreditgewährung an die private Wirtschaft,
- wachsende Einkommen, durch die der Konsum stärker steigt als das Güterangebot,
- Erhöhung der Umschlagshäufigkeit der Geldmenge durch übermäßige Konsumfreudigkeit der Bevölkerung (Hamsterkäufe),
- Schrumpfungen des Handelsvolumens (Missernten, Streiks, Bürgerkriege, Erdölverknappung),
- importierte Inflation.

▶ Arten der Inflation

Inflationsarten im Überblick*			
Inflationsarten		**Merkmale**	**Beispiel**
offene Inflation	schleichende Inflation	– niedrige Preissteigerungsraten – lang anhaltend	Deutschland seit dem Jahre 1948 (Ausnahme: 2022)
	galoppierende Inflation	– Preissteigerungsrate liegt über dem Zinssatz für langfristige Geldanlagen (6 bis 8 %)	Länder des globalen Südens, Deutschland im Jahr 2022
	Hyperinflation	– Die Inflationsrate beträgt mehr als 50 %.	Deutschland in den Jahren 1918 bis 1923

Inflationsarten im Überblick*			
Inflationsarten		**Merkmale**	**Beispiel**
verdeckte Inflation		– Die Preissteigerungen werden durch Lohn- und Preisstopp unterbunden. – Schwarzmarkt mit »Wucherpreisen«	Deutschland zwischen 1939 und 1948
Nachfrageinflation	Binnennachfrageinflation	Unternehmen, private und/oder öffentliche Haushalte erhöhen ihre Nachfrage nach Gütern und Dienstleistungen.	Mehrmalige Situation Deutschlands in den vergangenen Jahrzehnten
	importierte Inflation	Ausländische Unternehmen und öffentliche Haushalte fragen inländische Güter und Dienstleistungen nach; es entsteht ein Exportüberschuss.	
Angebotsinflation	Kosteninflation	Der Kostenanstieg in den Unternehmen wird durch Preiserhöhungen auf die Nachfrager abgewälzt.	Erhöhungen der Tarifgehälter können zu gesamtwirtschaftlichen Preiserhöhungen führen **(Lohn-Preis-Spirale)**
	Gewinninflation	Unternehmen mit starker Marktstellung erhöhen ihre Preise.**	Preiserhöhungen durch Mineralölgesellschaften

* Inflationsursachen können immer mehrere Merkmale aufweisen. Deshalb kann es auch gleichzeitig verschiedene Arten der Inflation geben.

** Führen die durch die Unternehmen verursachten Preissteigerungen zu neuen Lohnforderungen der Gewerkschaften, so entsteht ein Preis-Lohn-Zusammenhang. Entwickelt sich dieser Zusammenhang zu einem fortlaufenden Prozess, so spricht man von der **Preis-Lohn-Spirale.**

▶ Auswirkungen der Inflation

- Das Geldvermögen (Ersparnisse) verliert an Wert.
- Geldvermögensbesitzer ergreifen die »Flucht in die Sachwerte«.
- Das Vermögen der Eigentümer von Sachgütern (z. B. Immobilien) erhöht sich.
- Eine Verschiebung der Vermögensverhältnisse innerhalb der Gesellschaft ist möglich. Dadurch nimmt die soziale Ungleichheit zu.
- Schuldner von Nominalwerten (Kreditnehmer) sind begünstigt, da sie ihre Kreditkosten und die Kredite selbst mit »entwertetem« Geld zurückzahlen können.
- Einkommensbezieher und Rentner erhalten einen Ausgleich für die inflationäre Entwicklung erst mit einer zeitlichen Verzögerung.
- Die Preise verlieren ihre Bedeutung als Informationsträger für den Verbraucher.
- Für Unternehmen entstehen zusätzliche Kosten (Informationsbeschaffung, Kalkulation, Preisauszeichnung).

Deflation

Deflation ist eine **anhaltende Senkung** des **Preisniveaus.**

▶ Ursachen der Deflation

Deflation entsteht dadurch, dass die Wirtschaft mit Geldmitteln unterversorgt wird. Die Gründe können sein:

- Durch Rekordernten, Überproduktion oder Importüberschüsse wird das Handelsvolumen stark erweitert.
- Die Bevölkerung hortet übermäßig viel Geld, weil sie die weitere wirtschaftliche Entwicklung pessimistisch einschätzt.
- Die Unternehmen verschieben Investitionen und fragen keine Kredite nach. Auch sie beurteilen die wirtschaftliche Entwicklung negativ.
- Die Europäische Zentralbank verknappt die Geldmenge.

▶ Auswirkungen der Deflation

Eine Senkung des Preisniveaus erfolgt in aller Regel nicht in der Art, dass plötzlich alle Güterpreise sinken. Die Deflation zeigt sich in der Praxis vielmehr in sogenannten »deflationistischen Tendenzen«. Dies bemerkt der inflationsgewohnte Bürger dadurch, dass eine zunehmende Anzahl von Güterpreisen nach und nach sinkt, bis schließlich das Preisniveau insgesamt zurückgeht.

Dadurch **steigt die Kaufkraft des Geldes.** Geldbesitz gewinnt an Wert. Deshalb versucht man, Sachwerte zu Geld zu machen (Flucht in die Geldwerte). Der Zwang zum Güterabsatz führt zu weiteren Preissenkungen. Geldbesitzer wollen nicht kaufen, weil sie weitere Preissenkungen erwarten. Durch Betriebseinschränkungen, -stilllegungen und -zusammenbrüche entstehen Kurzarbeit und **Arbeitslosigkeit.** Damit schrumpfen die Arbeitseinkommen und die Konsumgüternachfrage. Wegen der verminderten Wirtschaftsleistung schwinden auch die Steuereinnahmen des Staates; die öffentlichen Aufträge an die Wirtschaft gehen dementsprechend zurück. Die Deflation verschärft sich.

Beispiel: Die Weltwirtschaftskrise von 1929 bis 1932 war für Deutschland mit einer starken Deflation verbunden.

2.1.2 Hoher Beschäftigungsstand

Arbeitskräfteangebot und Situationen auf dem Arbeitsmarkt

Vollbeschäftigung	Unterbeschäftigung	Überbeschäftigung
Arbeitslosenquote etwa 2–3 Prozent	Arbeitskräfteangebot ist größer als die Nachfrage.	Arbeitskräftenachfrage ist größer als das Angebot.
Gleichgewicht	**Ungleichgewicht**	

Vollbeschäftigung

Bei **Vollbeschäftigung** sind alle Personen, die arbeitsfähig und arbeitswillig sind, entsprechend ihrer **vollen Belastbarkeit beschäftigt und alle Arbeitsstellen** in der Wirtschaft sind besetzt.

Vollbeschäftigung lässt sich anhand der Arbeitslosenquote messen.

$$\textbf{Arbeitslosenquote} = \frac{\textbf{registrierte Arbeitslose}}{\textbf{abhängige Erwerbspersonen*}} \cdot 100$$

* abhängige Erwerbspersonen = Beschäftigte + Arbeitslose. Nach der Eurostatistik zählen zusätzlich auch die Selbstständigen zu den Erwerbspersonen.

Dabei sind neben den inländischen auch die aus dem Ausland stammenden Arbeitnehmer in die Personensumme der Beschäftigten einbezogen.

Die Arbeitslosenquote beträgt bei Vollbeschäftigung theoretisch 0 %. In der Praxis ist Vollbeschäftigung auch schon dann erreicht, wenn die **Arbeitslosenquote bei etwa 2–3 %** liegt.

Eine solche Quote wird selten unterschritten,

- da es im Zeitpunkt der statistischen Erfassung durch kurzfristigen Wechsel der Arbeitsstellen immer eine gewisse Anzahl von Arbeitslosen geben muss, und
- da nicht jeder Arbeitslose zu jeder Arbeit fähig und bereit ist.

Die Situationen auf dem Arbeitsmarkt in Deutschland zeigt die folgende Tabelle:

Entwicklung der Arbeitslosenquote in Deutschland

	offene Stellen/Arbeitslose (jeweils in Tsd.)								
	Angaben für **Westdeutschland**		Angaben für **Deutschland**						
Jahr	1970	1972	1993	2014	2019	2020	2021	2022	2023
offene Stellen	795	546	243	490	774	613	706	845	761
Arbeitslose	149	246	2.270	2.898	2.267	2.695	2.613	2.418	2.609
Arbeitslosenquote in %	0,7	1,1	8,0	6,7	5,0	5,9	5,7	5,3	5,7
Beschäftigungsstand	**Überbeschäftigung:** Zahl der offenen Stellen > Zahl der Arbeitslosen		**Unterbeschäftigung:** Arbeitslosenquote > 2–3 % und Zahl der offenen Stellen < Zahl der Arbeitslosen						

Quelle: Monatsberichte der Deutschen Bundesbank

Unterbeschäftigung

Unterbeschäftigung liegt vor, wenn die **Arbeitslosenquote höher als 2–3 %** und die Zahl der **offenen Stellen geringer** als die Zahl der Arbeitslosen ist.

Seit 1974 herrscht in Deutschland Unterbeschäftigung. Nach der Wiedervereinigung Deutschlands entwickelte sich besonders ab 1991 eine strukturelle Arbeitslosigkeit, d.h. eine Arbeitslosigkeit, die durch die Umwandlung des inneren Aufbaus der Wirtschaft hervorgerufen wird. Besondere Ausmaße erreichte sie in den neuen Bundesländern durch die totale Umstrukturierung des Wirtschaftssystems. Über viele Jahre lag dort die Arbeitslosigkeit bei deutlich über 10 %. In der Zwischenzeit haben sich die Arbeitslosenquoten in den Bundesländern angeglichen, obwohl die Unterschiede zwischen den Ländern immer noch sehr deutlich sind (Bild, Seite 125).

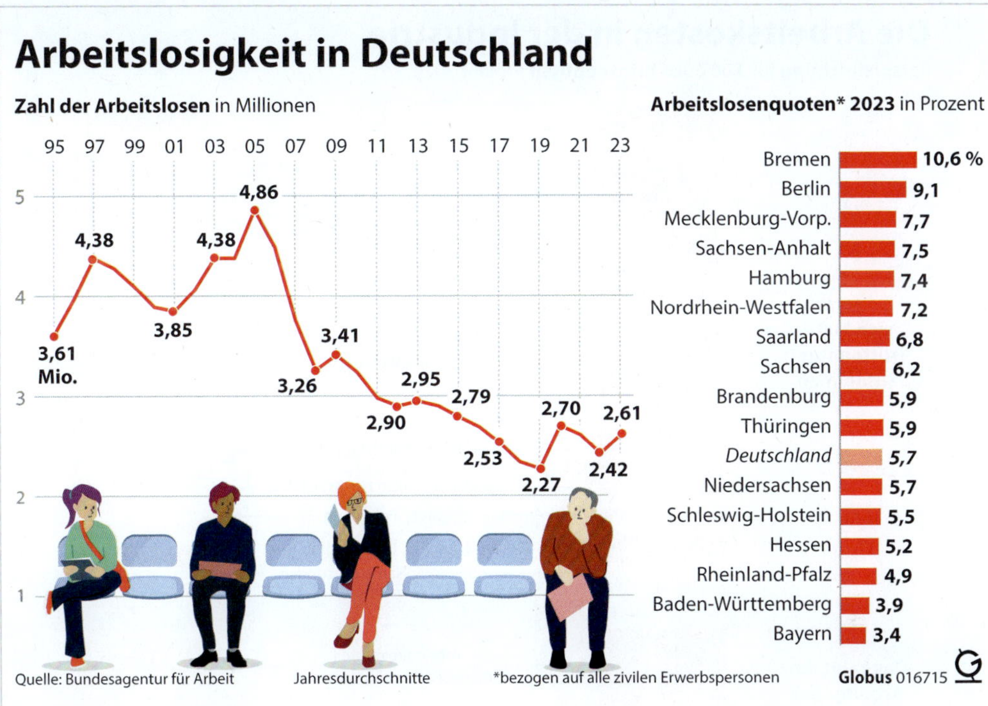

Überbeschäftigung

Überbeschäftigung liegt vor, wenn die Zahl der offenen Stellen die Arbeitslosenzahl erheblich übersteigt.

Nach den Zahlen in der Tabelle (Seite 124) herrschte in Deutschland in den Jahren 1970 bis 1972 Überbeschäftigung. Die Zahl der Arbeitslosen reichte nicht aus, um die offenen Stellen zu besetzen. Selbst eine steigende Zahl von Gastarbeitern konnte diesen Mangel nicht beseitigen.

In der Überbeschäftigung wird die Arbeitskraft der Menschen durch Überstunden, zusätzliche Schichten, Erhöhung der Arbeitsintensität stark beansprucht. Im Bereich der Produktion und Investition kommt es zur »Konjunkturüberhitzung«. Der nun knappe Faktor Arbeit wird gesucht. Dementsprechend werden hohe Löhne bezahlt. Die Güterpreise steigen. Es entsteht die **Lohn-Preis-Spirale,** in der sich die Löhne und Preise gegenseitig hochtreiben.

Das Zentralbankensystem und die Bundesregierung müssen mit konjunkturdämpfenden Maßnahmen eingreifen.

Ursachen der Arbeitslosigkeit

Arbeitslosigkeit als volkswirtschaftliches Problem lässt sich nicht auf eine Ursache zurückführen. Vielmehr sind es viele Faktoren, die von Land zu Land oder auch im Zeitablauf unterschiedlich sein können.

Aus der Vielzahl möglicher Ursachen sollen einige dargestellt werden:

- Insbesondere die Unternehmen sehen in den hohen **Lohn- und Lohnnebenkosten** einen Grund dafür, dass die Wettbewerbsfähigkeit der Unternehmen nicht gegeben ist. Die Unternehmen sind deshalb gezwungen, die Produktion an kostengünstigere Standorte zu verlagern.

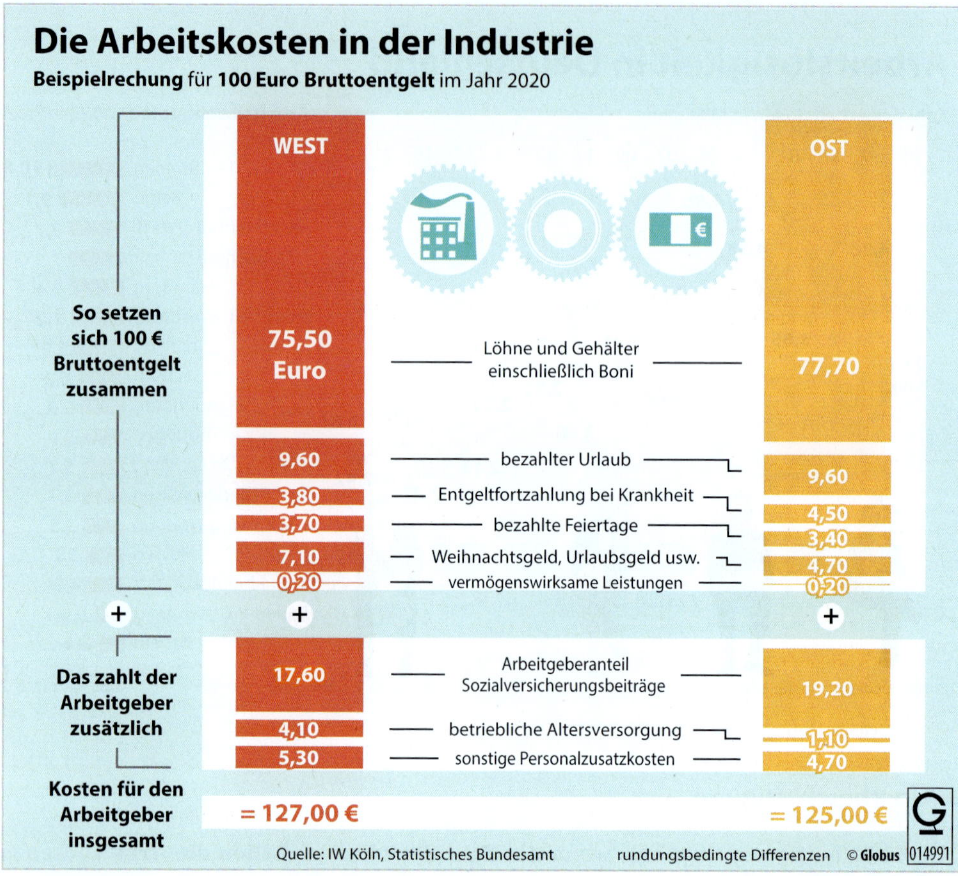

- In den zurückliegenden Jahren sind traditionelle deutsche Wirtschaftszweige in Bedrängnis geraten. Der **technologische Wandel** verläuft heute so rasant, dass Unternehmen bestimmter Wirtschaftszweige hohe Rationalisierungsanstrengungen vornehmen (Industrieroboter in der Automobilbranche).

- Außerdem führen der technologische Wandel und die Konkurrenz auf dem Weltmarkt zu **strukturellen Veränderungen** ganzer Regionen, in denen diese Wirtschaftszweige ehemals führend gewesen sind (Kohle- und Stahlerzeugung im Ruhrgebiet).

- Eine »blühende« **Schattenwirtschaft** leistet in Deutschland einen Beitrag von 10,2 % des Bruttoinlandsproduktes (2023). Hohe Steuern und Abgaben führen zur Schwarzarbeit (Baubranche und Handwerk).

- Die mit »**Globalisierung**« einhergehende weltwirtschaftliche Verflechtung führt dazu, dass Unternehmen Arbeit an kostengünstigere Standorte auslagern.

- Das **Profitstreben von Unternehmen** führt zur Kapitalabwanderung in Länder, in denen eine höhere Verzinsung des Kapitals und eine geringere Steuerbelastung möglich sind. Damit fehlt im Inland der Kapitalstock für Investitionen.

- Für den Einzelnen können **gesundheitliche Beeinträchtigungen** und **Immobilität** dazu führen, dass man arbeitslos wird.

- Das **Qualifikationsniveau** für den beruflichen Einstieg oder Wiedereinstieg ist **zu niedrig.** Außerdem kann nach einer längeren Zeit der Arbeitslosigkeit die **Motivation** zur erneuten **Arbeitssuche** zurückgehen.
- Eine leistungsfähige Volkswirtschaft verlangt entsprechend qualifizierte Arbeitskräfte. Geringe **berufliche Qualifikation** und eine generell vernachlässigte allgemeine Ausbildung führen daher zu langfristigen Wettbewerbsnachteilen.

Arten der Arbeitslosigkeit

Im Wesentlichen unterscheidet man fünf Arten der Arbeitslosigkeit.

Arten der Arbeitslosigkeit

strukturelle Arbeitslosigkeit

Sie wird durch Wandlungen in der Wirtschaftsstruktur, d. h. durch Umschichtungen im Aufbau einer Volkswirtschaft, hervorgerufen.
Beispiel: Kohlebergbau im Ruhrgebiet

saisonale Arbeitslosigkeit

Sie ist von kurzfristiger Art und entsteht, weil bestimmte Wirtschaftszweige durch Einfluss von Jahreszeit (Saison) und Witterung keine Kontinuität in Produktion und Absatz haben.
Beispiel: Hotelgewerbe an Ostsee-Urlaubsstränden

konjunkturelle Arbeitslosigkeit

Sie ist bedingt durch den Konjunkturverlauf und meist von mittelfristiger Dauer.
Beispiel: Produktionsrückgang in der Automobilbranche

technologische Arbeitslosigkeit

Sie entsteht durch die Freisetzung von Arbeitskräften infolge technischer Rationalisierungsmaßnahmen.
Beispiel: Geldautomaten ersetzen Kassenangestellte im Bankgewerbe

friktionelle Arbeitslosigkeit

Sie beruht auf zeitlichen Verzögerungen zwischen ständiger Freisetzung und Wiedereinsetzung von Arbeitskräften an anderen Arbeitsplätzen.
Beispiel: DV-Ingenieure in Bayern

Die Erfassung der Arbeitslosigkeit als statistische Größe erfolgt laufend durch verschiedene Institutionen. Jeweils zum Beginn eines Monats werden in Deutschland die neuesten statistischen Zahlen durch den Leiter der **Bundesagentur für Arbeit** bekannt gegeben. Er teilt dabei die neuesten Zahlen mit als:

- Arbeitslosenzahlen und Arbeitslosenquoten,
- Vergleichswerte des Vormonats,
- Vergleichswerte des Vorjahresmonats.

Außerdem erfassen die statistischen Ämter, die Bundesbank, Eurostat (Statistisches Amt der europäischen Kommission) Zahlen zur Arbeitslosigkeit und werten diese aus. Meist werden der Politik Handlungsanweisungen gegeben, um auf neue Entwicklungen wirtschaftspolitisch sinnvoll reagieren zu können.

Folgen der Arbeitslosigkeit

Besonders in Zeiten wirtschaftlicher Krisen werden in Umfragen unter abhängig Beschäftigten die Ängste vor drohender Arbeitslosigkeit immer an erster Stelle genannt. Die fehlende Beschäftigung wirkt sich in der Regel nicht nur auf die Zufriedenheit des Menschen aus. Sie kann auch eine Bedrohung des Lebensstandards von Familien zur Folge haben.

Arbeitslosigkeit stellt die Gemeinschaft vor große Probleme. Während der Einzelne und dessen Familie leiden, kommt die Arbeitslosigkeit auch die Gesellschaft teuer zu stehen. Die entstehenden Probleme und Folgen lassen sich auf mehreren Ebenen darstellen.

Betroffene	Probleme	Folgen
Das Individuum und dessen Familie	Verringerung des Einkommens	Senkung des Lebensstandards
	fehlende Teilhabe an der beruflichen Weiterbildung	Wiedereingliederung in den Arbeitsprozess wird erschwert
	Belastung bzw. Zerstörung familiärer Beziehungen	Trennung von Eltern und Familie, Fehlentwicklungen bei Kindern
	soziale Isolation von Freunden und Bekannten	Vereinsamung, psychische Erkrankungen
	psychische Belastungen bis zum Entstehen von Krankheiten	psychische und physische Erkrankungen
	Alkohol- und Drogenkonsum	Dauerkrankheit
	politische Gleichgültigkeit	fehlendes politisches Engagement
	Kriminalität und Radikalisierung	Strafverfolgung, Isolation, Spirale der Ausweglosigkeit
Die Gesellschaft	Kosten der Arbeitslosigkeit	Belastung der Staatshaushalte, Senkung der Sozial- und Transferleistungen
	Mindereinnahmen bei den Sozialversicherungen	höhere Belastung der Arbeitenden
	Gewalt und Kriminalität	hohe Kosten der Aufklärung, für Schutzmaßnahmen und Gewaltverfolgung
	Auseinanderklaffen der Schere zwischen Arm und Reich	vermögens- und sozialpolitische Kosten
Die Weltgemeinschaft	Anwachsen der Kluft zwischen armen und reichen Ländern	politische Krisen in den betroffenen Ländern, Terrorakte
	Wirtschaftsflüchtlinge	Kosten- und Akzeptanzprobleme in den Aufnahmeländern
	geringes bzw. kein Wirtschaftswachstum	fehlende Auslandsaufträge, importierte Wirtschaftskrise

Chancen und Probleme beschäftigungspolitischer Maßnahmen

Der Staat selbst kann keine Arbeitsplätze in der Privatwirtschaft schaffen. Er kann aber durch seine Gesetzgebung, durch seine Konjunktur- und Strukturpolitik, durch Bildungspolitik und durch direkte Arbeitsmarktpolitik Einfluss auf den Arbeitsmarkt nehmen. Selbstverständlich kann er auch als Nachfrager nach Arbeit auftreten.

Staatliche Beschäftigungspolitik (Arbeitsmarktpolitik) ist darauf ausgerichtet, das Angebot und die Nachfrage auf den Arbeitsmärkten zu beeinflussen, um die **Beschäftigung zu fördern und auf hohem Niveau zu stabilisieren** sowie **die berufliche Eingliederung benachteiligter Arbeitnehmergruppen zu fördern.**

Die Auswahl und der kombinierte Einsatz der beschäftigungspolitischen Instrumente führt in Deutschland zu anhaltenden und hitzigen Debatten. Es ist schwierig, die unterschiedlichen Interessen und Ziele der an der Auseinandersetzung um den richtigen Weg Beteiligten in Einklang zu bringen. Neben den **Einflussgruppen** Arbeitgeber, Gewerkschaften, Arbeitslose, Beschäftigte und EU-Kommission ist es der Staat selbst, der als gesetzgebende Institution gleichzeitig auch Arbeitgeber ist und damit mehrere Rollen in der Auseinandersetzung erfüllen muss.

Staatliche Maßnahmen unterstützen die Beschäftigung durch den Einsatz unterschiedlicher Instrumente. Außerdem können **übernationale Institutionen** (Europäische Kommission, Internationale Organisation für Arbeit – ILO) Einfluss auf die nationale Arbeitsmarktpolitik nehmen.

Instrumente der Arbeitsmarktpolitik		
politischer Ansatz	**politische Maßnahme**	**Beispiel**
Wachstumspolitik	Förderung von Existenzgründungen	staatliche Bürgschaften, zinsverbilligte Kredite
	Forschungspolitik	Förderpreise, staatliche Grundlagenforschung
	Bildungspolitik	verstärkte staatliche Bildungsanstrengungen, Ganztagsschule
	Investitionsförderung	befristete Subventionen für Umweltschutzinvestitionen
Strukturpolitik	Infrastrukturausbau	Verkehrswegeausbau, Ausbau des Informations- und Kommunikationswesens
	Industrieansiedlung	Gewerbesteuersenkung, Entbürokratisierung, Schaffung kultureller Einrichtungen
Konjunkturpolitik	Erhöhung/Senkung der Staatseinnahmen	Erhöhung/Senkung von Abschreibungssätzen, Einsatz des Instrumentes der Konjunkturrücklage
	Erhöhung/Senkung der Staatsausgaben	Subventionen erhöhen/streichen, staatliche Aufträge erhöhen/senken
Außenwirtschaftspolitik	Abbau von Handelshemmnissen	Einfuhrliberalisierungen, Devisenfreiheit, Verminderung von Dokumentenvorschriften
	Aufbau von Handelshemmnissen	Erweiterung der Einfuhr-/Ausfuhrliste
Geldpolitik	Beeinflussung der Investitions- und Konsumbereitschaft	Zinssenkungen/-erhöhungen, Beeinflussung der Geldmenge durch EZB
Arbeitsmarktpolitik	Förderung der Arbeitsvermittlung	Einrichtung alternativer Vermittlungsmöglichkeiten neben der staatlichen Vermittlung
	Förderung der Berufsberatung	Internetberatung, Verwaltungsvereinfachung
	Arbeitsbeschaffungsmaßnahmen (ABM)	Anreize zur Übernahme in ein Beschäftigungsverhältnis schaffen
	Arbeitszeitregelung	Unterstützung neuer Arbeitszeitmodelle, Recht auf Teilzeitarbeit
	Förderung von Ausbildung, Weiterbildung, Umschulung	Kurse zur Wiedereingliederung in den Arbeitsprozess, Schaffung neuer Ausbildungsberufe

Neben den staatlichen Instrumenten kommt der Bildungspolitik eine besondere Bedeutung zu. Ein unmittelbarer Zusammenhang zwischen Arbeitslosigkeit und fehlender beruflicher Qualifikation ist nachweisbar. Staatliche Initiativen zielen deshalb darauf, die schulische und berufliche Ausbildung zu verbessern.

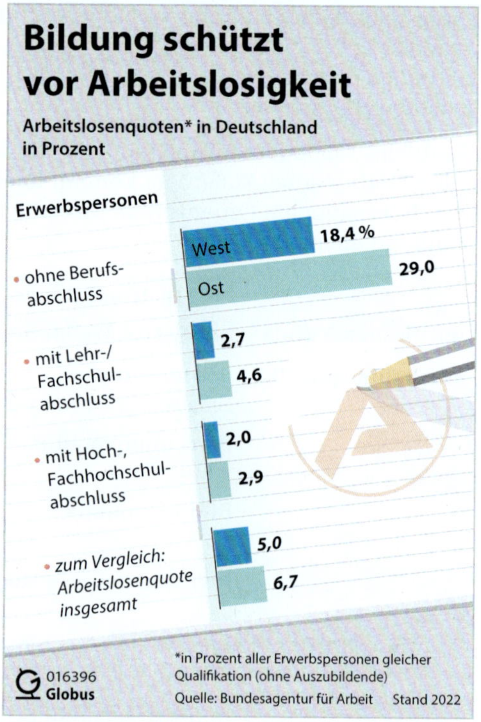

Die Ausbildungs- und Berufsförderung, Umschulung und Weiterbildung werden vor allem von der **Bundesagentur für Arbeit** und von den **Trägern der Sozialversicherung** übernommen. Von privater Seite tragen die Gewerkschaften und Arbeitgeberverbände mit ihren Fortbildungsmaßnahmen einen großen Teil zur Verbesserung der Leistungskraft der Gesellschaft bei. Initiativen von Regierung und Arbeitgeberverbänden können zusätzliche Ausbildungsplätze schaffen.

Bildungsmaßnahmen müssen bereits frühzeitig ergriffen werden, denn die Erfolge zahlen sich erst in späteren Jahren aus. Die Bildungsmaßnahmen stellen somit immer auch **Investitionen in die Zukunfts- und damit in die Wettbewerbsfähigkeit** eines Landes dar. Dies gilt ganz besonders für ein auf die Technologie ausgerichtetes Land wie Deutschland.

Dazu beitragen kann aber auch der Einzelne, indem er die staatlichen Angebote der Beratung und Ausbildung annimmt. Außerdem verlangt die moderne Gesellschaft die Bereitschaft zur beruflichen Weiterbildung und zur Mobilität.

2.1.3 Stetiges und angemessenes Wirtschaftswachstum

Unter **Wirtschaftswachstum** versteht man die **Zunahme des realen Bruttoinlandsproduktes** einer Volkswirtschaft binnen eines Jahres.

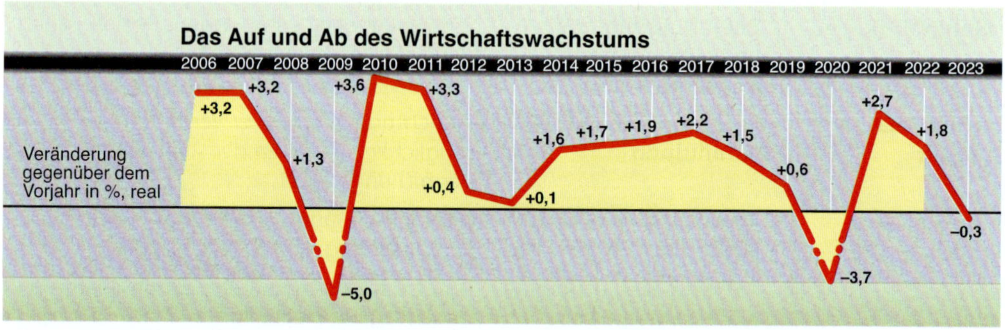

Wirtschaftswachstum wird ermöglicht und bestimmt durch

– das Wirtschaftssystem (Soziale Marktwirtschaft), die Wirtschaftsstruktur (Industrie, Handel, Dienstleistungen) und die Wirtschaftspolitik einer Volkswirtschaft (Steuer-, Sozial-, Subventionspolitik);

- den Bildungsstand, den Sparwillen und die Entwicklung der Bevölkerung;
- den technischen Fortschritt (Erfindungen) und die Qualität der Produktionsanlagen sowie die sich daraus ergebenden Möglichkeiten hochwertiger Güterproduktion;
- die Erschließung neuer Rohstoff- und Energiequellen (Ressourcen: Metalle, Metalle der Seltenen Erden, Mineralien, Wasserstoff, Windkraft, Photovoltaik;
- die Ausweitung von Angebot und Nachfrage über den Inlandsmarkt hinaus bis hin zum Welthandel sowie den Ausbau eines internationalen Kommunikations- und Transportwesens;
- die Belastbarkeit der Umwelt und die Erhaltung eines gesunden Lebensraumes.

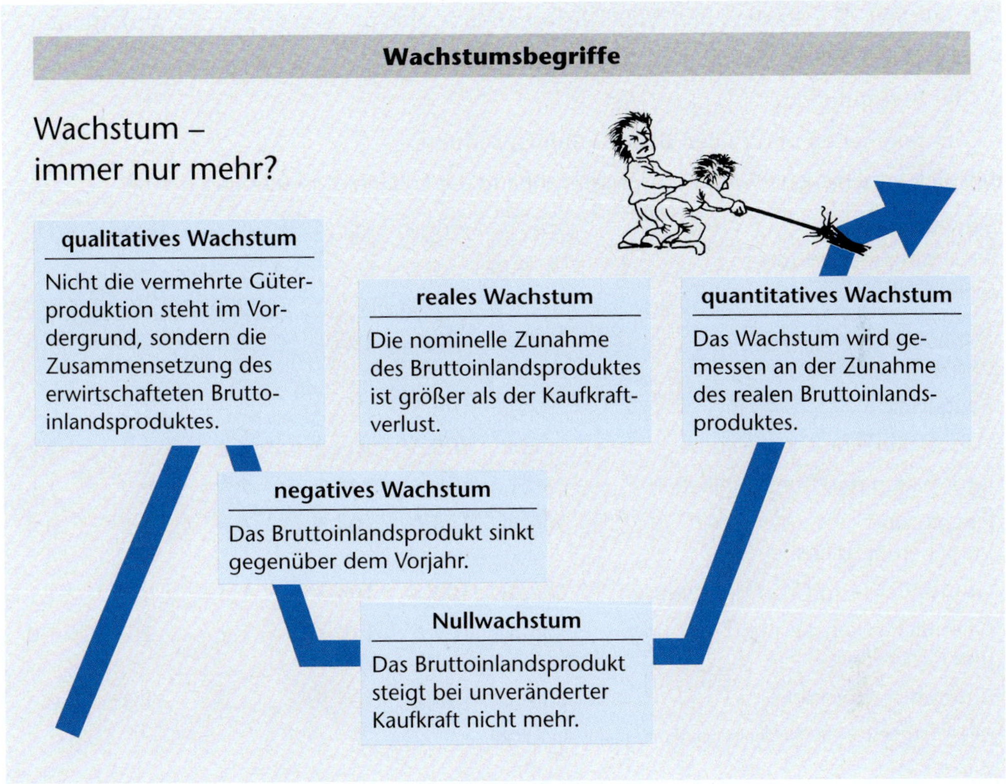

Wachstumsforderung

In Deutschland besteht die Forderung nach Wirtschaftswachstum, um

a) **quantitatives Wachstum** zu erreichen, d. h., durch bessere Versorgung mit Gütern einen höheren Lebensstandard zu schaffen. Durch das Stabilitätsgesetz sind der Bund und die Länder verpflichtet, ihre wirtschaftspolitischen Maßnahmen so zu treffen, dass sie zu **stetigem und angemessenem Wirtschaftswachstum** beitragen. Als »angemessen« wird eine jährliche Quote von **2–4 % Zunahme des realen Bruttoinlandsproduktes** angesehen.

b) **qualitatives Wachstum** zu erreichen, d. h., durch **höherwertige Güter und Dienstleistungen** eine **Verbesserung der Umwelt- und Sozialbedingungen** zu schaffen. Viele Umweltorganisationen fordern deshalb ein qualitatives Wachstum. Der erreichte hohe Lebensstandard soll erhalten werden. Es steht jedoch nicht mehr die Mehrproduktion im Vordergrund, sondern der Ersatz von Gütern. Gleichzeitig wird die Produktion in vielen Sachgüter- und Dienstleistungsbereichen gesteigert (Wasseraufbereitungsanlagen, Müllverwertungsanlagen, Aufforstungsprogramme, menschenfreundlicher Wohnungsbau, Einrichtung von Umweltschutzdiensten).

Die Weltkommission für Umwelt und Entwicklung prägte 1987 mit »**sustainable development**« einen neuen Wachstumsbegriff. Er bedeutet »**nachhaltiges Wachstum**« und kennzeichnet eine »Wirtschaftsentwicklung, die die Bedürfnisse der Gegenwart befriedigt, ohne zu riskieren, dass künftige Generationen ihre Bedürfnisse nicht befriedigen können«. Gemeint ist ein Wirtschaftsprozess, der langfristig aufrechterhalten werden kann, ohne das »**Ökosystem Erde**« zu überlasten.

Wachstumsmessung

Das jährliche Wachstum einer Volkswirtschaft lässt sich messen an den Veränderungen

- des privaten und staatlichen Verbrauchs (Konsum),
- der Investitionen,
- des nominalen und realen **Bruttoinlandsprodukts.**

Beispiel: Verschiedene Wachstumsphasen anhand der Entstehungsrechnung des BIP

Entstehung des Bruttoinlandsprodukts	2021	2022	2023	2021	2022	2023
	Index 2015 = 100			Veränderung gegenüber Vorjahr in %		
Produzierendes Gewerbe (ohne Baugewerbe)	108,2	107,6	105,7	7,4	–0,5	–1,8
Baugewerbe	97,4	94,1	93,9	–5,3	–3,3	–0,2
Handel, Verkehr, Gastgewerbe	102,8	106,3	105,2	1,2	3,3	–1,0
Information und Kommunikation	130,1	136,5	140,1	7,8	5,0	2,6
Finanz- und Versicherungsdienstleister	100,8	105,0	104,6	6,8	4,2	–0,4
Grundstücks- und Wohnungswesen	102,6	103,5	104,7	1,4	0,8	1,1
Öffentliche Dienstleister, Erziehung und Gesundheit	106,8	109,6	110,7	1,2	2,7	1,0
Bruttoinlandsprodukt	106,3	108,2	107,9	3,2	1,8	–0,3

Quelle: Monatsbericht der Deutschen Bundesbank, April 2024

Aus der Tabelle sind verschiedene Wachstumsphasen erkennbar:

- **positives Wachstum** in allen Jahren in einzelnen Wirtschaftssektoren, z. B. Information und Kommunikation.
- **negatives Wachstum** in allen Jahren in einzelnen Wirtschaftssektoren, z. B. Baugewerbe.

2.1.4 Außenwirtschaftliches Gleichgewicht

Außenwirtschaftliches Gleichgewicht bedeutet, dass die von anderen Volkswirtschaften **empfangenen Zahlungen** den an andere Volkswirtschaften **geleisteten Zahlungen entsprechen.**

Ihren Niederschlag finden diese außenwirtschaftlichen Zahlungsvorgänge in der jährlich aufgestellten Zahlungsbilanz.

Außenwirtschaftliches Gleichgewicht liegt vor, wenn die Zahlungsbilanz ausgeglichen ist. Der Saldo der Devisenbilanz ist gleich null.

Aufbau der deutschen Zahlungsbilanz

a) **Leistungsbilanz** mit den Unterpositionen
   1. **Außenhandel** = Gegenüberstellung der Einnahmen für die Ausfuhr und der Ausgaben für die Einfuhr von Waren. Sie wird auch **Handelsbilanz** genannt.
   2. **Dienstleistungen** = Gegenüberstellung aller Einnahmen und Ausgaben, die sich aus dem Austausch von Dienstleistungen, z.B. im Reise- und Güterverkehr und beim Transithandel, ergeben.
   3. **Primäreinkommen** = Gegenüberstellung der grenzüberschreitenden Einnahmen und Ausgaben für Kapitalerträge und Einkommen aus unselbstständiger Arbeit.
   4. **Sekundäreinkommen** = Saldo der grenzüberschreitenden unentgeltlichen Leistungen, z.B. Geldüberweisungen ausländischer Arbeitnehmer, Leistungen an internationale Organisationen.

b) **Vermögensübertragungen** = Saldo der erhaltenen und geleisteten Vermögenstransfers wie Erbschaften, Schenkungen, Versicherungstransaktionen.

c) **Kapitalbilanz** = Saldo von Kapitalexport und Kapitalimport einschließlich Direktinvestitionen, Wertpapieranlagen, Kreditverkehr.

d) **Saldo der statistisch nicht aufgliederbaren Transaktionen.** Dieser Saldo wird zum rechnerischen Ausgleich der nicht erfassten Posten und statistischer Ermittlungsfehler in der Zahlungsbilanz eingesetzt.

e) **Veränderung der Währungsreserven zu Transaktionswerten.** Bestände aus Gold und Devisen, die aus dem Zahlungsverkehr mit dem Ausland herrühren. Diese Bilanz ist die **Devisenbilanz.**

Veränderung der Nettoauslandsaktiva. Hierbei handelt es sich um Auslandsforderungen abzüglich Auslandsverbindlichkeiten der Deutschen Bundesbank. Sie werden in der Kapitalbilanz erfasst.

Ein außenwirtschaftliches Ungleichgewicht liegt vor, wenn ein Zahlungsbilanzüberschuss oder ein Zahlungsbilanzdefizit herrscht.

Die Entwicklung der deutschen Zahlungsbilanzen seit 2018 zeigt die Darstellung auf der folgenden Seite.

Zahlungsbilanzausgleich

Ist der Saldo der Devisenbilanz gleich null, ist die Zahlungsbilanz ausgeglichen.

Zahlungsbilanzüberschuss

Ein **Zahlungsbilanzüberschuss** ergibt sich, wenn die Leistungs- und Kapitalbilanzen insgesamt einen Einnahmenüberschuss aufweisen, der durch **Gold- und Devisenzuflüsse** ausgeglichen wird. In diesem Falle spricht man von einer **aktiven Zahlungsbilanz.**

Die Außenhandelsbilanz ist sichtbarer Ausdruck der Exportabhängigkeit unserer Wirtschaft. Die aktiven Zahlungsbilanzen der Jahre 2018 und 2023 waren vor allem auf den sehr hohen Außenhandelsüberschuss zurückzuführen. 2022 ergab sich trotz geringerem Außenhandelsüberschuss als in den Vorjahren wegen hoher Primäreinkommen aus dem Ausland ein Zahlungsbilanzüberschuss.

Zahlungsbilanzdefizit

Ein **außenwirtschaftliches Ungleichgewicht** ergibt sich auch, wenn die Zahlungsbilanz ein Defizit aufweist. Ein solches Defizit liegt vor, wenn die Leistungs- und Kapitalbilanzen insgesamt einen Ausgabenüberschuss aufweisen, der durch **Gold- und Devisenabflüsse** ausgeglichen wird. Man spricht in diesem Fall von einer **passiven Zahlungsbilanz.**

Die passive Zahlungsbilanz des Jahres 2020 hat ihre Ursachen in einem geringeren Warenhandelssaldo als üblich und gleichzeitig relativ geringe Primäreinkommen aus dem Ausland im Vergleich zu anderen Jahren.

Zahlungsbilanzen der Bundesrepublik Deutschland					
Wichtige Posten (Salden in Mrd. EUR)	2018	2020	2021	2022	2023
Saldo der Leistungsbilanz	+247,5	+236,2	+265,3	+164,6	+243,1
Unterpositionen					
– Warenhandel	+226,3	+194,6	+192,4	+125,9	+226,8
– Dienstleistungen	–19,7	–0,3	+0,3	–37,3	–62,9
– Primäreinkommen	+89,5	+92,6	+126,6	+142,1	+143,9
– Sekundäreinkommen	–48,6	–50,7	–54,1	–66,1	–64,6
Vermögensänderungsbilanz	+0,4	–0,3	–1,4	–21,6	–27,2
Kapitalbilanz	+237,0	+254,0	+314,7	+198,2	+232,5
Darunter: Währungsreserven	+0,4	–0,05	+31,9	+4,4	+0,9
Zahlungsbilanzdefizit = Abnahme der Währungsreserven		✗			
Zahlungsbilanzüberschuss = Zunahme der Währungsreserven	✗		✗	✗	✗

Quelle: Monatsberichte der Deutschen Bundesbank, Zahlen gerundet

Länder/Regionen als Außenhandelspartner Deutschlands im Jahre 2023

Gesamtausfuhr 1.590,0 Mrd. EUR davon nach:		Gesamteinfuhr 1.365,7 Mrd. EUR davon aus:	
EU-Länder (27)	1.087,5	881,7	EU-Länder (27)
USA	157,9	157,1	China
Frankreich	120,1	104,9	Niederlande
Niederlande	115,4	94,6	USA
China	97,3	72,1	Italien
Italien	87,3	69,8	Frankreich
Österreich	81,8	56,9	Belgien, Luxemburg
Großbritannien	78,4	54,6	Österreich
Schweiz	66,5	51,8	Schweiz
Belgien, Luxemburg	69,3	39,1	Spanien
Spanien	54,5	36,6	Großbritannien
Afrika	28,7	32,8	Afrika
Japan	20,2	25,6	Japan

Quelle: Monatsbericht der Deutschen Bundesbank April 2024

2.2 Qualitative Ziele

2.2.1 Erhaltung der natürlichen Lebensgrundlagen

Die Ausnutzung, Beschädigung und Belastung der Natur infolge steigenden Konsums und weiterer Industrialisierung hat in den vergangenen Jahrzehnten bedrohliche Ausmaße angenommen. Aus Verpflichtung für die gegenwärtig lebenden Menschen, die nachfolgenden Generationen und für alles Leben auf der Erde ist es notwendig, die bedrohte Umwelt zu schützen.

Für die Entwicklung der Menschen und der Natur ist inzwischen der Begriff der »Nachhaltigkeit« von besonderer Bedeutung geworden. Nachhaltige Entwicklung für den Menschen und die Natur bedeutet deshalb:

> »Nachhaltige Entwicklung heißt, Umweltgesichtspunkte gleichberechtigt mit sozialen und wirtschaftlichen Gesichtspunkten zu berücksichtigen. Zukunftsfähig wirtschaften bedeutet also: Wir müssen unseren Kindern und Enkelkindern ein intaktes ökologisches, soziales und ökonomisches Gefüge hinterlassen. Das eine ist ohne das andere nicht zu haben.«
> (Quelle: Rat für Nachhaltige Entwicklung der Bundesregierung; www.nachhaltigkeitsrat.de)

Die Bundesregierung beschreibt bereits 1971 in ihrem **Umweltprogramm** die Umweltpolitik als die »Gesamtheit aller Maßnahmen, die notwendig sind, um

- dem Menschen eine Umwelt zu sichern, wie er sie für seine Gesundheit und für ein menschenwürdiges Dasein braucht,

- Boden, Luft und Wasser, Pflanzen- und Tierwelt vor nachteiligen Wirkungen menschlicher Eingriffe zu schützen und
- Schäden oder Nachteile aus menschlichen Eingriffen zu beseitigen«.

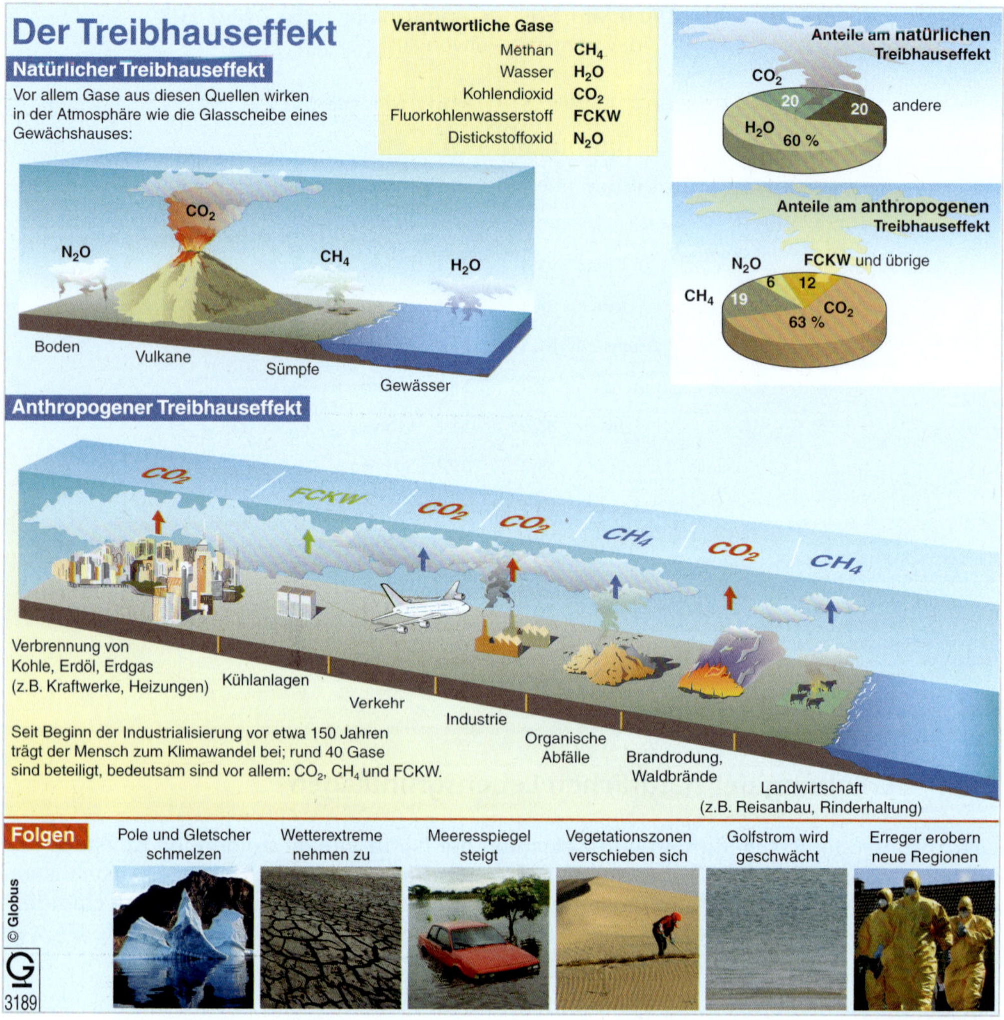

Damit ist der Umweltschutz zum Gegenstand der Wirtschaftspolitik und die Umwelt zum schützenswerten Wirtschaftsfaktor erhoben.

Die Verbesserung der Umweltbedingungen erfordert wirtschaftliche Anstrengungen, die man als qualitatives Wachstum bewertet. Gleichwohl schlägt sich die Produktion umweltfreundlicher und umweltfördernder Güter rechnerisch im realen Bruttoinlandsprodukt als quantitatives Wachstum nieder.

Beispiele: Die Produktionen von Kläranlagen zur Verbesserung der Wasserqualität, von Immissionsschutzanlagen zur Entschwefelung von Industrieabgasen, von Autos mit Katalysatoren zur Verminderung der schädlichen Abgase, von FCKW-freien Kühlschränken zur Erhaltung der schützenden Ozonschicht gehen als quantitative Beiträge in die Entstehungsrechnung des Bruttoinlandsproduktes ein.

Es wäre also ein Irrtum, mit einer Forderung nach Null- oder gar Minuswachstum die Umweltschutzaufgaben bewältigen zu können.

Umweltbelastung und Umweltschutz

Arten von Umweltbelastungen und dagegen erhobene Schutzmaßnahmen:

Umweltbelastung und Umweltschutz		
Art der Umweltbelastung	**Beispiele**	**Schutzvorschriften und Gegenmaßnahmen** (Beispiele)
Gesundheitliche Beeinträchtigungen durch **Schmutz und Lärm**	Abwassereinleitungen in Flüsse und Seen, Emission von Ruß, Motoren- und Maschinenlärm	Gesetze, Verordnungen und »Technische Anleitungen« gegen Schadstoff-, Lärm-, Wärme- und Strahlungsbelastungen, Schadstoff- und Abfallabgaben von Betrieben und Haushalten
Raubbau an der Natur	Übertageabbau von Braunkohle, Torf und anderen Ressourcen	Strenge Bebauungs- und Abbauvorschriften, Rekultivierungsmaßnahmen
	zunehmende Vernichtung von Naturlandschaften, landwirtschaftliche Monokulturen	Einrichtung von Wasserschutzgebieten und Naturschutzzonen, Rekultivierung von Ackerland in Naturland, strenge Vorschriften zur Schädlingsbekämpfung
	Gefahren durch die Gentechnik	Gentechnikgesetz von 1993
Verschwendung von Roh- und Energiestoffen	nur-einmal-Verwendung wiederverwertbarer Rohstoffe	Recycling
	unnötiger Nutzwertverbrauch von Energiestoffen	bessere Energieausnutzung durch verringerten Verbrauch mittels moderner technischer Anlagen, Einsatz alternativer Energieträger
Umweltzerstörung durch Schadstoffe	Stick- und Reizgase, giftige Stäube bei der Güterproduktion, giftige Ab- und Klärwasserbestandteile	Immissionsvorschriften (»Technische Anleitung Luft«), Verkehrsverlagerung von der Straße auf die Schiene
Deponierung von Abfällen	Lagerung von giftigen Abfallstoffen, Verklappung von Abfällen, Problem der nuklearen Entsorgung	Ablieferungs- und Beseitigungspflicht für Abfälle, Duales System, Abfallsortierung

Im Einzelnen lassen sich zahlreiche Umweltzerstörungen finden, die teilweise verheerende Auswirkungen haben.

Beispiele:

1. Reaktorkatastrophen von Tschernobyl (Ukraine) 1986 und Fukushima (Japan) 2011
2. Klimawandel aufgrund des CO_2- und Methan-Ausstoßes

Der Mensch nimmt zudem auch für seine Freizeitvergnügungen, für seine Sicherheit und aus Bequemlichkeitsgründen **Umweltschädigungen** in Kauf.

Beispiele: Anlegen von Skipisten, Benutzung von Streusalz, »wilde« Abfalldeponien, ungezügelter Ausstoß von CO_2-Gasen, Einweg-Coffee-to-go-Becher, Plastikverpackungen

Soziale Kosten

Zum Erhalt oder zum Ausgleich der angegriffenen Lebensgrundlagen sowie für vorsorgliche Umweltschutzmaßnahmen ergeben sich Kosten, die von der Allgemeinheit zu übernehmen sind. Man spricht von **sozialen Kosten.**

Soziale Kosten entstehen meist durch einzelwirtschaftliches Handeln, müssen aber **von der Allgemeinheit getragen** werden.

Die Erfassung dieser Kosten ist schwierig. Zum Teil beruhen diese auf Schätzungen. Dadurch wird es jedoch schwierig, politische Entscheidungen herbeizuführen, weil der konkrete Nachweis kaum erbracht werden kann.

Soziale Kosten

Naturschutz und länderübergreifende sowie globale Umweltschutzmaßnahmen

- Einrichtung und Sicherung von Naturschutzgebieten
- Maßnahmen zum Tropenwaldschutz
- Internationale Maßnahmen zum Schutz vor einer Klimakatastrophe

Umweltverschmutzung

- Behandlung von Erkrankungen der Atmungsorgane
- Instandsetzung geschädigter Baumsubstanzen
- Forstschutzmaßnahmen infolge des Waldsterbens

soziale Kosten

Lärm

- Behandlung von Innenohrschädigungen (Gefahr ab 85 Dezibel)
- Bau von Lärmschutzwänden an viel befahrenen Straßen
- Lärmschutzmaßnahmen gegen Industrie- und Gewerbelärm

Gewässerverschmutzung

- Maßnahmen zur Beseitigung von Ölverschmutzungen
- Maßnahmen zur Beseitigung der Nitratverseuchung des Grundwassers und zur Trinkwasseraufbereitung
- Verbesserung der Gewässergüte zur Sicherung von Erholungsaktivitäten

Bodenbelastung

- Beseitigung von umweltgefährdenden Ablagerungen einschließlich Sanierung von Altlasten
- Gebäudeschäden durch Bodensenkung
- Beseitigung von Schädigungen durch Hangrutschungen aufgrund von Bodenerosion

Umweltschutzpolitik

▶ Grundlagen für eine Umweltschutzpolitik

Ökologische und **ökonomische Wirksamkeit** bilden die Maßstäbe, an denen sich Umweltschutzpolitik zu orientieren hat. Das heißt aber auch, dass zwischen dem ökologisch Erforderlichen und dem ökonomisch Möglichen abzuwägen ist. Schließlich spielt es auch eine Rolle, ob umweltschutzpolitische Entscheidungen von der Bevölkerung akzeptiert und von der Politik durchgesetzt werden können.

Beispiel: Der Autoverkehr gilt als einer der Hauptverursacher der Luftverschmutzung. Eine Umweltabgabe auf den Benzinverbrauch lehnen jedoch 63 % der Westdeutschen und 72 % der Ostdeutschen ab.

Allgemein ist als richtig anerkannt, dass sich wirtschaftliches Wachstum in der Form, wie es in den letzten 100 Jahren in den Industrieländern stattgefunden hat, nicht unbegrenzt fortsetzen wird. Abzuwägen gilt es, ob die ökonomischen oder die ökologischen Zielsetzungen bei der politischen Entscheidung stärkeres Gewicht zu bekommen haben.

Beispiele:

1. Ausbau des öffentlichen Nah- und Fernverkehrs
2. Freilandversuche mit gentechnisch veränderten Organismen

▶ Prinzipien der Umweltschutzpolitik

Prinzipien der Umweltschutzpolitik		
Prinzip	**Merkmal**	**Beispiel**
Vorsorgeprinzip	Umweltpolitische und sonstige Maßnahmen werden so getroffen, dass **von vornherein** möglichst sämtliche **Umweltgefahren vermieden** und damit die **Naturgrundlagen geschützt und schonend in Anspruch genommen** werden.	Eine Erlaubnis zum Einleiten von Abwässern wird nur erteilt, wenn die Abwässer nach dem Stand der Technik gereinigt wurden.
Verursacherprinzip	Die **Kosten** zur Vermeidung, zur Beseitigung oder zum Ausgleich von Umweltbelastungen sind **dem Verursacher zuzurechnen.**	Hersteller und Vertreiber sind laut Verpackungsgesetz dazu verpflichtet, Transportverpackungen nach Gebrauch zurückzunehmen.
Kooperationsprinzip	Der **Staat strebt** zur Lösung der Umweltprobleme zunächst **einvernehmliche Regelungen mit den gesellschaftlichen Gruppen an,** bevor er Gesetze und Verordnungen erlässt.	Umweltschutzverbände wirken in Planfeststellungsverfahren über Vorhaben mit, die mit Eingriffen in Natur und Landschaft verbunden sind.
Gemeinlastprinzip	Die **Kosten des Umweltschutzes** können auf **die Allgemeinheit verteilt werden,** d.h., sie werden vom Staatshaushalt getragen.	Kostenübernahme für Altlastensanierungen durch die öffentliche Hand.

▶ Instrumente der Umweltschutzpolitik

Neben ordnungsrechtlichen und ökonomischen Instrumenten kann staatliche Einflussnahme über Aufklärungsmaßnahmen erfolgen.

Instrument	**Inhalt**	**Beispiel**
ordnungsrechtliche Instrumente	staatliche Ge- und Verbote, Bußgeldbescheid	Produktionsverbot, Ansiedlungsverbot
ökonomische Instrumente		
– Abgaben	Belegung der Umweltnutzung mit Nutzungsabgaben	Wasserpfennig, »Öko-Steuern«
– Subventionen	finanzielle Ausgleichszahlungen durch den Staat	Steuererleichterungen, Sonderabschreibungen
– Zertifikate (Umweltlizenzen)	Marktfähige Rechte, die die Gesamtmenge der Belastungen festlegen, können gehandelt werden.	CO_2-Zertifikate

– Haftungsrecht	staatliches Eingreifen im Falle konkreter Umweltzerstörungen bzw. -beeinträchtigungen	Bußgeld gegenüber dem Unternehmen Sandoz wegen Rheinverschmutzung
Aufklärung	Entwicklung eines Umweltbewusstseins, Aufbau von ökologischem Wissen	Umwelterziehung, allgemeine Informationen, Appelle

▶ Nationale Institutionen für Umweltschutz

In Deutschland wurden folgende Gremien und Institutionen für den Umweltschutz eingerichtet:

– **Rat von Sachverständigen für Umweltfragen:** Er besteht aus Fachleuten besonders gefährdeter Umweltbereiche. Seine Aufgabe ist vor allem die Begutachtung der Umweltsituation und der Umweltbedingungen in Deutschland.

– **Umweltbundesamt:** Diese Behörde unterstützt und berät die Bundesregierung bei Angelegenheiten des Umweltschutzes.

– **Private Organisationen:** Der **Bund für Umwelt und Naturschutz in Deutschland (BUND)** und zahlreiche andere Organisationen (z. B. Schutzstation Wattenmeer e.V.) befassen sich ebenfalls mit Umweltschutzaufgaben.

▶ Internationale Institutionen für Umweltschutz

Im europäischen und weltweiten Rahmen gibt es zahlreiche umweltpolitische Initiativen. Dies ist auch Ausdruck des globalen Problems »Umwelt«, das nicht an Grenzen Halt macht.

Beispiele: Ozonloch, Treibhauseffekt (Klimaerwärmung), Waldsterben, Endlagerung von Kernbrennstoffen, Stilllegung veralteter und gefährlicher Kernkraftwerke (Fessenheim, Tschernobyl), Meeresverschmutzung, zunehmende Knappheit der Wasservorräte

Auch auf internationaler Ebene wird deshalb durch verschiedene Einrichtungen und Maßnahmen auf Umweltgefährdungen reagiert:

– Seit 1983 wurden vom **Umweltprogramm der Vereinten Nationen** (United Nations Environment Program, UNEP) und der **Umweltabteilung der Weltbank** mehrere Symposien (Tagungen) durchgeführt.

– 1992 wurde auf dem **Welt-Umweltgipfel in Rio de Janeiro** mit der **Agenda 21** (weltweites Entwicklungs- und Aktionsprogramm für das 21. Jahrhundert) das Leitbild einer naturverträglichen Entwicklung (Sustainable Development) konkretisiert.
  Sie verpflichtet vor allem die Industrieländer, ihre Energie-, Verkehrs-, Wirtschafts-, Agrar- und Handelspolitik neu auszurichten, damit die natürlichen Lebensgrundlagen nicht zerstört werden und auch künftigen Generationen ungeschmälert zur Verfügung stehen.

– 1997 wurde auf dem Klimagipfel in Kyoto das sogenannte Kyoto-Protokoll beschlossen. Das **Kyoto-Protokoll** sieht vor, die Treibhausgase der Industrieländer in einer ersten Verpflichtungsperiode von 2008–2012 um 5,2 % gegenüber dem Stand von 1990 zu reduzieren.

– Auf den folgenden Weltklimagipfeln konnte man sich jedoch über eine zweite Verpflichtungsperiode nicht einigen. Daher wurde auf der UN-Klimakonferenz in Katar 2012 beschlossen, das Kyoto-Protokoll bis 2020 zu verlängern.

– Auf der **UN-Klimakonferenz in Paris 2015** wurde ein neues Abkommen mit verbindlichen Klimazielen vereinbart. So sollen die globalen Treibhausgasemissionen in der zweiten Hälfte des 21. Jahrhunderts auf null reduziert und die globale Erwärmung auf möglichst 1,5 °C begrenzt werden.

– **2021 in Glasgow** einigten sich die Länder auf das Ziel der Klimaneutralität. Die Mittel für gefährdete Entwicklungsländer wurden erhöht und die Kürzung der Mittel für neue Projekte im Bereich der fossilen Brennstoffe beschlossen. Auf eine gemeinsame Lösung für den Ausstieg aus der Kohlenutzung konnte man sich jedoch nicht einigen.

- Auf der Konferenz **2022 in Ägypten** wurden die Bildung eines Ausgleichsfonds für Klimaschäden, Finanzhilfen für ärmere Staaten sowie die Begrenzung der Erderwärmung im Vergleich zum vorindustriellen Zeitalter auf 1,5 Grad beschlossen.
- **2023 in Dubai** einigten sich die Länder erstmals auf einen Übergang weg von den fossilen Energieträgern – ein Ausstieg aus Öl, Gas und Kohle wurde jedoch nicht beschlossen.

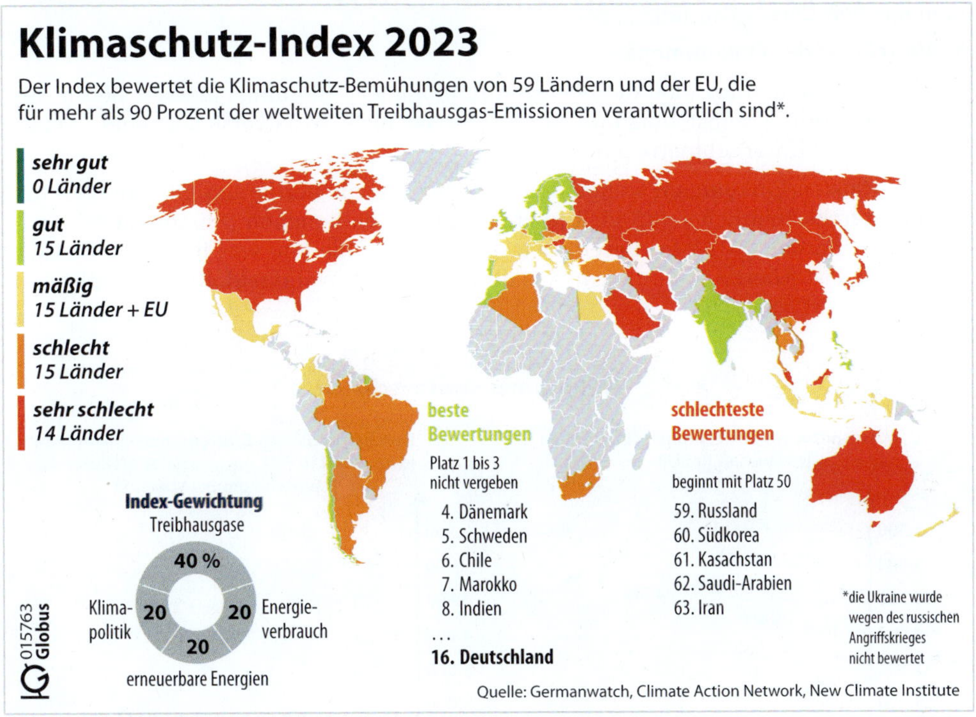

2.2.2 Gerechte Einkommens- und Vermögensverteilung

Einkommen und Vermögen

Unter **Einkommen** versteht man den **Anteil,** den ein **Einkommensempfänger** aus dem jährlichen **Volkseinkommen** (Nettonationaleinkommen) **bezieht.**

Beispiele: Bruttojahreseinkommen gemäß Lohnsteuerkarte; Einkommen aus Zinserträgen, aus Vermietung

Einkommen ist eine wesentliche Voraussetzung dafür, dass Vermögen erworben werden kann.

Unter **Vermögen** versteht man den gesamten Wert an Sachgütern, Forderungen und Geld, den der **Einzelne zu einem bestimmten Zeitpunkt besitzt.**

Werden vom Bruttovermögen die Schulden abgezogen, erhält man das Nettovermögen.

Beispiele: Summe aus dem Wert des gesamten Hausrates, Wert aller Immobilien abzüglich der Schulden, Guthaben auf Sparkonten

Vermögen kann wiederum Einkommensquelle sein. Da die Anteile am Einkommen und Vermögen der Gesamtbevölkerung den Lebensstandard der Bürger wesentlich bestimmen, ist die Verteilung des Einkommens und des Vermögens eine wichtige volkswirtschaftliche Kennzahl.

Verteilung des Einkommens und Vermögens

Von besonderem gesellschaftlichem Interesse ist die Verteilung auf folgende gesellschaftliche Gruppen: Selbstständige, Beamte, Angestellte, Rentner, Arbeiter, Arbeitslose und Sozialhilfeempfänger. Für diese typischen Gruppen wird im Folgenden die Einkommens- und Vermögensverteilung dargestellt. Das Bruttoeinkommen umfasst sämtliche Einkommen aus den Einkunftsarten.

▶ Verteilung des Einkommens

Die Selbstständigen erzielen die höchsten Einkommen, allerdings müssen sie für ihre soziale Absicherung selbst Vorsorge treffen, da sie nicht sozialversichert sind. Außerdem tragen sie das Unternehmerrisiko.

Die niedrigsten Einkommen stehen den Arbeitslosen zur Verfügung. Sie mussten im Monat mit durchschnittlich 1.488 EUR je Haushalt zurechtkommen (Einkommens- und Verbrauchsstichprobe 2018). In diesem Betrag ist alles enthalten, was ihnen an Geldmitteln zugeflossen ist. Hierzu zählen auch Sozialtransfers (z. B. Wohngeld, Kindergeld).

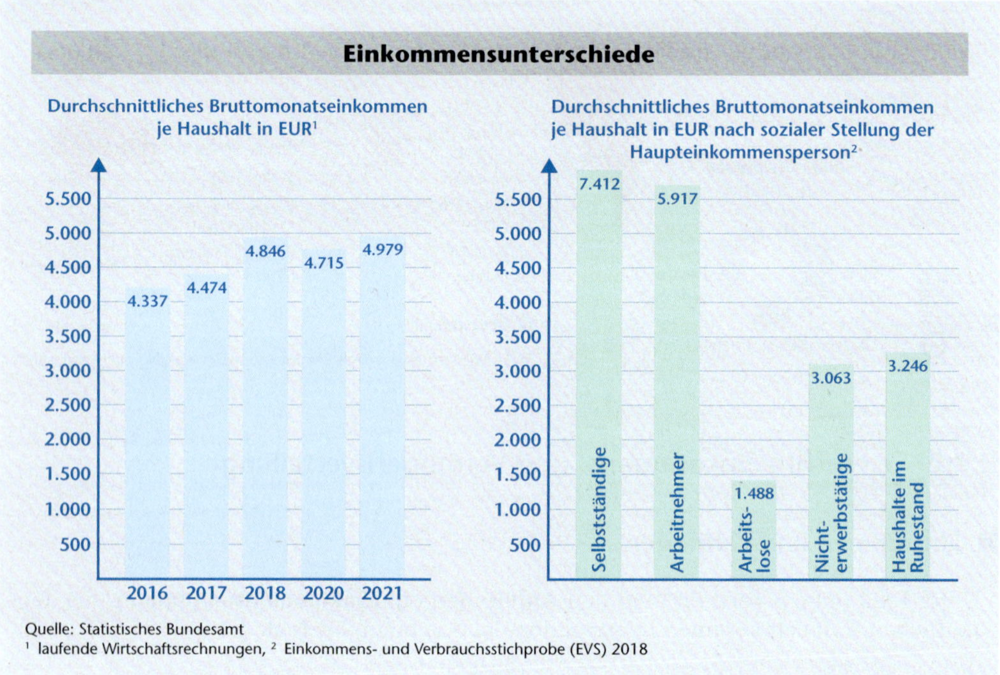

▶ Verteilung des Vermögens

Über die größten **Geld- und Immobilienvermögen** verfügen die Selbstständigen. Allerdings muss auch hier berücksichtigt werden, dass sie für ihre Alterssicherung selbst sorgen und sich deshalb ein privates Vermögenspolster schaffen müssen, aus dem sie später ein angemessenes Einkommen zur Bestreitung ihres Lebensunterhalts beziehen können.

Entwicklung der Einkommens- und Vermögensverteilung

Die Entwicklung der Einkommens- und Vermögensverteilung in Deutschland wird ermittelt, indem man auf die Einkommens- und Verbrauchsstichproben (EVS) des Statistischen Bundesamtes zurückgreift. Ergänzt werden diese Zahlen durch laufende Wirtschaftsrechnungen des Statistischen Bundesamtes.

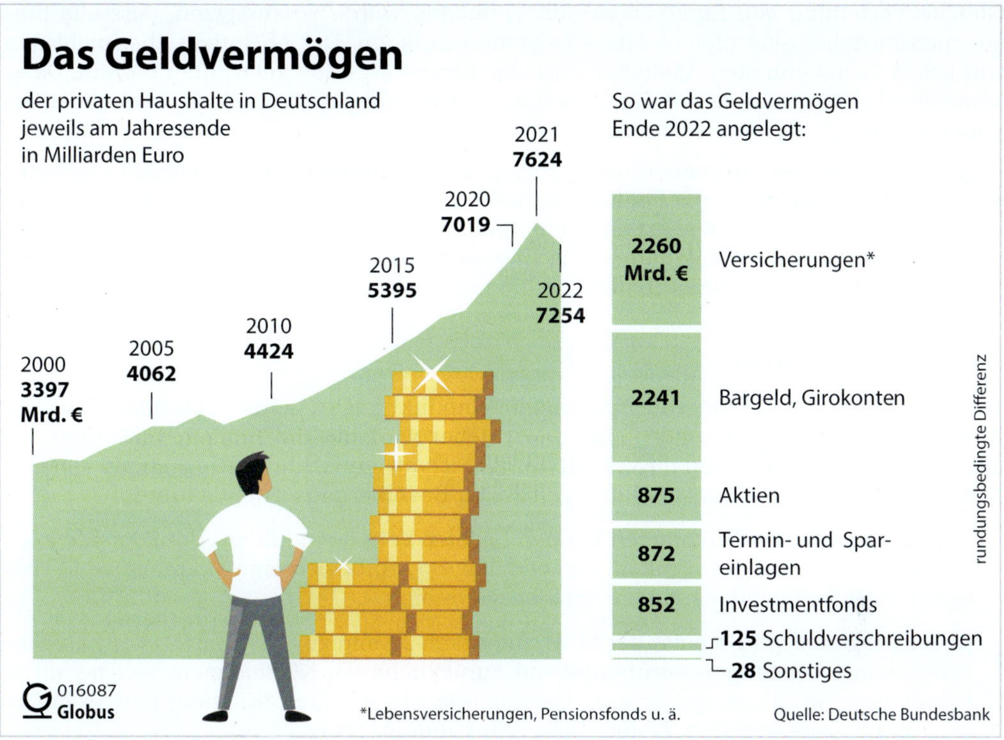

Beispiele:

1. Im Durchschnitt verfügte ein Privathaushalt in Deutschland im Jahr 2021 über ein monatliches Bruttoeinkommen von 4.979 EUR.
2. Dabei weisen die Einkommen eine breite Streuung auf: So haben z. B. rund 21 % aller Haushalte ein monatliches Bruttoeinkommen von weniger als 1.500 EUR, während rund 31 % aller Haushalte mehr als 4.000 EUR zur Verfügung haben.
3. Die Steuern und Abgaben machten 2021 im Durchschnitt pro Haushalt 1.213 EUR monatlich aus. Knapp die Hälfte dieser Abgaben entfielen dabei auf die Einkommen- und Kirchensteuer sowie auf den Solidaritätszuschlag. Damit ergab sich eine durchschnittliche Belastung eines Haushaltes durch Steuern und Abgaben von 24,3 % des Bruttoeinkommens. Diese ist im Zeitablauf kontinuierlich gestiegen; sie lag vor 22 Jahren noch bei 19,4 %.

Probleme durch die Einkommens- und Vermögensverteilung

Das Volkseinkommen (Nettonationaleinkommen) lässt sich in **Arbeitnehmerentgelt** und in **Unternehmens- und Vermögenseinkommen** aufteilen.

Damit entsteht die Frage, wann von einer gerechten Einkommens- und Vermögensverteilung gesprochen werden kann.

Verteilung des Volkseinkommens	2021	2022	2023	2021	2022	2023
	Mrd. EUR			Lohn- und Gewinnquote		
Arbeitnehmerentgelt	1.918,3	2.023,6	2.158,8	69,3 %	70,0 %	70,1 %
Unternehmens- und Vermögenseinkommen	851,0	867,4	921,6	30,7 %	30,0 %	29,9 %
Volkseinkommen	2.769,36	2.890,9	3.080,4	100 %	100 %	100 %

Quelle: Monatsbericht der Deutschen Bundesbank April 2024, Prozentsätze gerundet

Gleiche Verteilung von Einkommen und Vermögen würde voraussetzen, dass alle Einkommensbezieher eine gleichwertige Leistung erbringen. Das entspricht aber nicht den wirklichen Gegebenheiten. Vielmehr wird eine höhere Leistung auch höher bezahlt. Da es keine gleiche Einkommensverteilung gibt, ist auch eine gleiche Verteilung des Vermögens unrealistisch.

Ungleiche Verteilung führt aber immer zu sozialen Spannungen. Es ist deshalb eine ständige Auseinandersetzung zwischen Arbeitgebern und Arbeitnehmern darüber im Gange, welches Verhältnis zwischen Arbeitnehmerentgelt **(Lohnquote)** und Unternehmens- und Vermögenseinkommen **(Gewinnquote)** richtig sei. Dabei ist zu beachten, dass Kapital- und Mieterträge der Arbeitnehmer in der Gewinnquote enthalten sind. Sie zählen zu den Vermögenseinkommen.

Grundsätzlich gilt jedoch:

Wer einen höheren Beitrag zum Bruttoinlandsprodukt leistet, kann auch einen höheren Anteil am Bruttoinlandsprodukt einfordern. Daher wird die Einkommensverteilung ungleich sein. Es gibt Ursachen im Verlauf der Wirtschaftsentwicklung, die zu einer einseitigen Bevorteilung bzw. Benachteiligung einzelner Bevölkerungsgruppen führen:

- Empfänger höherer Einkommen können leichter Vermögen bilden, Vermögende können leichter ein höheres Einkommen erzielen. So ergibt sich eine »kumulative Einseitigkeit« der Einkommens- und Vermögensverteilung.
- In der Rezessionsphase muss der Staat unter dem Zwang zur sparsamen Haushaltsführung soziale Leistungen vorübergehend zurücknehmen, Maßnahmen, welche sozial schwächere Bevölkerungskreise in besonderem Maße treffen (Kürzung der Arbeitslosen- und Sozialleistungen, BAföG-Einschränkungen).

■ Verteilungspolitik

Durch staatliche Verteilungspolitik soll versucht werden, Ungerechtigkeiten in der Einkommens- und Vermögensverteilung zu mildern. Dabei will man mit einkommenspolitischen Maßnahmen die Jahreseinkommen benachteiligter Einkommensbezieher erhöhen und mit vermögenspolitischen Maßnahmen Teile des Einkommens durch attraktive Sparanreize in Vermögen umwandeln.

▶ Einkommenspolitische Maßnahmen

a) **Steuerpolitik:** Investitionsförderung durch Sonderabschreibungen, Steuerfreistellung des »Existenzminimums«, progressiver Steuersatz bei der Einkommensteuer, Unterstützung einkommensschwacher Haushalte durch Freibeträge.

b) **Sozialpolitik:** Befreiung der Geringverdiener von der Sozialversicherung, Kindergeld, verringerte Beitragsleistung bei der Pflegeversicherung für Familien mit Kindern, verlängerte Bezahlung des Arbeitslosengeldes für ältere Arbeitslose.

▶ Vermögenspolitische Maßnahmen

Eine neue Vermögensverteilung soll hauptsächlich erreicht werden durch eine andere Verteilung der Vermögenszuwächse zugunsten benachteiligter Gruppen. Insbesondere ist deren Sparbereitschaft, ja die Sparfähigkeit überhaupt, zu fördern.

a) **Vermögenswirksame Leistungen:** Arbeitnehmer bis zu einem zu versteuernden Jahreseinkommen von 40.000 EUR (Ledige) und 80.000 EUR (Verheiratete) erhalten vom Staat Sparzulagen. So zahlt der Staat für vermögenswirksames Sparen neun Prozent auf höchstens 480 EUR jährlich. Eine staatliche Zulage von 20 Prozent wird gewährt, wenn man weitere bis zu 400 EUR (800 EUR) in Produktivvermögen (z. B. Aktienfonds, Genossenschaftsanteile) anlegt.

b) Wohnungsbauprämie: Zusätzlich zur vermögenswirksamen Leistung erhält ein Arbeitnehmer bis zu einem zu versteuernden Jahreseinkommen von 35.000 EUR (Ledige) und 70.000 EUR (Verheiratete) bei einer jährlichen Sparsumme von höchstens 700 EUR bei Alleinstehenden (1.400 EUR bei Verheirateten) auf Bausparkonten eine 10 %ige Wohnungsbauprämie.

2.3 Zielbeziehungen

Konflikte bei der Zielverwirklichung

Es ist kaum möglich, alle wirtschaftspolitischen Ziele gleichzeitig zu verwirklichen. Der Grund liegt darin, dass die Verfolgung eines wirtschaftspolitischen Zieles meist der Erreichung eines anderen Zieles entgegenläuft. In solchen Konfliktfällen wird dann oft nach politischen Mehrheitsverhältnissen entschieden.

Beispiele:

1. In Baden-Württemberg konnte der Bau des Kernkraftwerks Wyhl am Kaiserstuhl nicht durchgesetzt werden. Der politische Widerstand breiter Bevölkerungsschichten zwang die Entscheidungsträger zur Aufgabe des Projektes.
2. Um die Arbeitslosigkeit auch mithilfe kreditfinanzierter staatlicher Großaufträge zu bekämpfen, kann sich die politische Mehrheit bereit erklären, inflationäre Entwicklungen in Kauf zu nehmen.

Die Bemühungen des Staates, trotzdem möglichst viele Ziele zu erreichen, verlangen von der deutschen Regierung ein gleichsam zauberisches (magisches) Geschick. Besonders die im Stabilitätsgesetz genannten Ziele Stabilität des Preisniveaus, hoher Beschäftigungsstand, außenwirtschaftliches Gleichgewicht und stetiges und angemessenes Wirtschaftswachstum stellt man deswegen auch gern im »**magischen Viereck**« der Wirtschaftspolitik zusammen.

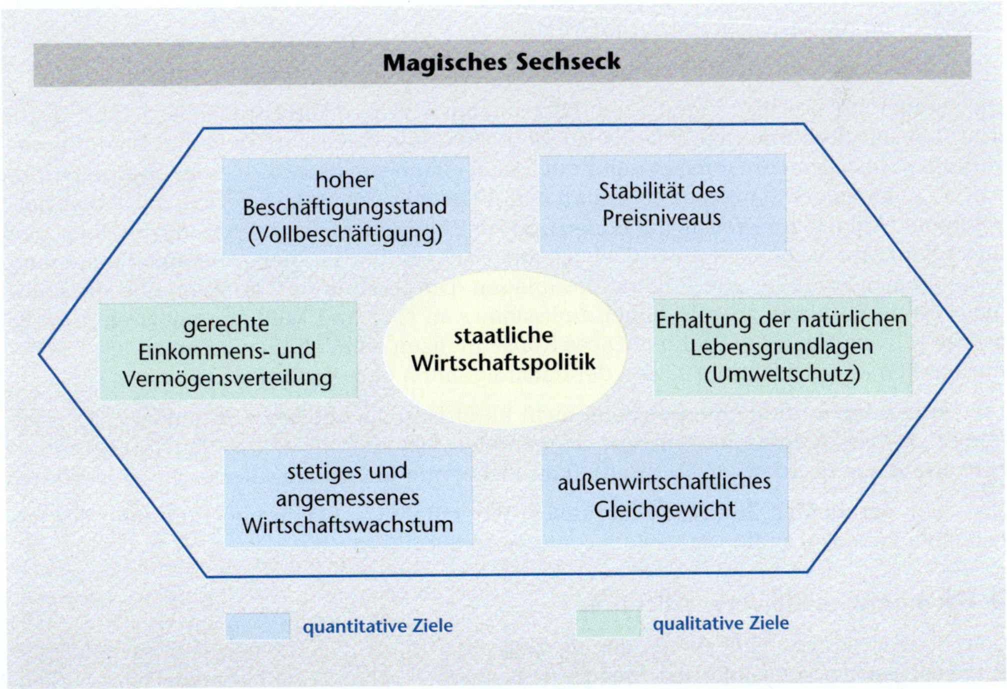

Die Darstellung im Bild ist zum »**magischen Sechseck**« erweitert, weil die Zielsetzungen Erhaltung der natürlichen Lebensgrundlagen (Umweltschutz) sowie eine gerechte Einkommens- und Vermögensverteilung als gleichgewichtige und gleichberechtigte Ziele der Wirtschaftspolitik einzuschließen sind.

Für die Wirtschaftspolitik können sich daraus Zielkonflikte ergeben.

Von einem **Zielkonflikt** wird gesprochen, wenn die **Verfolgung eines Zieles** die **Erreichung eines oder mehrerer anderer wirtschaftspolitischer Ziele gefährdet.**

Zielkonflikte können sich u. a. ergeben aus den gleichzeitigen Forderungen nach

- Vollbeschäftigung und Preisniveaustabilität,
- Wirtschaftswachstum und lebenswerter Umwelt.

▶ Vollbeschäftigung und Preisniveaustabilität

Bei Hochkonjunktur und damit verbundener Vollbeschäftigung gibt es praktisch keine Arbeitslosen, wohl aber offene Stellen. Auf dem Arbeitsmarkt besteht zwar Nachfrage, das Angebot ist jedoch ausgeschöpft. Die Gewerkschaften als Vertreter des Produktionsfaktors Arbeit haben bei Tarifverhandlungen eine starke Position. Sie können die Aufnahme größerer Lohnsteigerungen in die Lohntarife durchsetzen. Die höheren Löhne führen zu Kostendruck und Nachfragesog. Damit setzen sie die »**Lohn-Preis-Spirale**« in Bewegung, d. h., die Löhne treiben die Preise, die Preise wiederum die Löhne in die Höhe.

Zwischen den beiden wirtschaftspolitischen Zielen **Vollbeschäftigung** und **Preisniveaustabilität** besteht also eine **grundsätzliche Konfliktsituation.**

▶ Wirtschaftswachstum und Erhaltung der natürlichen Lebensgrundlagen

Wirtschaftswachstum im herkömmlichen Sinne bedeutet, dass das reale Bruttoinlandsprodukt einer Volkswirtschaft innerhalb eines Jahres zunimmt. Es ist die Voraussetzung dafür, dass sich der Lebensstandard in der Gesellschaft erhöht.

Wachstum lässt sich dabei erzielen durch

- Erhöhung der bisher produzierten Mengen,
- Entwicklung und Markteinführung neuer Produkte und Produktionsverfahren.

Die Steigerung der bisherigen Produktionsmengen in den Industrieländern führt dazu, dass Rohstoff- und Energiequellen ausgebeutet werden. Viele Produkte und Produktionsverfahren, insbesondere auch in den Entwicklungsländern, führen zu einer überproportionalen Zunahme der Schadstoffbelastung in der Umwelt, zur Verminderung des lebensnotwendigen Waldes, zur Erosion der Böden und zur Einengung bzw. Zerstörung der tierischen und pflanzlichen Lebensräume. Gleichzeitig wachsen die Probleme bei der Entsorgung ausgedienter Produkte und Produktionsanlagen. Die Produktionsverfahren und die Energiegewinnung führen zu sehr hohen Emissionen an CO_2 und Methan, die zu einer weltweiten Klimaveränderung führen. Diese Konsequenzen eines stetig zunehmenden Wachstums gehen in erster Linie zulasten der nachfolgenden Generationen.

Die Natur kann verbrauchte Rohstoffe nicht kurzfristig nachliefern. Entstandene Schäden führen zu dauerhaften und teilweise irreparablen Schäden an und in der Natur. Die Lebensgrundlage für Mensch, Tier und Pflanze ist zumindest gefährdet.

Zwischen den beiden Zielen (quantitatives) **Wirtschaftswachstum** und **Erhaltung der natürlichen Lebensgrundlagen** besteht somit ein **Zielkonflikt.**

Harmonische Zielverwirklichung

Dem Stabilitätsgesetz liegt die Forderung zugrunde, Ungleichgewichten und Zielkonflikten entgegenzusteuern und auf eine harmonische Zielverwirklichung **(Zielharmonie)** hinzuwirken.

Von **Zielharmonie** wird gesprochen, wenn **einzelne wirtschaftspolitische Ziele gleichzeitig erreicht** werden können.

Ein Beispiel für die harmonische Zielverwirklichung ist das gleichzeitige Streben nach und Erreichen von **Wirtschaftswachstum** und **Vollbeschäftigung.**

Vollbeschäftigung ist nur in Zeiten kräftigen Wirtschaftswachstums möglich. Steigendes Wirtschaftswachstum zieht eine Zunahme des Beschäftigungsstandes mit sich. Beide Zielgrößen sind also miteinander vereinbar.

Wachstum kann aber auch in eine andere Richtung zielen. Es können Produkte und Produktionsverfahren entwickelt werden, die die Schadstoffemissionen vermindern, bestenfalls sogar beenden und den Rohstoffverbrauch einschränken. In diesem Fall kann **qualitatives Wirtschaftswachstum** mit dem Ziel der **Erhaltung der natürlichen Lebensgrundlagen** in Einklang gebracht werden (**Zielharmonie**).

Zusammenfassende Übersicht zu Kapitel 2: Die wirtschaftspolitischen Ziele charakterisieren

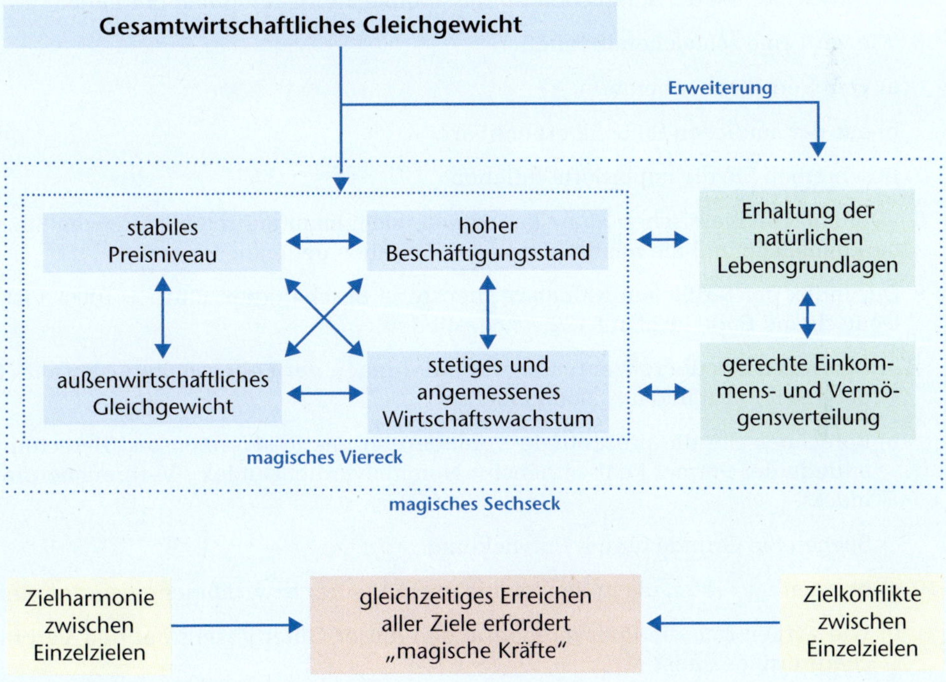

▶ Aufgaben

1. Welche Gleichgewichtsbedingungen müssen erfüllt sein, damit man vom gesamtwirtschaftlichen Gleichgewicht sprechen kann?
2. Welche Schwierigkeiten können sich bei der Verfolgung der wirtschaftspolitischen Hauptziele ergeben?
3. Welcher Zusammenhang besteht zwischen der Kaufkraft in EUR und dem Preisniveau in Deutschland?

4. a) Ergänzen Sie die folgende Tabelle:

	Jahr 01 (Basisjahr)	Jahr 02	Jahr 03
Ausgaben für den Warenkorb (EUR)	2.000	2.040	2.101
Preisniveausteigerung	–	... ? ...	... ? ...
Preisindex	... ? ...	... ? ...	... ? ...

   b) Erläutern Sie die Entwicklung der Kaufkraft in diesem Zeitraum.

5. Stellen Sie die beiden grundsätzlichen Möglichkeiten der Ungleichgewichte des Preisniveaus in einer Tabelle gegenüber. Führen Sie Ihre Abgrenzung anhand folgender Merkmale durch:
   - Entstehen der jeweiligen Entwicklung,
   - Auswirkungen auf die allgemeine Wirtschaftslage,
   - Auswirkungen auf das ökonomische Verhalten,
   - Möglichkeiten der staatlichen Einflussnahme zur Bekämpfung der Lage.

6. Wie wird eine schleichende Inflation
   a) vom Verbraucher bemerkt,
   b) aus der amtlichen Statistik erkennbar?

7. Beschreiben Sie die importierte Inflation.

8. »Deflation im klassischen Sinne kann heute nicht mehr auftreten.« Grenzen Sie die herkömmliche und die heutige Form von Deflation gegeneinander ab.

9. Der Index der tariflichen Monatsverdienste je Beschäftigten (2015 = 100 %) ist in Deutschland Ende 2023 auf 122,7 % gestiegen.
   a) Beurteilen Sie die prozentualen Veränderungen der Lebenshaltungskosten (Tabelle Seite 119) und des Nominallohns.
   b) Berechnen Sie die prozentuale Veränderung des Realverdienstes (Berechnung mithilfe der Formel Realverdienst = Nominalverdienstindex : Verbraucherpreisindex).
   c) Suchen Sie Gründe für die Entwicklung.

10. a) Nennen Sie Güter, die in den letzten Jahren teurer bzw. billiger geworden sind.
    b) Wie wirken sich die Preisveränderungen dieser Güter jeweils auf den Verbraucherpreisindex aus?

11. Warum spricht man bei einer Arbeitslosenquote von 2–3 % noch von Vollbeschäftigung?

12. 1970 betrug die Arbeitslosenquote 0,7 %, 2023 lag sie bei 5,7 %. Beide Zahlen drücken Ungleichgewichte aus. Benennen Sie die Ungleichgewichte und geben Sie die davon ausgehenden Gefahren für die wirtschaftliche Entwicklung an.

13. Stellen Sie dar, welche öffentlichen Haushalte durch Unterbeschäftigung belastet werden können. Beschreiben Sie dabei auch die möglichen öffentlichen Leistungen, die diese Belastungen hervorrufen.

14. Stellen Sie die vielfältigen Ursachen von Arbeitslosigkeit dar.

15. »Jede Woche gibt es neue Entlassungen, und in den Büros und Fabriken der ganzen Welt bangen die Menschen um ihren Arbeitsplatz. Gleich einer unaufhaltsamen tödlichen Epidemie breitet sich eine unheimliche ökonomische Krankheit aus, gegen die es kein Mittel zu geben scheint. Sie zerstört das Leben unzähliger Menschen und bedroht ganze Gemeinschaften.« (Rifkin)

    a) Was versteht man unter Arbeitslosigkeit?

    b) Unterscheiden Sie die verschiedenen Arten von Arbeitslosigkeit.

    c) Welche Folgen hat Arbeitslosigkeit für das Individuum und dessen Familie?

    d) Nehmen Sie kritisch Stellung zu der Aussage Rifkins.

16. Jeden Tag hört man Stimmen arbeitender Menschen, die sich in unterschiedlicher Weise abwertend über ihre Tätigkeit äußern. Wenn man laufend solche Positionen hört, fragt man nach dem Sinn von Arbeit.

    Welche Bedeutung kommt der Arbeit für den Menschen zu?

17. Die strukturelle Arbeitslosigkeit beruht zu einem wesentlichen Teil auf einer Substitution des Produktionsfaktors Arbeit durch Kapital. Erklären Sie diesen Sachverhalt.

18. Arbeitslosenzahlen und Arbeitslosenquoten werden monatlich von der Bundesagentur für Arbeit veröffentlicht.

    In den Pressemeldungen ist dabei von saisonbedingten Korrekturen der Arbeitslosenzahlen die Rede.

    Erklären Sie, was unter saisonbedingten Korrekturen zu verstehen ist.

19. Unterschiedliche Meinungen – ein Problem:

    a) Welche unterschiedlichen gesellschaftlichen Gruppen vermuten Sie hinter den folgenden Meinungen?

    b) Diskutieren Sie die Zitate.

    - » … Die hohe Arbeitslosigkeit im Bereich wenig qualifizierter Arbeitskräfte kann in Deutschland als Preis für den erfolgreichen Widerstand der Gewerkschaften gegen eine stärkere Spreizung der Löhne nach Qualifikationsstufen angesehen werden. Den Gewerkschaften wird deshalb häufig das Beschäftigungswunder der Vereinigten Staaten als Orientierungsmaßstab vorgehalten. … «
    - »Die Kluft zwischen Arm und Reich wird in Amerika immer größer. Was wird erst in der nächsten Rezession geschehen?«
    - »Wenn es zutrifft, dass nur ein Anstieg der Beschäftigung unsere Sozialsysteme entlasten kann, dann müssen auch Strukturen des Sozialstaates im Hinblick auf mögliche Auswirkungen auf die Beschäftigung überdacht werden.«
    - »Der Sozialstaat hat auch eine Verantwortung gegenüber dem Einzelnen. Er muss nicht nur dafür sorgen, dass seine Mitglieder Arbeit und Lohn bekommen, diese müssen dem Einzelnen auch ein ausreichendes Einkommen sichern.«

20. »Es ist schlimm genug, rief Eduard, dass man jetzt nichts mehr für sein Leben lernen kann. Unsere Vorfahren hielten sich an den Unterricht, den sie in ihrer Jugend empfingen; wir aber müssen jetzt alle fünf Jahre umlernen, wenn wir nicht ganz aus der Mode kommen wollen.« (Goethe, Wahlverwandtschaften 1809)

    Beziehen Sie das Goethe-Zitat auf die heutige Zeit.

21. Inwiefern sind staatliche Maßnahmen zur Existenzgründung »gut angelegtes Geld«?

22. Bei Tarifauseinandersetzungen im öffentlichen Dienst ging es um folgende Forderungen:

    - Forderung der Gewerkschaft ver.di: Erhöhung der Löhne und Gehälter um mindestens zehn Prozent.
    - Forderung der öffentlichen Arbeitgeber: »Nur geringe Zuwächse, da es keine Spielräume gibt«.

    Nehmen Sie Stellung für die Sichtweise der Gewerkschaft und der öffentlichen Arbeitgeber.

23. Wie lässt sich Wirtschaftswachstum messen?

24. Das nominale Bruttoinlandsprodukt betrug im Jahre 2022 3.877 Mrd. EUR und im Jahre 2023 4.121 Mrd. EUR.

    a) Berechnen Sie die prozentuale Veränderung für 2023 gegenüber 2022 und ordnen Sie ihr den entsprechenden Wachstumsbegriff zu.

    b) Nach den Zahlen im Bild auf Seite 130 ergibt sich bei der Berechnung der Veränderung des Bruttoinlandsprodukts ein negatives Wachstum von 0,3 %. Begründen Sie den Unterschied zu der unter a) errechneten Wachstumsrate.

25. Trotz Zunahme des Bruttoinlandsproduktes kann sich ein Nullwachstum ergeben. Wie ist das möglich?

26. Der Saldo der Devisenbilanz belief sich 2020 auf –0,05 Mrd. EUR. 2021 ergab sich ein Saldo von +31,9 Mrd. EUR.

    Welche Zahlungsbilanzsituationen lagen in den beiden Jahren vor und wie werden dementsprechend die beiden Zahlungsbilanzen benannt?

27. Welche Gefahren ergeben sich aus einer anhaltend aktiven bzw. passiven Zahlungsbilanz?

28. Weshalb hat Deutschland trotz dauerhafter aktiver Handelsbilanz immer wieder eine passive Zahlungsbilanz ausgewiesen?

29. a) Ermitteln Sie aus dem Bild Seite 135 die prozentualen Import- und Exportanteile Deutschlands

    - für den Handel mit den EU-Ländern,
    - für den Handel mit den USA.

    b) Begründen Sie die unterschiedlichen Ergebnisse.

30. Wie wirken sich Geldüberweisungen ausländischer Arbeitskräfte in ihre Heimatländer in der deutschen Zahlungsbilanz aus?

31. Bevor der EUR gegenüber dem US-Dollar stark an Wert verlor, mussten für einen US-Dollar 0,73 EUR bezahlt werden. Nach der Abwertung des EUR kostet ein US-Dollar 0,94 EUR.

    Wie wirkt sich diese Abwertung aus

    a) auf den Export des Eurolandes,

    b) auf den Touristenverkehr?

32. Begründen Sie den Satz: »Der Export ist unser Schicksal.«

33. Inwiefern kann eine Verbesserung der Umweltbedingungen zu Wirtschaftswachstum führen?

34. Tagesbilanz der weltweiten Umweltzerstörung:

    a) 99 Millionen Tonnen CO_2 werden durch Industrie und Verkehr in die Atmosphäre ausgestoßen.

    b) 35.000 Hektar Tropenwald werden vernichtet.

    c) Das verfügbare Ackerland nimmt um 33.000 Hektar ab.

    d) 256.000 Tonnen Fisch werden gefangen.

    Welche »Chancen« bieten diese traurigen Tatbestände für »findige« Unternehmer, neue Betätigungsfelder zu finden und damit neue Arbeitsplätze zu schaffen?

35. Nennen Sie wesentliche Umweltbelastungen und die möglichen Gegenmaßnahmen des Umweltschutzes.

36. Was versteht man unter

    a) Recycling,

    b) Wegwerfgesellschaft,

    c) Immission,

    d) alternativen Energien,

    e) dualem System,

    f) Umweltauflagen,

    g) Ressourcen,

    h) Klimawandel?

37. Wie könnte nach Ihrer Meinung auch der einzelne Mensch zum Umweltschutz beitragen?

38. »Raucher sind Umweltverschmutzer« – Nehmen Sie zu dieser Behauptung Stellung.

39. Nennen Sie Beispiele, bei denen die Forderungen von Umweltschützern

    a) gewerkschaftlichen Interessen,

    b) unternehmerischen Interessen

    zuwiderlaufen.

40. Beschreiben Sie aktuelle Umweltprobleme

    a) in Deutschland,

    b) in den Ländern des globalen Südens,

    c) in der früheren Sowjetunion.

41. Wie kann sich der Umweltschutz auf Güterproduktion und Güterpreise auswirken?

42. Der bekannte Maler Oskar Kokoschka urteilte: »Die heutige Gesellschaft übersieht, dass die Welt nicht das Eigentum einer einzigen Generation ist.« Nehmen Sie dazu Stellung.

43. a) Klären Sie den Begriff Artensterben.

    b) Welcher Zusammenhang besteht zwischen Umwelt und Artensterben?

44. Nennen Sie praktizierte Maßnahmen der Umweltschutzpolitik.

45. Auf dem Weltmarkt für Umweltschutzgüter durfte sich Deutschland seit vielen Jahren als »Exportweltmeister« bezeichnen.
   a) Welche Gründe kann es für diese Tatsache geben?
   b) Welche grundlegenden Maßnahmen müssen in Deutschland ergriffen werden, um diese Position langfristig zu sichern?
46. Es wird weiterhin die Frage diskutiert, welches die grundsätzliche Ausrichtung der Umweltpolitik ist. Dabei werden die Prinzipien Vorsorgeprinzip, Verursacherprinzip, Kooperationsprinzip und Gemeinlastprinzip diskutiert.
   a) Klären Sie die verschiedenen Begriffe.
   b) Stellen Sie Beispiele dar, in denen die verschiedenen Prinzipien angewendet werden.
   c) Ermitteln Sie jeweils Vorteile und Nachteile aus Sicht des Individuums und der Gemeinschaft.
47. Begründen Sie die Notwendigkeit des Vorsorge- und Verursacherprinzips auf
   a) privater,
   b) betrieblicher,
   c) staatlicher,
   d) globaler

   Ebene.
48. Erklären Sie die Zusammenhänge zwischen Einkommen und Vermögen.
49.

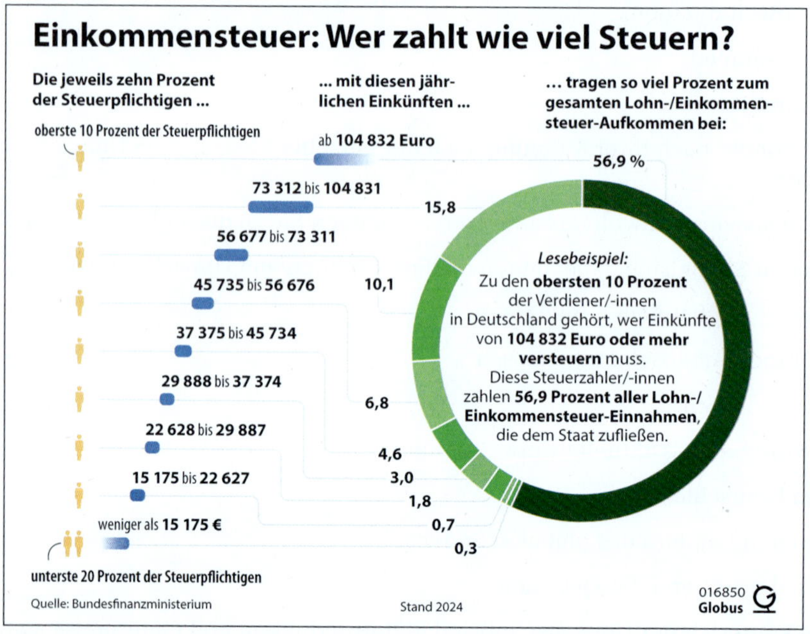

   a) Interpretieren Sie das Schaubild unter dem Gesichtspunkt der Steuergerechtigkeit.
   b) Mit welchen Mitteln der Politik kann die
      – Einkommensverteilung,
      – Vermögensverteilung

      beeinflusst werden?
   c) Was wären Sie lieber, ein Einkommensmillionär oder ein Vermögensmillionär? Begründen Sie Ihre Ansicht.

50. Beschreiben Sie die möglichen Zielkonflikte zwischen
    a) Preisniveaustabilität und außenwirtschaftlichem Gleichgewicht,
    b) Vollbeschäftigung und Wirtschaftswachstum,
    c) außenwirtschaftlichem Gleichgewicht und Wirtschaftswachstum,
    d) Vollbeschäftigung und Erhaltung der natürlichen Lebensgrundlagen,
    e) Preisniveaustabilität und Wirtschaftswachstum,
    f) Vollbeschäftigung und außenwirtschaftlichem Gleichgewicht.
51. Stellen Sie dar, wie sich die Ziele außenwirtschaftliches Gleichgewicht und Preisniveaustabilität gegenseitig ergänzen können.
52. Welche wirtschaftliche Situation liegt vor, wenn die Importpreise die Exporterträge »verschlingen«?
53. a) Welches wirtschaftspolitische Ziel sollte die Bundesregierung nach Ihrer Meinung vorrangig betreiben?
    b) Begründen Sie Ihre Meinung.
    c) Welche Gefahren können aus einer entsprechenden Politik entstehen?
54. a) Erklären Sie die Begriffe Bruttoeinkommen, Nettoeinkommen und Realeinkommen.
    b) Welche wesentlichen Aussagen können Sie der Grafik auf Seite 120 entnehmen?
    c) Wie ist die unterschiedliche Entwicklung in den vergangenen Jahren zu erklären?
    d) Schildern Sie mögliche Zielkonflikte zwischen gerechter Einkommens- und Vermögensverteilung und Wirtschaftswachstum.

3 Den organisatorischen Aufbau und die Aufgaben des Europäischen Systems der Zentralbanken skizzieren

3.1 Stellung und Aufgaben der EZB

Die Europäische Zentralbank (EZB) ersetzt seit 1. Januar 1999 die nationalen Zentralbanken derjenigen Staaten, die an der Währungsunion teilnehmen. Die nationalen Zentralbanken, in Deutschland die Deutsche Bundesbank, bleiben aber erhalten und erfüllen untergeordnete Aufgaben. Gemeinsam mit der EZB bilden sie das **Europäische System der Zentralbanken (ESZB).**

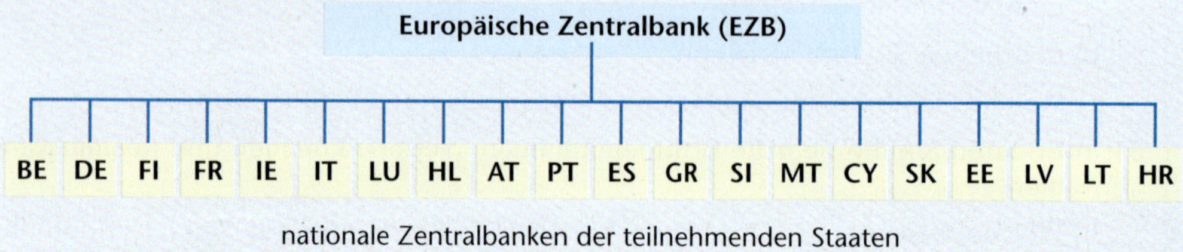

Die Auflistung erfolgt nach dem EU-Länderkürzel (ISO 3166) und nach dem Zeitpunkt des Eintritts in den Euro-Währungsraum.

Das ESZB wird von den Beschlussorganen der EZB geleitet. Die Rechtsstellung, Organisation, Ziele und Aufgaben dieser beiden Institutionen sind im AEU-Vertrag (Vertrag über die Arbeitsweise der Europäischen Union) geregelt.

Die EZB ist eine juristische Person mit Sitz in Frankfurt (Main). Ihr Gründungskapital von 5 Mrd. EUR wird von den Mitgliedsländern nach Bevölkerungs- und BIP-Anteilen aufgebracht.

Die Stellung der EZB ist durch ihre politische Unabhängigkeit gekennzeichnet: Nicht nur die EZB, sondern alle nationalen Zentralbanken der am Eurosystem teilnehmenden Staaten sind von Weisungen der Regierungen sowie der Organe der EU unabhängig. Die EZB ist absolut frei in der Auswahl und im Einsatz der geldpolitischen Instrumente.

Europäische Zentralbank			
	EZB-Rat (beschließendes Organ)	**Direktorium (ausführendes Organ)**	**Erweiterter Rat**
Aufgaben	– Festlegung der Richtlinien der Geldpolitik. – Festlegung der Leitzinssätze. – Bereitstellung von Zentralbankgeld. – Ausgabe von Euro-Banknoten.	– Ausführung der Geldpolitik gemäß den Leitlinien des Rates. – Erteilung der dafür erforderlichen Weisungen an die nationalen Zentralbanken.	– Koordinierung der Geldpolitik der EZB mit den Zentralbanken der Staaten, die den Euro noch nicht eingeführt haben.

Aufgaben	– Halten der offiziellen Währungsreserven der Mitgliedsstaaten.	– Förderung des reibungslosen Funktionierens der Zahlungssysteme. Ausdrücklich verboten ist die Kreditgewährung an die öffentliche Hand.	
Ziele	– Gewährleistung der Preisniveaustabilität in den Euro-Teilnehmerländern. – Förderung der allgemeinen Wirtschaftspolitik in der Gemeinschaft, sofern die Preisniveaustabilität dadurch nicht gefährdet wird.		
Organisation	– Mitglieder des Direktoriums, auf acht Jahre gewählt, ohne Recht auf Wiederwahl; – die Präsidenten der Zentralbanken der Eurostaaten. Diese sind auf fünf Jahre gewählt, mit Wiederwahlrecht.	– Präsident, – Vizepräsident, – vier weitere Mitglieder. Alle sechs werden auf acht Jahre gewählt, wobei eine Wiederwahl ausgeschlossen ist.	– Alle Mitglieder des EZB-Rates, – die Notenbankpräsidenten der (noch) nicht an der Währungsunion teilnehmenden Staaten.
Unabhängigkeit	– **institutionell:** Die EZB und die nationalen Zentralbanken sind unabhängig von Weisungen aus der Politik. – **funktionell:** Die EZB ist bei Entscheidungen hinsichtlich der Maßnahmen, die sie zur Erfüllung ihrer Aufgaben ergreifen möchte, unabhängig. – **finanziell:** Die EZB wird von den Mitgliedsländern mit einem eigenen Haushalt ausgestattet, über den sie selbst bestimmt. – **personell:** Mitglieder des EZB-Rates können nur aus schwerwiegenden Gründen durch den Europäischen Gerichtshof ihres Amtes enthoben werden.		

Die EZB spricht von der **Preisstabilität** als ihr vorrangiges Ziel. Um die Maßnahmen darauf abstimmen zu können, erfolgt zunächst eine umfassende **wirtschaftliche Analyse** der konjunkturellen Lage. In einem zweiten Schritt erfolgt die **monetäre Analyse,** d.h. die mögliche Entwicklung der Geldmenge im EZB-Raum. In beiden Fällen wird die aktuelle Lage analysiert und die kurz- bis mittelfristige Entwicklung prognostiziert. Darauf aufbauend legt die EZB ihre Geldmengenpolitik fest.

Beispiel: Wird für das kommende Jahr mit einem Anstieg der Wirtschaftsleistung von 2,0 % gerechnet bei gleichzeitigem Anstieg der Inflationsrate von 1,2 %, dann wird das Geldmengenwachstum der EZB mit 3,2 % festgelegt.

3.2 Geldpolitische Maßnahmen

3.2.1 Überblick über die geldpolitischen Maßnahmen

Um die Preisniveaustabilität erreichen zu können, stehen der EZB verschiedene geldpolitische Instrumente zur Verfügung. Sie werden eingesetzt, um das Bankensystem und damit die Wirtschaft der einzelnen Eurostaaten mit ausreichender Liquidität zu versorgen. Dabei legt der EZB-Rat einheitliche geldpolitische Schritte (z. B. Veränderung der Leitzinsen) für alle Mitgliedsstaaten fest.

Offenmarktpolitik

Die EZB kann zur Steuerung der Geldpolitik am »offenen Markt« Wertpapiere beleihen, ankaufen oder verkaufen. Sie kann auch Termineinlagen entgegennehmen. Geschäftspartner sind auf diesem Markt die nationalen Zentralbanken und die Kreditinstitute. Die Zinssätze richten sich nach der Entwicklung auf dem Geldmarkt; auf diesem Markt werden kurzfristige Geldanlagen unter Banken gehandelt. Soll die Geldmenge verringert werden, ändert die EZB die Leitzinsen nach oben. Kredite bei der EZB werden teurer, die Guthabenverzinsung verbessert sich. Fallende Leitzinsen verursachen das Gegenteil. Alle Zinsänderungen richten sich nach den Veränderungen des Hauptrefinanzierungssatzes (Leitzinssatz) der EZB (Stand: Juni 2024: 4,25 %). Seit 2015 befanden sich die Leitzinsen auf extrem niedrigem Niveau, seit 2022 erhöhte die EZB den Leitzins kontinuierlich (siehe Grafik).

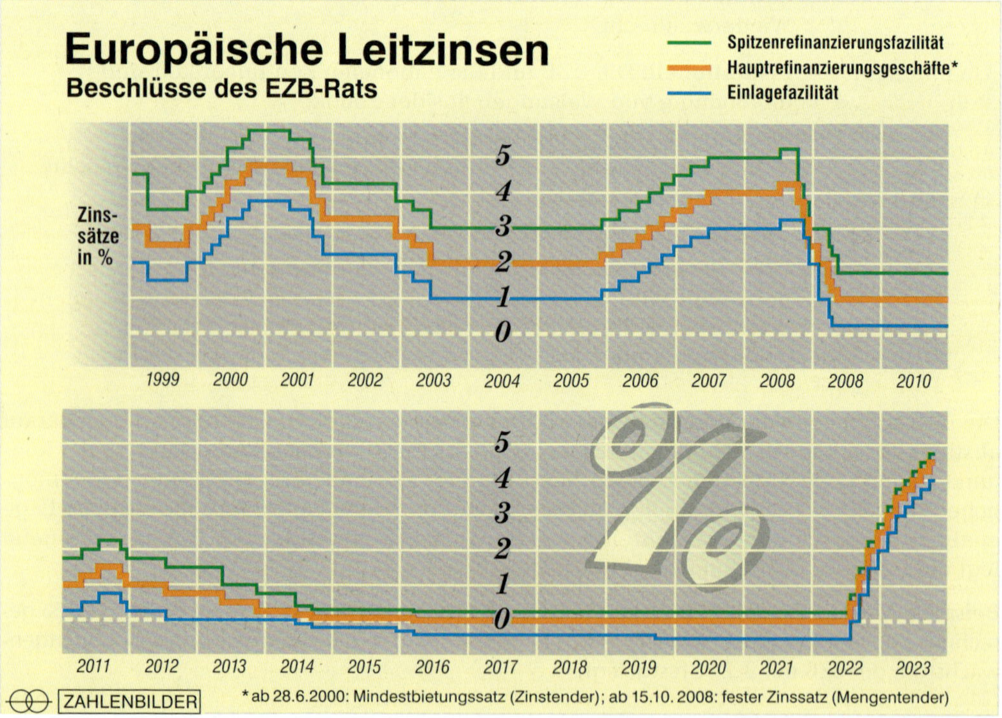

715 578

Folgende wichtige Offenmarktgeschäfte stehen zur Verfügung:

▶ **Befristete Transaktionen**

Diese können abgewickelt werden als

	Hauptrefinanzierungsgeschäft	längerfristiges Refinanzierungsgeschäft
Ziel	kurzfristige Versorgung der Geschäftsbanken mit Liquidität (Refinanzierung)	längerfristige Versorgung der Geschäftsbanken mit Liquidität (Refinanzierung)
Bedeutung	wichtigstes Instrument zur Versorgung der Geschäftsbanken mit Zentralbankgeld	unterstützt die längerfristige Liquiditätsplanung der Geschäftsbanken; soll Schwankungen ausgleichen
Instrument zur Bereitstellung von Zentralbankgeld	befristete Geldgeschäfte z. B. als Pfandkredit oder Pensionsgeschäft	befristete Geldgeschäfte z. B. als Pfandkredit oder Pensionsgeschäft
Verfahren	Tenderverfahren	Tenderverfahren
Laufzeit	eine Woche	drei Monate
Rhythmus	wöchentlich	monatlich

Der **Zinssatz**, zu dem den Geschäftsbanken **Kredite mit einwöchiger Laufzeit** gewährt werden **(= Hauptrefinanzierungssatz)**, wird als **Leitzins** (Leitzinssatz) bezeichnet, da **seine Höhe den von der EZB angestrebten geldpolitischen Kurs signalisiert.**

Diese Transaktionen können in Form von Pfandkreditgeschäften oder Wertpapierpensionsgeschäften stattfinden. Für beide Geschäfte werden nur Wertpapiere akzeptiert, die in einem Sicherheitsverzeichnis der EZB aufgeführt sind.

- Bei einem **Pfandkreditgeschäft** stellt die Zentralbank gegen Verpfändung von Wertpapieren einer Bank Geld zu einem vereinbarten Zinssatz für z. B. eine Woche zur Verfügung. Durch den Kredit wird der Volkswirtschaft Geld zugeführt.
- Bei einem **Wertpapierpensionsgeschäft** stellt die Zentralbank durch den Kauf von Wertpapieren allen Banken für eine begrenzte Zeit Geld zur Verfügung. Der Volkswirtschaft wird Geld zugeführt. Die Banken müssen sich aber zum Rückkauf verpflichten, sodass das Geld später aus der Volkswirtschaft wieder abfließt. Das Pensionsgeschäft findet stets in Form eines Tenders (engl.: tender = Angebot) statt.

Die Deutsche Bundesbank als Organ des Eurosystems betreibt die Offenmarktgeschäfte zur Refinanzierung der Geschäftsbanken ausschließlich in Form von Pfandkrediten.

Die Zuteilung von Zentralbankgeld an die Geschäftsbanken erfolgt durch ein Ausschreibungsverfahren durch die Zentralbank, bei dem die Geschäftsbanken Gebote über die gewünschten Beträge abgeben können. Diese Vorgehensweise wird Tenderverfahren genannt und kann als Mengen- oder Zinstender zum Einsatz kommen.

Mengentender	Zinstender
Beim **Mengentender** gibt die Zentralbank den Zinssatz sowie die bereitgestellte Geldmenge bekannt. Bei Nachfrageüberhang muss sie die Geldmenge auf die nachfragenden Banken prozentual verteilen.	Beim **Zinstender** müssen die Banken die gewünschte Geldmenge sowie den Zinssatz, zu dem sie das Geld von der Zentralbank leihen wollen, benennen.

Beispiel: Die EZB bietet den Banken für 14 Tage 105 Mio. EUR als Pensionsgeschäft an und ermittelt folgende Zuteilung an die Banken in EUR bei einem

festgelegten Zinssatz von 3 %:				zu bietenden Zinssatz von x %:			
Bank	benötigt	bezahlt	erhält	Bank	benötigt	bezahlt	erhält
A	30	3 %	22,5	A	30	3,15 %	30,0
B	40	3 %	30,0	B	40	3,20 %	40,0
C	70	3 %	52,5	C	70	3,10 %	35,0
	140		105,0		140		105,0

▶ **Verkäufe von Schuldverschreibungen**

Es werden allen Banken Wertpapiere mit einer Laufzeit von z. B. elf Monaten, einem Verkaufskurs von 97 % und einer Rückzahlung von 100 % im Tenderverfahren angeboten. Kaufen die Banken, fließt für elf Monate Geld aus der Volkswirtschaft ab.

▶ **Hereinnahme von Termineinlagen**

Wenn die Kreditinstitute überschüssige Gelder haben, können sie diese bei der Zentralbank anlegen. Die Anlage erfolgt für eine feste Laufzeit und zu einem festen Zinssatz. Dadurch wird der Volkswirtschaft Geld entzogen (Liquiditätsabschöpfung). Durch Veränderung des Zinssatzes kann die EZB auf den Umfang der Liquiditätsabschöpfung Einfluss nehmen.

Politik der ständigen Fazilitäten (Kreditlinien)

Die Kreditinstitute können bei der Zentralbank

- eine **Spitzenrefinanzierungsfazilität** in Anspruch nehmen. Sie besorgen sich dann für 24 Stunden gegen entsprechende Sicherheiten »Übernachtliquidität« zu einem von der EZB vorgegebenen Zinssatz (Stand Juni 2024: 4,50 %). Dieser Spitzenrefinanzierungssatz bildet die Obergrenze für Tagesgeld. Die Kreditaufnahme führt der Volkswirtschaft für einen Tag Liquidität zu.
- eine **Einlagefazilität** in Anspruch nehmen. Sie legen für 24 Stunden bei der nationalen Zentralbank überschüssiges Geld zu einem von der EZB vorgegebenen Zinssatz (Stand Juni 2024: 3,75 %) an. Dieser Einlagesatz bildet die Untergrenze für Tagesgeld. Der Volkswirtschaft wird durch dieses Vorgehen Geld entzogen.

Mindestreservepolitik

Der EZB-Rat hat beschlossen, dass die Kreditinstitute einen bestimmten Prozentsatz (höchstens 10 %, derzeit 1 %) ihrer reservepflichtigen Verbindlichkeiten bei der nationalen Zentralbank verzinslich anlegen müssen. Die Höhe der Verzinsung liegt beim Leitzinssatz. Diese Pflichteinlage nennt man **Mindestreserve,** den Prozentsatz **Mindestreservesatz.** Der EZB-Rat hat das Recht und die Pflicht, im Falle von anhaltendem Geldüberschuss oder Geldmangel den Reservesatz mit folgenden Auswirkungen anzupassen:

Durch eine **Erhöhung** des Mindestreservesatzes wird den Banken unmittelbar Liquidität entzogen. Sie können weniger Kredite vergeben. Die Versorgung der Volkswirtschaft mit Geld nimmt ab.

Durch eine **Senkung** des Reservesatzes wird den Banken sofort Liquidität zugeführt. Sie können mehr Kredite vergeben. Die Versorgung der Volkswirtschaft mit Geld nimmt zu.

Die Mindestreservepolitik wirkt also direkt und schneller als die Zinspolitik, denn die Banken müssen die Mindestreserve einhalten, während sie die Zinsangebote der EZB annehmen können.

3.2.2 Wirkungsweise geldpolitischer Maßnahmen

Mit den geldpolitischen Maßnahmen kann die EZB zunächst direkt die Liquiditätsausstattung und die Refinanzierungskosten der Geschäftsbanken steuern. Damit wird beabsichtigt, dass in einer zweiten Stufe indirekt das Kreditangebot der Geschäftsbanken und die Kreditnachfrage beeinflusst werden.

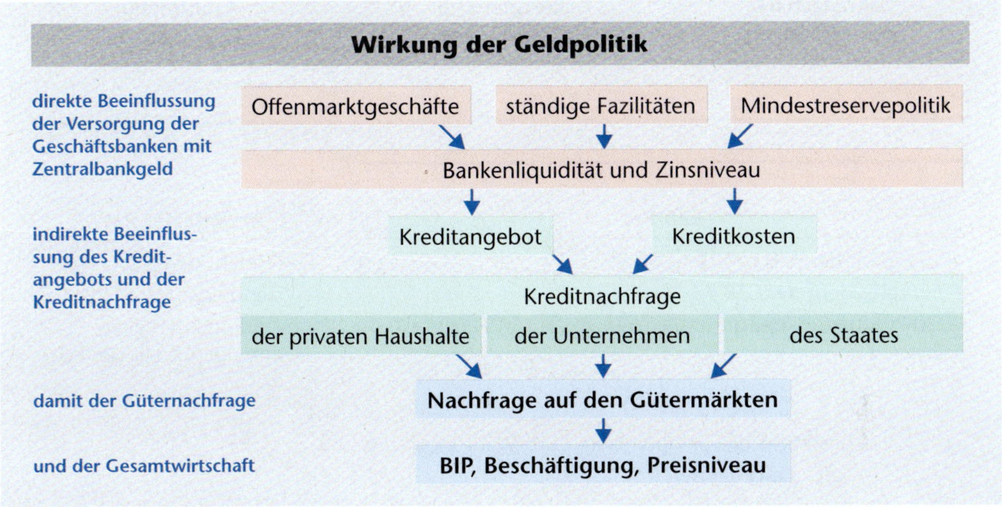

Beispiel: Die Zentralbank möchte mit geeigneten Maßnahmen in einer Rezession die Wirtschaft ankurbeln, d. h., auf eine Steigerung des Bruttoinlandsproduktes hinwirken, um dadurch für mehr Beschäftigung zu sorgen und damit die Arbeitslosigkeit zu bekämpfen.

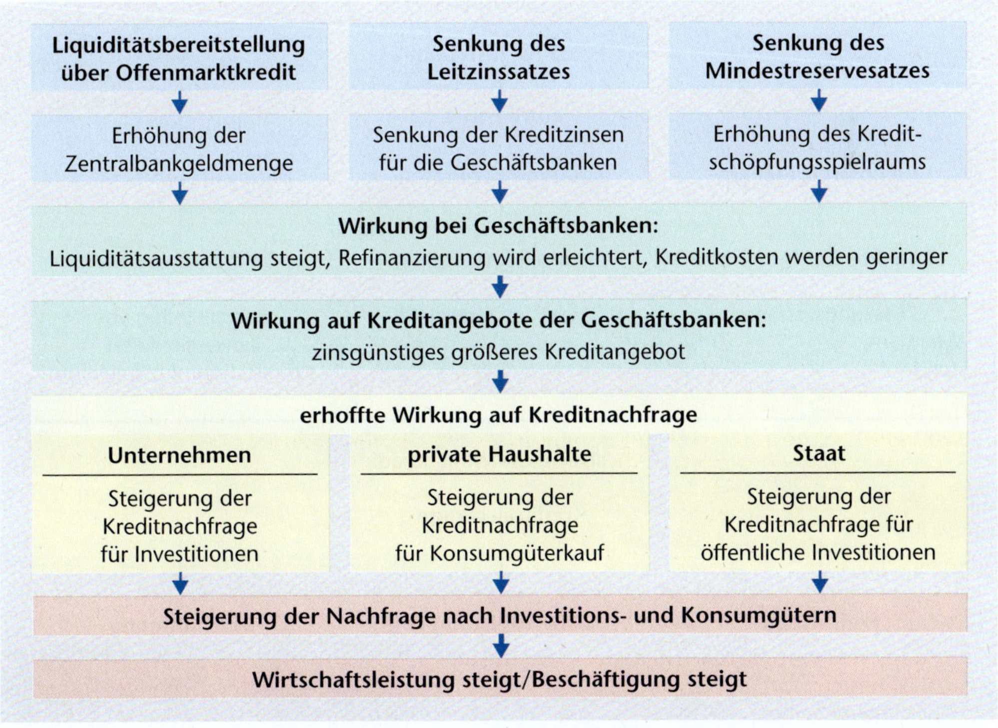

**Zusammenfassende Übersicht zu Kapitel 3:
Den organisatorischen Aufbau und die
Aufgaben des Europäischen Systems der Zentralbanken skizzieren**

Europäisches System der Zentralbanken

20 nationale Zentralbanken (Euro-Währungsraum)	**Europäische Zentralbank**	**7 nationale Zentralbanken** (übrige EU)

EZB-Rat
- Präsident der EZB
- Vizepräsident der EZB
- 20 Präsidenten der Zentralbanken des Euro-Währungsraumes

Erweiterter Rat
- Präsident der EZB
- Vizepräsident der EZB
- 27 Präsidenten aller Zentralbanken in der EU

↓

- bestimmt die Geldpolitik im Euro-Währungsraum
- setzt die Leitzinsen fest
- regelt die Ausgabe von Banknoten
- regelt den Zahlungsverkehr

Hauptziel

Preisniveaustabilität

Instrumente

Offenmarktgeschäfte	**ständige Fazilitäten**	**Mindestreservepolitik**
befristete Geldgeschäfte	**Zinspolitik (Leitzins)**	**Geldmengenpolitik**
Zuteilungsverfahren: Mengentender, Zinstender	Zinsen für Tagesgeld	Beeinflussung von Bankenliquidität, Kreditschöpfungsspielraum

beabsichtigte Wirkung auf

Kreditnachfrage

↓

Preisniveau	**Wirtschaftsleistung (BIP)**	**Beschäftigung**

▶ Aufgaben

1. Welche der folgenden Maßnahmen tragen zu einer Vermehrung des volkswirtschaftlichen Geldvolumens bei? Begründen Sie Ihre Entscheidung.
   a) Viele fällige Steuerbeträge werden an das Finanzamt abgeführt.
   b) Die Deutsche Bundesbank bietet den Kreditinstituten ein Wertpapierpensionsgeschäft an.
   c) Der Bund gibt zur Erzielung von Haushaltseinnahmen auf dem Kapitalmarkt eine Bundesanleihe aus.
   d) Eine von der Deutschen Bundesbank vor Monaten verkaufte Schuldverschreibung wird fällig.
2. Die fällige Schuldverschreibung aus 1.d) hatte eine Laufzeit von 270 Tagen und einen Verkaufskurs von 97,3 %. Errechnen Sie den Zinssatz, zu dem Banken ihr Geld anlegen konnten.
3. Erläutern Sie die Zusammensetzung und Aufgaben des Europäischen Systems der Zentralbanken.
4. Welche geldpolitischen Instrumente stehen der EZB zur Verfügung?
5. Erläutern Sie die Entwicklung der Leitzinsen anhand der Grafik auf Seite 156 und ermitteln Sie die derzeit aktuellen Leitzinsen.
6. Erläutern Sie den beabsichtigten Transmissionsmechanismus der geldpolitischen Instrumente.
7. Die Deutsche Bundesbank bietet einen Mengentender im Volumen von 78 Millionen EUR an. Vier Banken haben Gebote in Höhe von 21, 24, 30 und 42 Mio. EUR abgegeben. Wie viel EUR erhält jede Bank?
8. Erläutern Sie, warum sowohl Pfandkreditgeschäfte als auch Wertpapierpensionsgeschäfte »selbstliquidierend« sind und welche Wirkung dies hat.
9. Klären Sie, warum die EZB in bestimmten wirtschaftlichen Situationen den Zinstender bevorzugt.
10. Die Zentralbank möchte die Geldmenge insgesamt um 30 Mrd. Euro ausweiten. Am 20. September hat sie in einem Hauptrefinanzierungsgeschäft über einen Mengentender 25 Mrd. Euro aufgelegt. Begründen Sie, wie hoch die Ankündigung des nächsten Hauptrefinanzierungsgeschäfts sein muss, um das Geldmengenziel zu erreichen.
11. Am ESZB nehmen 20 EU-Länder teil, obwohl mehr Länder der EU angehören. Klären Sie, welche Länder nicht dabei sind und weshalb diese nicht dabei sind.
12. Erläutern Sie den im Schaubild auf Seite 159, oben dargestellten Wirkungszusammenhang in einer Kurzpräsentation.

    Dem früheren Wirtschaftsminister Karl Schiller wird im Zusammenhang mit den geldpolitischen Maßnahmen der Zentralbank folgendes Zitat zugeschrieben: »Man kann die Pferde zur Tränke führen, saufen müssen sie selbst.«

    Begründen Sie in Ihrer Präsentation, was er damit meinte.
13. Die Zentralbank möchte mit geeigneten Maßnahmen in einer Boomphase die Wirtschaft drosseln, um so die zunehmende Preissteigerung zu bekämpfen.

    Entwerfen Sie ein Schaubild entsprechend dem Bild auf Seite 159, unten und erläutern Sie dieses vor der Klasse.

4 Folgen der europäischen Integration und der Globalisierung beschreiben

4.1 Europäische Integration und Globalisierung

Europäische Integration

Wenn man heute von Europa spricht, ist das Europa der Mitgliedsländer der Europäischen Union gemeint. Diese Union ist in den vergangenen Jahrzehnten aus kleinen Anfängen heraus entstanden. Heute umfasst die Europäische Union 27 Mitgliedsstaaten und ca. 448,5 Millionen Menschen (2023), die in wenigen Jahren einen einheitlichen Lebensraum haben sollen. Dazu gehören dann auch einheitliche Marktverhältnisse.

Die Entwicklung des **europäischen Einigungsprozesses** verlief in vielen kleinen Schritten und begann bereits 1951. Die Entwicklung ist keinesfalls abgeschlossen.

In wirtschaftlicher Hinsicht hat der europäische Einigungsprozess das Ziel, einen einheitlichen Markt zu schaffen, der mit seiner hohen Wirtschaftsleistung und seiner Bevölkerung als ein großer Wirtschaftsblock neben den USA, Japan, China und zukünftig auch Indien bestehen kann.

Um die europäische Einheit zu erreichen, sind inzwischen zahlreiche Maßnahmen ergriffen worden:

- Eine **einheitliche Währung (Euro)** wurde geschaffen und eingeführt (Beitrittsländer erhalten die Währung erst nach festgelegten Übergangsfristen).
- **Gesetze im wirtschaftlichen und sozialen Bereich** werden vereinheitlicht.
- **Steuer- und Abgabenvorschriften** werden angepasst.
- **Standards in Industrie und Handel sowie in der Bildung** werden festgelegt und nach Übergangsfristen verbindlich für die Teilnehmerländer.

Stufen des europäischen Einigungsprozesses

2000er-Jahre	Euro-Bargeld für 20 EU-Länder; EU-Erweiterung um 13 Länder auf 27 Länder.*
1990er-Jahre	Deutsche Einheit; Europäische Union (EU); EU-Erweiterung um Österreich, Finnland, Schweden; Einführung des Euro-Buchgeldes für zehn Länder.
1980er-Jahre	Beitritt Griechenlands, Portugals und Spaniens.
1970er-Jahre	Beitritt Dänemarks, Großbritanniens* und Irlands.
1960er-Jahre	Entstehung des europäischen Agrarfonds.
1950er-Jahre	Gründung der Montanunion; Römische Verträge; Europäische Wirtschaftsgemeinschaft (EWG) mit Belgien, Niederlande, Luxemburg, Frankreich, Italien und Deutschland.

* Großbritannien ist mit Wirkung zum 31.12.2020 aus der EU ausgetreten (Brexit), sie hat damit noch 27 Mitglieder.

Globalisierung

Die Welt hat sich in den vergangenen Jahrzehnten grundlegend gewandelt. Während noch vor wenigen Jahren die einzelnen Volkswirtschaften in erster Linie für den eigenen Markt produzierten, herrscht heute eine weltumfassende Vernetzung, die man mit dem Begriff Globalsierung umschreibt. Globalisierung betrifft dabei alle Lebensbereiche: Wirtschaft, Politik, Kultur, Recht, Sitten und Gebräuche.

Globalisierung im wirtschaftlichen Sinn meint die **Verflechtung der Märkte für Güter, Dienstleistungen und Kapital.**

- Auf den **Gütermärkten** gibt es inzwischen keinen Wirtschaftszweig, der von der weltweiten Vernetzung ausgenommen ist. Nicht mehr nur die technisch einfachen Produkte werden weltweit an günstigen Standorten produziert, sondern auch hochwertige und hochtechnologische Güter. Oft verbleibt die Entwicklung und Forschung im Stammland, die Produktion wird in großen Teilen ausgelagert. Die **Märkte für Information und Kommunikation** bilden heute eine Sonderform der Gütermärkte (New Economy).

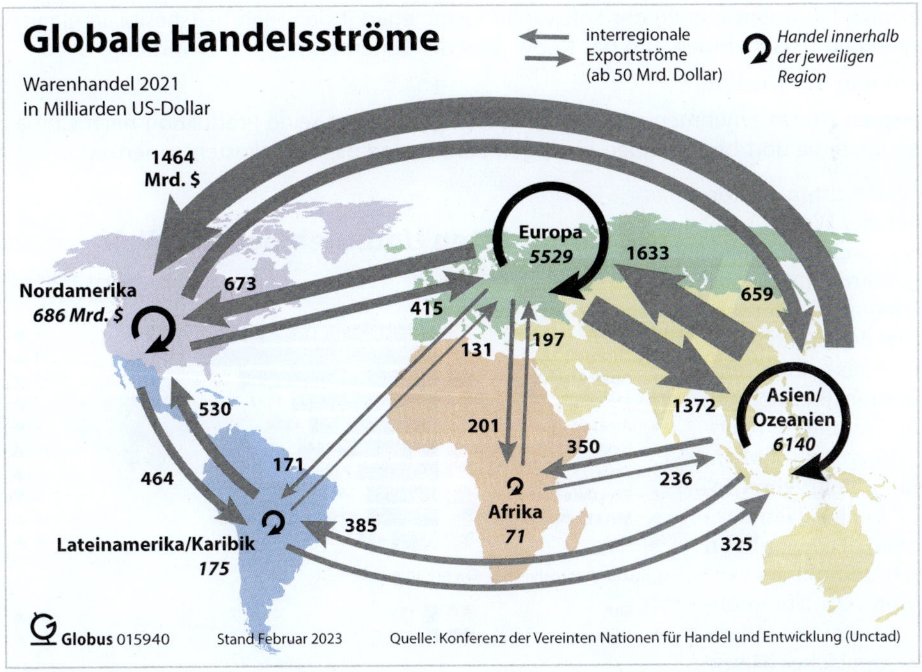

- Auf den **Dienstleistungsmärkten** werden hohe Wachstumsraten erzielt, da die zunehmend technisch ausgerichteten Güter auch Dienstleistungen nach dem Kauf erfordern. Zum Dienstleistungsbereich zählen auch die Finanz- und Versicherungs- sowie Beratungsdienstleistungen.
- Auf den **Kapital- und Finanzmärkten** werden heute riesige Geldbeträge in kürzester Zeit um die Welt geschickt. Sie erscheinen dabei oftmals lediglich als digitale Größen, verschaffen aber den Beteiligten enorme Renditen.
- Auf den **Märkten für Arbeitskräfte** steigt die Mobilität weltweit. Schon heute arbeiten 169 Millionen Menschen nicht in ihren Heimatländern. Die Arbeitskräftebewegung (Arbeitsmigration) zielt in erster Linie auf Europa, Nordamerika und die Golfstaaten. Gleichzeitig richtet sich die Produktion nach den billigen Arbeitskräften im Ausland aus. Unternehmen verlagern die komplette Produktion an Standorte, an denen die Arbeitskräfte zu einem Bruchteil des Lohnes im Stammland arbeiten.

Die Bedeutung des Welthandels wird deutlich, wenn man seinen Umfang und seine Struktur betrachtet (Grafik, Seite 163).

Für Unternehmen ist es wesentlich, an dieser Vernetzung teilnehmen zu können. Die Interessen können unterschiedlicher Natur sein:

- **Erschließung von Rohstoffquellen.**

  Beispiel: Suche nach neuen Vorkommen an Erdöl, Baurohstoffen wie Sand, Kies, Erze, Metalle der Seltenen Erden bzw. anderen mineralischen Vorkommen wie Kupfer, Zink o. Ä.

- **Erschließung von Auslandsmärkten.**

  Beispiel: Unternehmen suchen Märkte, um nicht nur auf den überwiegend gesättigten heimischen Märkten für Haushaltsgebrauchsgegenstände ihre Produkte verkaufen zu können.

- **Erschließung von Rechten.**

  Beispiel: Ein Unternehmen der Luftfahrtindustrie kauft eine insolvente Fluggesellschaft, um deren Landerechte in Südostasien übernehmen zu können.

- **Erschließung von Wissensquellen.**

  Beispiel: Ein Unternehmen der Softwareindustrie erlangt den Mehrheitsbesitz an einem ausländischen Unternehmen, um das Know how des Unternehmens zu erwerben.

- **Senkung der Kosten.**

  Beispiel: Ein Unternehmen der Spielwarenindustrie lagert seine Produktion nach China aus, um durch die dort bestehenden niedrigen Lohnkosten die Selbstkosten zu senken.

Die wertvollsten Unternehmen der Welt (Global Players – weltweit vertretene Unternehmen) sind überwiegend Unternehmen aus der Branche der Informations- und Kommunikationstechnologie (Apple, Alphabet (Google), Microsoft, Meta, Nvidia), gefolgt von großen Online-Händlern (Amazon). Die vorderen Plätze des Rankings werden von US-Unternehmen dominiert. Wertvollste deutsche Marke ist SAP mit einem Wert von 15,9 Milliarden Euro.

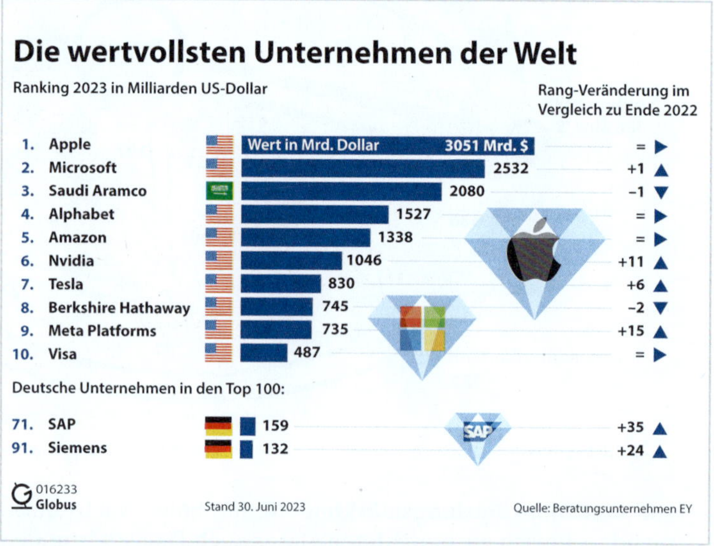

Weltweit wird die Globalisierung sehr wohl auch kritisch gesehen. Zahlreiche Institutionen wie Kirchen, Wissenschaftler und Personen des öffentlichen Lebens äußern sich kritisch und fordern eine Vielzahl von Maßnahmen. Dazu gehören ökologische Aspekte, um ein Überleben der Menschheit zu sichern. Dazu gehören aber auch Maßnahmen, die eine Entwicklung ermöglichen, sodass die Veränderungen in den jeweiligen Ländern sozialverträglich erfolgen. Ziel ist es, den Wohlstand aller Beteiligten zu mehren. Die Covid-Pandemie hat überdies die Abhängigkeiten gezeigt. Weltweite Lieferengpässe sind die Folge.

Auszug aus der Startseite von Attac: (http://www.attac.de/themen/)

Zur Globalisierung:

Das Versprechen, die Globalisierung bringe Wohlstand für alle, hat sich nicht erfüllt. Im Gegenteil: Die Kluft zwischen Arm und Reich wird immer größer, sowohl innerhalb der Gesellschaften als auch zwischen Nord und Süd. Wir setzen dem unsere Vorstellung von Globalisierung entgegen: Internationale Solidarität von unten. Eine andere Welt ist möglich!

Zum Welthandel:

Die jetzige Welthandelsordnung wird bisher einseitig von mächtigen Wirtschaftsinteressen dominiert, von großen Banken, Investmentfonds, Transnationalen Konzernen und anderen großen Kapitalbesitzern. Attac streitet für eine Welthandelsordnung, die den Interessen der Entwicklungsländer, sozial Benachteiligten und der Umwelt Vorrang einräumt.

Zur Globalisierung und Ökologie:

Die Expansion nichtnachhaltigen Wirtschaftens, die Privatisierung von Gemeinschaftsgütern und die Schwächung der Handlungsfähigkeit der Staaten bedrohen unsere Lebensmittel, unsere Landwirtschaft, unser Trinkwasser, unser Klima, die letzten Urwälder und die Artenvielfalt der Erde. Attac kämpft für eine ökologische und nachhaltige Globalisierung.

4.2 Freihandel, Binnenhandel und Weltmärkte

Grundpositionen der Außenwirtschaftspolitik

Es gibt zwei **gegensätzliche Grundpositionen,** nach denen Staaten ihre Außenwirtschaftspolitik gestalten können:

a) **Zwischenstaatlicher Freihandel.** Nach dieser Grundposition soll sich der Außenhandel frei von staatlichen Eingriffen vollziehen, da sich auf diese Weise Wohlstandssteigerung in allen beteiligten Staaten einstellen wird.

b) **Staatlich gelenkter Außenhandel (Protektionismus).** Diese Grundposition sieht in der staatlichen Lenkung der außenwirtschaftlichen Beziehungen einen Vorteil für den einzelnen Staat. Außenwirtschaftliche Beziehungen unterliegen danach grundsätzlich der **staatlichen Genehmigung und Kontrolle.**

Instrumente zur Gestaltung des Außenhandels

Deutschland hat sich für die Grundposition des Freihandels entschieden. Da der Außenhandel für Deutschland existenznotwendig ist, muss die Außenhandelspolitik auf einen Abbau der Außenhandelsbeschränkungen und damit auf eine weitgehende Liberalisierung des Außenhandels hinwirken.

Protektionistische Maßnahmen schaden auf Dauer nicht nur der eigenen, sondern auch den anderen Volkswirtschaften. Vor allem dann, wenn bei deren Anwendung eine Protektionsspirale in Gang gesetzt wird (so gab es schon mehrfach in der Vergangenheit »Handelskriege« zwischen den USA und der Europäischen Union, in denen eine Maßnahme mit einer entsprechenden Gegenmaßnahme beantwortet wurde). Mögliche Instrumente in der Außenhandelspolitik zeigt die folgende Tabelle:

Instrumente der Außenhandelspolitik		
	Außenhandelsbeschränkung	**Außenhandelsliberalisierung**
wertmäßig	Zölle	Zollsenkung Zollabbau Freihandelszone, Zollunion
mengenmäßig	Einfuhrverbote Ausfuhrverbote Kontingentierung	Einfuhrliberalisierung Ausfuhrliberalisierung Kontingentbeseitigung
zahlungs- und devisenmäßig	Devisenbewirtschaftung	Devisenfreiheit
bürokratisch	erschwerende Abwicklungsformalitäten, viele Dokumente	großzügige Abwicklung, wenige Dokumente

Freihandel

Freihandel bezeichnet den **Austausch von Gütern** (Waren und Dienstleistungen) **zwischen verschiedenen Staaten bei Abwesenheit von Zöllen oder sonstigen Handelsbeschränkungen.**

Ist die Wirtschaftspolitik darauf ausgerichtet, den Freihandel zu unterstützen, spricht man von Freihandelspolitik. Dabei geht man von dem Grundgedanken aus, dass der freie Handel von Gütern den Wohlstand der Weltgemeinschaft mehrt.

Beispiele:

1. Der Import von billigen Textilprodukten verschafft den Großhändlern ein Betätigungsfeld und damit die Möglichkeit, Arbeitsplätze zu schaffen.
2. Die Bewohner der Industrieländer können billige Kleidung kaufen. Gleichzeitig erzielt die Bevölkerung in Billiglohnländern ein gesichertes Einkommen.

Der freie Güteraustausch führt aber auch dazu, dass die Wirtschaft in einzelnen Ländern oder Regionen umstrukturiert wird. Damit verbunden sind meist größere Anpassungsprozesse, die für die Bevölkerung schmerzhaft sein können.

Beispiel: Die Textilhersteller der Industrieländer können ihre relativ teuren Produkte nicht mehr absetzen. In der Folge müssen Betriebe geschlossen werden. Es entsteht Arbeitslosigkeit.

Ist die Politik eines Staates oder einer Staatengruppe darauf ausgerichtet, den Freihandel zu unterbinden, spricht man von **Protektionismus.**

Beispiele:

1. 100 %iger Zollaufschlag der USA auf den Import japanischer Motorräder
2. »Bananenkrieg« zwischen der USA und der EU

Binnenhandel

Binnenhandel ist der **Handel** von Gütern (Waren und Dienstleistungen) **innerhalb eines Staates.**

Mit dem Begriff **Binnenhandel** wird auch der Warenaustausch **innerhalb der Europäischen Union** bezeichnet.

Welthandel

▶ Ursachen und Notwendigkeit des Welthandels

Es gibt zahlreiche Gründe dafür, dass ein weltweiter Handel notwendig ist.

- **Ungleiche Verteilung der Rohstoffe auf der Erde.** Das gilt besonders für das Vorkommen von Kohle, Eisenerz, Buntmetall, Mineralöl und Holz.
- **Verschiedenheit der klimatischen Bedingungen.** Sie wirkt sich auf die Anbauart und auf den Ernteertrag aus, z. B. bei Weizen, Baumwolle, Gummi, Kaffee.
- **Verschiedenheit der Wirtschaftsstruktur.** Industrieländer sind auf die Ausfuhr von Fertigwaren und die Einfuhr von Rohstoffen und Nahrungsmitteln angewiesen. Bei den Agrar- und Rohstoffländern ist es umgekehrt.
- **Ungleicher Stand der Technik.** Es gibt Länder, die in bestimmten Produktionszweigen einen besonders hohen Leistungsstand erreicht haben (schweizerische Präzisionsuhren, deutsche Umwelttechnik).
- **Preis- und Kostenunterschiede der Produkte** in den einzelnen Ländern (Herstellung von Textilprodukten in den Schwellenländern).
- **Wünsche der Nachfrager nach Abgrenzung durch unterschiedliche Produkte.** Diese Wünsche steigen mit Zunahme des Wohlstandes in den einzelnen Ländern (Verwendung von Edelhölzern beim Bau eines Hauses).

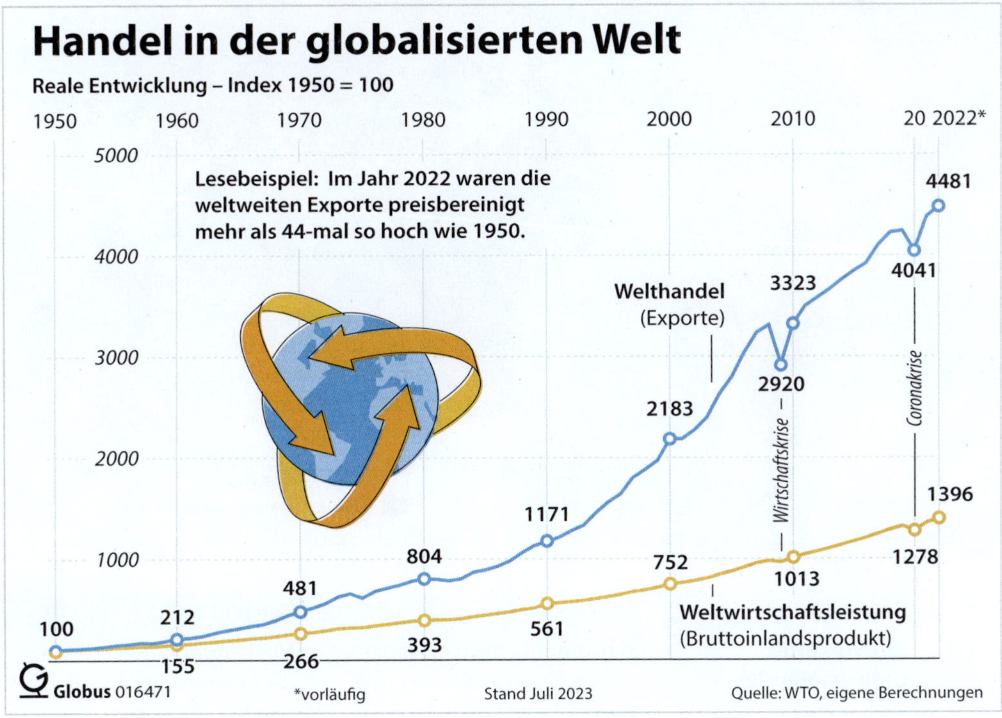

▶ Bedeutung des Welthandels

Güter, die ein Land besonders gut und preiswert liefern kann, eignen sich für den Export. Das Ausfuhrland erhält dadurch zusätzliche Arbeits- und Verdienstmöglichkeiten. Die Kaufkraft und der Lebensstandard der Bevölkerung steigen. Mit den Ausfuhrerlösen können notwendige Einfuhren bezahlt werden.

Das Einfuhrland bekommt ein umfangreicheres und oft preiswerteres Angebot.

Der zwischenstaatliche Güteraustausch ermöglicht die Arbeitsteilung, den Ausgleich von Mangel und Überfluss zwischen den Ländern und fördert die kulturellen und menschlichen Beziehungen unter den Völkern.

Voraussetzung dafür ist, dass der »stärkere Marktpartner« verantwortungsvoll mit seinem Handelspartner umgeht.

Beispiele:

1. fairer Handel
2. sanfter Tourismus

▶ Ländergruppen

Gleiche Gesellschafts- und Wirtschaftssysteme sind einem solchen Zusammenschluss förderlich, ungleiche behindern ihn. Die amtliche Statistik der Deutschen Bundesbank unterscheidet weltweit nach Ländergruppen.

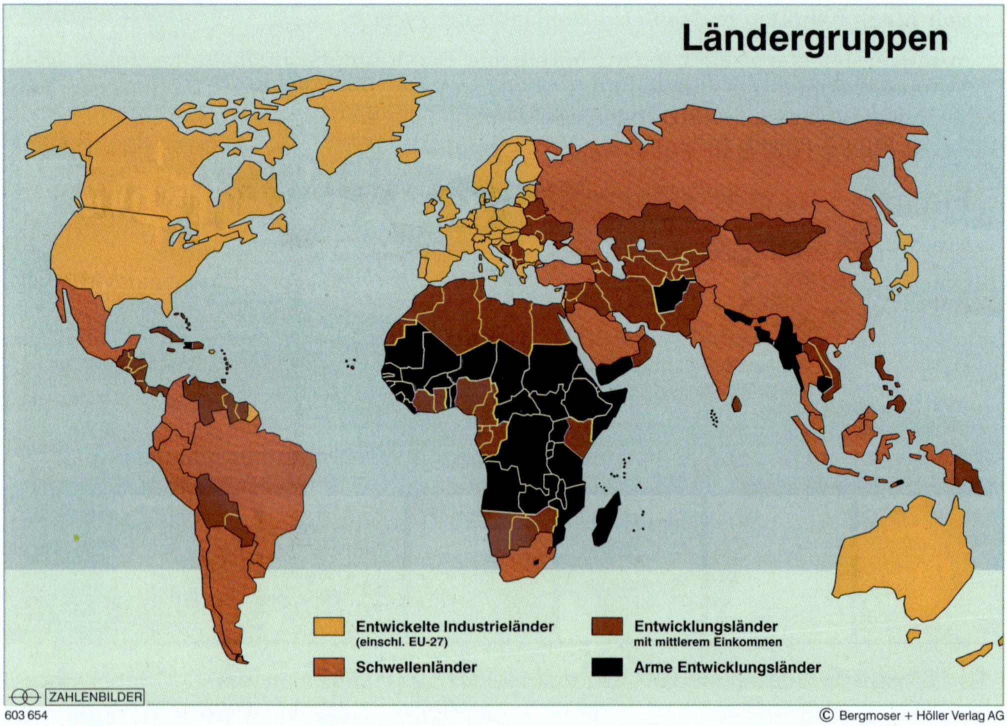

	Bezeichnung	Merkmal	Beispiel
	Entwickelte Industrieländer	parlamentarisch-demokratische Staatsordnung und marktwirtschaftliche Wirtschaftssysteme	alle Länder der EU sowie die Schweiz, Japan, Kanada, Australien, Neuseeland und die USA
	Schwellenländer	Länder, die von der wirtschaftlichen Entwicklung an der »Schwelle« zu einem Industrieland stehen	China, Russland, Brasilien, Mexiko, Indien, Südkorea, Argentinien, Südafrika, Saudi-Arabien, Philippinen, Türkei, …

	Bezeichnung	Merkmal	Beispiel
	Entwicklungsländer mit mittlerem Einkommen	Länder, deren Bruttonationaleinkommen pro Kopf und Jahr zwischen 1.086 USD und 4.255 USD liegt.	Kasachstan, Mongolei, Iran, Namibia, Algerien, Ägypten, Venezuela, Vietnam, ...
	Arme Entwicklungsländer	Länder, deren Bruttonationaleinkommen pro Kopf und Jahr geringer als 1.085 USD beträgt.	Afghanistan, Myanmar, Kambodscha, Mali, Niger, Äthiopien, ...

4.3 Handelsblöcke

4.3.1 Freihandelszone

Freihandelszonen sind **vertragliche Vereinigungen von Staaten,** die lediglich die **Binnenzölle abbauen,** aber **unterschiedliche Außenzölle** belassen.

In Europa ist Freihandel durch die Schaffung des **Europäischen Binnenmarktes** weitgehend erreicht.

Die ursprünglich neben der EG mächtige Freihandelszone **EFTA (Europäische Freihandelsassoziation)** besteht heute nur noch aus den Staaten Island, Liechtenstein, Norwegen und der Schweiz. Ihre Bedeutung ist stark zurückgegangen.

Gemeinsam bilden die EU-Mitgliedsstaaten und die Staaten der EFTA den **Europäischen Wirtschaftsraum.** Innerhalb dieses weltweit größten Marktes übernehmen die EFTA-Staaten die im Europäischen Binnenmarkt geltenden Regeln für den freien Verkehr von Waren, Dienstleistungen, Personen und Kapital.

Weltweit gibt es zahlreiche regionale Freihandelszonen, Beispiele:

EPA EU-Japan Economic Partnership Agreement, Handelsabkommen zwischen der EU und Japan; seit 01.02.2019 in Kraft

CPTPP (Comprehensive and Progressive Agreement for Trans-Pacific Partnership), Handelsabkommen zwischen Australien, Brunei, Chile, Japan, Kanada, Malaysia, Mexiko, Neuseeland, Peru, Singapur, Vietnam; seit 01.12.2018

USMCA (United States-Mexico-Canada Agreement), Handelsabkommen zwischen USA, Kanada, Mexiko; seit 01.07.2020 in Kraft

GAFTA (Greater Arab Free Trade Area), Handelsabkommen zwischen 18 Ländern der Arabischen Liga; seit 01.01.2005 in Kraft

4.3.2 Europäische Union

Heute umfasst die EU insgesamt 27 Mitgliedsstaaten, davon gehören 20 zur Eurozone.

Unter diesen Ländern ist Deutschland der bei Weitem stärkste Partner – sowohl nach der Zahl der Menschen als auch nach der gesamtwirtschaftlichen Leistung.

Die Europäische Union ist eine Wirtschafts- und Währungsunion. Angestrebt wird

- ein **einheitlicher Wirtschaftsraum** mit einer einheitlichen Wirtschaftspolitik,
- eine **gemeinsame Währung** der Mitgliedsländer.

Die Mitgliedsländer haben in den vergangenen Jahren große Anstrengungen unternommen, die Vereinheitlichungen voranzutreiben.

Das angestrebte Ziel der **politischen Vereinigung** kann nur erreicht werden, wenn eine einheitliche Wirtschafts- und Währungsunion entstanden ist. Dies würde es dann auch zulassen, gemeinsame Umwelt-, Bildungs-, Außen- und Innenpolitik bei einheitlicher Rechtsprechung zu betreiben.

Mit dem europäischen Einigungsprozess und im Zuge der Globalisierung gewinnen die internationalen Märkte an Bedeutung. Deutschland und die Europäische Union streben dabei sowohl im Binnenmarkt als auch in den Handelsbeziehungen zu den Ländern außerhalb der EU und zu den Wirtschaftsblöcken den Freihandel an. Durch die zunehmende Liberalisierung auf diesen Märkten gibt es sehr große Freiheiten, die für unternehmerische Entscheidungen genutzt werden können.

Die Europäische Union

	Beitrittsjahr	Einwohner 2023[1]	BIP 2022 pro Kopf[1,2]
Belgien	★1958	11,8 Mio.	42,2 Tsd. €
Deutschland	★1958	84,4	41,3
Frankreich	★1958	68,1	35,8
Italien	★1958	58,9	33,7
Luxemburg	★1958	0,7	91,9
Niederlande	★1958	17,8	46,1
Dänemark	★1973	5,9	48,7
Irland	★1973	5,2	82,7
Griechenland	★1981	10,4	23,9
Portugal	★1986	10,5	27,2
Spanien	★1986	48,1	29,8
Finnland	★1995	5,6	38,7
Österreich	★1995	9,1	44,1
Schweden	★1995	10,5	42,4
Estland	★2004	1,4	30,5
Lettland	★2004	1,9	25,9
Litauen	★2004	2,9	31,5
Malta	★2004	0,5	36,6
Polen	★2004	36,8	28,0
Slowakei	★2004	5,4	24,1
Slowenien	★2004	2,1	31,5
Tschechien	★2004	10,8	32,0
Ungarn	★2004	9,6	27,3
Zypern	★2004	0,9	32,3
Bulgarien	★2007	6,4	20,7
Rumänien	★2007	19,1	27,1
Kroatien	★2013	3,9	25,7

[1] zum Teil vorläufig oder geschätzt (Stichtag 1.1.) [2] kaufkraftbereinigt

Globus 016358 Quelle: Eurostat Stand September 2023

Beispiel: Die Zollfreiheit zwischen den Ländern der Europäischen Union ermöglicht den Unternehmen ohne aufwendige bürokratische Formalitäten den Austausch von Gütern.

Die nationalen Regierungen haben den Weg für die Öffnung der Märkte geebnet. Sie haben in bilateralen Vereinbarungen und über internationale Organisationen umfassende Abkommen zur **Liberalisierung aller Märkte** getroffen. Durch die Festlegung überstaatlicher Abkommen sind den nationalen Regierungen teilweise die Möglichkeiten genommen, auf die Wirtschaftspolitik direkten Einfluss zu nehmen. Besonders deutlich wird dies an den Vereinbarungen in der EU.

Freiheiten im Binnenmarkt der EU		
Freiheiten	**Merkmal**	**Beispiele**
freier Güterverkehr	Zölle und Mengenbeschränkungen sind innerhalb der EU nicht erlaubt.	Ein deutsches Großhandelsunternehmen kann seine Handelswaren an einen polnischen Auftraggeber ohne staatliche Einschränkung ausliefern.
freier Personenverkehr	Arbeitskräfte können sich in der EU sowohl zur Arbeitsaufnahme als auch zur Berufsausbildung weitgehend uneingeschränkt niederlassen. Das gilt auch für die freie Niederlassung von Unternehmen.	– Ein Student aus Spanien möchte in einem deutschen Unternehmen seine Ausbildung absolvieren. – Ein deutsches Industrieunternehmen möchte die Kommissionierung nach Polen verlegen.
freier Kapitalverkehr	Europäische Unternehmen und Privatpersonen können im europäischen Ausland unbeschränkt Kredite aufnehmen und Kapital ins Ausland transferieren.	Ein deutsches Unternehmen nutzt die niedrige Zinssituation in Frankreich aus, um ein Investitionsdarlehen bei einer französischen Bank aufzunehmen.
freier Dienstleistungsverkehr	Dienstleistungsunternehmen können ihre Dienste über die Grenzen hinweg anbieten.	– Eine englische Versicherungsgesellschaft bietet ihre Versicherungsleistungen in Deutschland an. – Ein Gebäudereinigungsunternehmen aus Polen entsendet seine Arbeitskräfte zu Tätigkeiten in Berlin.
Subventionsverbot	Staatliche und wettbewerbsverzerrende Beihilfen dürfen nicht vorgenommen werden.	Es ist nicht erlaubt, dass die Bundesregierung deutschen Spediteuren die Zahlung der Maut rückerstattet.
öffentliche Auftragsvergabe	Öffentliche Aufträge müssen europaweit ausgeschrieben werden, sofern ein bestimmtes Auftragsvolumen überschritten wird.	Der Bau eines Autobahnteilstückes in Nordbaden muss so ausgeschrieben werden, dass auch ein Unternehmen aus Luxemburg ein Angebot abgeben kann.

Freiheiten im Binnenmarkt der EU		
Freiheiten	**Merkmal**	**Beispiele**
Wettbewerbskontrolle	Das europäische Wettbewerbsrecht regelt zahlreiche Bestimmungen des Kartellrechts.	Die europäische Kartellbehörde untersagt den Zusammenschluss zweier großer Mobilfunkanbieter.
Für die neuen Beitrittsländer zur EU gelten in Einzelfällen für einen Übergangszeitraum Sonderregelungen.		

Die nationalen Regierungen haben damit geringere Möglichkeiten, auf unternehmerische Entscheidungen direkt Einfluss zu nehmen. Die Möglichkeiten sind deshalb heute verstärkt darauf ausgerichtet, die Strukturen innerhalb eines Landes so zu gestalten, dass Investitionen für Unternehmen interessant erscheinen. Diese Maßnahmen sind auf lange Sicht angelegt und verlangen eine große Weitsicht der Politiker, aber auch der Bevölkerung im Lande, die diese **Investitionen in die Zukunft** unterstützen müssen. Zu diesen Maßnahmen gehören insbesondere der Ausbau des **Verkehrswesens,** die Förderung von **Forschung und Entwicklung,** die Verbesserung und Anpassung der schulischen und **beruflichen Ausbildung** und die Schaffung und Erhaltung eines **sozialen Ausgleichs** in der Bevölkerung.

4.3.3 Präferenzräume

Im Außenhandel können aufgrund von Abkommen zahlreiche **Zollvorteile (Präferenzen)** in Anspruch genommen werden. Die Europäische Union hat mit einer Reihe von Ländern bzw. Ländergruppen solche Abkommen geschlossen. Damit entstehen im Außenhandel **Präferenzräume.** Diese Präferenzabkommen bringen einen erheblichen Wettbewerbsvorteil bei der Einfuhr von Produkten, da keine oder nur reduzierte Zollsätze erhoben werden.

Man unterscheidet verschiedene Präferenzen:

- **Freiverkehrspräferenz.** Hierbei werden bestimmte Waren, die in den Abkommen aufgeführt sind, zollrechtlich bevorzugt eingeführt.
- **Ursprungspräferenz.** Es werden Waren aus bestimmten Ländern oder Ländergruppen bevorzugt.

Die jeweilige Präferenzart kann auf Basis der Zolltarifnummer der Ware oder des Landes im Präferenzportal des Zolls recherchiert werden (www.zoll.de). Als Nachweis darüber, dass die Waren diese Ursprungsregeln erfüllen, müssen bei der Einfuhr Präferenznachweise vorgelegt werden.

Beispiele: Warenverkehrsbescheinigung EUR.1, EUR-MED, Formblatt EUR.2 oder eine Ursprungserklärung auf der Rechnung.

Die EU gewährt zahlreichen Entwicklungsländern **allgemeine Zollpräferenzen.** Dadurch wird den Entwicklungsländern ein besserer Zugang ihrer Waren in den europäischen Markt ermöglicht. Mit dem Cotonou-Abkommen haben die EU-Staaten mit 79 Entwicklungsländern **(AKP-Staaten)** in **A**frika, der **K**aribik und im **P**azifik Zollpräferenzen vereinbart, mit denen für diese Länder der Zugang zum EU-Markt erleichtert wird. Außerdem stellt die EU finanzielle Mittel zur Verfügung, um die Exportgüterpreise dieser Länder zu stabilisieren.

4.4 Handelshemmnisse

4.4.1 Tarifäre Handelshemmnisse

Tarifäre Handelshemmnisse sind **Abgaben,** die der Staat erhebt, wenn **Waren** die **Ländergrenzen überschreiten.**

Sie werden fällig, wenn die Waren die Zollgrenze überschreiten, also bei der Einfuhr, bei der Ausfuhr und beim Transit von Waren.

Heute spielen nur noch die Einfuhrzölle (Importzoll) eine Rolle. Staaten erheben diese aus unterschiedlichen Gründen:

- staatliche Einnahmequelle **(Finanzzoll),**
- Schutz der inländischen Wirtschaft vor der Konkurrenz aus dem Ausland **(Schutzzoll).**

Diese Zölle werden als Mengenzoll oder als Wertzoll erhoben.

Durch die Erhebung von Zöllen wird der freie Wettbewerb behindert. Die importierten Waren werden verteuert. Dadurch steigen die Preise für die Konsumenten des Importlandes. Inländische Produzenten werden angeregt, überteuerte inländische Güter zu produzieren. In der Folge können die Importgüterpreise fallen. Sowohl die importierenden Länder als auch die exportierenden Länder erleiden Wohlstandsverluste.

4.4.2 Nichttarifäre Handelshemmnisse

Nichttarifäre Handelshemmnisse wirken **nicht direkt über den Preis** der Ware.

Nichttarifäre Handelshemmnisse verzögern die Handelstätigkeit. Dadurch können Aufträge nicht durchgeführt werden oder Importgüter verlieren ihre Qualität. Meist ist damit auch eine Verteuerung der Importgüter verbunden. Nichttarifäre Handelshemmnisse wirken somit wie tarifäre Handelshemmnisse. Folgende Maßnahmen sind möglich:

- **Festlegung von Importkontingenten,** indem nur bestimmte Mengen (Mengenkontingent) oder bestimmte Höchstwerte (Wertkontingent) für die Einfuhr zugelassen werden.

  Beispiele:

  1. Textilien aus China
  2. Import von Bananen

- **Unterstützung des inländischen Marktes durch Subventionen,** um den Preis der Güter niedriger zu halten als die ausländischen Konkurrenzgüter.

  Beispiel: Unterstützung von Milchbauern in Europa

- **Festlegung von technischen Vorschriften.** Bei produktbezogenen Vorschriften muss das Produkt bestimmte Qualitätsstandards, Normen, Verpackungs- oder Gesundheits- und Hygienevorschriften erfüllen.

  Beispiele:

  1. Vorschriften für die Behandlung von Holz bei der Einfuhr nach China
  2. Angabe der Lebensdauer von Leuchtmitteln

- **Festlegung von bürokratischen Vorschriften,** bei denen die Vergabe von Aufträgen nichtöffentlich erfolgt oder die Zollabwicklung willkürlich vorgenommen wird. Hierzu zählen auch Vorschriften zur Kennzeichnung der Produkte.

Beispiele:

1. Kennzeichnung der Produkte in der Landessprache des einführenden Landes
2. Pflicht zur Beglaubigung sämtlicher Einfuhrdokumente

- **Einfuhrverbote** für bestimmte Waren aus bestimmten Ursprungsländern.

  Beispiele:

  1. Washingtoner Artenschutzabkommen
  2. Plagiate

4.5 World Trade Organization

Die Welthandelsorganisation **WTO** (**W**orld **T**rade **O**rganization) wurde 1994 gegründet. Ihr gehören heute 164 Mitglieder an. Der Sitz der Organisation ist Genf.

Die WTO gibt bindende Regelungen für die internationalen Handelbeziehungen heraus. Dabei steht das Prinzip des **Freihandels** an oberster Stelle. Es gilt der Grundsatz der **Meistbegünstigung,** d.h., Zoll- und Handelsvorteile, die zwei Staaten gegenseitig vereinbart haben, sollen allen WTO-Vertragsstaaten eingeräumt werden **(Meistbegünstigungsklausel).**

Sofern Streitigkeiten zwischen den Vertragsstaaten auftreten, tritt die WTO als Streitschlichtungsorgan auf.

Drei Bereiche sind wesentlich:

- Handel mit Waren **(GATT** = **G**eneral **A**greement on **T**ariffs and **T**rade),
- Handel mit Dienstleistungen, z.B. Dienstleistungen im Bankwesen,
- handelsbezogene Aspekte des geistigen Eigentums, z.B. Patente und Lizenzen.

4.6 Die gesamtwirtschaftliche Bedeutung des Außenhandels für Deutschland darstellen

Deutschland ist ein **rohstoffarmes Land.** Deshalb hat es sich darauf spezialisiert, Rohstoffe und Waren aus dem Ausland einzukaufen, um sie in verändertem, veredeltem, erstklassigem Zustand (»made in Germany«) wieder an das Ausland zu verkaufen. Dadurch hat sich eine hochtechnologisierte, aber exportabhängige Industrie entwickelt.

Aus diesem Grund ist der erforderliche Rohstoff- und Warenimport sicherzustellen. Negative Veränderungen in Preis, Menge und Struktur der Importe (Fertigwarenimporte) würden die Produktion und die Bedarfsdeckung der Bevölkerung und damit Arbeitsplätze gefährden.

In einem noch viel stärkeren Maße ist aber auf einen störungsfreien Export zu achten (Abbau von Zöllen und sonstigen Handelshemmnissen), denn über 47 % der deutschen Wirtschaftsleistung ist für den Export bestimmt. Mit anderen Worten: etwa fast jeder zweite Arbeitnehmer produziert für das Ausland und ist damit vom Export abhängig. Die Ausfuhr von Gütern und technischem Wissen (Know-how) ist auch deswegen von großer Bedeutung, weil mit den eingenommenen Devisen wichtige Importgüter (Energie, Rohstoffe, DV-Produkte, chemische Produkte, Nahrungsmittel) bezahlt werden müssen.

Wie exportabhängig Deutschland ist, verdeutlicht die **Exportquote.** Sie ist der **Anteil des Exportumsatzes am Bruttoinlandsprodukt des Landes oder am Gesamtumsatz eines Wirtschaftszweiges.**

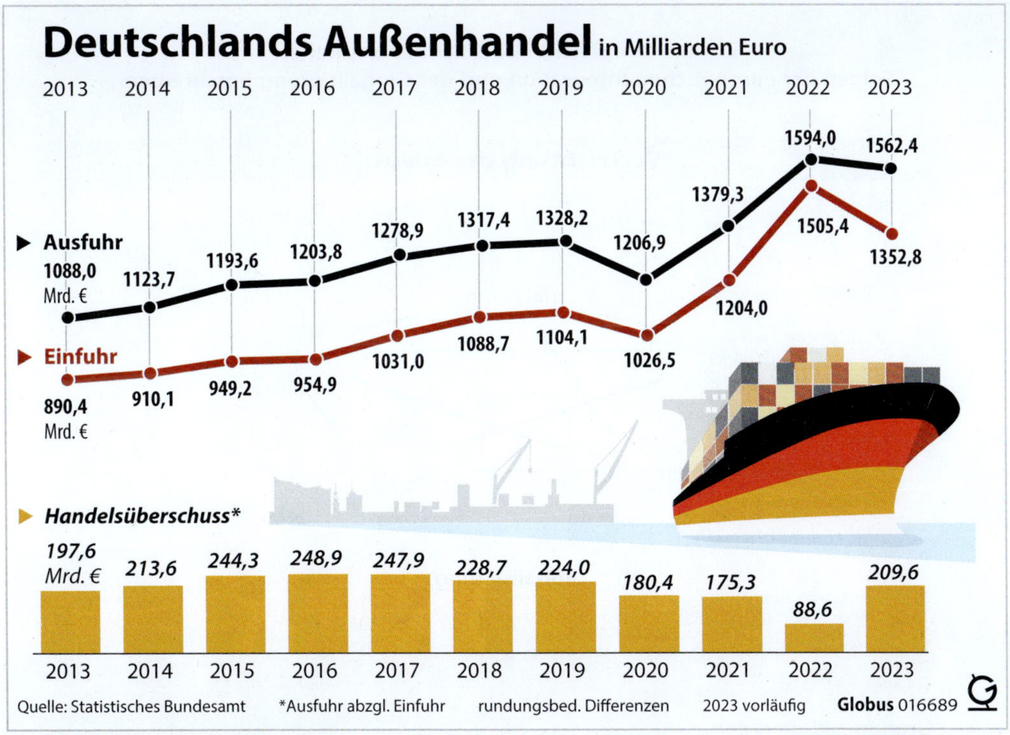

Die mit der Export- und Importabhängigkeit gegebenen Herausforderungen werden von den Unternehmen angenommen. Günstige Rahmenbedingungen hierfür müssen aber von der **staatlichen und internationalen Außenwirtschaftspolitik** geschaffen werden. Für Deutschland ist es wichtig, dass die Liberalisierung des Welthandels konsequent fortgesetzt wird.

**Zusammenfassende Übersicht zu Kapitel 4:
Folgen der europäischen Integration und der Globalisierung beschreiben**

Verflechtung der Märkte

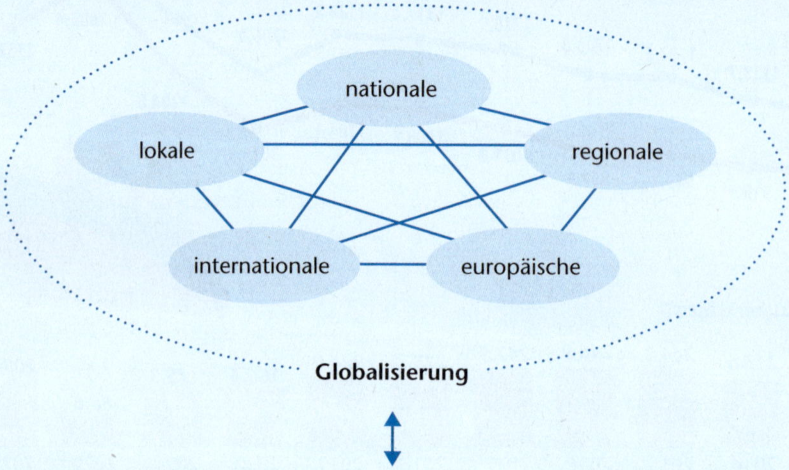

Grundpositionen der Außenwirtschaftspolitik	Maßnahmen	Akteure
– Binnenhandel – Freihandel – Welthandel	– Bildung von Handelsblöcken – Liberalisierung und Deregulierung von Märkten	– Unternehmen – Staaten – internationale Organisationen (EU, WTO)
– Protektionismus	– tarifäre Handelshemmnisse – nichttarifäre Handelshemmnisse	

▶ Aufgaben

1. »Was die Weltwirtschaft angeht, so ist sie verflochten«. (Kurt Tucholsky)
   a) Worin kommt die Verflochtenheit der Weltwirtschaft zum Ausdruck?
   b) Welche Probleme ergeben sich aus dieser Verflochtenheit?
   c) Inwiefern kann Politik zur Lösung dieser Probleme beitragen?
2. Erläutern Sie die Vorteile und Nachteile der Globalisierung
   a) für ein deutsches Unternehmen,
   b) für die Beschäftigten in Deutschland,
   c) für die deutschen Konsumenten,
   d) für den technischen Fortschritt in Deutschland.

3. Diskutieren Sie die folgenden Aussagen:

   a) Globalisierung nützt vor allen Dingen den Menschen des globalen Südens.

   b) Die Weltwirtschaft wird bestimmt von einigen wenigen Global Players.

   c) Der europäische Einigungsprozess ist die Antwort auf die Globalisierung.

   d) Die fortschreitende Globalisierung ist nicht steuerbar.

4. These 1: Die Globalisierung ist den nationalen Regierungen entglitten. Sie muss korrigiert werden.

   These 2: Globalisierung ist ein sich selbst entwickelnder Prozess, der allen Beteiligten nützt.

   Führen Sie eine Pro- und Contra-Diskussion durch. Wählen Sie aus Ihrer Klasse folgende Teilnehmer: Vertreter der deutschen Außenhandelskammer, Wirtschaftsminister, Vorsitzender des DGB, Mitglied von Greenpeace, Vorstandsvorsitzender der Daimler AG. Bereiten Sie in Arbeitsgruppen die Beiträge der Diskussionsteilnehmer vor.

5. Im Zusammenhang mit dem Begriff der Globalisierung fällt schon auch einmal der Begriff »Weltrisikogesellschaft«.

   a) Sammeln Sie im Hinblick darauf Informationen aus folgenden Gebieten:
      - Bevölkerungsentwicklung,
      - Bildungsstand und Armut,
      - Klimaentwicklung,
      - Verbrauch von Ressourcen (z.B. Wasser, Holz).

   b) Stellen Sie diese Informationen übersichtlich dar.

   c) Präsentieren Sie Ihre Ergebnisse in einem kurzen Vortrag.

6. Klären Sie folgende Begriffe:
   - Global Player
   - Global City
   - Global Village
   - Global Governance

7. Die Globalisierung wird weltweit nicht nur positiv gesehen. Die Organisation Attac sieht sich als eine Gruppierung, die konstruktive Kritik am Globalisierungsprozess üben will.

   a) Recherchieren Sie im Internet:
      - Was ist Attac?
      - Welche Themen bearbeitet Attac?
      - Weitere Organisationen, die den Globalisierungsprozess kritisch begleiten.

   b) Entwickeln Sie Ihre eigene Position und teilen Sie diese in der Klasse mit.

8. a) Suchen Sie Vor- und Nachteile für Freihandel und Autarkie.

   b) Was hat die Globalisierung der Märkte mit Autarkie und Freihandel zu tun?

9. »Erklärung über die Errichtung einer neuen Weltwirtschaftsordnung« von 1974:

   »Wir, die Mitglieder der Vereinten Nationen ... verkünden feierlich unsere gemeinsame Entschlossenheit, nachdrücklich auf die Errichtung einer neuen Weltwirtschaftsordnung hinzuwirken, die auf Gerechtigkeit, souveräner Gleichheit, gegenseitiger Abhängigkeit, gemeinsamem Interesse und der Zusammenarbeit aller

Staaten, ungeachtet ihres wirtschaftlichen und gesellschaftlichen Systems beruht, die Ungleichheiten behebt und bestehende Ungerechtigkeiten beseitigt, die Aufhebung der sich vertiefenden Kluft zwischen den entwickelten Ländern und den Entwicklungsländern ermöglicht und eine sich ständig beschleunigende wirtschaftliche und soziale Entwicklung in Frieden und Gerechtigkeit für heutige und künftige Generationen sicherstellt.«

a) Welche ökonomischen Entwicklungen sind angesprochen?

b) Beschreiben Sie, inwiefern der Text weit über ökonomische Fragen hinausgeht.

c) Prüfen Sie Anspruch und Realität dieser Erklärung.

10. Welche Konvergenzkriterien müssen erfüllt sein, damit einzelne Staaten die Einführung des Euro vornehmen können?
11. Stellen Sie dar, dass die EU mehr ist als nur eine Freihandelszone.
12. Welche Voraussetzungen sind notwendig, um Zollvorteile (Präferenzen) in Anspruch nehmen zu können?
13. Beschreiben Sie mithilfe von Merkmalen vorhandene Präferenzräume.
14. Klären Sie mithilfe eines Internetlexikons die Begriffe Ausgleichszoll, Wertzoll, spezifischer Zoll.
15. Ordnen Sie die folgenden staatlichen Maßnahmen bestimmten Handelsbeschränkungen zu und begründen Sie Ihre Zuordnung:
    - Einfuhrverbot von Rindfleisch,
    - Kennzeichnungspflicht von Elektronikartikeln,
    - Erhebung eines Zollsatzes für Textilien aus Taiwan,
    - Vernichtung von gefälschten Lacoste-Polohemden.
16. Stellen Sie Erfolge der Welthandelsorganisation WTO dar, die seit ihrer Arbeitsaufnahme 1995 im Bereich der Liberalisierung des Welthandels zu verzeichnen sind.
17. a) Erstellen Sie eine Aufstellung
    - der sechs bedeutendsten Exportgüter,
    - der sechs bedeutendsten Importgüter Deutschlands.

    b) Begründen Sie die jeweilige Bedeutung für den Wirtschaftsstandort Deutschland.
18. Welche Folgen hätte es für die deutsche Wirtschaft, wenn die Exportindustrie ihre internationale Wettbewerbsfähigkeit verlieren würde?
19. Welche Ziele können der Außenwirtschaftspolitik zugrunde liegen? Nennen Sie diese aus der Sicht Deutschlands.
20. Beurteilen Sie die Behauptung »Außenwirtschaftspolitik ist immer auch Innenpolitik«.

Kompetenzbereich IV – Entscheidungen im Rahmen einer beruflichen Selbstständigkeit treffen

IV

1 Motive der hauptberuflichen Selbstständigkeit beschreiben

Die Motive zum Aufbau einer beruflichen Selbstständigkeit sind vielfältig und hängen von der individuellen Situation des Existenzgründers ab.

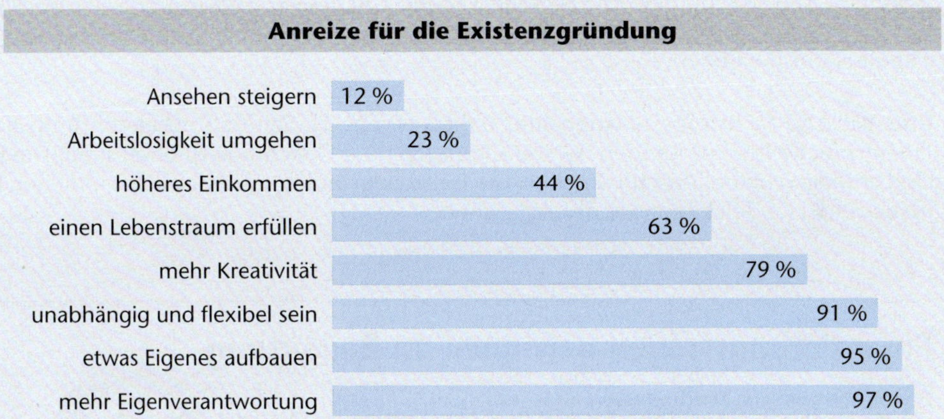

Quelle: http://www.dto-Research.de

Um die mit den Motiven verbundenen Ziele zu erreichen, ist vor allem eine gute Vorbereitung notwendig. Hierzu müssen zunächst folgende Punkte geklärt werden:

- **Selbstständigkeit: Ja oder Nein?** Die erforderlichen persönlichen und fachlichen Fähigkeiten sollten realistisch eingeschätzt und somit geprüft werden, ob man ein Unternehmertyp ist.
- **Chancen und Risiken der beruflichen Selbstständigkeit abschätzen**. Die Chancen einer Selbstständigkeit (z. B. Unabhängigkeit, Flexibilität, hohes Einkommen) sollten ebenso realistisch eingeschätzt werden wie mögliche Risiken (z. B. hohe Arbeitsbelastung und Verantwortung, möglicherweise langer Weg bis zum Erfolg).
- **Beraten und begleiten lassen.** Für Existenzgründer gibt es eine Fülle von Angeboten, sich beraten, fördern und coachen zu lassen, z. B. durch regionale Wirtschaftsförderungsgesellschaften, die Industrie- und Handelskammern und die Handwerkskammern, oder durch die Bundesagentur für Arbeit. Zudem gibt es zahlreiche Förderungsprogramme des Bundes, der Länder sowie der Europäischen Union, die Finanzhilfen für Existenzgründer vorsehen.
- **Business planen.** Die Geschäftsidee muss konkretisiert und deren Umsetzung vorbereitet werden. Ein wichtiges Hilfsinstrument stellt dabei der Businessplan dar, den ein Existenzgründer entwickeln muss, um z. B. Geldgeber von seiner Idee und deren Erfolg überzeugen zu können.

1.1 Anforderungen an eine Unternehmerpersönlichkeit

Ein Existenzgründer sollte sich detailliert Gedanken machen, ob die Selbstständigkeit wirklich seiner Persönlichkeit entspricht und ob die notwendigen fachlichen Voraussetzungen vorhanden sind.

persönliche Voraussetzungen	fachliche Voraussetzungen
Einsatz- und Risikobereitschaft	berufliche Qualifikation
Bereitschaft zum Tragen von Verantwortung	Erfahrung in der Branche
Bereitschaft zum Führen und Motivieren der Mitarbeiter	Kenntnis des Marktes, der Wettbewerber und der Kunden
Belastbarkeit	kaufmännisches Know-how
Rückhalt in der Familie	

Eine realistische Selbsteinschätzung hilft dabei, eigene Defizite zu erkennen und diese durch entsprechende Beratungen, Weiterbildungen oder Coachings zu beseitigen. Die folgende Grafik macht die Defizite deutlich, die Existenzgründer in Beratungsgesprächen bei Industrie- und Handelskammern gezeigt haben.

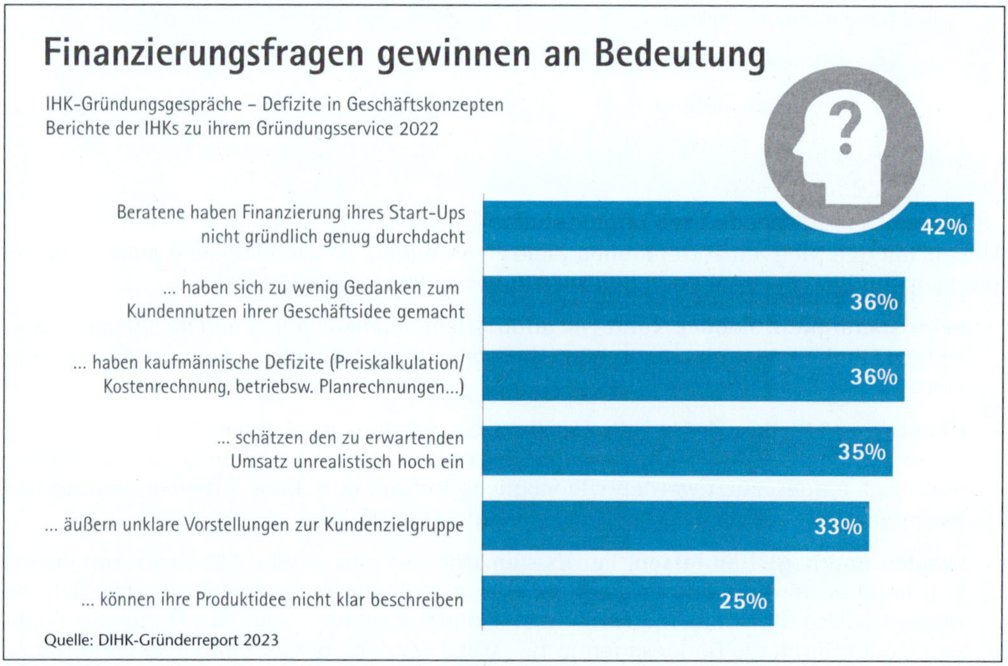

Im Internet gibt es eine Vielzahl von Tests, die eine Einschätzung der persönlichen Qualifikation erleichtern.

Beispiel

Sind Sie ein „Unternehmertyp"?

Die Checkliste hilft Ihnen dabei festzustellen, ob Sie ein „Unternehmertyp" sind oder nicht. Je öfter Sie mit „Ja" antworten, desto eher erfüllen Sie die Voraussetzungen für eine erfolgreiche Existenzgründung. Weitere Gründertests finden Sie unter www.existenzgruender.de.

	Eher ja	Eher nein
Antriebsstärke		
Sind Sie begeisterungsfähig?	∟	∟
Sind Sie entscheidungsfreudig?	∟	∟
Nehmen Sie Herausforderungen gern an?	∟	∟
Sind Sie hartnäckig, wenn es um Ihre Sache geht?	∟	∟
Unabhängigkeit		
Sind Sie jemand, der gern die Initiative ergreift?	∟	∟
Geht es Ihnen eher gegen den Strich, wenn Ihnen jemand sagt, was Sie zu tun haben?	∟	∟
Genießen Sie es, selber entscheiden zu dürfen?	∟	∟
Haben Sie eigene Ziele, die Sie erreichen wollen?	∟	∟
Risikobereitschaft		
Sind Sie ein optimistischer Mensch?	∟	∟
Sind Sie bereit, Risiken einzugehen, wenn Sie etwas erreichen wollen?	∟	∟
Kommen Sie gut über Frustrationen hinweg?	∟	∟
Hätten Sie als Unternehmer/-in Angst davor zu scheitern?	∟	∟
Sind Sie bereit, als Selbstständige/-r auf ein sicheres und regelmäßiges Einkommen zu verzichten?	∟	∟
Kreativität		
Fällt es Ihnen leicht, neue Ideen zu entwickeln?	∟	∟
Denken Sie: Es gibt für jedes Problem eine Lösung?	∟	∟
Finden Sie Routine auf Dauer langweilig?	∟	∟

	Eher ja	Eher nein
Kontakt		
Fällt es Ihnen leicht, mit fremden Menschen ins Gespräch zu kommen?	∟	∟
Können Sie sich gut gegen andere durchsetzen?	∟	∟
Übernehmen Sie gern Verantwortung?	∟	∟
Können Sie sich gut auf andere Menschen einstellen?	∟	∟
Können Sie andere begeistern?	∟	∟
Leistung		
Sind Sie ehrgeizig?	∟	∟
Sind Sie ein/-e disziplinierte/-r Arbeiter/-in?	∟	∟
Kommen Sie mit Stresssituationen gut zurecht?	∟	∟
Wären Sie bereit, als Selbstständige/-r 60 Stunden und mehr in der Woche zu arbeiten?	∟	∟

Auswertung

Für ein „eher ja" gibt es 1 Punkt, für ein „eher nein" 0 Punkte. Addieren Sie Ihre Punktzahl.

0 bis 10 Punkte

Sie sind wahrscheinlich nicht die geborene Unternehmerin oder der geborene Unternehmer. Wahrscheinlich sind Sie als Angestellte/-r zufriedener.

11 bis 20 Punkte

Das Ergebnis fällt für Sie nicht eindeutig aus. Die geborene Unternehmerin oder der geborene Unternehmer sind Sie wahrscheinlich nicht. Aber Sie zeigen schon eine ganze Reihe von Eigenschaften, die man als Unternehmer/-in gut gebrauchen kann.

21 bis 25 Punkte

Gratuliere: Sie scheinen viel von einer Unternehmerperson zu haben. Wenn Sie mit dem Gedanken spielen, sich tatsächlich selbstständig zu machen, sollten Sie sich gut über den Weg dorthin informieren.

In Zusammenarbeit mit: Prof. Dr. Günter F. Müller, Universität Koblenz-Landau

Quelle: Starthilfe: Der erfolgreiche Weg in die Selbständigkeit, Bundesministerium für Wirtschaft und Energie, August 2018

1.2 Chancen und Risiken der beruflichen Selbstständigkeit

Mit den Motiven zur Existenzgründung sind auch bereits die Chancen beschrieben, die mit einer Selbstständigkeit verbunden sein können. Denen stehen jedoch Risiken gegenüber, sodass der Sprung in die Selbstständigkeit immer das Ergebnis eines Abwägungsprozesses zwischen den Chancen und Risiken darstellen sollte.

Chancen der beruflichen Selbstständigkeit

▶ Umsetzung einer Geschäftsidee

In einer Umfrage der Kreditanstalt für Wiederaufbau (KfW) gab knapp die Hälfte der Gründer an, dass sie mit ihrer Selbstständigkeit die eigene Geschäftsidee realisieren wollen. Der Wunsch, sich damit selbst zu verwirklichen, sehen die Gründer als große Chance an.

▶ Unabhängigkeit

Die Chance, Dinge anders, besser oder schneller zu machen und sich dabei nicht reinreden zu lassen, ist für viele Menschen ein starkes Motiv für die berufliche Selbstständigkeit.

▶ Erzielung eines leistungsgerechten Einkommens

Ist die Geschäftsidee wirtschaftlich tragfähig, erwarten die Existenzgründer, dass die Geschäftsidee zu einem hohen und vor allem leistungsgerechten Einkommen führt.

▶ Wertschätzung in der Gesellschaft

Die klein- und mittelständischen Unternehmen genießen in der öffentlichen Wahrnehmung ein hohes Ansehen, da sie Arbeitsplätze schaffen und innovative Ideen verwirklichen. Nach den Daten des Bundesministeriums für Wirtschaft und Klimaschutz stellen mittelständische Unternehmen 55 % aller sozialversicherungspflichtigen Arbeitsplätze und 80 % der Ausbildungsplätze, sodass die Vielzahl der kleinen und mittleren Betriebe einen wichtigen Beitrag zur wirtschaftlichen Stabilität leisten.

Risiken der beruflichen Selbstständigkeit

▶ Hohe Verantwortung

Hohem Ansehen aufgrund des Schaffens von Arbeitsplätzen steht das Risiko gegenüber, Verantwortung für die Mitarbeiter und deren Familien zu tragen. Hinzu kommt die Verantwortung gegenüber der eigenen Familie, wenn die Selbstständigkeit scheitert.

▶ Arbeitsbelastung

Insbesondere in den ersten Geschäftsjahren ist die Arbeitsbelastung durch die Gründung, den Aufbau des Geschäftes sowie die Gewinnung und die Pflege von Kunden, den Aufbau von Lieferantenbeziehungen, die Sicherstellung der Liquidität und Finanzierung des Unternehmens usw. enorm hoch. Auch psychische Belastungen in der Gründungsphase, die nicht selten von Existenzängsten geprägt ist, sind möglich. Der Existenzgründer und seine Familie sollten sich daher bewusst sein, dass diese Belastungen auf sie zukommen könnten.

▶ Einkommens- und Vermögensverlust

Vor allem bei Existenzgründungen aus dem Angestelltenverhältnis heraus wird eine sichere Einkommenssituation durch eine unsichere abgelöst. Werden die geplanten Umsätze und Gewinne nicht erreicht, drohen Einkommens- und Vermögensverluste bis hin zur Insolvenz des Unternehmens.

▶ Verlust der sozialen Sicherung

Die Arbeitskraft des Existenzgründers ist sein wichtigstes Kapital. Kann der Existenzgründer durch Unfall oder Krankheit nicht mehr oder nur eingeschränkt arbeiten, droht die Selbstständigkeit zu scheitern. Häufig werden im Gründungsstress Maßnahmen zur sozialen Absicherung vergessen. Dabei ist es auch für den Selbstständigen notwendig, eine Kranken-, Unfall- und Berufsunfähigkeitsversicherung abzuschließen. Außerdem sollte der Existenzgründer Maßnahmen zur Altersvorsorge treffen, z.B. durch Abschluss einer privaten Rentenversicherung.

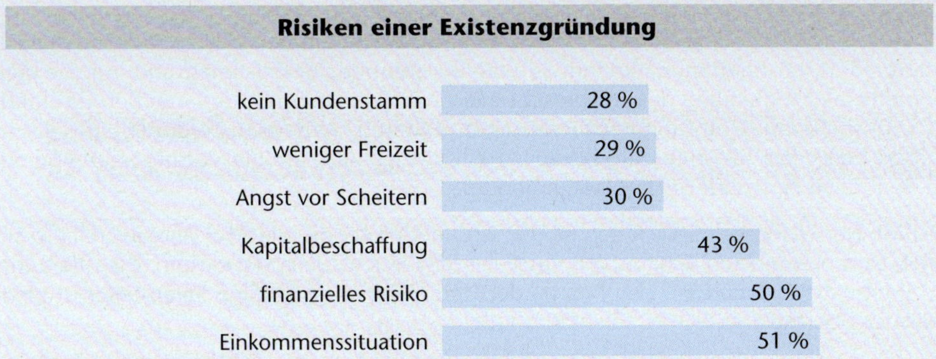

Quelle: DTO-Research

1.3 Beratungs- und Förderangebote für die berufliche Existenzgründung

Beratungsangebote und Starthilfen

▶ Industrie- und Handelskammern (IHK) und Handwerkskammern (HWK)

Die Kammern sind Ansprechpartner für Fragen rund um die Existenzgründung. Sie bieten eine betriebswirtschaftliche oder rechtliche Beratung an und führen Veranstaltungen speziell für Existenzgründer durch. Außerdem begutachten sie Businesspläne. Die Gutachten sind für anschließende Kreditgespräche bei Banken oder die Beantragung von Gründungszuschüssen im Rahmen von Förderprogrammen notwendig.

Beispiel: Die IHK Stuttgart bietet einen zweitägigen Workshop zur Buchhaltung für Existenzgründer an.

▶ Wirtschaftsförderung

Hierzu zählen meist landeseigene Wirtschaftsförderungsgesellschaften, die Existenzgründern u. a. Hilfe bei der Standortsuche, bei Bauvorhaben oder Lotsendienste durch die Verwaltung bieten.

Beispiel: Die Wirtschaft und Tourismus Villingen-Schwenningen GmbH unterstützt Existenzgründer bei der Suche nach geeigneten Gewerbeflächen im Raum Villingen-Schwenningen.

▶ Gründerzentren

Dabei handelt es sich um Standorte, die speziell Existenzgründern eine günstige Infrastruktur bieten. Günstige Mieten sowie Dienstleistungen wie Büroservices, Finanzierungshilfen oder Managementberatung werden in diesen Zentren den angesiedelten neuen Unternehmen angeboten. In Deutschland gibt es über 300 Innovations-, Technologie- und Gründerzentren.

Beispiel: Das Innovations- und Gründerzentrum Herne bietet auf 6.000 m² technologiebasierten Dienstleistern Nutzungsflächen für Büros, Labors und Werkstätten an. Die Unternehmen können außerdem Gemeinschaftseinrichtungen wie Tagungs- und Konferenzräume, Ausstellungsflächen und eine Post- und Telefonzentrale nutzen. Zu den ansässigen Unternehmen zählen u. a. Ingenieurbüros, IT-Dienstleister und Unternehmen aus der Mess- und Automatisierungstechnik.

▶ Gründermessen

In Deutschland finden regelmäßig regionale und überregionale Messen statt. Die Besucher erhalten dort Informationen und individuelle Beratungen zur Existenzgründung. Sie bieten ebenfalls die Möglichkeit des Austauschs zwischen Existenzgründern und bereits etablierten Unternehmen. Unternehmensberatungen, Banken, Wirtschaftsförderungsgesellschaften und Kammern zählen häufig zu den Ausstellern, bzw. bieten in Vorträgen und Seminaren den Existenzgründern Hilfestellungen an.

Beispiel: Der Freiburger Gründertag ist eine Gründermesse, die alle zwei Jahre in Freiburg stattfindet. Dort präsentieren sich rund 60 Aussteller mit ihren aktuellen Produkten, Dienstleistungen und Informationen rund um den Prozess der Unternehmensgründung. Veranstalter ist die IHK Südlicher Oberrhein.

■ Förderangebote

Bund und Länder bieten eine Vielzahl von finanziellen Förderprogrammen für die Unternehmensgründung an.

▶ Zuschüsse vor der Gründung

Einige Bundesländer bieten Zuschüsse zu Beratungskosten von Unternehmensberatungen an, die Existenzgründer bei der Gründungsplanung beraten. Andere Bundesländer haben sogenannte Lotsendienste eingerichtet, die Unternehmensgründer kostenfrei beraten.

Beispiel: Arbeitslosengeld II-Empfänger können bei der Bundesagentur für Arbeit einen Antrag auf komplette Übernahme der Kosten für Beratungsleistungen im Rahmen der Gründungsplanung stellen.

▶ Coaching nach der Gründung

Die Kreditanstalt für Wiederaufbau (KfW) hat ein Förderprogramm »Gründercoaching Deutschland« aufgelegt. Aus diesem Programm werden Zuschüsse zu Coachings gezahlt, die Existenzgründer innerhalb der ersten zwei Jahre durchführen, um die Herausforderung Selbstständigkeit besser bewältigen zu können. Es werden Zuschüsse bis zu 3.000 EUR gezahlt.

Beispiel: Ein Existenzgründer nimmt einen Unternehmensberater in Anspruch, um eine Marktanalyse durchzuführen und ein Vertriebskonzept zu erstellen. Die Kosten für den Unternehmensberater werden durch die KfW bezuschusst.

▶ Bundesagentur für Arbeit

Die Bundesagentur für Arbeit fördert Gründungen aus der Arbeitslosigkeit heraus. Das Ziel besteht darin, die Arbeitslosen wieder in den Arbeitsmarkt einzugliedern.

Beispiel: Arbeitslose, die sich selbstständig machen und noch mindestens 150 Tage Anspruch auf Arbeitslosengeld haben, können einen Gründungszuschuss beantragen. Die Bundesagentur für Arbeit zahlt für sechs Monate zusätzlich zum Arbeitslosengeld pauschal 300 EUR pro Monat für die soziale Absicherung des Existenzgründers.

■ Existenzgründungsfinanzierung

Zur Finanzierung der Selbstständigkeit ist Kapital nötig. Der Eigenkapitalanteil des Existenzgründers sollte bei mindestens 20 % liegen. Wird Fremdkapital benötigt, erfolgt dies in Form von Bankkrediten, Förderdarlehen oder Darlehen von Freunden oder der Familie.

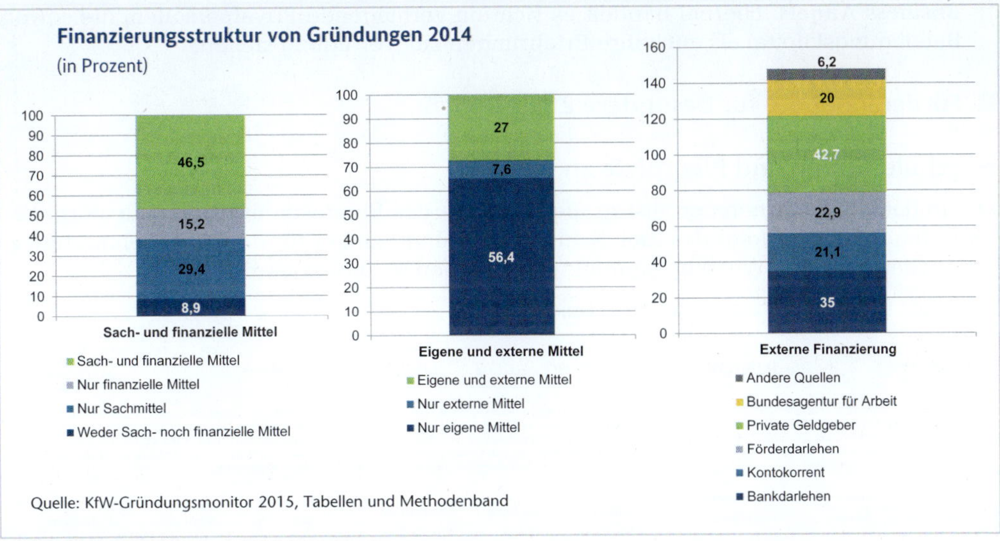

Zur Gründungsfinanzierung stellt der Bund Förderdarlehen über die KfW, Beteiligungskapital (über die mittelständischen Beteiligungsgesellschaften) und Bürgschaften (über die Bürgschaftsbanken) zur Verfügung.

▶ Förderdarlehen des Bundes und der Länder

Bei den Förderdarlehen gilt das Hausbankenprinzip, d.h., der Gründer muss die Fördermittel über seine Bank beantragen und kann nicht direkt bei der KfW ein Darlehen beantragen. Dabei handelt es sich um sogenannte ERP-Mittel. ERP steht für »European Recovery Program«, das 1948 als Wiederaufbau der deutschen Wirtschaft bereitgestellt wurde und heute zum Sondervermögen des Bundes zählt.

Hat der Gründer keine ausreichenden Sicherheiten, können Bürgschaftsbanken in den Bundesländern durch Bürgschaften und Zahlungsgarantien Sicherheiten für Kredite liefern.

Beispiel: Die Bürgschaftsbank Baden-Württemberg wurde von der Kreditwirtschaft und von Kammern und Verbänden gegründet. Sie ist in die Gewerbeförderung eingebunden und hat Bürgschaftsverträge mit baden-württembergischen Unternehmen in einer Höhe von rund 1,5 Mrd. EUR abgeschlossen.

▶ Beteiligungskapital

Als Beteiligungskapital bezeichnet man Eigenkapital, das dem Gründer von Beteiligungsgesellschaften oder privaten Geldgebern in der Regel ohne Sicherheiten zur Verfügung gestellt wird. Dieses Beteiligungskapital bezeichnet man daher auch als **Risiko-** bzw. **Wagniskapital** oder **Venturecapital**.

Zu den Risikokapitalgebern zählen:

- **Öffentlich geförderte mittelständische Beteiligungsgesellschaften.** Diese bieten Beteiligungen an, die speziell auf Gründer oder kleine Unternehmen zugeschnitten sind.
- **KfW Bankengruppe.** Diese beteiligt sich ebenfalls an kleinen und mittleren Unternehmen sowie an Gesellschaften, die ihrerseits Beteiligungskapital zur Verfügung stellen.
- **Banken und Venturecapital-Gesellschaften.** Da diese Gesellschaften gewinnorientiert arbeiten, vergeben sie Beteiligungskapital vor allem dann, wenn das Gewinnpotenzial sehr hoch ist.

– **Business Angels.** Hierbei handelt es sich um vermögende Privatpersonen, die sowohl Beteiligungskapital als auch ihre Erfahrungen zur Verfügung stellen.

Förderangebote für besondere Zielgruppen

▶ Schülerfirmen und Planspiele an Schulen

Die Initiative »Unternehmergeist in die Schulen« des Bundesministeriums für Wirtschaft und Klimaschutz verfolgt das Ziel, Schülerinnen und Schüler für das Unternehmertum zu interessieren, indem Wirtschaftsprojekte an Schulen gefördert werden.

Beispiele für Wirtschaftsprojekte an Schulen:

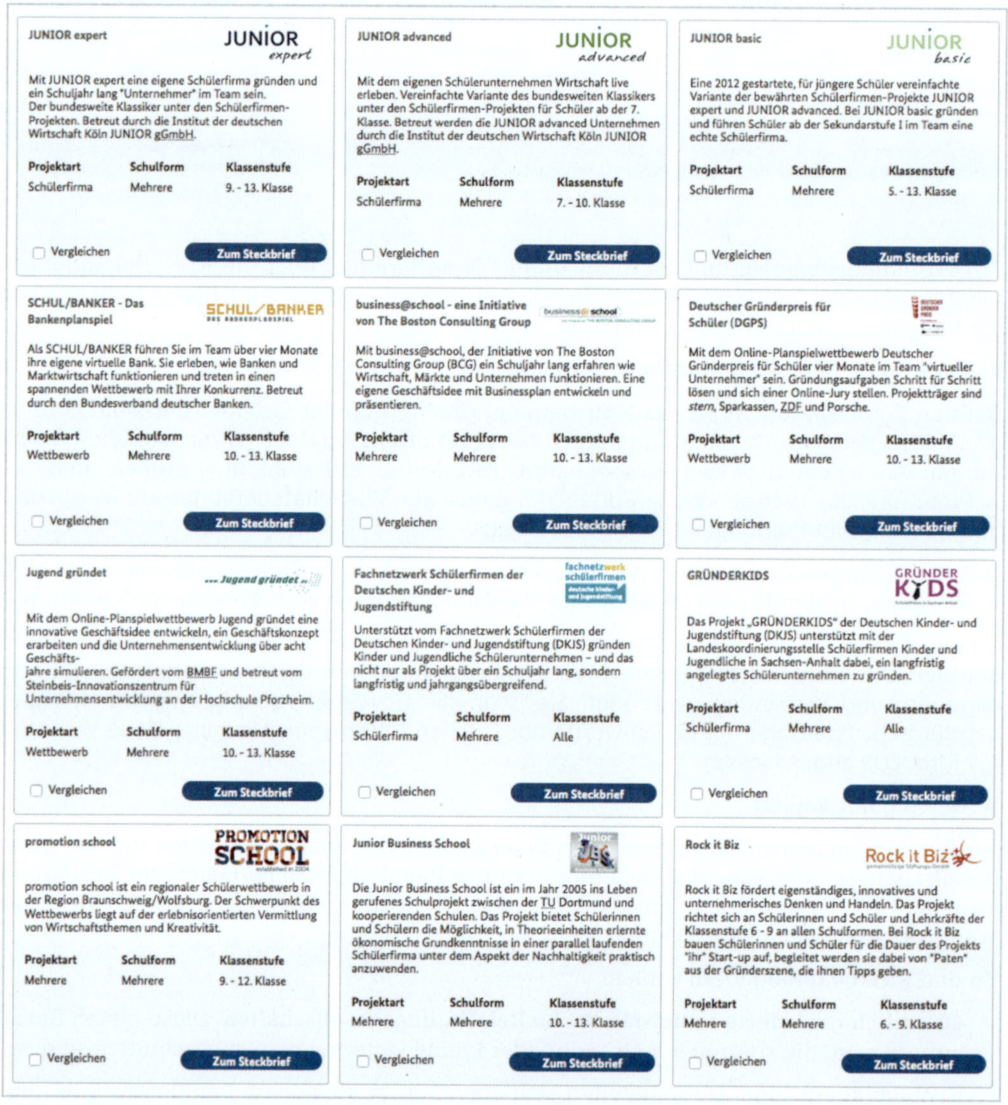

JUNIOR expert

Mit JUNIOR expert eine eigene Schülerfirma gründen und ein Schuljahr lang "Unternehmer" im Team sein. Der bundesweite Klassiker unter den Schülerfirmen-Projekten. Betreut durch die Institut der deutschen Wirtschaft Köln JUNIOR gGmbH.

Projektart	Schulform	Klassenstufe
Schülerfirma	Mehrere	9. - 13. Klasse

Vergleichen – Zum Steckbrief

JUNIOR advanced

Mit dem eigenen Schülerunternehmen Wirtschaft live erleben. Vereinfachte Variante des bundesweiten Klassikers unter den Schülerfirmen-Projekten für Schüler ab der 7. Klasse. Betreut werden die JUNIOR advanced Unternehmen durch die Institut der deutschen Wirtschaft Köln JUNIOR gGmbH.

Projektart	Schulform	Klassenstufe
Schülerfirma	Mehrere	7. - 10. Klasse

Vergleichen – Zum Steckbrief

JUNIOR basic

Eine 2012 gestartete, für jüngere Schüler vereinfachte Variante der bewährten Schülerfirmen-Projekte JUNIOR expert und JUNIOR advanced. Bei JUNIOR basic gründen und führen Schüler ab der Sekundarstufe I im Team eine echte Schülerfirma.

Projektart	Schulform	Klassenstufe
Schülerfirma	Mehrere	5. - 13. Klasse

Vergleichen – Zum Steckbrief

SCHUL/BANKER - Das Bankenplanspiel

Als SCHUL/BANKER führen Sie im Team über vier Monate ihre eigene virtuelle Bank. Sie erleben, wie Banken und Marktwirtschaft funktionieren und treten in einen spannenden Wettbewerb mit Ihrer Konkurrenz. Betreut durch den Bundesverband deutscher Banken.

Projektart	Schulform	Klassenstufe
Wettbewerb	Mehrere	10. - 13. Klasse

Vergleichen – Zum Steckbrief

business@school - eine Initiative von The Boston Consulting Group

Mit business@school, der Initiative von The Boston Consulting Group (BCG) ein Schuljahr lang erfahren wie Wirtschaft, Märkte und Unternehmen funktionieren. Eine eigene Geschäftsidee mit Businessplan entwickeln und präsentieren.

Projektart	Schulform	Klassenstufe
Mehrere	Mehrere	10. - 13. Klasse

Vergleichen – Zum Steckbrief

Deutscher Gründerpreis für Schüler (DGPS)

Mit dem Online-Planspielwettbewerb Deutscher Gründerpreis für Schüler vier Monate im Team "virtueller Unternehmer" sein. Gründungsaufgaben Schritt für Schritt lösen und sich einer Online-Jury stellen. Projektträger sind *stern*, Sparkassen, ZDF und Porsche.

Projektart	Schulform	Klassenstufe
Wettbewerb	Mehrere	10. - 13. Klasse

Vergleichen – Zum Steckbrief

Jugend gründet

Mit dem Online-Planspielwettbewerb Jugend gründet eine innovative Geschäftsidee entwickeln, ein Geschäftskonzept erarbeiten und die Unternehmensentwicklung über acht Geschäfts-
jahre simulieren. Gefördert vom BMBF und betreut vom Steinbeis-Innovationszentrum für Unternehmensentwicklung an der Hochschule Pforzheim.

Projektart	Schulform	Klassenstufe
Wettbewerb	Mehrere	10. - 13. Klasse

Vergleichen – Zum Steckbrief

Fachnetzwerk Schülerfirmen der Deutschen Kinder- und Jugendstiftung

Unterstützt vom Fachnetzwerk Schülerfirmen der Deutschen Kinder- und Jugendstiftung (DKJS) gründen Kinder und Jugendliche Schülerunternehmen – und das nicht nur als Projekt über ein Schuljahr lang, sondern langfristig und jahrgangsübergreifend.

Projektart	Schulform	Klassenstufe
Schülerfirma	Mehrere	Alle

Vergleichen – Zum Steckbrief

GRÜNDERKIDS

Das Projekt „GRÜNDERKIDS" der Deutschen Kinder- und Jugendstiftung (DKJS) unterstützt mit der Landeskoordinierungsstelle Schülerfirmen Kinder und Jugendliche in Sachsen-Anhalt dabei, ein langfristig angelegtes Schülerunternehmen zu gründen.

Projektart	Schulform	Klassenstufe
Schülerfirma	Mehrere	Alle

Vergleichen – Zum Steckbrief

promotion school

promotion school ist ein regionaler Schülerwettbewerb in der Region Braunschweig/Wolfsburg. Der Schwerpunkt des Wettbewerbs liegt auf der erlebnisorientierten Vermittlung von Wirtschaftsthemen und Kreativität.

Projektart	Schulform	Klassenstufe
Mehrere	Mehrere	9. - 12. Klasse

Vergleichen – Zum Steckbrief

Junior Business School

Die Junior Business School ist ein im Jahr 2005 ins Leben gerufenes Schulprojekt zwischen der TU Dortmund und kooperierenden Schulen. Das Projekt bietet Schülerinnen und Schülern die Möglichkeit, in Theorieeinheiten erlernte ökonomische Grundkenntnisse in einer parallel laufenden Schülerfirma unter dem Aspekt der Nachhaltigkeit praktisch anzuwenden.

Projektart	Schulform	Klassenstufe
Mehrere	Mehrere	10. - 13. Klasse

Vergleichen – Zum Steckbrief

Rock it Biz

Rock it Biz fördert eigenständiges, innovatives und unternehmerisches Denken und Handeln. Das Projekt richtet sich an Schülerinnen und Schüler und Lehrkräfte der Klassenstufe 6 - 9 an allen Schulformen. Bei Rock it Biz bauen Schülerinnen und Schüler für die Dauer des Projekts "ihr" Start-up auf, begleitet werden sie dabei von "Paten" aus der Gründerszene, die ihnen Tipps geben.

Projektart	Schulform	Klassenstufe
Mehrere	Mehrere	6. - 9. Klasse

Vergleichen – Zum Steckbrief

▶ Existenzgründungen aus der Wissenschaft

»EXIST« ist ein Förderprogramm für Studierende, Absolventen und Wissenschaftler. Diese sollen bei technologieorientierten Gründungsvorhaben unterstützt werden.

© Syda Productions – Fotolia.com

EXIST-Gründerstipendium

© tiero – Fotolia.com

EXIST-Forschungstransfer

Das EXIST-Gründerstipendium fördert Gründungsvorhaben aus der Wissenschaft, während der EXIST-Forschungstransfer notwendige Entwicklungsarbeiten zum Nachweis der technischen Machbarkeit forschungsbasierter Gründungsideen sowie Vorbereitungen für den Unternehmensstart fördert.

1.4 Vorbereitung der Existenzgründung mithilfe eines Businessplans

Der **Businessplan** ist eine zusammenfassende Darstellung des Gründungsvorhabens. Er beinhaltet die **Geschäftsidee** sowie **Strategien** und **Ziele** zur erfolgreichen Umsetzung des Gründungsvorhabens.

Der Businessplan enthält ebenfalls ein Konzept zur Finanzierung und bietet eine Gewinnprognose in Form einer Rentabilitätsvorschau.

Mit dem Businessplan sollen vor allem potenzielle Geldgeber, aber auch Kunden, Lieferanten und Mitarbeiter angesprochen werden. Auch für den Existenzgründer selbst ist der Businessplan sinnvoll, da er hilft, die Geschäftsidee in eine strukturierte Form zu überführen und der Gründer quasi gezwungen ist, konkret zu planen, wie seine Idee zum Erfolg werden könnte.

Die folgende Tabelle zeigt einen möglichen Aufbau eines Businessplans, verbunden mit Hinweisen zur Erarbeitung der Inhalte*:

Kapitel	Inhalt	Hinweise/Tipps
Zusammenfassung	Hier werden kurz und übersichtlich die Argumente dargestellt, um die Kapitalgeber und Geschäftspartner von der Geschäftsidee zu überzeugen. Außerdem sollte erläutert werden, warum man sich mit diesem Vorhaben selbstständig machen möchte.	Die Zusammenfassung sollte nicht länger als zwei Seiten sein. Sie steht am Anfang des Businessplans, wird aber erst dann geschrieben, wenn der Businessplan fertig ist.

* Vgl. Broschüre Starthilfe: Der erfolgreiche Weg in die Selbständigkeit, herausgegeben vom Bundeswirtschaftsministerium für Wirtschaft und Energie, August 2018

Kapitel	Inhalt	Hinweise/Tipps
Geschäftsidee	Hier muss klar und präzise hervorgehen, was der Existenzgründer überhaupt tun will. Ebenso müssen hier die kurz- und langfristigen Unternehmensziele beschrieben werden.	Besonders herausgearbeitet werden muss das Alleinstellungsmerkmal der Geschäftsidee: Was kann man besser machen als der Wettbewerber? Worin bestehen Unterschiede zu bisherigen Angeboten am Markt? Wie lässt sich die Geschäftsidee weiterentwickeln?
Produkt/ Dienstleistung	Das Produkt bzw. die Dienstleistung sollte mit einfachen Worten beschrieben werden, insbesondere technologieorientierte Dienstleistungen oder Produkte sollten verständlich beschrieben sein, sodass die Geldgeber verstehen, worum es geht.	Fachausdrücke, Formeln oder technische Details sind zu vermeiden. Fotos oder Zeichnungen können komplexe Produkte oder Dienstleistungen veranschaulichen. Vorhandene Patente, Rechte, Lizenzen oder Verträge sollten im Anhang des Businessplans beigefügt sein.
Marktanalyse		
– **Konkurrenz**	Die wichtigsten Konkurrenten sind aufzuführen.	Hilfreich ist eine Recherche im Internet. Konkurrenten können auch Unternehmen mit ähnlichen Angeboten sein.
– **Kunden**	Hier sollten potenzielle Kunden für das Angebot genannt und das Produkt oder die Dienstleistung aus Sicht der Kunden beschrieben werden, sodass deutlich wird, warum Kunden gerade dieses Produkt kaufen sollten.	Welcher Nutzen wird geboten? Hierzu sind Vergleiche mit Wettbewerbsprodukten wichtig. Ergänzende Recherchen zur möglichen Entwicklung des Marktes sind ebenfalls notwendig, hier könnten Banken, Kammern und Verbände der jeweiligen Branche weiterhelfen.
Standort	Die Standortwahl ist ausführlich zu begründen. Sie kann entscheidend für den Unternehmenserfolg sein. Die Vor- und Nachteile des Standortes und eventuelle Alternativen sollten dargestellt werden.	Es existiert eine Vielzahl gewerbe- und baurechtlicher Verordnungen und Gesetze, die zum Teil nicht bundeseinheitlich geregelt sind. Hier helfen das Bauplanungsamt und die Kammern vor Ort weiter.
Marketing	Die Marketingstrategie muss klar beschrieben werden. Es ist deutlich zu machen, wodurch sich das Angebot von der Konkurrenz abhebt, welches Preissegment man anstrebt und wie man Kunden werblich anspricht und davon überzeugt, das eigene Produkt und nicht das der Konkurrenz zu kaufen.	– Welchen besonderen Nutzen hat das Angebot für die Kunden (z. B. ein besonderer Service oder Ersatzteildienst)? – Wie hoch ist der Preis (z. B. besonders günstiger Preis durch niedrige Kosten im Unternehmen oder hoher Preis aufgrund besonderer Qualität)?

Kapitel	Inhalt	Hinweise/Tipps
Marketing (Fortsetzung)		– Über welchen Vertriebsweg werden die Kunden erreicht? – Mithilfe welcher Werbemaßnahmen werden die Kunden informiert?
Unternehmensorganisation		
– **Unternehmensführung**	Abhängig von der Größe des Gründungsvorhabens sollte beschrieben werden, welche Aufgabe bzw. welche Rolle jeder Beteiligte im Unternehmen hat, z. B. Geschäftsführer, Marketingbeauftragter, Vertriebsbeauftragter, Gesellschafter usw.	
– **Gründerperson**	Der Gründer sollte seine berufliche Erfahrung und sein unternehmerisches, technisches oder kaufmännisches Know-how beschreiben bzw. realistisch einschätzen.	
– **Mitarbeiter**	Hier ist zu erläutern, wie viele und welche Mitarbeiter für die Bewältigung der anfallenden Aufgaben benötigt werden.	Welche verschiedenen Arbeitsverhältnisse (Vollzeit-, Mini-, befristeter Job u. a.) kommen für die Mitarbeiter während der unternehmerischen Startphase infrage?
– **Rechtsform**	Die geeignete Rechtsform des Unternehmens sowie die Gesellschafterverhältnisse sind zu beschreiben und zu begründen.	– Wie viele Personen sollen Verantwortung übernehmen? – Soll die Haftung beschränkt werden? – Welche Rechtsform ist in der Branche üblich? – Wie hoch ist der Kapitaleinsatz?
Chancen/Risiken	Die Chancen und Risiken des Gründungsvorhabens sowie des zukünftigen Unternehmens sind darzustellen.	– Worst-case- und Best-case-Betrachtungen anstellen – Bewertung der Wahrscheinlichkeiten für das Eintreten der Chancen und Risiken – Wie kann auf Risiken reagiert werden, z. B. durch Kostenreduktion, Angebotsanpassung, Erschließung neuer Märkte etc.?
Finanzierung	Der Finanzplan ist ein wesentlicher Bestandteil des Businessplans. Er besteht aus dem/der – Kapitalbedarfsplan, – Finanzierungsplan, – Liquiditätsplan, – Ertragsvorschau/Rentabilitätsrechnung.	Zwar können Zahlen hier nicht exakt vorhergesagt werden, trotzdem ist eine realistische Einschätzung notwendig, Kammern oder Branchenverbände können bei der Einschätzung helfen.

Kapitel	Inhalt	Hinweise/Tipps
Kapitalbedarfsplan	Der Kapitalbedarfsplan zeigt, wie viel Kapital für Anschaffungen und die unternehmerische Startphase innerhalb der ersten 6 – 12 Monate benötigt wird.	Es sind Reserven für unvorhergesehene Ausgaben und Kosten der privaten Lebensführung zu berücksichtigen.
Finanzierungsplan	Hier ist das Eigen- und Fremdkapital anzugeben.	– Welcher Investitionsanteil muss über Kredite abgedeckt werden? – Welche öffentlichen Förderprogramme kommen infrage? – Die Laufzeiten der Kredite sollten mit dem Liquiditätsbedarf übereinstimmen.
Liquiditätsplan	Dieser gibt an, inwiefern die Zahlungsfähigkeit sichergestellt werden kann, indem für die ersten drei Jahre den zu erwartenden Einnahmen die Ausgaben gegenübergestellt werden.	– Zur Begründung der Zahlen können Branchendaten zur Zahlungsmoral der Kunden vorgelegt werden. – Es muss erläutert werden, wie lange es dauert, bis Gewinne gemacht werden. – Wie kann die Zeit finanziell überstanden werden, bis die Gewinnzone erreicht wird? – Dabei sind evtl. unterschiedliche Laufzeiten von Krediten zu berücksichtigen. Außerdem ist mit erheblichen Mehrbelastungen zu rechnen, wenn bei öffentlichen Förderdarlehen die tilgungsfreie Zeit vorbei ist.
Ertragsvorschau/ Rentabilitätsrechnung	In der Ertragsvorschau muss deutlich werden, ob sich die Existenzgründung lohnt.	– Werden die Umsätze höher sein als die Kosten? – Welche Umsätze werden mit welchem Produkt gemacht? – Die Zahlen müssen realistisch und nachvollziehbar sein.

Zusammenfassende Übersicht zu Kapitel 1: Motive der hauptberuflichen Selbstständigkeit beschreiben

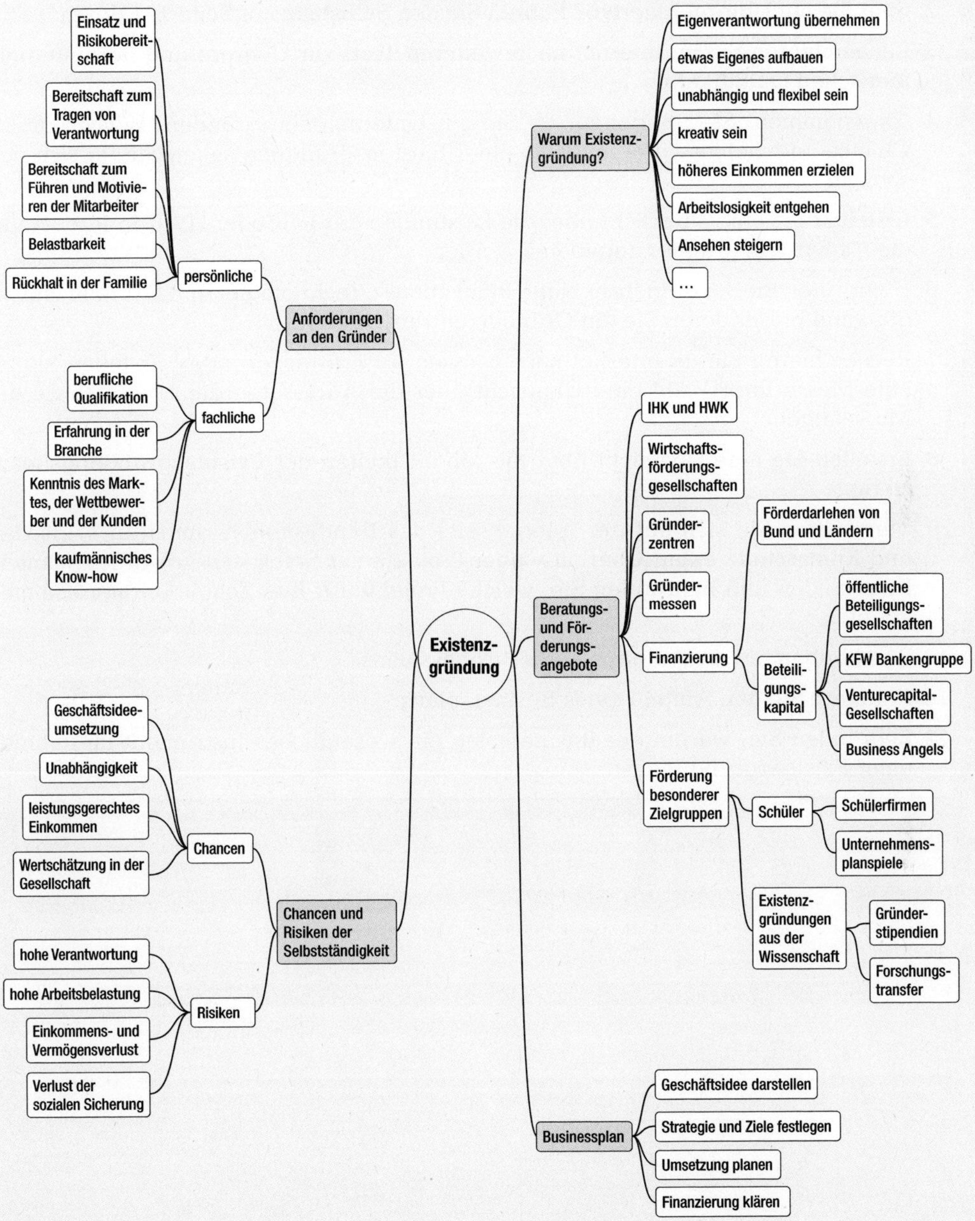

▶ Aufgaben

1. Entwickeln Sie Vorschläge, wodurch die Defizite, die häufig bei Existenzgründern auszumachen sind (Grafik Seite 180) behoben werden können.
2. Sind Sie ein Unternehmertyp? Führen Sie den Selbsttest auf Seite 181 durch.
3. Recherchieren Sie im Internet nach weiteren Tests zur Überprüfung der unternehmerischen Qualifikation.
4. Angenommen, Sie überlegen, ob Sie ein Unternehmen gründen. Welche größte Chance und welches größte Risiko einer Existenzgründung sehen Sie für sich persönlich?
5. Erstellen Sie eine Übersicht über die Leistungen der IHK oder HWK in Ihrer Nähe, die für Existenzgründer angeboten werden.
6. Überprüfen Sie, ob es in Ihrer Nähe Innovations-, Technologie- und Gründerzentren gibt, und präsentieren Sie ein Gründerzentrum Ihrer Wahl.
7. Recherchieren Sie im Internet nach Messen für Existenzgründer. Erstellen Sie für eine Messe Ihrer Wahl eine Übersicht über die Adressaten der Messe sowie das Messeangebot.
8. Erstellen Sie eine Übersicht über die Möglichkeiten der Existenzgründungsfinanzierung.
9. Verschaffen Sie sich auf der Internetseite des Bundesministeriums für Wirtschaft und Klimaschutz einen Überblick über Projekte zur Selbstständigkeit an Schulen. Entscheiden und begründen Sie, welche Projekte für Ihre Schule infrage kommen könnten.
10. Beschreiben Sie die Aufgabe eines Businessplans.
11. Erläutern Sie den Aufbau eines Businessplans.
12. Begründen Sie, warum der Businessplan ein wesentliches Instrument im Rahmen einer Existenzgründung ist.

2 Standortfaktoren erläutern

Der richtige **Standort** ist oft entscheidend für die Lebensfähigkeit eines Unternehmens. Er bestimmt die Umsatzhöhe und die erzielbaren Preise, aber auch die Kosten für die Leistungen und damit den Gewinn. Groß- und Außenhandelsbetriebe sind bei der Standortentscheidung grundsätzlich frei **(freier Standort).** Dagegen sind viele Industriebetriebe bei der Standortwahl festgelegt **(gebundener Standort).** Dies gilt besonders für Betriebe der Urproduktion oder für Betriebe der Mineralölindustrie.

Der optimale Standort für das Unternehmen ergibt sich dort, wo der **größtmögliche Gewinn** als Unterschied zwischen standortbedingten Erträgen und standortbedingten Aufwendungen erwartet werden kann.

Bei der Entscheidung für den **Standort eines Unternehmens** kann eine Vielzahl von Faktoren eine Rolle spielen. Es wird zwischen »weichen« und »harten« Standortfaktoren unterschieden:

Die Wahl des Standortes	
harte Standortfaktoren	**weiche Standortfaktoren**
– **Verkehrsanbindung** – **Nähe** zu den Absatzmärkten – **Verfügbarkeit** über qualifizierte **Mitarbeiter** – **Verfügbarkeit** über und **Kosten** von **Büro-, Lager- und Verkaufsflächen** – **Beschaffungsmöglichkeiten**	– **Image der Region** oder der **Kommune** – **Wohnen und Wohnumfeld** in der Region/Kommune – **Kulturangebot** – **Verbundenheit** des Entscheidungsträgers mit der **Region/Kommune**
– messbar – objektive Bewertung liefert die Entscheidungsgrundlage – Überprüfbarkeit der Auswirkungen	– kaum messbar – persönliche Einschätzung liefert die Entscheidungsgrundlage – Auswirkungen nachträglich nur schwer überprüfbar

Aus den bewertbaren und überprüfbaren Faktoren sollen die harten Standortfaktoren für den Groß- und Außenhandelsbetrieb näher erläutert werden.

Standortfaktoren Orientierungsmerkmale	Bezeichnung des Standortes	Beispiele
Verkehrsanbindung Bindung an die Verkehrsnetze von Schiene, Straße und Wasser sowie im Luftverkehr	verkehrsorientierter Standort	Kohlekraftwerke, Stahlwerke, Raffinerien
Nähe zu den Absatzmärkten Kundennähe	– konsumorientierter Standort – absatzorientierter Standort	– Kaufhäuser – Zulieferindustrie
Verfügbarkeit von Mitarbeitern (quantitativ/qualitativ) Bindung an Arbeitnehmer	arbeits- und lohnorientierter Standort	Betriebe mit hoher Beschäftigtenzahl oder mit Bedarf an Spezialkräften (feinmechanische, optische Industrie)

Verfügbarkeit und Kosten von Büro-, Lager- und Verkaufsflächen Bindung an regionale Kostenvorteile und an die Gewährung von Vorteilen durch den Bund, die Länder und Kommunen und durch die Europäische Union (Subventionen, Steuervorteile, verbilligte Betriebsgrundstücke)	– gesamtwirtschaftlich orientierter Standort – umweltorientierter Standort	– Betriebsansiedlung in strukturschwachen Gebieten – Betriebsaussiedlung aus Ballungsräumen wegen Umweltgefährdung
Beschaffungsmöglichkeiten Bindung an den Standort rohstoffgewinnender Betriebe	beschaffungsorientierter Standort	Obst- und Gemüse-Großhandel, Stahl-Großhandel

Mit der Attraktivität des Standortes für die Ansiedlung von Industrie- und Handelsbetrieben werben die Kommunen und Regionen ebenso wie die Bundesländer.

Jährlich werden umfangreiche Statistiken erstellt, um auch weltweit die Länder als Standorte zu vergleichen. Nach einer neueren Studie erreicht Deutschland dabei neben den USA und den aufstrebenden Volkswirtschaften Asiens eine sehr gute Position. Begründet wird dies mit einer sehr guten Infrastruktur, der hohen Qualität der Mitarbeiter, mit hervorragenden Telekommunikationssystemen und der hohen Lebensqualität in Deutschland.

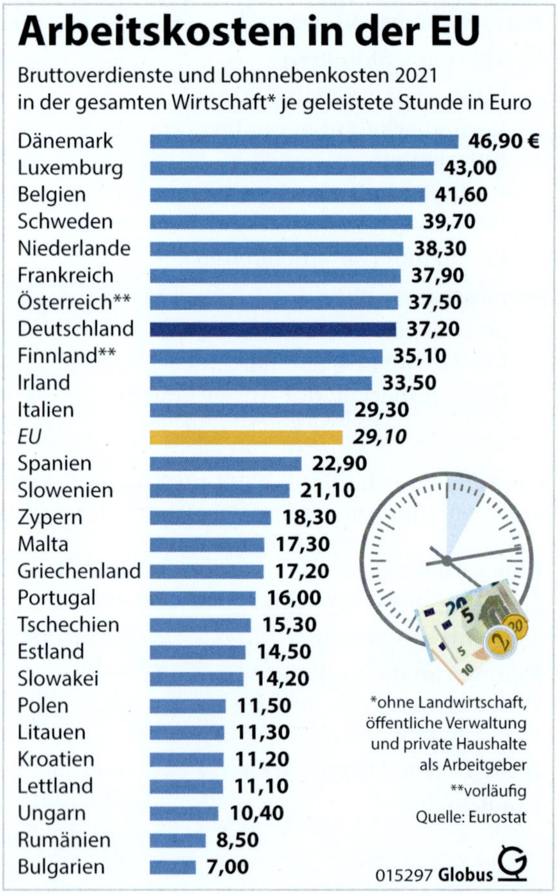

Unternehmen können die Ergebnisse solcher Studien heranziehen, wenn es um die Frage der internationalen Standortwahl geht.

Bei der Standortwahl des Unternehmens wird die Entscheidung zunehmend auch auf Alternativen im Ausland ausgeweitet. Vor allem hohe Arbeitskosten werden als ein deutliches Argument für eine Verlagerung ins europäische oder überseeische Ausland genannt. Außerdem gilt es zu klären, wie die gegenwärtigen und absehbaren zukünftigen politischen Verhältnisse im Standortland sind.

Neben dieser grundsätzlichen Überlegung hängt die Standortfrage wesentlich davon ab, ob die Kunden oder die Lieferanten im Ausland ansässig sind.

Befinden sich die Lieferanten überwiegend im Ausland, hat das Unternehmen die Möglichkeit, die Kosten des Transportes zu beeinflussen und damit gegenüber seinen Konkurrenten die Wettbewerbsfähigkeit zu erhöhen.

Um die Entscheidung einer Standortwahl zu untermauern, bedient man sich verschiedener Hilfsmittel. Eine Entscheidungsgrundlage können die Ergebnisse aus einer **Nutzwertanalyse** sein. Dazu wird zunächst eine **Nutzwerttabelle** erstellt.

Die Durchführung einer Entscheidungsbewertung wird im Folgenden dargestellt.

Vorgehensweise zur Ermittlung des optimalen Standortes:

1. Schritt: Festlegung geeigneter Standortfaktoren.

2. Schritt: Erstellung einer Tabelle.

3. Schritt: Gewichtung der Standortfaktoren im Vergleich (Spalte B). Dabei kann eine Skala von 0 (geringster Wert) bis 100 (höchster Wert) gewählt werden. Die Summe aller Gewichtungspunkte ergibt 100. Die Abstufung erfolgt in 5er-Schritten.

4. Schritt: Festlegung der Rangfolge für die einzelnen Standorte, bezogen auf einen Standortfaktor (Spalten C, E, G). Die Rangpunkte können frei gewählt werden. Der jeweils beste Standort für ein Kriterium erhält die höchste Punktzahl.

5. Schritt: Multiplikation der Gewichtung für die Standortfaktoren mit dem jeweiligen Rang (Spalten D, F, H).

6. Schritt Summenbildung und Entscheidung. Der Standort mit der höchsten Punktzahl erhält den Zuschlag.

Beispiel: Ein Unternehmen des Obst- und Gemüse-Import-Großhandels bereitet die Entscheidung für eine mögliche Verlagerung des bisherigen Standortes vor. Zur Auswahl stehen die folgenden Standorte:

- Offenburg in Südbaden als bisheriger Standort.
- Almeria in Südspanien; inmitten der großen Anbaugebiete Südspaniens.
- Neu-Isenburg bei Frankfurt/Main, mit direkter Anbindung an den Frankfurter Flughafen.

	A	B	C	D	E	F	G	H
1	**Standortfaktor**		**Offenburg**		**Almeria**		**Neu-Isenburg**	
2 3		**Gewichtung (G)**	**Rang (R)**	**G · R**	**Rang (R)**	**G · R**	**Rang (R)**	**G · R**
4	**Verkehrs-anbindung**	25	1	25	2	50	3	75
5	**Nähe zu Absatzmärkten**	30	2	60	1	30	3	90
6	**Verfügbarkeit qualifizierter Mitarbeiter**	10	3	30	1	10	2	20
7	**Büro-, Lager-, Verkaufsflächen**	20	2	40	3	60	1	20
8	**Beschaffungs-möglichkeiten**	15	1	15	3	45	2	30
9	**Summe**	100		170		195		235

Ergebnis: Infolge der Ergebnisse der Nutzwerttabelle kommt der Standort Neu-Isenburg infrage. Unberücksichtigt bleiben bei der Entscheidung allerdings die weichen Standortfaktoren.

Zusammenfassende Übersicht zu Kapitel 2: Standortfaktoren erläutern

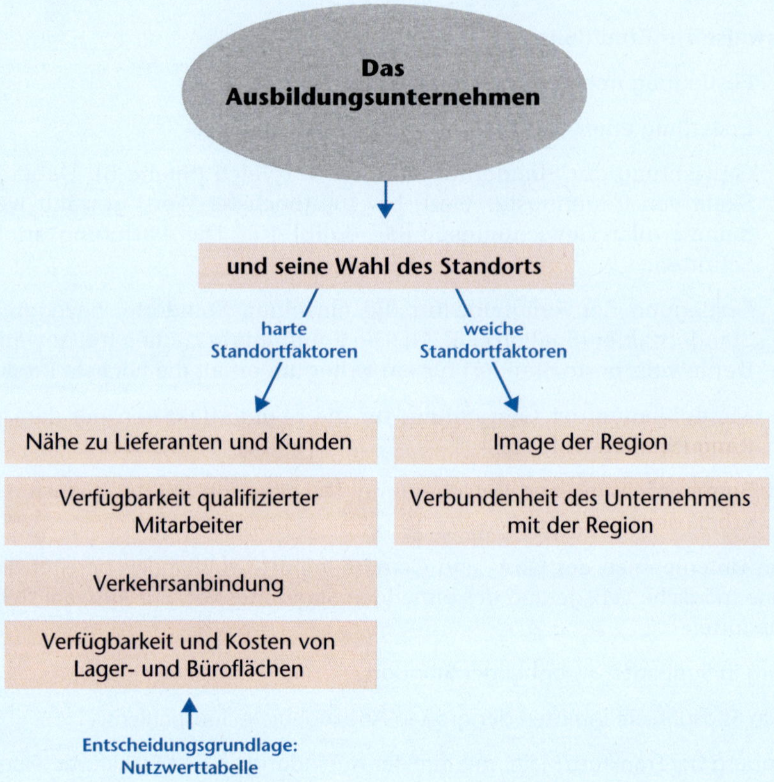

▶ Aufgaben

1. a) Ermitteln Sie mithilfe des Internets, wo in Deutschland Großhandelsunternehmen verschiedener Branchen ihre Standorte haben.

   b) Erstellen Sie eine Landkarte der Großhandelsunternehmen.

   c) Erklären Sie mögliche Gründe für die jeweilige Standortwahl.

   Führen Sie Ihre Untersuchung für folgende Branchen durch:

   – Stahlgroßhandel,

   – Lebensmittelgroßhandel,

   – …

2. »Das Freizeitangebot hat für die Standortwahl von Unternehmen, die hohe Ansprüche an die Qualifikation ihrer Mitarbeiter stellen, größeres Gewicht als wirtschaftliche Standortfaktoren«. Zu diesem Ergebnis kam eine Studie des Kommunalverbandes Ruhrgebiet. Begründen Sie diese Aussage und geben Sie Beispiele.

3. Die Bedeutung von Standortfaktoren kann sich im Laufe der Jahre verändern. Frühere Standortvorteile können zu Standortnachteilen werden. Zeigen Sie diesen Zusammenhang an einem Beispiel eines Handelsunternehmens.

4. »Chancen des Wirtschaftsstandorts Deutschland«

   (Auszüge aus: Peter Nunnenkamp, Schreckgespenst Globalisierung)

   »[...] Für die wirtschaftliche Zukunft Deutschlands ist letztlich entscheidend, ob die Anpassungszwänge (Anm.: infolge weltweit forcierter Arbeitsteilung) durch wirtschaftlichen Strukturwandel erfolgreich gemeistert werden. Die andauernden Arbeitsmarktprobleme deuten darauf hin, dass dies bisher nicht gelungen ist.

   [...] Kaum zu bestreiten ist der Tatbestand des ›Hochlohnlandes‹.

   [...] Die Wirtschaftspolitik wird zwar in verschiedener Hinsicht diszipliniert; so ist Kapital nur noch beschränkt besteuerbar, weil dieser Produktionsfaktor mobiler geworden ist. [...] Die Wirtschaftspolitik hat jedoch verschiedene Instrumente zur Hand, um die gesamtwirtschaftliche Kapitalbildung zu fördern.

   [...] Es geht dabei nicht nur um Sachkapital, sondern auch um technologische Fertigkeiten und Humankapital. All diese Aspekte der Kapitalbildung können wirtschaftspolitisch gestaltet werden. [...]«

   a) Welche Standortprobleme werden in diesen Textauszügen angesprochen?

   b) Stellen Sie Lösungsansätze des Staates dar, um die genannten Probleme zu beseitigen.

   c) Ermitteln Sie spezielle Standortprobleme
      - innerhalb Deutschlands,
      - im Vergleich Deutschlands zu angrenzenden europäischen Ländern.

5. Unter dem Stichwort »Standortanalyse« werden die folgenden Standortfaktoren als bedeutsam bei der Entscheidung für einen Unternehmensstandort genannt:

   - Kundennähe
   - Verkehrslage
   - Energieversorgung
   - Umweltschutz
   - Fachkräfte
   - Geschäftslage
   - Bedarf am Standort
   - Sozialräume
   - Erweiterungsmöglichkeiten
   - Kundenparkplätze
   - Infrastruktur, allgemein
   - geringe Kosten, allgemein
   - Gewerbesteuer
   - repräsentative Räume
   - Materialversorgung
   - Zulieferer
   - Bodenbeschaffenheit
   - Umbau

   (Quelle: https://www.unternehmerinfo.de/gruendung/standortanalyse/)

   a) Klären Sie die Inhalte der Standortfaktoren und bringen Sie diese in eine Rangfolge. Stellen Sie diese Rangfolge dar und begründen Sie Ihre Aufstellung.

   b) Führen Sie ein entsprechendes »Ranking« der obigen Standortfaktoren durch nach deren Bedeutung für die Standortauswahl
      - eines Einzelhandelsbetriebes für Haushaltsgeräte;
      - eines industriellen Herstellers für Baustoffe.

   c) Stellen Sie mindestens fünf Informationsquellen dar, die bei der Entscheidungsfindung für einen Unternehmensstandort im Einzelhandel wichtige Informationen liefern können.

6. Führen Sie einen Standortvergleich mithilfe einer Nutzwerttabelle (Seite 195) durch. Entscheiden Sie sich anschließend begründet für einen Standort, indem Sie mindestens fünf Argumente formulieren.

Die Reuss und Kleinn GmbH vertreibt als Großhändler Bauteile für die Elektronikindustrie. Das Unternehmen liefert schon seit langer Zeit an namhafte deutsche Computerhersteller. Die Reuss und Kleinn GmbH sieht nun eine Möglichkeit, Platinen selbst zu produzieren. Dazu sollen Fertigteile unterschiedlicher Hersteller beschafft und anschließend die Platinen im Hause selbst gefertigt werden. Gleichzeitig soll für diesen Bereich eine eigene Entwicklungsabteilung aufgebaut werden. Aufgrund einer internen Analyse und nach einer Umfrage unter den möglichen Abnehmern hat man sich für die Aufnahme der Fertigung und den Vertrieb der Platinen entschieden. Für die Wahl der Produktionsstätte werden mehrere Standorte geprüft.

Der bisherige Standort im Westfälischen Raum:

Die Gemeinde (1.800 Einwohner, Zentrum mehrerer zusammengelegter Landgemeinden) hat die ausgewiesenen Gewerbegebiete erweitert. Auf eine Ansiedlung von Unternehmen unterschiedlicher Branchen wird in den nächsten Jahren gehofft, der Landrat verhehlt jedoch nicht, dass die Strukturen sehr ländlich geprägt sind. Die Grundstückspreise und die steuerlichen Abgaben sind im überregionalen Vergleich sehr günstig. Das Wohnumfeld ist in der Region sehr ländlich geprägt. Die Bevölkerung lebt jedoch in Ruhe und ohne Lärm- und Geräuschbelästigung. Deshalb lobt der geschäftsführende Gesellschafter Hajo Reuss auch das Lebensgefühl, das er seit seiner frühen Kindheit hier empfunden hat. Außer den allgemeinbildenden Schulen und dem in 20 Kilometern Entfernung befindlichen Berufsschulzentrum gibt es wenige berufliche Ausbildungsstätten. Die Nahverkehrsverbindungen werden durch ein privates Linienbusnetz aufrechterhalten. Die Belegschaft der Reuss und Kleinn GmbH besteht seit Jahren aus kompetenten und dem Unternehmen verbundenen Mitarbeitern.

Regionalzentrum in Brandenburg:

Die Region mit dem Mittelzentrum von 22.500 Einwohnern und einem Umfeld von weiteren 75.000 Einwohnern in Gemeinden mit bis zu 2.000 Einwohnern hat den Abwärtstrend der Abwanderung gestoppt. Seit zwei Jahren hat die Region leicht steigende Bevölkerungszahlen. Die Gemeinden beteiligen sich am regionalen Wirtschaftsförderungsprogramm, das Subventionen zur Ansiedlung gewährt. Bundes- und Landesfördermaßnahmen sind zwar reduziert worden, dennoch gibt es noch Möglichkeiten der Unterstützung, die die Kosten einer Ansiedlung gewaltig drücken. Die EU mit ihren regionalen Förderprogrammen gewährt ebenfalls Zuschüsse an die Unternehmen. Die neue technisch ausgerichtete Fachhochschule am Ort bildet in modernen Ingenieurwissenschaften aus. Die Gemeinde hat unmittelbaren Anschluss an die neue West-Ost-Tangente der Bundesautobahn. Die örtlichen Fremdenverkehrsvereine werben inzwischen mit der guten Infrastruktur und den vielen Freizeit- und Kulturangeboten. Die Deutsche Bahn AG verhandelt mit einem regionalen Verkehrsanbieter, der die vorhandenen Strecken mit einer hohen Taktung nutzen will.

Große Kreisstadt im Norden Baden-Württembergs:

Die große Kreisstadt mit 40.000 Einwohnern hat unmittelbare Anbindungen an die Autobahnen. Die Bundesstraßen in der Region bilden darüber hinaus ein engmaschiges Verkehrsnetz. Der Flughafen Stuttgart und kleinere Regionalflughäfen sind sehr schnell zu erreichen – und damit auch die Urlaubsziele im Süden. Das gewerbliche Umfeld ist seit Jahrzehnten geprägt von kleinen bis mittelständischen Betrieben, die jedoch die konjunkturellen und strukturellen Krisen der vergangenen Jahre sehr gut überstanden haben. Die Kammern führen dies nicht zuletzt auf den hohen

Ausbildungsstand der Beschäftigten und die Bodenständigkeit der Bevölkerung zurück. In ersten Gesprächen mit Vertretern der Behörden und Kammern wurde signalisiert, dass die relativ hohen Steuersätze auch weiterhin Bestand haben werden. In Anbetracht der Anfragen von ansiedlungswilligen Unternehmen liegen die Grundstückpreise sehr hoch. Weiterhin über dem Bundesdurchschnitt liegen die Lohn- und Gehaltskosten in der Gegend. Die Verkehrsverbände betonen neben den vielfältigen Angeboten die Erhaltung der Naturschätze und die guten Umweltwerte.

3 Handelsrechtliche Vorschriften im Hinblick auf eine berufliche Selbstständigkeit herausarbeiten

3.1 Handelsrechtliche Vorschriften

3.1.1 Handelsregister

HGB § 8 Das **Handelsregister** ist **ein amtliches Verzeichnis der Kaufleute eines Amtsgerichtsbezirks oder mehrerer Amtsgerichtsbezirke,** das vom Registergericht eines Amtsgerichts elektronisch geführt wird.

Es unterrichtet die Öffentlichkeit über wichtige Tatbestände (Firma, Inhaber, Haftung, Geschäftssitz, Prokura) und schafft klare Rechtsverhältnisse.

§ 8b (2) Das Handesregister ist über die Internetseite des Unternehmensregisters zugänglich (www.unternehmensregister.de). Darüber hinaus hat man von dieser Seite unter anderem Zugriff auf

- Veröffentlichungen und Bekanntmachungen im elektronischen Bundesanzeiger,
- Eintragungen im elektronischen Handels-, Genossenschafts- und Partnerschaftsregister sowie deren Bekanntmachungen,
- zum Handels-, Genossenschafts- und Partnerschaftsregister eingereichte Dokumente.

Eintragungspflicht

BeurkG § 40a Die Anmeldung muss durch den Inhaber des Unternehmens elektronisch in öffentlich beglaubigter Form eingereicht werden. Die öffentliche Beglaubigung mittels Videokommunikation ist zulässig.

Die Eintragung ins Handelsregister erfolgt grundsätzlich nur auf Antrag.

HGB § 14 Die Anmeldung kann durch Ordnungsstrafen erzwungen werden. Ausnahmsweise, z. B. bei Eröffnung und Beendigung des Insolvenzverfahrens, erfolgt die Eintragung von Amts wegen. Zuständig für die Eintragung in das Handelsregister ist das Amtsgericht, in dessen Bezirk das Unternehmen seinen Sitz hat.

Wirkung der Eintragung ins Handelsregister	
rechtserklärend (deklaratorisch)	**rechtsbegründend (konstitutiv)**
Die Rechtswirkung ist schon vor der Eintragung eingetreten, sie wird durch die Eintragung bestätigt. Gültig für: – die Kaufmannseigenschaft des Istkaufmanns, § 1 HGB, – die Rechtsstellung des Prokuristen, § 53 HGB, – die Rechtsform der Personengesellschaften, §§ 106, 162 HGB.	Die Rechtswirkung tritt erst durch die Eintragung ein. Gültig für: – den Firmenschutz aller eingetragenen Unternehmen, § 30 (1) HGB, – die Kaufmannseigenschaft eines Kannkaufmannes, § 2 HGB, – die Rechtsform der Kapitalgesellschaften, § 6 HGB, – die beschränkte Haftung von Kommanditisten, § 172 HGB.

Gliederung und Inhalt des Handelsregisters

In der **Abteilung A** (HRA) werden Einzelunternehmen und Personengesellschaften, in der **Abteilung B** (HRB) Kapitalgesellschaften eingetragen.

Öffentlichkeit des Handelsregisters und Veröffentlichung der Eintragungen

a) Öffentlichkeit. Jedermann kann *HGB § 9*

- das Handelsregister sowie die eingereichten Dokumente einsehen,
- von den Eintragungen und den zum Handelsregister eingereichten Dokumenten einen Auszug gegen Gebühr fordern.

b) Veröffentlichung. Das Gericht macht die vollständige Eintragung in das Handelsregister in einem bestimmten Informations- und Kommunikationssystem in der zeitlichen Folge ihrer Eintragung nach Tagen geordnet bekannt. *§ 10*

Beispiel: elektronischer Bundesanzeiger im Internet: www.bundesanzeiger.de

Löschung von Eintragungen

Eintragungen werden auf Antrag oder von Amts wegen gelöscht.

Öffentlichkeitswirkung

Das Handelsregister schützt weitgehend den gutgläubigen Dritten. Die Eintragungen genießen öffentlichen Glauben, allerdings in beschränkterem Umfang als Eintragungen im Grundbuch.

Eingetragene und bekannt gemachte Tatsachen muss ein Dritter grundsätzlich gegen sich gelten lassen. *§ 15 (2)*

Nicht eingetragene und bekannt gemachte eintragungspflichtige Tatsachen können einem gutgläubigen Dritten nicht entgegengesetzt werden. *§ 15 (1)*

Beispiel: Dem Angestellten Marischler wurde die Prokura entzogen. Der Widerruf der Prokura war ins Handelsregister eingetragen und bekannt gegeben worden. Marischler kauft drei Wochen später für das Unternehmen einen Pkw. Der Autohändler hat nur Anspruch gegen Marischler. Das Unternehmen ist nicht verpflichtet.

Wäre der Widerruf nicht eingetragen und bekannt gemacht worden, so wäre das Unternehmen dem Autohändler verpflichtet, es sei denn, der Widerruf der Prokura wäre dem Autohändler mitgeteilt worden.

Auf unrichtig bekannt gemachte Tatsachen kann sich ein gutgläubiger Dritter berufen. *§ 15 (3)*

Eine Mitteilung hebt die Wirksamkeit einer anderslautenden Eintragung im Handelsregister oder Bekanntmachung gegenüber dem Benachrichtigten auf.

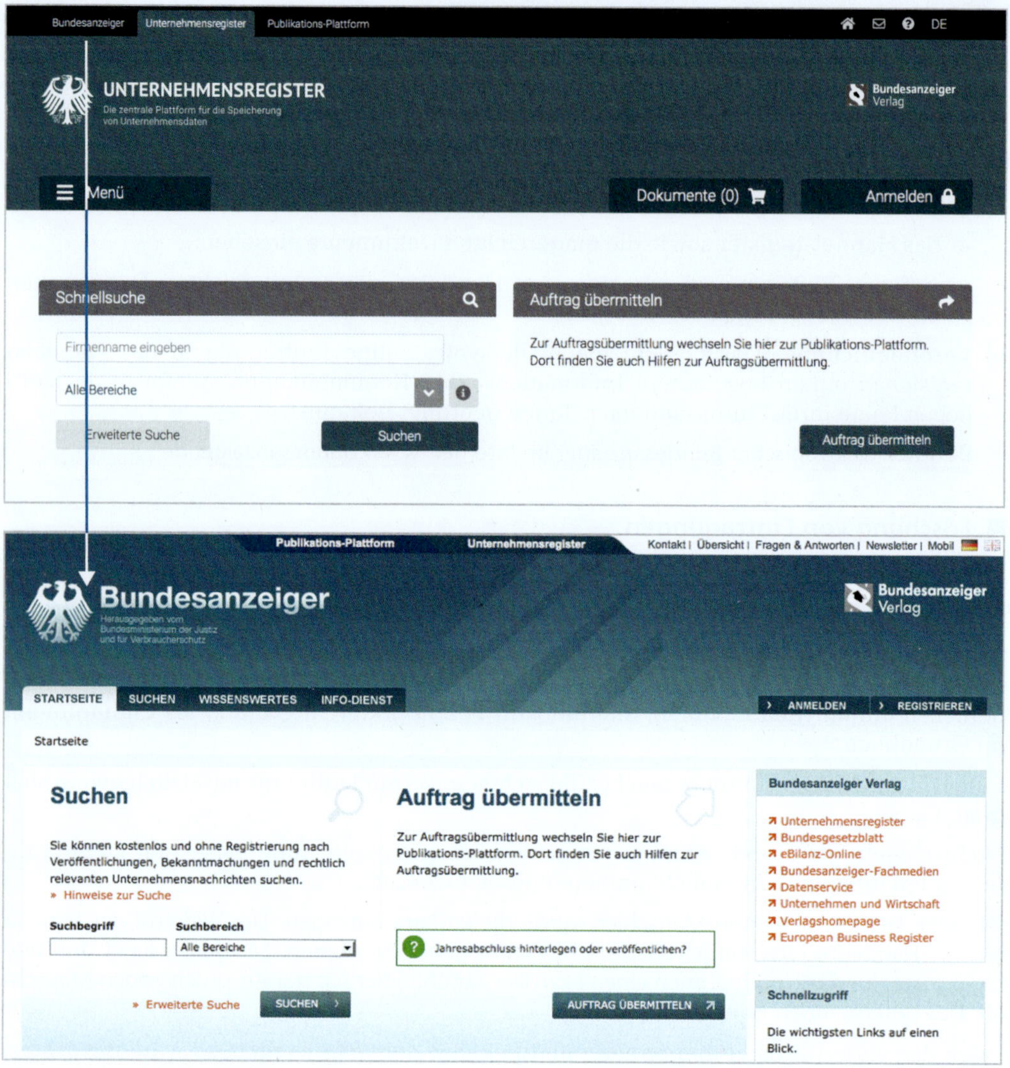

▶ Aufgaben

1. Prüfen Sie, welche der folgenden Eintragungen ins Handelsregister
   a) rechtserzeugende oder
   b) rechtsbezeugende Wirkung haben.
   - Eintragung des Spielwarenherstellers Felix Blankertz e. K.,
   - Eintragung der Münstertäler Fleischwarengroßhandlung GmbH,
   - Eintragung der Papierfabrik Seboth GmbH & Co. KG,
   - Eintragung des Blumengroßhandels Krüger Vertriebs GmbH.
2. Warum empfehlen Industrie- und Handelskammern vor der Eintragung ins Handelsregister, die vorgesehene Firmierung durch die Kammer prüfen zu lassen?

3. Das Amtsgericht Essen veröffentlicht in regelmäßigen Abständen Informationen unter der Überschrift »Handelsregister«. Folgender Auszug liegt vor:

Neueintragungen: HRB 12407 – 14. April 20..: **Rexing Fördertechnik GmbH, Essen** (45307, Kleine Schönscheidtstr. 12). Gegenstand des Unternehmens ist die industrielle Fertigung und der Vertrieb von fördertechnischen Anlagen, insbesondere Transportanlagen und Maschinen. Stammkapital: 185.000 EUR. Geschäftsführerin ist Sylvia Rexing, Kauffrau, Essen.

Veränderungen: HRB 5537 – 17. April 20..: **Speeck Software GmbH, Essen** (45141, Manderscheidtstr. 92 b). Heinrich Speeck ist nicht mehr Geschäftsführer. Dipl.-Kaufmann Thomas Speeck, Datteln, ist zum Geschäftsführer bestellt.

Löschungen: HRB 5448 – 11. April 20..: **Gomolinski Bedachungs-Gesellschaft mit beschränkter Haftung, Essen. Die Liquidation ist beendet. Die Gesellschaft ist gelöscht.**

a) Aus welchen Gründen veröffentlicht das Amtsgericht solche Informationen regelmäßig, und für welche Personengruppen können diese Informationen von Wert sein?

b) Warum ist es für einen Kaufmann sinnvoll, die Veröffentlichung von Eintragungen im Handelsregister ständig aus der Tagespresse zu entnehmen?

3.1.2 Firmengrundsätze

Die **Firma** ist der **Name eines Kaufmanns,** unter dem er seine Geschäfte betreibt, die Unterschrift abgibt, klagt und verklagt werden kann. *HGB § 17*

Im allgemeinen Sprachgebrauch wird das Wort Firma abweichend vom Handelsrecht anstelle von Unternehmung, Unternehmen und Betrieb gebraucht.

Man muss unterscheiden zwischen dem bürgerlichen Namen eines Kaufmanns, unter dem er seine Privatangelegenheiten erledigt, und dem kaufmännischen Namen, der **Firma.** Beide weichen insbesondere dann voneinander ab, wenn beim Wechsel in der Person des Inhabers (Erbschaft, Kauf oder Verpachtung) die bisherige Firma beibehalten wird, um den eingeführten Namen zu erhalten.

Beispiel: Das Unternehmen Fritz Reusch & Söhne KG wird von dem Kaufmann Rolf Kramer erworben und unter der bisherigen Firma weitergeführt. Kramer unterschreibt die Handelsbriefe unter der Firma Fritz Reusch & Söhne KG mit »Kramer«.

Arten der Firma

Die Wahl der Firma hängt wesentlich von der Rechtsform des Unternehmens ab. Man unterscheidet:

a) Personenfirma. Sie enthält einen oder mehrere Personennamen.

Beispiele: »Karl Berg e. K.« oder »Berg & Co. KG«

b) Sachfirma. Sie ist von dem Gegenstand des Unternehmens abgeleitet.

Beispiele: »Winzergenossenschaft Deidesheim eG« oder »allfrisch Warenhandel KG«

c) **Fantasiefirma.** Sie enthält eine werbewirksame, häufig von Markenzeichen abgeleitete Bezeichnung.

Beispiele: »Robert Bosch GmbH«, »Coca Cola GmbH«

d) **Gemischte Firma.** Sie enthält sowohl Personennamen als auch den Gegenstand des Unternehmens und/oder Fantasienamen.

Beispiele: »Schultheiss-Brauerei Aktiengesellschaft« oder »Hans Einhell, Obstgroßhandel, KG«

Öffentlichkeit der Firma

HGB §§ 29, 10 Jeder Kaufmann ist verpflichtet, seine Firma und deren spätere Änderung zur Eintragung in das Handelsregister anzumelden. Die Eintragungen werden veröffentlicht.

Ausschließlichkeit der Firma (Firmenmonopol)

§ 30 Eine ins Handelsregister eingetragene Firma kann ausschließlich von einem Unternehmen geführt werden. Jede neue Firma muss sich von allen an demselben Ort bereits bestehenden und in das Handelsregister eingetragenen Firmen deutlich unterscheiden.

Die Unterscheidung kann erfolgen:

- durch die Wahl eines anderen Vornamens,
- durch den Zusatz jun. oder sen.,
- durch Angaben des unterscheidenden Geschäftszweiges,
- durch Angaben eines Fantasienamens.

Beispiel: Der Sohn des Unternehmers Gustav Zeller e. K. heißt Gustav Markus Zeller. Gründet er am Geschäftsort seines Vaters ein Dienstleistungsunternehmen, so kann er firmieren mit: Markus Zeller e. K.; Gustav Zeller e. K. jun.; Gustav Zeller e. K., Dienstleistungen; Dienste im Großen für Jeden e. K..

§ 37 Wer eine Firma in der Weise benutzt, dass Verwechslungen mit einem bereits bestehenden Unternehmen am gleichen oder einem anderen Ort möglich sind, kann von dem geschädigten Unternehmen auf Unterlassung und Schadensersatz verklagt werden.

Firmenbeständigkeit und Haftung bei Übernahme

§§ 21 f. Beim Wechsel in der Person des Inhabers (Erbschaft, Kauf oder Verpachtung) kann die bisherige Firma beibehalten werden.

Der Gesetzgeber berücksichtigt das wirtschaftliche Bedürfnis der Erhaltung einer der Kundschaft bekannten Firma. Voraussetzung für die Weiterführung der Firma ist die ausdrückliche Einwilligung des bisherigen Inhabers oder dessen Erben und die genaue Beibehaltung der bisherigen Firma. Ein Zusatz, der das Nachfolgeverhältnis ausdrückt, ist möglich.

Beispiel: Der Unternehmer Fritz Fröhlich e. K. verkauft altershalber seine Spedition an Karl Mut. Karl Mut kann auch die bisherige Firma Fritz Fröhlich e. K. unverändert weiterführen, wenn Herr Fröhlich einwilligt. Er kann aber auch »Fritz Fröhlich Nachfolger e. K.« sowie »Fritz Fröhlich, Inhaber Karl Mut, e. K.« oder »Karl Mut, vormals Fritz Fröhlich, e. K.« firmieren, wenn Herr Fröhlich einwilligt.

§§ 25 – 27 Mit der Weiterführung der bisherigen Firma ist allerdings auch die Haftung für alle bestehenden Schulden des früheren Inhabers verbunden. Der Ausschluss dieser Haftung ist möglich, muss aber im Handelsregister eingetragen oder den Gläubigern unmittelbar mitgeteilt werden.

▶ Aufgaben

1. Warum sieht der Gesetzgeber im § 17 HGB bei Kaufleuten eine Firma vor?
2. Untersuchen Sie, welche der in Ihrer Klasse vertretenen Ausbildungsbetriebe eine Personen-, Sach-, Fantasie- oder gemischte Firma haben.
3. Ein Industriebetrieb, der das Handelszentrum Gustav Zeller e. K. belieferte, hat noch Forderungen gegenüber dem Kaufmann Zeller e. K.. Das Handelszentrum wird vom Erwerber Erich Groß unter der alten Firma weitergeführt.
   a) Wie wirkt sich die Betriebsveräußerung auf die Sicherheit der Forderungen des Industriebetriebes aus?
   b) Auf welche Weise können Sie erfahren, wer für die bestehenden Schulden des Handelszentrums haftet?
   c) Warum lässt das HGB die Weiterführung einer Firma zu?
   d) Wovon hängt die Möglichkeit der Weiterführung einer Firma ab?

3.1.3 Buchführungspflicht

Es gibt zwei Arten der Buchführung:

- die **einfache Buchführung.** Sie erfolgt über die **Einnahmen-Überschuss-Rechnung (EÜR).** Dabei wird der Gewinn als Überschuss der Betriebseinnahmen über die Betriebsausgaben ermittelt.
- die **doppelte Buchführung.** Bei ihr werden alle Geschäftsvorfälle auf mehreren Konten gebucht. Die Buchung folgt entsprechend der Grundlagen der Buchführung entweder auf der Soll- oder auf der Habenseite. Jede Branche hat dabei ein eigenes systematisches Buchungsverzeichnis, den sogenannten Kontenrahmen.

Die Pflicht zur EÜR haben nichteingetragene Gewerbetreibende sowie Land- und Forstwirte, deren Jahresüberschuss unter 60.000,00 EUR bzw. deren Umsatzerlöse unter 600.000,00 EUR je Wirtschaftsjahr liegt. Das gilt auch für Freiberufler. *EStG § 4 (3)*

Die Pflicht zur doppelten Buchführung haben alle Unternehmen, die Kaufleute sind. Dazu zählen alle im Handelsregister eingetragenen Unternehmen. Dieselbe Pflicht haben nichteingetragene Gewerbetreibende und Land- und Forstwirte, die einen Jahresüberschuss von mehr als 60.000,00 EUR oder Umsatzerlöse von mehr als 600.000,00 EUR je Wirtschaftsjahr erzielen. *HGB § 238 (1)*

Die Pflicht zur doppelten Buchführung beginnt grundsätzlich mit der Aufnahme des Handelsgewerbes, für den Kannkaufmann und den Formkaufmann mit Eintragung ins Handelsregister. Sie endet mit dem Erlöschen der Kaufmannseigenschaft, beim Form- und Kannkaufmann mit der Löschung im Handelsregister.

3.2 Kaufmannsarten

Unternehmen sind Gewerbebetriebe, bei denen der Unternehmer oder das Unternehmen **Kaufmannseigenschaft** besitzt.

HGB § 1 **Kaufmann ist, wer ein Handelsgewerbe** im Sinne des HGB **betreibt.**

§ 1 (1) Ein **Handelsgewerbe** ist jeder Gewerbebetrieb, der durch andauernde, selbstständige Tätigkeit die Absicht hat, Gewinn zu erzielen, es sei denn, dass das Unternehmen nach Art und Umfang einen in kaufmännischer Weise eingerichteten Geschäftsbetrieb nicht erfordert (Kleingewerbetreibende).

Mitglieder freier Berufe, z. B. Ärzte, Rechtsanwälte, Wirtschaftsprüfer, Steuerberater, betreiben kein Handelsgewerbe. Sie sind deshalb keine Kaufleute.

Nach dem **Erwerb der Kaufmannseigenschaft** unterscheidet das Gesetz:

§ 1 a) **Kaufleute, die einen in kaufmännischer Weise eingerichteten Geschäftsbetrieb betreiben (Istkaufleute).** Dazu gehören alle, die ein Handelsgewerbe betreiben, ohne Rücksicht auf die Branche.

§ 2 b) **Kaufleute kraft Eintragung ins Handelsregister (Kannkaufleute).**

1. **Ein gewerbliches Unternehmen,** dessen Gewerbebetrieb nicht schon nach § 1 (2) HGB ein Handelsgewerbe ist, gilt als Handelsgewerbe, wenn die Firma des Unternehmens in das Handelsregister eingetragen ist.

§ 3 2. **Land- und forstwirtschaftliche Unternehmen,** die nach Art und Umfang einen in **kaufmännischer Weise eingerichteten Geschäftsbetrieb** erfordern, gelten als Handelsgewerbe, wenn die Firma des Unternehmens in das Handelsregister eingetragen ist.

Die Inhaber solcher Unternehmen sind berechtigt, aber nicht verpflichtet, die Eintragung ins Handelsregister herbeizuführen. Sie erlangen durch die Eintragung die Kaufmannseigenschaft.

§ 6 c) **Kaufleute kraft Rechtsform (Formkaufleute).** Dazu gehören alle Kapitalgesellschaften, die Genossenschaften und die Versicherungsvereine auf Gegenseitigkeit ohne Rücksicht darauf, ob sie gewerblichen Charakter haben oder nicht, ob sie einen in kaufmännischer Weise eingerichteten Geschäftsbetrieb erfordern oder nicht. Die Rechtsform wird erst durch die Handelsregistereintragung begründet. Dabei ist zu beachten, dass weder der Vorstand oder Geschäftsführer noch der Gesellschafter Kaufmann wird, sondern die Gesellschaft selbst als juristische Person.

Die Eintragung von Istkaufleuten in das Handelsregister hat **rechtsbezeugende (deklaratorische = feststellende, bestätigende)** Wirkung.

Kann- und Formkaufleute werden erst durch die Eintragung Kaufleute. Die Eintragung hat hier **rechtserzeugende (konstitutive = begründende)** Wirkung.

Auf die Kaufleute finden alle Vorschriften des HGB Anwendung.

Kaufmannseigenschaft		
Istkaufmann	**Kannkaufmann**	**Formkaufmann**
Kaufmann kraft **kaufmännisch eingerichteten Geschäftsbetriebes**	Kaufmann kraft **Eintragung ins Handelsregister**	Kaufmann kraft **Rechtsform**
§ 1 HGB	Eintragung freiwillig §§ 2 f. HGB	AG, GmbH, Genossenschaft § 6 HGB

Umfang der Vorschriften:	**Alle Rechte und Pflichten des HGB**
Beispiele für Rechte:	– Führung einer Firma (§§ 18 f. HGB; §§ 4, 279 AktG; § 4 GmbHG; § 3 GenG) – Ernennung von Prokuristen (§ 48 HGB) – Gründung einer OHG oder KG (§§ 105, 161 HGB) – mündliche Erteilung einer Bürgschaftserklärung, eines Schuldversprechens oder Schuldanerkenntnisses (§ 350 HGB) – Festsetzung eines vom Kalenderjahr abweichenden Geschäftsjahres (§§ 240 (2), 242 HGB)
Beispiele für Pflichten:	– Eintragung ins Handelsregister (§ 29 HGB) – Führung von Handelsbüchern (§ 238 HGB) – Übernahme von nur selbstschuldnerischen Bürgschaften (§ 349 HGB)

▶ Aufgaben

1. Warum regelt das Handelsgesetzbuch in den §§ 1, 2, 3, 5 und 6 die Kaufmannseigenschaft?
2. Begründen Sie, ob es sich bei den folgenden Personen bzw. Unternehmen um Kaufleute handelt:
   a) Geschäftsführer einer GmbH,
   b) Inhaber eines Elektrogroßhandels mit zwei Verkaufsfilialen,
   c) Prokurist einer Großbank,
   d) Inhaber eines Zeitungskiosks,
   e) zwei Landwirte, die gemeinsam eine Hühnerfarm betreiben,
   f) Inhaber einer Autovermietungsgesellschaft,
   g) Forschungsgesellschaft m.b.H.
3. Ein Abschlusszeugnis der Industrie- und Handelskammer enthält die Berufsbezeichnung »Einzelhandelskaufmann/-frau«. Beurteilen Sie diese Bezeichnung nach § 1 HGB.

4. Das Industrieunternehmen Fink hat einen Jahresumsatz von 15 Mio. EUR und beschäftigt 50 Mitarbeiter.
   a) Begründen Sie, ob Fink ein Handelsgewerbe betreibt.
   b) Welche Kaufmannseigenschaft kommt für Fink infrage?
   c) Welche Rechte und Pflichten erwachsen Fink aus der Eintragung ins Handelsregister?
5. Welche Wirkung hat der Erwerb der Kaufmannseigenschaft auf das vorgeschriebene Verhalten beim Eingang einer mangelhaften Lieferung (vgl. § 438 BGB; § 377 HGB)?

3.3 Rechtsformen

Die **Rechtsform** ist die **rechtliche Verfassung des Unternehmens** (Unternehmensform), durch die die Rechtsbeziehungen des Unternehmens im Innen- und Außenverhältnis geregelt werden.

Die Entscheidung für eine Unternehmensform hängt grundlegend ab von der Unternehmensgröße, der Möglichkeit der Kapitalbeschaffung, der Haftung der Unternehmer und von steuerlichen Überlegungen. Deshalb bietet die Rechtsordnung mehrere Möglichkeiten für die Gestaltung der Unternehmensverfassung an.

Beim **Einzelunternehmen** wird das Eigenkapital von einer Person, dem Unternehmer, aufgebracht.

HGB § 706 Beim **Gesellschaftsunternehmen** wird das Eigenkapital in aller Regel durch den vertraglichen Zusammenschluss von zwei oder mehr Personen zur Erreichung eines gemeinsamen Zwecks aufgebracht.

Einen Überblick über die Anzahl der einzelnen Rechtsformen gibt folgende Übersicht:

Unternehmen in Deutschland nach Rechtsform und Anzahl der Beschäftigten, 2022

Merkmal	**Beschäftigte**				
	0 – 9	10 – 49	50 – 249	> 250	insgesamt
Einzelunternehmen	1.939.339	90.243	3.730	89	2.033.401
Personengesellschaften (zum Beispiel OHG, KG)	331.431	64.169	14.417	3.159	414.176
Kapitalgesellschaften (GmbH, AG)	573.963	179.152	48.921	11.139	813.175
sonstige Rechtsformen	136.664	28.074	7.330	2.658	174.726
insgesamt	2.982.397	361.638	74.398	17.045	3.435.478

Quelle: Statista 2024

Je nachdem, ob den Gläubigern gegenüber die Gesellschafter persönlich haften oder nur das Gesellschaftsvermögen der juristischen Person, unterscheidet man **Personen- und Kapitalgesellschaften.**

Im Einzelnen ergeben sich folgende **weitere Unterschiede:**

Merkmale	Personengesellschaft	Kapitalgesellschaft
Rechtspersönlichkeit	keine juristische Person	juristische Person
Gesellschaftsvermögen	Gesamthandvermögen der Gesellschafter	eigenes Vermögen der juristischen Person
Haftungskapital	das Gesellschaftsvermögen, das Privatvermögen der Vollhafter und das Privatvermögen der Teilhafter bis zur Höhe der eingetragenen, aber noch nicht geleisteten Einlage	nur das Gesellschaftsvermögen
Geschäftsführungsbefugnis/ Vertretungsmacht	in der Regel durch Gesellschafter	durch besondere Leitungsorgane
Bestehen des Unternehmens	grundsätzlich vom Gesellschafterbestand abhängig	grundsätzlich vom Gesellschafterbestand unabhängig
Besteuerung des Gewinns	Einkommensteuer	Körperschaftsteuer

Nicht bei allen Gesellschaftsformen treten diese Unterschiede eindeutig hervor. Es gibt Kapitalgesellschaften mit Merkmalen der Personengesellschaften (KGaA) und umgekehrt (GmbH & Co. KG).

3.3.1 Einzelunternehmen

Das **Einzelunternehmen** ist ein **Gewerbebetrieb,** dessen **Eigenkapital von einer Person aufgebracht** wird, die das **Unternehmen verantwortlich leitet** und das **Risiko allein trägt.**

Firma. Sie muss zur Kennzeichnung des Kaufmanns geeignet sein und Unterscheidungskraft besitzen. Bei Einzelkaufleuten muss die Bezeichnung »eingetragener Kaufmann«, »eingetragene Kauffrau« oder eine allgemein verständliche Abkürzung dieser Bezeichnung, insbesondere »e. K.«, »e. Kfm.« oder »e. Kfr.« enthalten sein. *HGB §§ 18 f.*

Beispiel: Der Geschäftsmann Jens Uwe Lück, der eine Kfz-Zubehörgroßhandlung gegründet hat, kann als Firma wählen: Jens Uwe Lück e. K.; Jens Lück eingetragener Kaufmann; Lück e. K., Kfz-Zubehör; Kaefzet-Lück e. K., Teile World.

Haftung. Der Unternehmer muss gegenüber Außenstehenden (Dritten) für die Verbindlichkeiten mit seinem Vermögen einstehen (haften).

Kapitalaufbringung. Das Eigenkapital wird von einer Person, dem Unternehmer, aufgebracht. Der Umfang der Mittel, die eingesetzt werden können, und damit die Betriebsgröße, sind deshalb in der Regel begrenzt.

Vorteile des Einzelunternehmens	Nachteile des Einzelunternehmens
– Der Unternehmer kann frei und rasch entscheiden. – Meinungsverschiedenheiten in der Geschäftsführung, wie sie bei Gesellschaftsunternehmen vorkommen können, sind ausgeschlossen. – Über den Gewinn verfügt der Unternehmer allein.	– Das Risiko trägt der Unternehmer allein. – Er haftet den Gläubigern mit seinem gesamten Vermögen, also auch mit seinem Privatvermögen. – Die Kapitalkraft ist begrenzt.

▶ Aufgaben

1. Herr Friedrich Neu entwickelte ein Übungsgerät für den Freizeitsport, mit dessen Hilfe man wie ein Känguru hüpfen kann. Er möchte dieses Gerät herstellen und vertreiben und gründet zu diesem Zweck ein Einzelunternehmen. Stellen Sie dar,
   a) warum Herr Neu die Rechtsform des Einzelunternehmens wählt,
   b) welche Probleme Herrn Neu als Einzelunternehmer erwachsen können,
   c) wie er auf eine rasche Absatzausweitung bzw. auf eine Konjunkturschwäche reagieren kann,
   d) wie Friedrich Neu firmieren kann.
2. Im Betrieb verbreitet sich das Gerücht, der Chef beabsichtige, seine beiden Söhne am Unternehmen zu beteiligen. Das Einzelunternehmen solle in eine Personengesellschaft umgewandelt werden. Teile der Belegschaft begrüßen dies, andere Mitarbeiter äußern Bedenken. Wie können die beiden Gruppen argumentieren?
3. Die Rechtsform des Einzelunternehmens war 2019 mit 2.148.000 Unternehmen die beliebteste Rechtsform in Deutschland. Jede Einzelunternehmerin und jeder Einzelunternehmer ist gleichzeitig auch Selbstständige(r). In der Selbstständigkeit suchen viele ehemalige Angestellte ihr Heil.

   Wägen Sie als Angestellter, als Angestellte ab, was die Nach- und Vorteile der Selbstständigkeit sind.

3.3.2 Gesellschaft des bürgerlichen Rechts (GbR)

BGB § 705 Die **Gesellschaft des bürgerlichen Rechts** ist die vertragliche Vereinigung von Personen, die sich verpflichten, die **Erreichung eines gemeinsamen Zieles** in der durch den Vertrag bestimmten Weise zu **fördern,** insbesondere die vereinbarten Beiträge zu leisten.

Sowohl Nichtkaufleute als auch Kaufleute können sich zu einer GbR (auch GdbR, BGB-Gesellschaft) zusammenschließen.

Rechtsverhältnisse

Die Gesellschaft des bürgerlichen Rechts hat **keine Firma,** wird **nicht ins Handelsregister eingetragen** und endet mit der Erfüllung des beabsichtigten Zweckes.

§ 706 **Die Beiträge** können in Geld, Sachen, Forderungen, Rechten und Dienstleistungen bestehen. Das Vermögen, das durch die Beiträge der Gesellschafter und durch die Geschäfts-
§ 719 führung erworben wird, ist **gemeinschaftliches Vermögen** (Gesellschaftsvermögen); es ist Vermögen zur gesamten Hand (Gesamthandvermögen). Der einzelne Gesellschafter kann über seinen Anteil nicht verfügen und auch keine Teilung vor der Auflösung der Gesellschaft verlangen.

§ 709 **Die Geschäftsführung** steht den Gesellschaftern gemeinschaftlich zu. In diesem Falle ist für jedes Geschäft die Zustimmung aller Gesellschafter erforderlich. Meist wird die Geschäftsführung einem einzelnen Gesellschafter übertragen.

Die Vertretung ist nur mit Vollmacht der Gesellschafter möglich. Ist einem einzelnen Gesellschafter die Geschäftsführung übertragen, so ist er im Zweifel auch allein vertretungsbefugt. *BGB § 714*

Die Gesellschafter **haften** für eingegangene Verpflichtungen persönlich, im Zweifel als Gesamtschuldner. *§ 427*

Anteile am Gewinn und **Verlust** sind für jeden Gesellschafter gleich, ohne Rücksicht auf die Art und Größe seines Beitrages. *§ 722*

Bedeutung

Jeder beliebige Zweck kann Gegenstand des Zusammenschlusses sein. Es kann sich um einen Zusammenschluss für eine bestimmte Gelegenheit (»Gelegenheitsgesellschaft«) oder für längere Dauer handeln.

Beispiele:

1. Gelegenheitsgesellschaften von Nichtkaufleuten: Schüler machen zusammen einen Ausflug. Mehrere Personen spielen gemeinsam Lotto oder mieten ein Auto.
2. Zusammenschluss von Kaufleuten und Nichtkaufleuten: Banken schließen sich zusammen, um gemeinsam Wertpapiere beim Publikum unterzubringen (Bankenkonsortium). Unternehmen verbinden sich zum gemeinsamen Einkauf großer Warenmengen. Zusammenschluss von Unternehmen zu Kartellen, Interessengemeinschaften, Konzernen. Gemeinschaftliche Ausübung der Praxis durch Rechtsanwälte. Gemeinsame Übernahme von Großaufträgen durch Handwerker oder Baugesellschaften.
3. Kapitalgesellschaften vor ihrer Eintragung ins Handelsregister (Vorgründungsgesellschaften).

3.3.3 Kommanditgesellschaft (KG)

Die **Kommanditgesellschaft** ist die vertragliche Vereinigung von zwei oder mehr Personen **zum Betrieb eines Handelsgewerbes** unter **gemeinschaftlicher Firma,** wobei den Gläubigern gegenüber **mindestens ein Gesellschafter unbeschränkt** und **mindestens ein Gesellschafter beschränkt haftet.** *HGB § 161*

Der unbeschränkt haftende Gesellschafter heißt **Vollhafter** oder **Komplementär,** der beschränkt haftende Gesellschafter heißt **Teilhafter** oder **Kommanditist.**

Bei einer Kommanditgesellschaft können auch juristische Personen Vollhafter sein. Häufig handelt es sich dabei um Gesellschaften mit beschränkter Haftung (GmbH). Man spricht dann von einer GmbH & Co. KG.

Zur Gründung einer KG wird zwischen den Gesellschaftern ein **Gesellschaftsvertrag** geschlossen. Der Gesellschaftsvertrag ist formfrei. Schriftform ist jedoch üblich. Werden Grundstücke in die Gesellschaft eingebracht, so ist notarielle Beurkundung notwendig, weil ein Eigentumswechsel stattfindet. *§ 162 BGB § 311b*

Den Beginn der Gesellschaft bestimmt im Innenverhältnis der Gesellschaftsvertrag. Im Außenverhältnis beginnt die Gesellschaft, sobald ein Gesellschafter Geschäfte in ihrem Namen tätigt, spätestens jedoch, wenn die Gesellschaft in das Handelsregister eingetragen ist. Bei Kannkaufleuten beginnt die KG frühestens mit dem Registereintrag, weil dieser rechtsbegründende Wirkung hat. *HGB §§ 123, 161 (2)*

HGB §§ 106, 108 Die Anmeldung zur Eintragung in das Handelsregister muss von sämtlichen Gesellschaftern vorgenommen werden, also auch von den Kommanditisten. Die Anmeldung hat zu enthalten:

§§ 162 (1), 106 (2)

1. den Namen, Vornamen, Geburtsdatum und Wohnort jedes Gesellschafters;
2. die Bezeichnung der Kommanditisten und die Beträge ihrer Einlagen (Haftsumme);
3. die Firma, Sitz und Geschäftsanschrift
4. die Vertretungsbefugnisse der Gesellschafter.

§ 162 (2) Wegen der beschränkten Haftung der Kommanditisten ist der Betrag der Haftsumme einzutragen. Veröffentlicht wird jedoch nur die Zahl der Kommanditisten, nicht die Höhe ihrer Einlage. Die Haftungsbeschränkung beginnt erst mit dem Zeitpunkt der Eintragung.

Firma

§ 19 (1), Z. 3 Die Firma der KG kann aus Personen-, Sach- oder Fantasienamen bestehen. Darüber hinaus muss die Bezeichnung »Kommanditgesellschaft« oder eine allgemein verständliche Abkürzung dieser Bezeichnung in der Firma enthalten sein (KG, Kges.).

Beispiele: Karl Berg, Fritz Grün und Willi Müller, die eine Maschinenbau KG gründen, können firmieren: Berg, Grün & Müller KG; Maschinenbau KG; Kafriwima KG.

§ 19 (2) Wenn in einer KG keine natürliche Person persönlich haftet, muss die Firma eine Bezeichnung enthalten, welche die Haftungsbeschränkung kennzeichnet.

Beispiele: GmbH & Co. KG, AG & Co. KG

Haftung

Haftung bedeutet in diesem Zusammenhang, dass die Gesellschafter bzw. die Gesellschaft Außenstehenden (Dritten) gegenüber für die Verbindlichkeiten der Gesellschaft mit ihrem Vermögen einstehen müssen. Für die Verbindlichkeiten der KG haften alle Komplementäre persönlich als Gesamtschuldner und die KG mit dem Gesellschaftsvermögen. Eine entgegenstehende Vereinbarung ist Dritten gegenüber unwirksam. Die KG-Gesellschafter haften demnach wie folgt:

▶ Komplementär

§ 126 **a) Persönlich.**

- **unbeschränkt.** Der Komplementär haftet nicht nur in Höhe seines Kapitalanteils, sondern auch mit seinem ganzen Privatvermögen. Er kann nicht die »Einrede der Haftungsbeschränkung« geltend machen. Eine Vereinbarung zwischen den Gesellschaftern, durch die z.B. die Haftung auf den Kapitalanteil beschränkt wird, hat nur im Innenverhältnis Gültigkeit.

  Beispiel: Für den Komplementär Grün der Berg & Grün KG wurde im Gesellschaftsvertrag vereinbart, dass er für Schulden nur in Höhe seines Kapitalanteils haftet. Muss Grün an einen Gläubiger, der gerichtlich gegen ihn vorgeht, mehr zahlen, so kann er die Differenz zwischen seinem Kapitalanteil und seiner Zahlung von Berg fordern.

- **direkt (unmittelbar)** und **primär.** Jeder Gläubiger kann sich unmittelbar an jeden beliebigen Komplementär halten. Die Komplementäre können nicht fordern, dass der Gläubiger zuerst gegen die Gesellschaft klagt. Es fehlt ihnen die »Einrede der Vorausklage«. Zur Zwangsvollstreckung in das Vermögen eines Komplementärs braucht der Gläubiger aber einen vollstreckbaren Titel gegenüber dem Komplementär. Aus einem gegen die KG als solche vollstreckbaren Titel kann nur die Zwangsvollstreckung in das Gesellschaftsvermögen stattfinden. Deshalb wird der Gläubiger zweckmäßig sofort gegen die KG und gegen die einzelnen Komplementäre klagen.

b) Gesamtschuldnerisch (solidarisch).

Alle Komplementäre haften für die gesamten Schulden der KG. Der Gläubiger kann die Leistung nach seinem Belieben von jedem der Komplementäre ganz oder zu einem Teil fordern. Ein Komplementär kann nicht fordern, dass der Gläubiger außer ihm auch die anderen Komplementäre verklagt. Hat ein Komplementär den Gläubiger befriedigt, so hat er aber gegenüber seinen Mitkomplementären einen Ausgleichsanspruch. Die Forderung des Gläubigers geht dann in Höhe des Ausgleichsbetrages auf ihn über. BGB § 421 § 426

Ein Komplementär, der in eine bestehende KG eintritt, haftet auch für die Schulden der KG, die bei seinem Eintritt bereits bestehen. Der Ausschluss oder die Beschränkung dieser Haftung ist nur im Innenverhältnis gültig. Wird aus einem Einzelunternehmen eine KG, so haftet die entstandene KG, und damit auch jeder neu eintretende Komplementär, für die alten Schulden des bisherigen Unternehmens. Der neu eintretende Komplementär kann aber diese Haftung durch Eintragung in das Handelsregister oder Mitteilung an jeden einzelnen Gläubiger ausschließen. Ein ausscheidender Komplementär muss von der Haftung für die Verbindlichkeiten gegenüber der KG von der Gesellschaft befreit werden. HGB § 127 § 28 § 135

▶ **Kommanditist**

Der Kommanditist haftet nur mit der Höhe seiner Haftsumme. Es besteht jedoch eine **unmittelbare Haftung** für den noch nicht geleisteten Teil seiner Haftsumme, d. h. der noch ausstehenden Kommanditeinlage. §§ 171 f.

Beispiel: Vereinbarte und ins Handelsregister eingetragene Kommanditeinlage 100.000 EUR. Darauf wurden 40.000 EUR als Einlage geleistet. Der Kommanditist haftet dann unmittelbar mit 60.000 EUR gegenüber den Gesellschaftsgläubigern.

Beim Eintritt in eine bestehende KG haftet er für die vor seinem Eintritt bestehenden Verbindlichkeiten der KG bis zur Höhe seiner noch nicht geleisteten, in das Handelsregister eingetragenen Einlage. Ist die KG oder der neu eingetretene Kommanditist noch nicht in das Handelsregister eingetragen, so haftet der Kommanditist wie ein Vollhafter. § 173

Kapitalaufbringung

▶ **Komplementär**

Jeder Komplementär ist verpflichtet, die im Gesellschaftsvertrag festgesetzte Kapitaleinlage zu leisten. Sie kann in bar, in Sachwerten und in Rechtswerten eingebracht werden (Grundstücke, Maschinen, Einrichtungsgegenstände, Wertpapiere, Patente usw.). Eine Mindesthöhe ist nicht vorgeschrieben. BGB § 706

Obwohl die Kapitalanteile der Komplementäre getrennt gebucht werden, erlischt das persönliche Eigentum der Gesellschafter und wird gemeinschaftliches Vermögen der Gesellschafter **(Gesamthandvermögen)**. Ein einzelner Komplementär kann über seinen Kapitalanteil nicht mehr verfügen. Eingebrachte Grundstücke werden im Grundbuch auf die KG eingetragen. § 713

▶ **Kommanditist**

Jeder Kommanditist ist verpflichtet, die Einlage zu leisten, die vertraglich festgelegt wurde. Diese kann von der ins Handelsregister eingetragenen Einlage, der Haftsumme, abweichen.

Ergebnisverteilung

▶ **Gewinnverteilung**

Über die Gewinnverteilung entscheiden die Gesellschafter durch Beschluss. Jeder Gesellschafter hat Anspruch auf Auszahlung seines Gewinnanteils, außer der Anspruch führt zum offenbaren Schaden der Gesellschaft oder der Gesellschafter hat seinen vereinbarten Beitrag trotz Fälligkeit nicht geleistet. HGB § 121

Beispiel für eine vereinbarte Gewinnverwendung: Jeder Gesellschafter erhält als Vordividende 4 % seines Kapitalanteils, dabei werden Entnahmen und Einlagen zinsmäßig berücksichtigt. Der Rest wird im Verhältnis 2:1 aufgeteilt.

	A	B	C	D	E	F
1	**Gewinnverteilung der Stricker KG**					
2	**Kapitalanteile**					
3	Komplementär Stricker			250.000 EUR		
4	Kommanditistin Blank			180.000 EUR		
5						
6	**Einlagen**			**Entnahmen (= Gewinnanteil des Vorjahres)**		
7	Name	Datum	Betrag	Name	Datum	Betrag
8	Stricker	30. Juni	20.000 EUR	Stricker	31. März	10.000 EUR
9				Stricker	30. Sept.	8.000 EUR
10	**Jahresgewinn:**	60.000 EUR				
11						
12						
13/14	**Gesellschafter der Stricker KG**	**Kapitalanteil EUR**	**4 % Vordividende EUR**	**Restgewinn 2:1 EUR**	**Gesamtgewinn EUR**	
15	**Komplementär Stricker**	250.000	10.000			
16	**Einlage und Verzinsung**	**20.000**	**400**			
17	**Entnahme und**	**10.000**	**300**			
18	**Verzinsung**	**8.000**	**80**			
19	**Zwischensumme**	252.000	10.020	28.520	38.540	
20	**Kommanditistin Blank**	180.000	7.200	14.260	21.460	
21	**Summe**	432.000	17.220	42.780	60.000	

HGB 120 (2)

▶ Gewinnverwendung/-auszahlung

§ 120 a) **Komplementär.** Der Gewinnanteil wird dem Kapitalkonto gutgeschrieben. Die Auszahlung des Gewinns darf nur auf Verlangen des Komplementärs erfolgen. Der Komplementär kann also einen Gewinn im Unternehmen stehen lassen und damit seine Kapitaleinlage erhöhen.

§ 122 Jeder Gesellschafter hat Anspruch auf Auszahlung seines Gewinnanteils, außer der Anspruch führt zum offenbaren Schaden der Gesellschaft.

§ 169 b) **Kommanditist.** Hat der Kommanditist die bedungene Einlage geleistet, so kann er am Ende des Geschäftsjahres die Auszahlung seines Gewinnanteils fordern. Solange die bedungene Einlage nicht erreicht ist, wird der Gewinnanteil dem Konto »noch ausstehende Einlagen« gutgeschrieben.

Der Kommanditist kann die Auszahlung des Gewinnanteils auch dann nicht fordern, wenn sein Kapital durch Verlust gemindert ist. Der Gewinnanteil wird in diesem Falle zur Auffüllung der bedungenen Einlage verwendet. Früher erhaltene Gewinne braucht ein Kommanditist nicht zurückzuzahlen, wenn später Verluste eintreten. *HGB § 169*

Werden Gewinnanteile, die die bedungene Einlage übersteigen, nicht ausbezahlt, so stellen diese Verbindlichkeiten der KG, nicht aber gewinnberechtigtes Kommanditkapital dar.

▶ Verlustverteilung

Reicht das Gesellschaftsvermögen zur Berichtigung der Verbindlichkeiten und zur Rückerstattung der Beiträge nicht aus, haben die Gesellschafter der Gesellschaft für den Fehlbetrag nach dem Verhältnis ihrer Kapitalanteile aufzukommen. Kann von einem Gesellschafter der auf ihn entfallende Betrag nicht erlangt werden, haben die anderen Gesellschafter den Ausfall nach dem gleichen Verhältnis zu tragen. *§ 149*

■ Geschäftsführung und Vertretungsmacht

Unter **Geschäftsführung** versteht man das Recht eines Gesellschafters, anderen Gesellschaftern gegenüber Handlungen vorzunehmen, die der gewöhnliche Betrieb dieser KG mit sich bringt. Die Geschäftsführung bezieht sich somit allein auf das sogenannte **Innenverhältnis.** Vertraglich kann die Geschäftsführungsbefugnis eingeschränkt werden (auf das Personalwesen, den Einkauf, den Vertrieb). *§ 116*

Unter **Vertretungsmacht** versteht man das Recht eines Gesellschafters, die Gesellschaft nach außen, also Dritten gegenüber (Lieferanten, Kunden) zu vertreten. Die Vertretungsmacht bezieht sich somit auf das sogenannte **Außenverhältnis.** Wer Vertretungsmacht besitzt, darf für die Gesellschaft rechtswirksam Verträge abschließen. Die Regelung der Vertretungsmacht steht im Handelsregister. Sie umfasst alle gewöhnlichen und außergewöhnlichen Geschäfte (Wareneinkauf und -verkauf, Einstellungen und Entlassungen, Kredit- und Immobiliengeschäfte sowie die Prozessführung und Prokuraerteilung). Einschränkungen in der Vertretungsmacht (Gesamt- statt Einzelvertretung) müssen aus dem Handelsregister ersichtlich sein.

▶ Komplementär

Jeder Komplementär hat das Recht und die Pflicht, die Geschäfte der Gesellschaft zu führen und die Gesellschaft nach außen zu vertreten. Es besteht also **Einzelgeschäftsführungsbefugnis** und **Einzelvertretungsmacht.**

Durch Eintragung in das Handelsregister kann von der Einzelvertretungsmacht abgewichen werden:

1. Alle Komplementäre vertreten die Gesellschaft gemeinsam.
2. Mehrere Komplementäre vertreten die Gesellschaft gemeinsam; die übrigen Gesellschafter sind ausgeschlossen.
3. Nur ein Komplementär vertritt die Gesellschaft; die übrigen sind ausgeschlossen.
4. Jeweils ein Komplementär kann nur mit einem Prokuristen gemeinsam die KG vertreten.

Die eingetragenen Vertretungsberechtigten können aber im Umfang ihrer Vertretungsmacht nicht eingeschränkt werden, d. h., diese ist unbeschränkt und auch unbeschränkbar.

Von der Geschäftsführung ausgeschlossene Gesellschafter können sich jederzeit über die Geschäftslage persönlich unterrichten, die Handelsbücher und die Papiere der Gesellschaft einsehen **(Kontrollrecht).**

Beispiel: Der Gesellschafter Berg der Berg & Grün KG erteilt der Angestellten Gut Prokura, ohne dass ein Gesamtbeschluss der Komplementäre vorliegt. Die Erteilung der Prokura ist gültig. Handlungen der Prokuristin binden das Unternehmen. Allerdings kann der Komplementär Grün gegen Berg wegen grober Pflichtverletzung vorgehen. Entsteht durch die Handlung der Prokuristin Gut ein Schaden, so muss Berg diesen ersetzen.

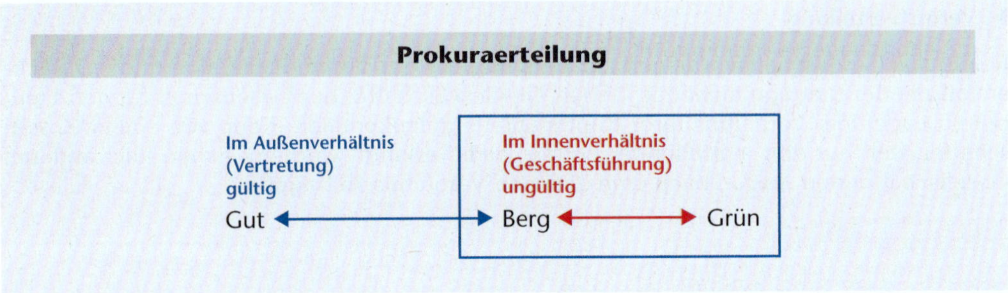

HGB § 117 Einem Komplementär ist es verboten, ohne Einwilligung der anderen Komplementäre im Handelsgewerbe der eigenen Gesellschaft Geschäfte auf eigene Rechnung zu machen und sich an einer anderen gleichartigen Gesellschaft als persönlich haftender Gesellschafter zu beteiligen. Verstößt ein Komplementär gegen dieses **Konkurrenzverbot,** so macht er sich schadensersatzpflichtig.

▶ Kommanditist

Der Teilhafter ist sowohl von der Geschäftsführung als auch von der Vertretung ausgeschlossen. Er kann deswegen nur Handlungen widersprechen, die über den gewöhnlichen Betrieb dieser KG hinausgehen, z.B. Verkauf eines Grundstückes. Er hat nur Anspruch auf Mitteilung des Jahresabschlusses. Diesen kann er durch Einsicht in die Bücher und Papiere der Gesellschaft nachprüfen. Ein Recht auf laufende Information hat er nicht.

■ Kündigung

§ 132 Ein Gesellschafter kann nur auf den Schluss eines Geschäftsjahres unter Einhaltung einer Frist von mindestens 6 Monaten kündigen, wenn der Vertrag nichts anderes vorsieht.

■ Bedeutung der Kommanditgesellschaft

Es muss zwischen den geschäftsführenden Komplementären ein enges Vertrauensverhältnis bestehen. Von ihnen wird in der Regel der volle persönliche Einsatz verlangt. Der Vollhafter einer Kommanditgesellschaft kann die Kapitalgrundlage der Gesellschaft erweitern, ohne in der Geschäftsführung wesentlich eingeschränkt zu werden, wenn er einen Teilhafter in die KG aufnimmt. Der Teilhafter erhält die Möglichkeit, sich kapitalmäßig, ohne persönliche Mitarbeit, bei nur beschränkter Haftung zu beteiligen. Weil jedoch die Vollhafter die KG leiten und den bestimmenden Einfluss ausüben, wird die KG als Personengesellschaft betrachtet.

Die Rechtsform der KG wird von kleineren und mittleren Gewerbebetrieben gewählt, wobei es sich häufig um Familienunternehmen handelt. In Erbfällen wird von der Erbengemeinschaft die Rechtsform der KG gewählt, wenn Familienangehörige nur als Teilhafter beteiligt werden sollen.

▶ Aufgaben

1. Warum werden die Kapitalanteile der Komplementäre nicht im Handelsregister eingetragen?
2. a) Wie kann ein Komplementär seinen Kapitalanteil erhöhen?

   b) Welche Auswirkungen hätte dies hinsichtlich seiner Geschäftsführungsbefugnis und seiner Vertretungsmacht?
3. Der Kraftfahrzeugmeister Fink und die kaufmännische Angestellte Ruf beschließen die Gründung eines Betriebes für Fitness-Bedarf in der Rechtsform einer KG. Beide treten als Komplementäre in die KG ein, zwei weitere Angestellte beteiligen sich als Kommanditisten.

   Beantworten Sie folgende Fragen (mit Begründung):

   a) Welche Gründe können Fink veranlassen, statt eines Einzelunternehmens zusammen mit Ruf eine KG zu gründen?

   b) Zur Finanzierung eines Auslieferungslagers beantragte Ruf einen Bankkredit. Zu welchen Überlegungen dürfte die Bank durch die Tatsache gelangen, dass der Schuldnerbetrieb eine KG ist?

   c) Wie ist die Rechtslage nach der gesetzlichen Regelung?
   - Ruf kündigt dem Angestellten Berner,
   - sie gibt schriftlich Anweisungen an die Mitarbeiter der Buchhaltungsabteilung,
   - sie erteilt einem Angestellten Prokura,
   - sie unterschreibt einen Überweisungsauftrag an die Hausbank zulasten des Kontos der KG.
4. Kann ein Angestellter gleichzeitig Kommanditist im Unternehmen seines Arbeitgebers und in einem fremden Unternehmen sein? (Begründung)
5. Warum wird in Gesellschaftsverträgen oft vereinbart, dass beim Tod eines Komplementärs dessen Erben Kommanditisten werden?
6. **Sachverhalt:** Peter Stalder gründete vor Jahren die Peter Stalder Solarzellen e.K. Um mit anderen Herstellern konkurrenzfähig zu bleiben, stehen umfangreiche Investitionen an. Dazu nahm er gegen Ende des Jahres 01 seine Tochter Femke als Komplementärin und Alfred Brodt als Kommanditisten in das Unternehmen auf. Der Gesellschaftsvertrag für die KG wurde am 1. Dezember 01 abgeschlossen. Die Eintragung in das Handelsregister erfolgte am 15. Dezember 01.

   Die Bilanz der KG zum 31. Dezember 01 weist zusammengefasst folgende Beträge in EUR aus:

Aktiva	Bilanz zum 31. Dezember 01			Passiva
Anlagevermögen	1.300.000	Kapital Peter Stalder		260.000
Umlaufvermögen	180.000	Kapital Femke Stalder		350.000
		Kommanditkapital Brodt	110.000	
		ausstehende Einlage	10.000	
		eingefordertes Kommanditkapital		100.000
		Fremdkapital		770.000
	1.480.000			1.480.000

a) Kommanditist Brodt hat bei den Vertragsverhandlungen die Aufnahme seines Namens in die Firma gefordert. Die anderen Gesellschafter lehnen dies ab. Nennen Sie ein rechtliches und ein wirtschaftliches Argument für die Ablehnung.

b) Erläutern Sie die rechtliche Bedeutung des
   - 1. Dezember 01 und
   - 15. Dezember 01 für die Gesellschafter des Unternehmens.

c) Am 18. Februar 02 fordert ein Lieferant des Unternehmens vom Kommanditisten Brodt einen seit einem halben Jahr fälligen Betrag über 12.000,00 EUR. Dieser verweigert die Zahlung mit der Begründung, dass er zum Zeitpunkt der Entstehung der Schuld noch nicht Gesellschafter gewesen sei. Wie ist die Rechtslage?

d) Femke Stalder möchte sich an einer Fitness-Center GmbH beteiligen. Für diesen Zweck will sie 20.0000,00 EUR aus der KG herausziehen. Welcher rechtliche und welcher wirtschaftliche Einwand ist dagegen zu erheben, wenn im Gesellschaftsvertrag darüber nichts vereinbart wurde?

e) Hinsichtlich der Gewinn- und Verlustverteilung sind in § 15 des Gesellschaftsvertrages folgende Vereinbarungen getroffen:
   - Die Komplementäre erhalten für ihre Tätigkeit jährlich eine gewinnunabhängige Vorausvergütung von je 15.000,00 EUR.
   - Die Kapitalanteile werden nach ihrem Stande zu Beginn des Geschäftsjahres mit 5 % verzinst. Ausstehende Einlagen sind mit 5 % zu verzinsen. Kommanditist Brodt zahlt seine ausstehende Einlage am 30. Juni 02 ein.
   - Ein Restgewinn sowie ein Verlust werden auf die Gesellschafter im Verhältnis 2 : 2 : 1 verteilt.

   Der Reingewinn des Geschäftsjahres 02 beträgt 366.300,00 EUR. Ermitteln Sie die Gewinnanteile der Gesellschafter zum 31. Dezember 02 und ihr jeweiliges Endkapital. Verwenden Sie dazu eine Tabelle mit folgenden Spalten:

Gesellschafter	**Kapital am Jahresanfang**	**Tätigkeitsvergütung**	**Vordividende**	**Restgewinnanteil**	**gesamter Gewinnanteil**	**Endkapital**

f) Wegen der guten Ertragslage des Unternehmens beabsichtigt Brodt, seinen Gewinnanteil im Unternehmen zu belassen.
   - In welcher Höhe und in welcher Bilanzposition muss der Gewinnanteil des Kommanditisten am Jahresende ausgewiesen werden?
   - Welche rechtlichen Voraussetzungen müssen erfüllt sein, um das gewinnfähige Kommanditkapital zu erhöhen?

g) Angenommen, die KG hätte keinen Gewinn, sondern einen Reinverlust von 68.710,00 EUR erzielt. Wie hoch wäre der Verlustanteil Brodts? Könnte dieser in der Bilanz ausgewiesen werden (Begründung)?

h) Beurteilen Sie folgende Vorgänge:
   - Brodt erwirbt bei einem Zulieferer für die laufende Produktion Bauteile im Wert von 30.000,00 EUR. Er begründet dies damit, Gesellschafter des Unternehmens zu sein.
   - Peter Stalder kauft fünf Prüfgeräte im Wert von 25.000,00 EUR. Brodt widerspricht dem Kauf mit der Begründung, man habe noch funktionierende Geräte im Unternehmen.

– Femke Stalder beabsichtigt, aus Spekulationsgründen mit liquiden Mitteln der KG 50 Aktien eines Automobilwerkes zu kaufen. Ihr Vater, Peter Stalder, dessen Geschäftsführungsrechte nicht beschränkt sind, widerspricht dem Kauf.

7. Sachverhalt:

Komplementär:	Roth; Stand seiner Kapitaleinlage am 1. Januar 240.000,00 EUR.
Kommanditisten:	Einlagen, gemäß Gesellschaftsvertrag voll eingezahlt, jedoch durch Verluste in den Vorjahren gemindert:
	Pauli 80.000,00 EUR, Stand 1. Januar 60.000,00 EUR;
	Holl 48.000,00 EUR, Stand 1. Januar 36.000,00 EUR.
Jahresgewinn:	65.000,00 EUR.
Gewinnverteilung:	Roth erhält eine Vordividende von 1 % seiner zu Beginn des Geschäftsjahres vorhandenen Kapitaleinlage und eine Arbeitsvergütung von 30.000,00 EUR.

Von dem danach verbleibenden Rest erhalten Roth 65 %, Pauli 22 % und Holl 13 %.

a) Stellen Sie die Gewinnverteilung dar.

b) Welches Bild zeigen die Kapitalkonten nach der Gewinnverteilung, wenn Roth den über seine Arbeitsvergütung hinausgehenden Gewinnanteil im Unternehmen belässt?

3.3.4 Gesellschaft mit beschränkter Haftung (GmbH)

Haftet bei einem Gesellschaftsunternehmen nur das Gesellschaftsvermögen der juristischen Person, nicht aber das Privatvermögen der Gesellschafter, so spricht man von einer **Kapitalgesellschaft.**

Die am häufigsten auftretende Kapitalgesellschaft ist die **Gesellschaft mit beschränkter Haftung (GmbH).**

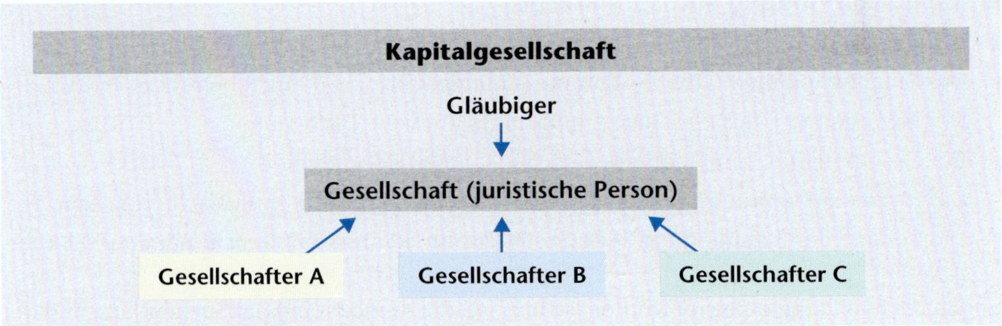

Die **Gesellschaft mit beschränkter Haftung (GmbH)** ist eine Handelsgesellschaft **mit eigener Rechtspersönlichkeit** (juristische Person). Die Gesellschafter sind mit **einem oder mehreren Geschäftsanteilen** an der Gesellschaft beteiligt. **Für Verbindlichkeiten** der Gesellschaft **haftet** den Gläubigern **nur das Gesellschaftsvermögen.** *GmbHG § 13*

■ Gründung

Die GmbH kann zu jedem gesetzlich zulässigen Zweck durch **eine oder mehrere Personen** errichtet werden. Zur Gründung muss ein **notariell beurkundeter Gesellschaftsvertrag** *§§ 1–3*

(Satzung) abgeschlossen werden. Er ist von sämtlichen Gesellschaftern zu unterzeichnen. Der Vertrag muss enthalten:

1. die Firma und den Sitz der Gesellschaft,
2. den Gegenstand des Unternehmens,
3. den Betrag des Stammkapitals,
4. die Zahl und die Nennbeträge der Geschäftsanteile, die jeder Gesellschafter gegen Einlage auf das Stammkapital (Stammeinlage) übernimmt.

Die Gesellschaft kann ganz einfach mithilfe eines gesetzlich vorgegebenen Musterprotokolls (Seite 221) gegründet werden. Sie darf dann aber höchstens drei Gesellschafter und einen Geschäftsführer haben. Das Protokoll ist eine Kombination aus Gesellschaftsvertrag, Liste der Gesellschafter und Bestellung des Geschäftsführers.

GmbHG § 11 Erst durch die Eintragung in das Handelsregister entsteht die GmbH als juristische Person mit Kaufmannseigenschaft. Vor der Eintragung haften die handelnden Gesellschafter persönlich und solidarisch.

Firma

§ 4 Die Firma der GmbH muss den Zusatz »mit beschränkter Haftung« oder eine allgemein verständliche Abkürzung dieser Bezeichnung enthalten.

Beispiele: Michael Hald GmbH; ATL High Tech GmbH; Gesundheits-Gesellschaft Rotschön mit beschränkter Haftung

Haftung

§ 13 Für die Verbindlichkeiten der Gesellschaft haftet nur das Vermögen der GmbH, nicht das Privatvermögen eines Gesellschafters. Der einzelne Gesellschafter riskiert lediglich die Einlagen auf seinen Geschäftsanteil.

§ 26 Eventuell entsteht eine Nachschusspflicht. Die soll das Eigenkapital stärken und nur mittelbar zur Sicherung der Gläubiger dienen.

Kapitalaufbringung und Stimmrecht

▶ Bei der GmbH

§ 5
- Das Stammkapital der Gesellschaft muss mindestens 25.000 EUR betragen.
- Der Nennbetrag jedes Geschäftsanteils muss auf volle Euro lauten.
- Ein Gesellschafter kann mehrere Geschäftsanteile übernehmen.
- Die Höhe der Nennbeträge der einzelnen Geschäftsanteile kann verschieden sein.
- Die Summe der Nennbeträge aller Geschäftsanteile muss mit dem Stammkapital übereinstimmen.

Sollen Sacheinlagen geleistet werden, so müssen der Gegenstand der Sacheinlage und der Nennbetrag des Geschäftsanteils, auf den sich die Sacheinlage bezieht, im Gesellschaftsvertrag festgesetzt werden.

§ 7 Jeder Gesellschafter hat vor der Eintragung in das Handelsregister die Pflicht, eine Einzahlung von einem **Viertel auf jeden Geschäftsanteil** zu leisten. Insgesamt muss auf das Mindeststammkapital so viel eingebracht werden, dass mit **Geld- und Sacheinlagen mindestens 12.500 EUR** erreicht werden.

§ 47 (2) **Jeder Euro** eines Geschäftsanteils gewährt **eine Stimme.**

§ 20 Ein Gesellschafter, der den auf die Stammeinlage eingeforderten Betrag nicht zur rechten Zeit einzahlt, ist zur Entrichtung von Verzugszinsen verpflichtet.

Musterprotokoll
für die Gründung einer Einpersonengesellschaft
UR. Nr. ......

Heute, den ....,
erschien vor mir, ...,
Notar/in mit dem Amtssitz in ....,
Herr/Frau[1] ....
....
....[2].

1. Der Erschienene errichtet hiermit nach § 2 Abs. 1a GmbHG eine Gesellschaft mit beschränkter Haftung unter der Firma ....
   ....
   ....
   mit dem Sitz in ....
2. Gegenstand des Unternehmens ist ....
3. Das Stammkapital der Gesellschaft beträgt .... €
   (i. W. ....Euro) und wird vollständig von Herrn/Frau[1] ....
   (Geschäftsanteil Nr. 1) übernommen. Die Einlage ist in Geld zu erbringen, und zwar sofort in voller Höhe/zu 50 Prozent sofort, im Übrigen sobald die Gesellschafterversammlung ihre Einforderung beschließt[3].
4. Zum Geschäftsführer der Gesellschaft wird Herr/Frau[1]...
   ....
   geboren am ...., wohnhaft in
   ...., bestellt.
   Der Geschäftsführer ist von den Beschränkungen des § 181 des Bürgerlichen Gesetzbuchs befreit.
5. Die Gesellschaft trägt die mit der Gründung verbundenen Kosten bis zu einem Gesamtbetrag von 300 €, höchstens jedoch bis zum Betrag ihres Stammkapitals. Darüber hinausgehende Kosten trägt der Gesellschafter.
6. Von dieser Urkunde erhält eine Ausfertigung der Gesellschafter, beglaubigte Ablichtungen die Gesellschaft und das Registergericht (in elektronischer Form) sowie eine einfache Abschrift das Finanzamt – Körperschaftsteuerstelle –.
7. Der Erschienene wurde vom Notar/von der Notarin insbesondere auf Folgendes hingewiesen: ....

Hinweise:
[1] Nicht Zutreffendes streichen. Bei juristischen Personen ist die Anrede Herr/Frau wegzulassen.
[2] Hier sind neben der Bezeichnung des Gesellschafters und den Angaben zur notariellen Identitätsfeststellung ggf. der Güterstand und die Zustimmung des Ehegatten sowie die Angaben zu einer etwaigen Vertretung zu vermerken.
[3] Nicht Zutreffendes streichen. Bei der Unternehmergesellschaft muss die zweite Alternative gestrichen werden.

▶ Bei der »Mini-GmbH«

GmbHG § 5a Diese Sonderform der GmbH verlangt offiziell den Firmenzusatz »**Unternehmergesellschaft (haftungsbeschränkt)**« oder »**UG (haftungsbeschränkt)**« und kann unter folgenden Voraussetzungen gewählt werden:

- Das Stammkapital kann 1 EUR bis 24.999 EUR betragen.
- Die Handelsregisteranmeldung darf erst erfolgen, wenn das Stammkapital in voller Höhe als Bareinlage eingezahlt ist.
- Die Einbringung von Sacheinlagen ist ausgeschlossen.
- Der Jahresüberschuss (abzüglich eines Verlustvortrages aus dem Vorjahr) muss solange in Höhe eines Viertels in die gesetzliche Rücklage gestellt werden, bis Rücklage und Stammkapital zusammen 25.000 EUR erreichen.

Die »UG (haftungsbeschränkt)« kann sich in eine »normale« GmbH umwandeln.

Die »Mini-GmbH« ist gedacht für Existenzgründer und Kleinunternehmer, die in der Gründungsphase mit geringem Kapitaleinsatz auskommen (Dienstleistungsunternehmen für Beratung, Bildung, Gesundheit, Pflege, Verwaltung). Das gesetzlich vorgeschriebene Musterprotokoll erleichtert die Gründung (Seite 221).

Organe der GmbH

▶ Geschäftsführer

§ 6 Geschäftsführungsbefugnis und Vertretungsmacht werden von einem Geschäftsführer oder mehreren Geschäftsführern ausgeübt. Sie sind das **ausführende Organ.** Ihre Bestel-
§§ 35 ff. lung erfolgt entweder aus dem Kreis der Gesellschafter oder es handelt sich um eine dritte Person. Die Namen der Geschäftsführer müssen auf den Geschäftsbriefen der GmbH angegeben werden. Die Amtszeit der Geschäftsführer ist gesetzlich nicht festgelegt.

§ 10 Die Art der Vertretungsmacht **(Einzel- oder Gesamtvertretungsmacht)** ist ins Handelsregister einzutragen. Grundsätzlich besteht Gesamtvertretungsmacht.

§ 51a Der Geschäftsführer hat einem Gesellschafter auf dessen Wunsch unverzüglich Auskunft über die Angelegenheiten der Gesellschaft zu geben und die Einsicht in die Bücher zu gestatten.

MitbestG §§ 1, 33 In Gesellschaften, die mehr als 2.000 Arbeitnehmer beschäftigen, wird ein **Arbeitsdirektor** bestellt. Er kümmert sich vor allem um die Belange der Arbeitnehmer.

▶ Aufsichtsrat (AR)

GmbHG § 52 DrittelbG § 1 MitbestG § 1 Im GmbH-Gesetz ist die Bildung eines AR nicht vorgeschrieben; sie kann aber durch den Gesellschaftsvertrag festgelegt werden. Besteht ein AR, so ist er das **kontrollierende Organ** der GmbH. Nach dem Drittelbeteiligungsgesetz ist ein AR notwendig bei Gesellschaften mit mehr als 500 Arbeitnehmern und nach dem Mitbestimmungsgesetz bei Gesellschaften mit mehr als 2.000 Arbeitnehmern.

Der AR wird von der Gesellschafterversammlung auf vier Jahre bestellt.

Aufgaben des AR:

- AktG §§ 84, 111 Der AR bestellt die Geschäftsführung, überwacht ihre Tätigkeit und beruft sie ab, wenn ein wichtiger Grund vorliegt.
- § 171 (1) Er hat den Jahresabschluss, den Lagebericht, den Prüfungsbericht des Abschlussprüfers und den Vorschlag der Geschäftsführung für die Verwendung des Bilanzgewinns zu prüfen.
- § 171 (2) Er hat der Gesellschafterversammlung über das Ergebnis der Prüfung schriftlich zu berichten.

– Er hat eine außerordentliche Gesellschafterversammlung einzuberufen, wenn das Wohl der Gesellschaft es erfordert. AktG § 171 (3)

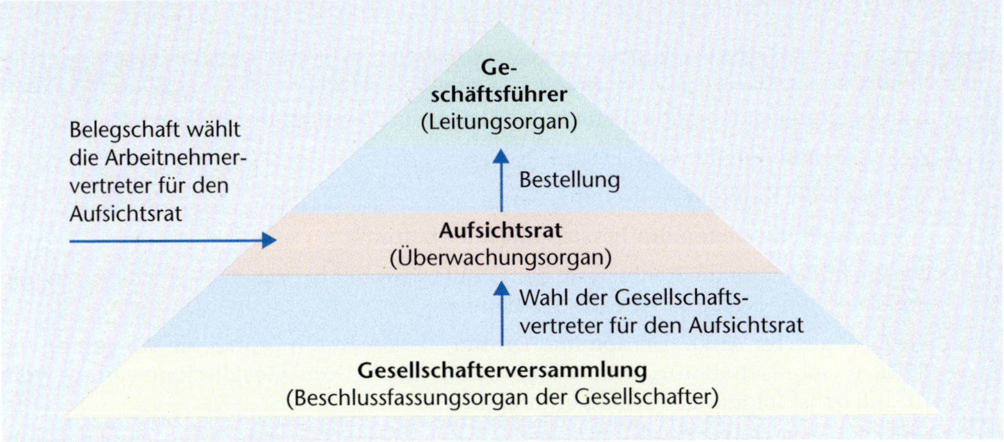

▶ Gesellschafterversammlung

Sie ist das **beschließende Organ.** Ihre Einberufung erfolgt durch eingeschriebenen Brief. Die Abhaltung der Versammlung der Gesellschafter kann unterbleiben, wenn sich sämtliche Gesellschafter mit der schriftlichen Stimmabgabe einverstanden erklären. GmbHG §§ 46 ff.

Gibt es im Gesellschaftsvertrag keine besondere Regelung, so können die Gesellschafter u. a. über folgende Punkte beschließen:

1. Feststellung des Jahresabschlusses und Verwendung des Ergebnisses,
2. Einforderung der Einlagen,
3. Rückzahlung von Nachschüssen,
4. Teilung, Zusammenlegung sowie Einziehung von Geschäftsanteilen,
5. Bestellung, Entlastung und Abberufung von Geschäftsführern,
6. Bestellung von Prokuristen und Handlungsbevollmächtigten.

■ Ergebnisverwendung

Die Gesellschafter haben einen gesetzlichen Anspruch auf den Jahresüberschuss im Verhältnis ihrer Geschäftsanteile oder laut Vertrag. Sie können Teile des Jahresüberschusses aber auch in Gewinnrücklagen einstellen oder als Gewinn vortragen. § 29

■ Bedeutung der Gesellschaft mit beschränkter Haftung

Die Rechtsform der GmbH ist aus folgenden Gründen sehr häufig:

- Sie kann mit wenig Kapital gegründet werden.
- Das Risiko der Gesellschafter ist auf die Geschäftsanteile beschränkt.
- Die GmbH kann auch für nichtgewerbliche (z. B. wissenschaftliche) Zwecke gegründet werden.
- Die Geschäftsanteile sind veräußerlich.
- Die Gründungs- und Verwaltungskosten sind niedriger als bei großen Aktiengesellschaften.
- Sie sichert als juristische Person beim Tode eines Gesellschafters die Fortführung eines Unternehmens.

- Sie eignet sich zur Ausgliederung bestimmter Funktionen aus einem Unternehmen und zur Zusammenfassung gleichartiger Funktionen aus mehreren Unternehmen, z. B. Entwicklung, Vertrieb.

▶ Aufgaben

1. Warum eignet sich die Rechtsform der GmbH für Familienunternehmen?
2. Welche Merkmale der GmbH sind
   a) typisch für Kapitalgesellschaften,
   b) verwandt mit denen der Personengesellschaften?
3. Warum findet man die Rechtsform der GmbH sowohl bei großen als auch bei kleinen Unternehmen? Nennen Sie einige Beispiele.
4. Die Geschwister Anke, Marion und Dr.-Ing. Volker Braun gründeten vor Jahren die TERRA Gesellschaft für Industriefußböden mbH. Dem Gesellschaftsvertrag vom 10. Juli 01 ist folgender Auszug entnommen:

   § 2 Gegenstand des Unternehmens ist die Produktion und der Vertrieb von Industriefußböden.

   § 3 Sitz des Unternehmens ist Möckmühl.

   § 4 Das Stammkapital beträgt 3.800.000,00 EUR.

   Stammeinlagen der Gesellschafter sowie Art und Zeitpunkt der Leistung:

   Marion Braun 2,0 Mio. EUR als Bareinlage, davon sind 0,4 Mio. EUR sofort zu leisten, der Rest am 14. August 02.

   Anke Braun 1,5 Mio. EUR als Bareinlage, davon 80 % sofort, der Rest am 2. August 01.

   Volker Braun 0,3 Mio. EUR durch notariell beurkundete Übertragung der Rechte an einem Patent auf die GmbH bis zum 25. Juli 01.

   § 6 Dr.-Ing. Volker Braun und Dipl.-Kaufmann Uwe Hoch werden zu Geschäftsführern bestellt.

   Die Handelsregistereintragung erfolgte am 6. September 01, die Veröffentlichung der Eintragung zwei Tage später. Alle Gesellschafter erbrachten ihre Einlagen zu den genannten Fristen, Dipl.-Kaufmann Hoch ist ein anerkannter Finanzierungsfachmann. In der Gründungsphase waren stets etwa 60 Mitarbeiter beschäftigt.

   a) Die Gesellschafter hatten zunächst erwogen, eine KG zu gründen, entschieden sich aber dann für die Rechtsform der GmbH. Vergleichen Sie in einer Tabelle beide Unternehmensformen hinsichtlich der
      - Form des Gesellschaftsvertrages,
      - Geschäftsführung,
      - Pflicht zur Bildung eines Aufsichtsrates.

   b) Die GmbH sollte nach dem Willen der Gesellschafter unter der Firma »Braun & Hoch Fußbodentechnik« in das Handelsregister eingetragen werden:
      - Geben Sie einen Grund an, warum der Registerrichter die Eintragung dieser Firma ablehnte.
      - Begründen Sie, warum er die Eintragung in das Handelsregister auch wegen mangelhafter kapitalmäßiger Voraussetzungen Ende Juli 01 verweigern musste.

   c) Volker Braun kaufte am 12. August 01 ohne Rücksprache mit Hoch im Namen der GmbH Geräte zum Preis von 240.000,00 EUR.

- Bei der Auslieferung am 20. August 01 verlangte der Lieferant von der Gesellschafterin Marion Braun die volle Bezahlung des fälligen Kaufpreises. Kann der Verkäufer diese Forderung durchsetzen (Begründung)?
- Könnte der Lieferant seinen Anspruch gegenüber Marion Braun oder gegenüber der GmbH durchsetzen, wenn der Kaufvertrag am 28. September 01 abgeschlossen und die Zahlung sofort fällig gewesen wäre (Begründung)?

d) Zum 20. September 02 wurde die Gesellschafterversammlung eingeladen. Die Tagesordnung enthielt folgende Beschlussanträge:
- Frau Irma Bach, Möckmühl, wird zur Prokuristin bestellt,
- der Sitz des Unternehmens wird von Möckmühl nach Mannheim verlegt.

Frau Anke Braun stimmt gegen beide Tagesordnungspunkte. Die Mitgesellschafter stimmen zu. Welche Wirkung hat die Ablehnung?

e) Der Geschäftsführer Hoch ist daran interessiert, den Geschäftsanteil von Frau Anke Braun zu erwerben.
- Warum kann der Wert des Geschäftsanteils vom Betrag der Stammeinlage sowohl nach oben als auch nach unten abweichen? Begründen Sie dies jeweils mit einem Argument.
- Welcher Form bedarf die Übertragung des Geschäftsanteiles von Frau Braun auf Herrn Hoch?

5. Recherchieren Sie Bekanntmachungen zu der »Unternehmergesellschaft (haftungsbeschränkt), UG« auf der Seite www.handelsregisterbekanntmachungen.de für das für Ihren Wohnort zuständige Registergericht und vergleichen Sie die Anzahl mit der des Registergerichtes Stuttgart.
6. Worin unterscheiden sich die Gründungsvoraussetzungen der »Unternehmergesellschaft (haftungsbeschränkt)« von denen der GmbH?

3.3.5 GmbH & Co. KG

Die **GmbH & Co. KG** ist eine **Kommanditgesellschaft,** bei der eine **Gesellschaft mit beschränkter Haftung** (GmbH) **Vollhafter** ist.

Bei der **typischen GmbH & Co. KG** sind die Gesellschafter der GmbH zugleich Kommanditisten der GmbH & Co. KG, bei der **atypischen GmbH & Co. KG** sind andere Personen Kommanditisten. Diese können natürliche oder juristische Personen sein.

Firma

Für die Firma der GmbH & Co. KG gelten grundsätzlich die gleichen Firmierungsvorschriften wie bei der KG. Da aber in dieser KG keine natürliche Person haftet, muss die Firma eine Bezeichnung enthalten, welche die Haftungsbeschränkung kennzeichnet. *HGB § 19 (2)*

Beispiele: Nord-Süd-Hausbau GmbH & Co. KG, Meissner + Wurst GmbH & Co. KG

Geschäftsführung und Vertretung

Bei der KG hat der Komplementär die Geschäftsführungsbefugnis und Vertretungsmacht; bei der GmbH & Co. KG wird sie deshalb durch die Komplementär-GmbH, vertreten durch ihre Geschäftsführer, ausgeübt. Im Übrigen sind die Rechtsgrundlagen die gleichen wie bei der KG.

Beispiel für den Aufbau einer GmbH & Co. KG*

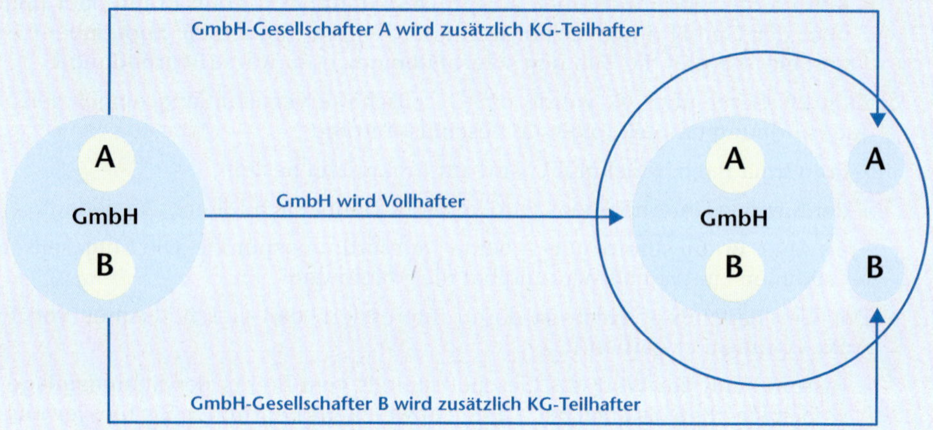

* typische GmbH & Co. KG

Bedeutung

Haftungsbeschränkung. Die GmbH haftet als Komplementärin zwar unbeschränkt mit ihrem Vermögen, ihre Gesellschafter haften dagegen nur mit ihren Einlagen.

Nachfolgeregelung. Bei Familienunternehmen ist die Unternehmensfortführung gesichert, weil anstelle einer natürlichen Person eine GmbH als Vollhafter tritt. Die persönlich haftende GmbH ist »unsterblich«.

Kapitalbeschaffung. Mit der Aufnahme weiterer Kommanditeinlagen kann Eigenkapital beschafft werden, wobei von den Teilhaftern nur ein geringer Einfluss auf das Unternehmen genommen werden kann.

Mitbestimmung. Der Einfluss der Arbeitnehmer im Wege der Mitbestimmung ist geringer als bei der GmbH, weil die GmbH im Rahmen der GmbH & Co. KG nur noch ein Mantel ist.

Geschäftsführung. Außenstehende Fachleute können als Geschäftsführer der Komplementär-GmbH eingesetzt werden.

3.3.6 Vergleich der Rechtsformen

Beim Entscheidungsprozess müssen folgende Fragen geklärt werden:

- Wie viel Kapital kann der einzelne Unternehmer bzw. Gesellschafter aufbringen?
- Wollen die Gesellschafter Leitungsbefugnisse übernehmen oder nur Kapital einbringen?
- Welches persönliche Verhältnis besteht zwischen den beteiligten Personen?
- Wie groß soll der Einfluss der Kapitalgeber auf das Unternehmen sein?
- Wie soll das Risiko verteilt werden?
- Welche geschäftlichen Informationen müssen an die Öffentlichkeit gegeben werden?

Erst nach sehr sorgfältiger Abwägung aller Unterscheidungsmerkmale sollte die Entscheidung für die Rechtsform des Unternehmens fallen. Die Gewichtung der einzelnen Prüfsteine kann dabei bei den einzelnen Unternehmen recht unterschiedlich sein.

Merkmale von Personen- und Kapitalgesellschaften

Merkmale	Personengesellschaft	Kapitalgesellschaft
Rechtspersönlichkeit	keine eigene Rechtspersönlichkeit	keine eigene Rechtspersönlichkeit (juristische Person), d. h., ist selbst Träger von Rechten und Pflichten
Haftungskapital	Das Gesellschaftsvermögen, das Privatvermögen der Vollhafter und das Privatvermögen der Teilhafter bis zur Höhe der eingetragenen, aber noch nicht geleisteten Einlage	nur das Gesellschaftsvermögen, d. h., keine persönliche Haftung der Gesellschafter für Gesellschaftsschulden
gesetzliche Grundlagen	BGB, HGB	BGB, HGB, GmbHG, AktG u. a.
Mindestkaptial	nicht erforderlich	GmbH: 25.000 EUR, UG: 1 EUR
Gesellschaftsvermögen	Gesamthandvermögen der Gesellschafter	eigenes Vermögen der juristischen Person
Geschäfts-führungsbefugnis, Vertretungsmacht	grundsätzlich durch vollhaftende Gesellschafter	– durch besondere Leitungsorgane – bei Abstimmungen sind Kapitalanteile maßgeblich – Geschäftsführung ist durch Nichtgesellschafter als gesetzlicher Vertreter möglich
Gewinn- und Verlust-beteiligung	– jeder Gesellschafter erhält einen vertraglich bestimmten Anteil am Gewinn – am Verlust sind alle Gesellschafter beteiligt	– Gewinnbeteiligung erfolgt i. d. R. entsprechend der jeweiligen Kapitalanteile/Geschäftsanteile – Verluste verbleiben im Unternehmen, können vor- bzw. rückgetragen werden
Eigenkapitalaus-stattung/-beschaffung	– Einlagen der Gesellschafter bestimmen die Höhe des Unternehmensvermögens – Gewinnthesaurierung – Aufnahme weiterer Gesellschafter	– Rücklagenbildung – Aufnahme neuer Gesellschafter/Kapitalgeber
Fremdkapitalbeschaffung	– abhängig von Betriebsvermögen und Privatvermögen – höhere Kreditwürdigkeit durch Vollhaftung	abhängig von Eigenkapitalbasis
Steuerbelastung	– Gewinne unterliegen in voller Höhe den individuellen Einkommensteuersätzen der Gesellschafter – wenn die Personengesellschaft ein Gewerbebetrieb ist, dann ist sie gewerbesteuerpflichtig	– Gewinne unterliegen als Ganzes der Körperschaftsteuer (einbehaltene und ausgeschüttete Gewinne) – ausgeschüttete Gewinne unterliegen zusätzlich der Einkommensteuer der Gesellschafter – gewerbesteuerpflichtig
Fortbestehen des Unternehmens	– grundsätzlich vom Gesellschafterbestand abhängig, starke Bindung an Person – Tod, Ausscheiden oder Insolvenz eines persönlich haftenden Gesellschafters bedeutet oft Auflösung der Gesellschaft	– Gesellschafterwechsel ohne besondere Vorkehrungen möglich – Auflösung durch Beschluss, Insolvenz oder durch Satzungsänderung möglich

Entscheidungskriterien bei Personen- und Kapitalgesellschaften

Entscheidungskriterien / Rechtsform	Leitungsbefugnis	Haftung und Risiko	Gewinn- und Verlustbeteiligung	Finanzierungsmöglichkeiten
Einzelunternehmen	Alleinbestimmung durch den Eigentümerunternehmer	Persönliche Haftung (unbeschränkt, direkt). Volles Risiko.	**Gewinn** fließt an den Einzelunternehmer allein. **Verlust** trägt der Einzelunternehmer allein.	Auf die Vermögensverhältnisse einer Person begrenzt. Enger Kreditspielraum. Nicht ausgeschütteter Gewinn fließt dem Eigenkapitalkonto zu.
Offene Handelsgesellschaft	jeder Gesellschafter als Eigentümerunternehmer	Persönliche Haftung (unbeschränkt, direkt, solidarisch). Teilung des Risikos.	**Gewinn:** Verteilung nach Kapitalanteilen und Mitarbeit, gemäß Vertrag. **Verlust:** Von allen Gesellschaftern zu tragen, gesetzlich nach Köpfen.	Auf die Vermögensverhältnisse und Beteiligungsabsichten der Gesellschafter begrenzt. Kein Mindestkapital. Erweiterter Kreditspielraum durch die persönliche Haftung aller OHG-Gesellschafter und der Komplementäre bei der KG. Nicht ausgeschütteter Gewinn fließt den Eigenkapitalkonten zu (nicht bei Kommanditeinlagen).
Kommanditgesellschaft	nur Komplementäre als Eigentümerunternehmer	Komplementäre: wie OHG. Kommanditisten: Beschränkt auf Einlage. Begrenztes Risiko.	**Gewinn:** Vertragliche Gestaltung nach Kapitalanteilen, Risiko und Mitarbeit. **Verlust:** Vertraglich geregelt. Kommanditisten nur bis zur Höhe ihres Kapitalanteils.	
Gesellschaft mit beschränkter Haftung	Eigentümer- oder Auftragsunternehmer als Geschäftsführer	Haftung der Gesellschaft unbeschränkt mit dem Gesellschaftsvermögen. Keine persönliche Haftung. Risiko beschränkt auf Stammeinlage. Eventuell Nachschusspflicht.	**Gewinn:** Im Falle der Bildung von Rücklagen nur begrenzte Gewinnausschüttung. Gewinnverteilung auf Gesellschafter nach Anteilen. **Verlust:** Deckung durch Rücklagenauflösung und/oder Nachschüsse.	Auf die Beteiligungsbereitschaft der Gesellschafter begrenzt. Mindeststammkapital von 25.000 EUR bzw. 1 EUR bei UG. Kreditspielraum durch beschränkte Haftung der Gesellschafter begrenzt. Nicht ausgeschütteter Gewinn fließt den Rücklagen zu.
GmbH & Co. KG	Komplementär-GmbH durch ihre Geschäftsführer	Komplementär-GmbH unbeschränkt mit Gesellschaftsvermögen. Kommanditisten wie KG.	**Gewinn:** Verteilung auf GmbH und Kommanditisten nach Vertrag. **Verlust:** Vertraglich geregelt.	wie KG
Aktiengesellschaft	Auftragsunternehmer als Vorstandsmitglieder	Haftung der Gesellschaft unbeschränkt mit Gesellschaftsvermögen. Keine persönliche Haftung. Aktionäre riskieren lediglich ihren Kapitaleinsatz. Keine Nachschusspflicht.	**Gewinn:** Rücklagenbildung zwingend. Dividende nach Aktiennennwerten. **Verlust:** Deckung durch Rücklagenauflösung und/oder Herabsetzung des Grundkapitals.	Von den Beteiligungsabsichten sehr vieler Aktionäre abhängig. Mindestgrundkapital von 50.000 EUR. Kreditspielraum groß (Aufnahme von Anleihen). Nicht ausgeschüttete Gewinne fließen den Rücklagen zu.
Genossenschaft	Genossen als Vorstandsmitglieder	Haftung der Genossenschaft unbeschränkt. Keine persönliche Haftung. Mitglieder riskieren lediglich, ihr Geschäftsguthaben zu verlieren. Nach Statut begrenzte oder unbegrenzte Nachschusspflicht.	**Gewinn:** Bildung von Rücklagen zwingend. Gewinnverteilung nach den Geschäftsguthaben der Mitglieder. **Verlust:** Deckung durch Rücklagenauflösung und/oder Nachschüsse.	Von den Beteiligungsabsichten vieler Mitglieder abhängig. Kein Mindestkapital. Fremdfinanzierung meist über genossenschaftliche Verbandsunternehmen. Nicht ausgeschüttete Gewinne fließen den Rücklagen zu.

Zusammenfassende Übersicht zu Kapitel 3: Handelsrechtliche Vorschriften im Hinblick auf eine berufliche Selbstständigkeit herausarbeiten

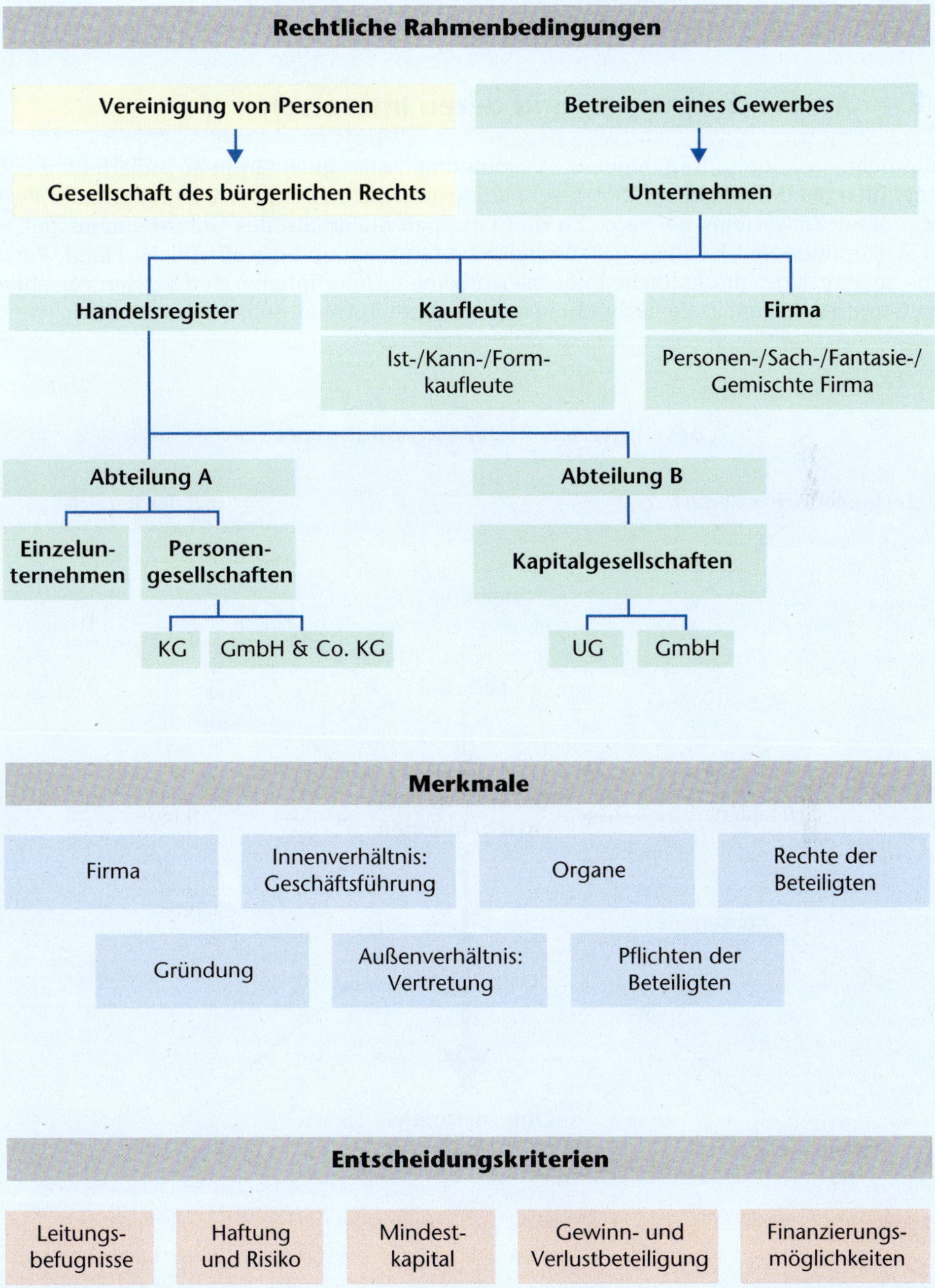

4 Anspruchsgruppen und deren Interessen am Unternehmen unterscheiden und Unternehmensziele herausarbeiten

4.1 Anspruchsgruppen und deren Interessen

Unternehmensleitung, Kapitalgeber, Arbeitnehmer, aber auch Gruppen außerhalb des Unternehmens sind durch einen Zielentscheidungsprozess an der Entwicklung und der Festlegung eines Zielsystems beteiligt. Zu den Gruppen außerhalb des Unternehmens gehören z.B. Lieferanten und Kunden, gesellschaftliche Gruppen und die öffentliche Hand. Persönliche oder auch gesellschaftliche Interessen an einem Unternehmen sind bei den verschiedenen Gruppen, die am Zielentscheidungsprozess beteiligt sind, sehr unterschiedlich.

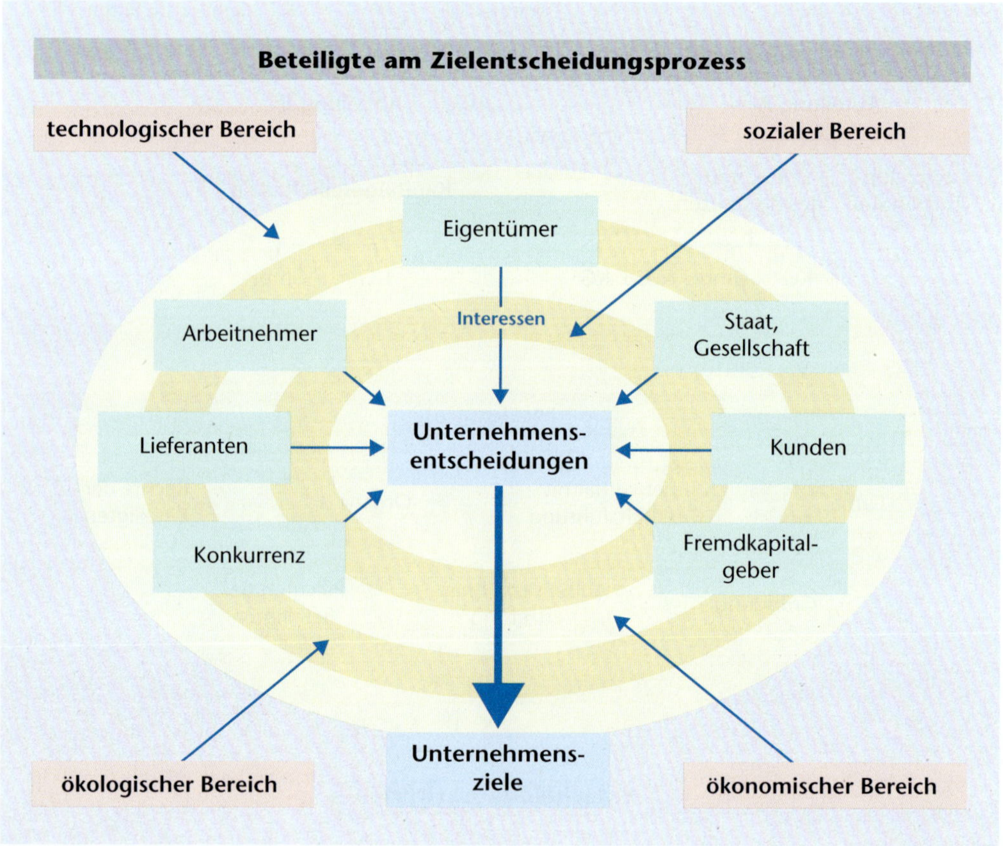

■ Kapitalgeber

Sie sind vor allem daran interessiert, die Existenz und die Erweiterung des Unternehmens (Kapitalerhaltung, Kapitalwachstum) zu sichern. Die Bedingungen dafür sind,

- ein optimales Verhältnis des Ertrages zum Aufwand zu gewinnen: Wirtschaftlichkeit,
- eine hohe Ergiebigkeit des Faktoreneinsatzes zu erreichen: Produktivität,
- ein angemessenes Verhältnis des Gewinnes zum eingesetzten Kapital zu erzielen: Rentabilität,
- die laufenden Zahlungsverpflichtungen erfüllen zu können: Liquidität,
- die Fähigkeit, in einem wachsenden Wirtschaftszweig ebenfalls zu wachsen, um damit konkurrenzfähig zu bleiben: Wachstum.

Wenn diese Ziele verfolgt werden, spricht man auch vom sogenannten **Shareholder-Value-Ansatz.** Dieser Ansatz ist eigentümerorientiert und maximiert den finanziellen Nutzen der Anteilseigner.

Arbeitnehmer

Auch Arbeitnehmer sind grundsätzlich wie die Kapitalgeber an der Existenz des Unternehmens interessiert. Sie wollen ihre Arbeitsplätze erhalten. Unternehmensziele können nur dann verwirklicht werden, wenn die Individualziele der Arbeitnehmer mit den Unternehmenszielen in Einklang zu bringen sind.

Besondere Zielvorstellungen der Arbeitnehmer richten sich auf

- den Arbeitsinhalt, z. B. den Wunsch nach abwechslungsreicher Tätigkeit;
- das Leistungsentgelt im Sinne von gerechter Entlohnung, Anerkennung, Übertragung von Verantwortung, Aufstiegschancen und Entfaltungsmöglichkeiten.

Marktpartner

Die Erwartungen der Partner auf dem Beschaffungsmarkt, der **Lieferanten,** beziehen sich auf

- die Berücksichtigung bei Lieferaufträgen, kontinuierliche Auftragserteilung,
- angemessene Verkaufserlöse,
- die pünktliche Bezahlung der Lieferungen.

Die Partner auf den Absatzmärkten, die **Kunden,** dagegen erwarten

- preiswerte Leistungen,
- hochwertige Qualität,
- fristgerechte Lieferung,
- günstige Zahlungsbedingungen.

Soziale Gruppen und öffentliche Hand

Ihre Erwartungen sind vor allem gerichtet auf

- eine ausreichende bzw. wachsende Versorgung der Bevölkerung mit Gütern,
- die Bereitstellung und Erhaltung von Arbeitsplätzen zur Vermeidung oder zum Abbau der Arbeitslosigkeit,
- die Entrichtung von Steuern zur Erfüllung staatlicher Aufgaben,
- die Einhaltung von Gesetzen, z. B. zur Wettbewerbserhaltung,
- ökologische Maßnahmen zum Schutze der Umwelt.

Letztlich zuständig für die Zielentscheidung als Maßstab für betriebliches Handeln ist die **Unternehmensleitung,** z. B. der Geschäftsführer einer GmbH oder die vollhaftenden Gesellschafter einer KG oder der Einzelunternehmer. Wenn dabei auch die Ansprüche der

Arbeitnehmer, Marktpartner und sozialen Gruppen berücksichtigt werden, spricht man vom **Stakeholder-Ansatz.**

Das Zielsystem eines Unternehmens beinhaltet

- Oberziele: Diese sind oftmals im Unternehmensleitbild enthalten, und
- Unterziele: Diese lassen sich unterteilen in ökonomische, ökologische und soziale Ziele des Unternehmens.

4.2 Unternehmensleitbild

Beinahe 90 % der größten Unternehmen besitzen ein Unternehmensleitbild. Umfang, Format und Titel fallen bei den Leitbildern höchst unterschiedlich aus. Neben dem Begriff des Unternehmensleitbildes werden parallel auch Begriffe wie Unternehmensgrundsätze, Unternehmensphilosophie, Unternehmensleitlinien und Unternehmenskodizes verwendet.

Ein **Unternehmensleitbild** beinhaltet **fundamentale Geschäftsprinzipien eines Unternehmens,** die grenzensetzende und richtungsweisende Leitlinien und Ziele für die angestrebte Unternehmensentwicklung darstellen und vorgeben.

Das Unternehmensleitbild ist oft die **schriftliche Niederlegung** des allgemeinen Teils der Unternehmenspolitik. Es sollen als wesentlichste Merkmale die angestrebten Zukunftsvorstellungen, Ziele und Verhaltensweisen herausgestellt und entsprechend befolgt werden.

Unternehmensleitbilder entwerfen ein »realistisches Idealbild«. Es dient als Ausgangsbasis für die Entwicklung konkreter Strategien, Richtlinien und Umsetzungsmaßnahmen.

Funktionen und Inhalte von Unternehmensleitbildern

Funktion	Inhalt	Beispiel
Legitimation	Das Leitbild soll helfen, das Handeln nach innen und außen zu begründen.	»Wir bieten Leistungen im Luftverkehr sowie in verwandten Service- und Zulieferbereichen. Im Kerngeschäft erfüllen wir die unterschiedlichen Transportbedürfnisse unserer Kunden im Luftverkehr einschließlich der Dienstleistungen im direkten Kundenkontakt. Wir ergänzen unser Angebot außerhalb des Kerngeschäfts dort, wo es wirtschaftlich sinnvoll ist oder aufgrund des Kerngeschäfts ein Bedürfnis entsteht.«

Funktion	Inhalt	Beispiel
Orientierung	Das Leitbild soll für Mitarbeiter und Führungskräfte bestimmend wirken.	»Dieses Leitbild dient uns in Zukunft als Handlungsrahmen und Orientierungshilfe, sodass alle Mitarbeiter von einer gemeinsamen Grundlage aus dasselbe Ziel verfolgen. So führen die von allen getragenen Werte zum Erfolg: zu einem starken Verbund in der neuen Metallgesellschaft.«
Motivation	Das Leitbild soll die Identifikation der Mitarbeiter mit ihrem Unternehmen und auch die Motivation, in ihm tätig zu sein, erhöhen.	»Das Wissen und die Ideen unserer Mitarbeiter sind unser wichtigstes Erfolgspotenzial. Wir werden dieses Potenzial gezielt und konsequent fördern und für Verbesserungen in allen Bereichen nutzen. Jeder Mitarbeiter ist aufgerufen, unser Unternehmen auf dem Weg in die Zukunft aktiv mitzugestalten.«

Ein gut formuliertes und richtig eingeführtes Leitbild kann somit dazu beitragen,

- die Kommunikation nach außen zu verbessern,
- Konflikte zu lösen,
- die Grundlage für Ziele und Strategien zu legen,
- eine Entscheidungshilfe bei der Führung und Delegation zu geben,
- eine klare Unternehmensidentität zu erarbeiten und zu bewahren,
- die Personalauswahl zu unterstützen.

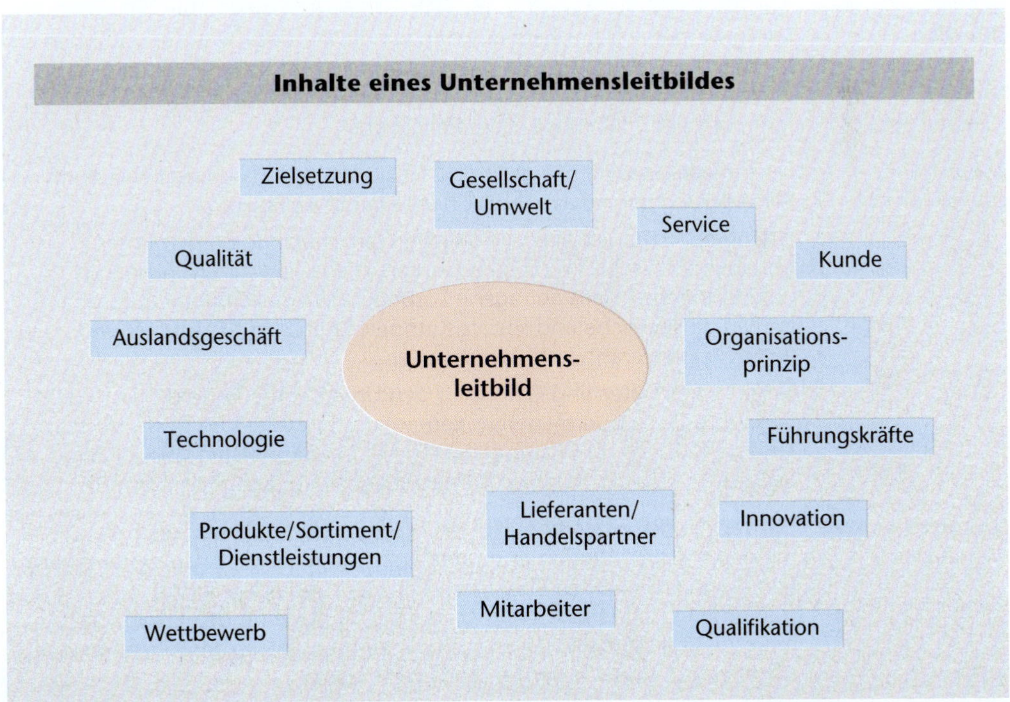

Beispiel eines Unternehmensleitbildes

Der Handel AG-Konzern formulierte in seinem Unternehmensleitbild:

Konsequente, wertorientierte Führung eines Unternehmens setzt Zieltransparenz gegenüber den Mitarbeitern und Führungskräften voraus. Orientierung kann dabei nicht einseitig vom Vorstand vorgegeben werden, sondern entwickelt sich aus dem Dialog mit den Mitarbeitern. Ergebnis eines solchen Dialogs in der Handel AG ist das vorliegende Leitbild, auf dessen Grundlage sich unsere Kultur weiterentwickeln soll und das Leitlinie und Maßstab zugleich ist.

Dieses Leitbild beschreibt das unternehmerische Selbstverständnis und zeigt die Grundwerte und Ziele der Handel AG auf. Es ist Basis für die Identität der Vertriebslinien und Richtschnur für alle Mitarbeiterinnen und Mitarbeiter zur Erfüllung ihrer Aufgaben.

»Nur wenn wir alle diese Werte leben, werden wir auch im internationalen Vergleich eine Spitzenstellung einnehmen« – so der Vorstand der Handel AG.

Leitsätze	Inhalte
Vielfalt ist unsere Stärke	Wir, die Handel AG, sind ein internationaler Handelskonzern mit breitem, handelsspezifischem Vertriebstypen- und Standortportfolio. Die Konzepte unserer Vertriebslinien ergänzen einander. Unsere Analyse neuer Entwicklungen und Trends nutzen wir zu ihrer ständigen Weiterentwicklung. Eine starke und gefestigte Stellung auf dem Heimatmarkt ist die Grundlage der internationalen Expansion. Unsere Zielrichtung ist eine konsequente Globalisierung. Unsere Expansions- und Wachstumsfelder liegen vorwiegend in der diskontierenden Massendistribution, in Deutschland auch im Bereich moderner Innenstadtkonzepte.
Kundenerwartungen prägen unsere Leistungen	Erfolg werden wir nur haben, wenn wir die Bedürfnisse unserer Kunden kennen und uns konsequent auf sie einstellen. Wo immer wir tätig sind, richten wir unsere Handlungen an den Kundenerwartungen aus. Auch im Innenverhältnis leben wir diese Philosophie.
Mitarbeiter gestalten die Handel AG	Leistungsfreude, Schnelligkeit und Effizienz bestimmen unser Handeln. Veränderung begreifen wir als Chance, nicht als Risiko. Offenheit, Vertrauen und persönliche Wertschätzung prägen unser Miteinander. Sachliche Meinungsunterschiede sind für uns Ausgangspunkt für gemeinsam getragene Lösungen. Wir stellen hohe Anforderungen an die fachliche und soziale Kompetenz unserer Mitarbeiter und fördern eigenverantwortliches Arbeiten. Unsere Mitarbeiter sind Garant für den Unternehmenserfolg. Wir fordern und ermöglichen permanentes Lernen, um schneller und besser zu sein als der Wettbewerb. Leistungsstarken Mitarbeitern bieten wir vielfältige nationale und internationale Karrierechancen im gesamten Konzern.
Gemeinsam sind wir stärker	Die Vertriebslinien streben in ihren Märkten Marktführerschaft bzw. mindestens eine Position unter den ersten drei an. Sie verantworten ihren Erfolg und entscheiden über ihren Konzept- und Marktauftritt. Ein ständiger Qualifizierungsprozess ist die Grundlage für den Erfolg von morgen. In diesem Prozess nutzen die Vertriebslinien konsequent die Chancen des Know-how-Transfers im Konzern.

Leitsätze	Inhalte
Partnerschaft	Das Verhältnis zu unseren Vertragspartnern gestalten wir als Leistungspartnerschaft. Wir nehmen unsere Verantwortung in der Gesellschaft über die eigentlichen unternehmerischen Funktionen hinausgehend wahr. In den Ländern, in denen wir tätig sind, arbeiten wir aktiv an der Prosperität von Wirtschaft und Gesellschaft mit. Integrität und Geradlinigkeit im Geschäftsauftritt sind unsere Maximen. Wir stellen hohe Anforderungen an die fachliche und soziale Kompetenz unserer Mitarbeiter und fördern eigenverantwortliches Arbeiten.

4.3 Unternehmensziele

4.3.1 Ökonomische Ziele

Wirtschaftsgüter sind **knapp.** Deshalb bemühen sich die Menschen, sie sparsam und vernünftig einzusetzen. Sie handeln damit nach dem **Vernunft-** oder **Rationalprinzip.** Für wirtschaftliches Handeln lassen sich daraus folgende **Grundsätze (Prinzipien)** aufstellen:

Das Maximalprinzip verlangt, dass mit gegebenen Mitteln ein möglichst hoher Erfolg erzielt wird.

Beispiel: Die Werbeabteilung eines Großhandelsunternehmens kann über 100.000 EUR verfügen. Sie soll damit einen möglichst hohen Umsatz vorbereiten.

Das Minimalprinzip (Sparprinzip) verlangt, dass ein geplanter Erfolg mit möglichst geringen Mitteln erzielt wird.

Beispiel: Ein Sportgerätehersteller beabsichtigt, von dem neuen Produkt mindestens 5.000 Stück abzusetzen. Der dafür erforderliche Werbeaufwand soll möglichst niedrig sein.

Ungeachtet des Unterschieds verwendet man für beide Grundsätze den Ausdruck »**wirtschaftliches oder ökonomisches Prinzip**«.

Unter diesen Leitgrundsatz ist jede wirtschaftliche Tätigkeit zu stellen. An ihm müssen sich alle Unternehmen orientieren. Deshalb sind die **wirtschaftlichen Unternehmensziele** auf die betriebliche Leistung, das eingesetzte Kapital und den angestrebten Erfolg auszurichten.

Aus diesem Grunde unterscheidet man folgende **ökonomische Ziele:**

■ Leistungsziele

Es handelt sich dabei um Zielvorgaben hinsichtlich der

- **Dienstleistungsgestaltung.** Welche Güter und/oder Dienstleistungen sollen aufgenommen werden? Besondere Bedeutung hat dabei die Entscheidung hinsichtlich der Faktor- und Produktqualitäten. Sollen Güter höherer Qualität in das Angebot aufgenommen werden, müssen bereits die einzusetzenden Ressourcen von besonderer Güte sein.
- **Marktanteile.** Wenn man Marktanteile festlegen will, muss man den Umfang der am Markt voraussichtlich absetzbaren Güter bzw. Dienstleistungen kennen. Von diesem Marktvolumen wollen die Konkurrenten einen möglichst großen Anteil erobern. Werden vor allem bei der Gründung eines Unternehmens die erwarteten Marktanteile zu hoch angesetzt, bedeutet dies von vornherein, dass die Existenz des Unternehmens auf schwachen Füßen steht. Zu geringe Ansätze gefährden die Konkurrenzfähigkeit des Unternehmens.

Eine angestrebte Erhöhung des Marktanteils löst die Erweiterung des Vertriebsnetzes aus. Eventuell müssen sogar die Absatzwege des Unternehmens verändert und erweitert werden.

Finanzziele

Das Verhältnis von Eigenkapital und Fremdkapital (Schulden) ergibt die Kapitalstruktur eines Unternehmens. Eigenkapital macht das Unternehmen unabhängig von Gläubigern. Ziel muss es sein, die Zahlungsfähigkeit des Unternehmens ständig zu erhalten. Dies erfordert Reservenbildung bei den flüssigen Mitteln (Liquiditätsreserven). Wichtig ist, dass die erzielten Gewinne nicht vollständig ausgeschüttet werden, sondern im Unternehmen als Rücklage angesammelt werden.

Erfolgsziele

Gewinn erzielt ein Unternehmen nur, wenn seine Erträge für die Güter oder Dienstleistungen höher sind als die Aufwendungen für die wirtschaftliche Tätigkeit. Es muss deshalb laufend bemüht sein, seine Erträge zu steigern (z. B. höhere Umsätze durch Werbung), aber gleichzeitig die Aufwendungen zu senken (z. B. Kostensenkung durch Rationalisierung).

4.3.2 Ökologische Ziele

Die Ausnutzung, Beschädigung und Belastung der Natur durch den steigenden Konsum und die fortschreitende Industrialisierung bedroht die Umwelt, den natürlichen Lebensraum des Menschen. Aus Verpflichtung für die gegenwärtig lebenden Menschen und die nachfolgenden Generationen ist es notwendig, die bedrohte Umwelt zu schützen. Die Einflussnahme der Verbraucher und ihrer Verbände, unternehmerische Eigeninitiative, aber auch gesetzliche Auflagen führen dazu, dass **ökologische Ziele** zum Zielsystem eines Unternehmens gehören.

Wie ernst es ein Unternehmen mit der ökologischen Verantwortung meint, lässt sich u. a. an der **Stellung des Umweltschutzes innerhalb der betrieblichen Organisation** und der **Einrichtung von Umweltschutzbeauftragten** erkennen. Darüber hinaus sollte sich jedes Unternehmen grundlegenden Prinzipien bei seiner Umweltpolitik unterwerfen: dem **Vorsorge-, dem Verursacher-** und dem **Kooperationsprinzip.** Nicht zuletzt müssen bei der Umsetzung von ökologischen Zielen eine **Vielfalt rechtlicher Einflussfaktoren** berücksichtigt und beachtet werden.

Zuständigkeiten und Verantwortlichkeiten des Umweltschutzes

Zur Minimierung von Risiken, die zu Gefährdungen von Mensch und Umwelt führen, und zur Stärkung des innerbetrieblichen Umweltschutzes hat der Gesetzgeber die **Betriebsbeauftragten für Umweltschutz** eingeführt. Sie sollen neben ihren sonstigen Tätigkeiten im Unternehmen zum Schutz der Arbeitnehmer und der Umwelt innerhalb und außerhalb des Betriebes beitragen.

In vielen Unternehmen legt die Unternehmensleitung **Umweltleitlinien** fest, die in einem effektiven Umweltmanagement umgesetzt werden sollen.

Die wichtigsten Merkmale dieser **Betriebsbeauftragten für Umweltschutz** zeigt folgende Übersicht:

Betriebsbeauftragte für den Umweltschutz				
	Immissionsschutzbeauftragte	**Gewässerschutzbeauftragte**	**Abfallbeauftragte**	**Gefahrgutbeauftragte**
Rechtsgrundlage	§ 53 BImSchG	§ 64 WHG	§ 59 KrWG	§ 3 GbV
Voraussetzung für die Verpflichtung zur Bestellung	je nach betrieblicher Anlage	Abwasseraufkommen von mehr als 750 m³/Tag	Abfallentsorgungsanlagen, besonders überwachungsbedürftiger Abfall	Beförderung und Lagerung gefährlicher Güter
Qualifikation	Fachkunde, personelle Eignung, Zuverlässigkeit			
Kontrollfunktion	Einhaltung der Pflichten nach BImSchG	Einhaltung der Pflichten nach WHG	Einhaltung der Pflichten nach KrWG	Einhaltung der Pflichten nach GbV
Aufgaben	Vermeidung und Beseitigung von Abfällen, Nutzung von Abwärme	Vermeidung des Abwasseraufkommens	Reduzierung von Abfällen, Verwertung von Reststoffen, Entsorgung	Vermeidung von Mängeln beim Transport gefährlicher Güter
	– Überwachung der Einhaltung von Gesetzen, Verordnungen und behördlichen Anordnungen – Mitwirkung bei der Entwicklung und Einführung umweltfreundlicher Verfahren und Produkte – Information der Unternehmensleitung über die Umweltrisiken des Unternehmens, insbesondere durch einen jährlichen Bericht – Aufklärung der Betriebsangehörigen über Umweltrisiken – Kontakte zu Behörden und zur Öffentlichkeit in Umweltschutzfragen			
Rechte	– personelle und materielle Unterstützung mit Hilfspersonal, Räumen, Einrichtungen, Geräten und finanziellen Mitteln, soweit dies zur Erfüllung der Aufgaben erforderlich ist – gegenseitige Information – Einholung der Stellungnahme des Betriebsbeauftragten zu Investitionsvorhaben – Gewährung des Vortragsrechts gegenüber der Unternehmensleitung – Benachteiligungsverbot – Ermöglichung der notwendigen Fort- und Weiterbildung und Anrechnung der dafür benötigten Zeit auf die Arbeitszeit – bei Bestellung mehrerer Betriebsbeauftragter für den Umweltschutz: Schaffung der Voraussetzung für deren Kooperation, insbesondere durch die Bildung eines Umweltausschusses			

Weitergehende Maßnahmen, wie z. B. die gezielte Weiterbildung von Mitarbeiterinnen und Mitarbeitern der verschiedenen Funktionsbereiche und deren Einbeziehung in die Planung und Durchführung von Umweltschutzmaßnahmen, sind vom Stand des Umweltbewusstseins innerhalb der einzelnen Unternehmen abhängig. Große Betriebe verfügen häufig über eigene **Stababteilungen »Umwelt«**, die, über den gesetzlichen Auftrag hinaus, für die Koordinierung der betrieblichen Umweltaktivitäten sorgen.

Vorsorge-, Verursacher- und Kooperationsprinzip

Der Gedanke des Umweltschutzes ist Gegenstand der Wirtschaftspolitik aller staatlichen Organe. Er ist in vielen Gesetzen verankert. Seit 1994 ist er in das Grundgesetz aufgenommen.

Die Durchsetzung der Umweltpolitik beruht in Deutschland auf drei grundlegenden Prinzipien: dem Vorsorge-, Verursacher- und dem Kooperationsprinzip. Nur in Ausnahmefällen, bei denen das Verursacherprinzip nicht angewendet werden kann, sollen Instrumente des Gemeinlastprinzips wirksam werden.

▶ Vorsorgeprinzip

Durch vorbeugende Maßnahmen sollen Umweltbelastungen erst gar nicht entstehen. Also ist bereits bei der Produktion darauf zu achten, dass weder bei der Herstellung, der Weiterverarbeitung, dem Gebrauch noch bei der Entsorgung schädliche Einflüsse entstehen. Produkte und Verfahren sollen also in ihren Eigenschaften Umweltbelastungen von vornherein vermeiden.

Das **Vorsorgeprinzip** bedeutet, dass umweltpolitische und sonstige Maßnahmen so getroffen werden sollen, dass von vornherein **möglichst sämtliche Umweltgefahren vermieden** und damit die **Naturgrundlagen geschützt und schonend in Anspruch genommen werden.**

Es reicht also nicht, drohende Gefahren abzuwenden oder eingetretene Schäden zu beseitigen, sondern es müssen alle Entwicklungen verhindert werden, die in der Zukunft zu Umweltbelastungen führen können.

Die Anwendung dieses Vorsorgeprinzips soll dazu führen, dass

- die Gesundheit und das Wohlbefinden des Menschen gesichert,
- die Leistungsfähigkeit des Naturhaushaltes erhalten,
- zivilisatorischer Fortschritt und volkswirtschaftliche Produktivität auch langfristig gewährleistet,
- Schäden an Kultur- und Wirtschaftsgütern vermieden, und
- die Vielfalt von Landschaft, Pflanzen- und Tierwelt bewahrt werden.

Für ein Unternehmen bedeutet dieses Prinzip, dass es die Umwelt vorausschauend schützt und schonend in Anspruch nimmt. Es kann Verantwortung übernehmen und seine Umweltpolitik durch **ressourcenschonenden und umweltgerechten Handel** hervorheben.

1992 haben sich 178 Staaten auf der UN-Konferenz in Rio de Janeiro zu einer nachhaltigen zukunftsverträglichen Entwicklung verständigt. Ziel dieses Leitgedankens des »**Sustainable Development**« ist es, den ökonomischen, ökologischen und sozialen Bedürfnissen der heutigen Gesellschaft gerecht zu werden, ohne durch das jetzige Handeln zukünftigen Generationen die Möglichkeit der freien Entwicklung und Entfaltung zu nehmen. Dies setzt voraus, dass ökonomische, ökologische und soziale Belange in Entscheidungsprozessen gleichrangig berücksichtigt werden.

Beispiele für Vorschriften, in denen das **Vorsorgeprinzip** verwirklicht ist:

Gesetz	Gesetzesangabe	Inhalt
Bundes-Immissions-schutzgesetz	§ 1 BImSchG	Schutz vor Anlagen, von denen Gefahren, erhebliche Nachteile und Belästigungen ausgehen, und Vorbeugung gegen das Entstehen schädlicher Umwelteinwirkungen.
Wasserhaus-haltsgesetz	§ 6 WHG	Eine Erlaubnis für das Einleiten von Abwasser darf nur erteilt werden, wenn die Schadstofffracht des Abwassers so gering gehalten wird, wie es nach dem Stand der Technik möglich ist.
Kreislaufwirt-schafts- und Abfallgesetz	§ 7 KrWG	Zur Erfüllung der Produktverantwortung sind Erzeugnisse möglichst so zu gestalten, dass bei deren Herstellung und Gebrauch das Entstehen von Abfällen vermindert wird und die umweltverträgliche Verwertung und Beseitigung der nach deren Gebrauch entstandenen Abfälle sichergestellt ist.

▶ Verursacherprinzip

Das **Verursacherprinzip** sagt aus, dass die **Kosten** zur Vermeidung, zur Beseitigung oder zum Ausgleich von Umweltbelastungen **dem Verursacher zuzurechnen** sind.

Der Verursacher ist schon aus Kostengründen bestrebt, die Beeinträchtigung der Umwelt so gering wie möglich zu halten. Es treffen ihn Unterlassungs- und Beseitigungspflichten sowie Ausgleichs- und gegebenenfalls Schadensersatz- oder Entschädigungspflichten. Die Haftung erfolgt immer unabhängig von einem Verschulden.

Es gibt eine Vielzahl von Instrumenten, mit denen das Verursacherprinzip durchgesetzt werden kann. Es handelt sich dabei u. a. um Umweltlizenzen, Umweltabgaben, Benutzervorteile, Kooperationslösungen (Branchenabkommen und Verbandslösungen), Umweltauflagen in Form von Ge- und Verboten.

Beispiele für das Verursacherprinzip finden sich in folgenden Vorschriften:

Gesetz	Gesetzesangabe	Inhalt
Bundes-Immissions-schutzgesetz	§ 20 (2) BImSchG	Eine Anlage, die ohne die erforderliche Genehmigung errichtet, betrieben oder wesentlich geändert wird, ist stillzulegen oder zu beseitigen.
Bundesnatur-schutzgesetz	§ 15 BNatSchG	Der Verursacher eines Eingriffs ist zu verpflichten, vermeidbare Beeinträchtigungen von Natur und Landschaft zu unterlassen. Unvermeidbare Beeinträchtigungen sind innerhalb einer zu bestimmenden Frist durch Maßnahmen des Naturschutzes und der Landschaftspflege auszugleichen.

Das Verursacherprinzip gilt nicht uneingeschränkt, sondern wird ergänzt durch das **Gemeinlastprinzip.** Dieses Prinzip besagt, dass die Kosten des Umweltschutzes auch auf die Allgemeinheit verteilt werden können, d. h., dass sie vom Staatshaushalt getragen werden.

Beispiele:

1. Unterstützung umweltfreundlicher Investitionen durch Investitionsbeihilfen, durch Subventionen oder Steuervergünstigungen
2. Kostenübernahme durch die öffentliche Hand bei Altlastensanierungen

▶ Kooperationsprinzip

Das **Kooperationsprinzip** sagt aus, dass der **Staat** zur Lösung der Umweltprobleme zunächst **einvernehmliche Regelungen mit den gesellschaftlichen Gruppen** anstrebt, bevor er zu Gesetzen und Verordnungen greift.

Es stellt eine wichtige Ergänzung der oben genannten Prinzipien dar.

Sinn dieser Kooperation ist es auch, den Vollzug von Gesetzen dadurch zu erleichtern, dass bereits im Vorfeld eine Übereinstimmung mit den betroffenen Gesellschaftsgruppen erreicht wird. Außerdem gibt diese Zusammenarbeit dem Staat die Möglichkeit, sich den in der Gesellschaft vorhandenen Sachverstand zunutze zu machen.

Beispiele für das **Kooperationsprinzip im Umweltrecht:**

Gesetz	Gesetzesangabe	Inhalt
Bundes-Immissionsschutzgesetz	§ 51 BImSchG	Soweit Ermächtigungen zum Erlass von Rechtsverordnungen und allgemeinen Verwaltungsvorschriften die Anhörung der beteiligten Kreise vorschreiben, ist ein jeweils auszuwählender Kreis von Vertretern der Wissenschaft, der Betroffenen, der beteiligten Wirtschaft, des beteiligten Verkehrswesens und der für den Immissionsschutz zuständigen obersten Landesbehörde zu hören.
Kreislaufwirtschafts- und Abfallgesetz	§ 68 KrWG	

Rechtliche Einflussfaktoren

Sowohl etablierte Unternehmen als auch junge Existenzgründer müssen sich zwangsläufig im Verlauf ihres Werdeganges mit der Materie des Umweltrechts befassen.

▶ Rechtliche Anforderungen

Ein Unternehmen unterliegt einer großen Zahl umweltentscheidender Einflüsse des Rechts (z.B. Bau-, Gewerbe-, Verkehrsrecht und chemisches Recht). Darüber hinaus muss das Unternehmen auch besonderen Umweltschutzrechten entsprechen.

Um diesen umfangreichen gesetzlichen Anforderungen zu genügen, müssen die Unternehmen ein wirksames Umweltmanagement entwickeln, das Gewähr bietet, die Umweltrisiken des Unternehmens vollständig zu erfassen, die richtigen Vorsorgeentscheidungen zu treffen und Transparenz über bestehende Umweltrisiken zu erreichen.

Unternehmen haben die Möglichkeit, sich an dem EU-weiten System für Umweltmanagement und Umweltbetriebsprüfung zu beteiligen. Der aus dem Englischen stammende Begriff des **Öko-Audit** weist darauf hin, dass es sich um eine systematische, umwelttechnische und umweltrechtliche Betriebsprüfung handelt. Es dient der Abschätzung von Umweltrisiken und hat das Ziel, sicherzustellen, dass die aktuellen Umweltschutzbestimmungen eingehalten und somit Risiken minimiert werden.

4.3.3 Soziale Ziele

In einem Unternehmen sind Frauen und Männer tätig, die ihren Lebensunterhalt mit ihrer Arbeitsleistung verdienen. Meistens ist ihre Arbeit zugleich auch die Existenzgrundlage für ihre Familie. Sie bringen sich mit ihren Kenntnissen und Fähigkeiten in das Unternehmen ein und erwarten befriedigende Arbeitsbedingungen.

Die sozialen Zielvorgaben beziehen sich auf das Verhältnis zwischen der Unternehmensleitung und den Mitarbeiterinnen und Mitarbeitern. Ist die Beschäftigungslage eines Wirtschaftszweiges schlecht, dann spielt die Erhaltung und Schaffung von Arbeitsplätzen eine vorrangige Rolle.

- **Arbeitsschutzbestimmungen** (Kompetenzbereich I, Kapitel 2.1)
- **Jugendarbeitsschutz** (Kompetenzbereich I, Kapitel 2.4)

4.3.4 Zielbeziehungen

Das Erreichen eines der oben beschriebenen Ziele kann Auswirkungen auf das Erreichen der anderen Ziele des Unternehmens haben. Es lassen sich drei unterschiedliche Zielbeziehungen feststellen:

Zielharmonie (komplementäre Ziele)

Das Erreichen des einen Zieles unterstützt zugleich die Erreichung eines anderen Zieles oder mehrerer anderer Ziele.

Beispiele:

1. Eine ausreichende Kapitalversorgung ist eine wichtige Voraussetzung für die leistungswirtschaftliche Zielerreichung, da die Zusammenstellung neuer Sortimente und die Bearbeitung neuer Märkte Kapital benötigen.
2. Die Senkung der Kosten im Beschaffungsbereich bewirkt bei konstanten Umsätzen eine Steigerung des Gewinns.

Zielneutralität (indifferente Ziele)

Das Erreichen des einen Zieles berührt die Erreichung eines anderen Zieles oder mehrerer anderer Ziele nicht.

Beispiele:

1. Ein Unternehmen kann trotz Absatzrückganges Arbeitsplätze erhalten, solange es Gewinn erzielt.
2. Das Ziel der Fuhrparkkostensenkung kann unabhängig vom Ziel, den Werkschutz zu verbessern, erfolgen.

Zielkonflikt (konkurrierende Ziele)

Das Erreichen eines Zieles erschwert oder macht das Erreichen eines anderen Zieles oder mehrerer anderer Ziele unmöglich.

Beispiele:

1. In der Lagerhaltung steht das Ziel, jederzeit lieferbereit zu sein, dem Ziel entgegen, die Kosten für die Lagerhaltung zu minimieren.
2. Das Ziel, die Personalkosten zu reduzieren, ist unvereinbar mit dem Ziel, neue Mitarbeiter einzustellen.

Wenn die Betrachtungsweise und das Erreichenwollen von Zielen kurzfristiger Natur ist, besteht tatsächlich grundsätzlich immer Konkurrenz zwischen dem Erreichen der meisten Ziele. Das gilt auch für die Zielsetzungen Zeit, Qualität, Innovationsfähigkeit und Kosten. Erweitert man aber seinen Blickwinkel auf eine ganzheitliche Betrachtungsweise, zeigen sich die **Zielkonflikte** nicht.

Beispiele:

1. Die Verkürzung der Umschlagshäufigkeit im Lager erfordert eine Optimierung und verursacht damit Kosten. Diese Kosten werden allerdings später durch dann geringere Kosten aufgefangen.
2. Qualitätsverbesserungen oder Innovationen sind zuerst immer mit einem Mehr an Kosten verbunden. Langfristig führen sie allerdings zu Kostensenkungen.

Im wirtschaftlichen Leben stellt der Zielkonflikt zwischen Zielen den Normalfall dar. Grundsätzlich muss die Unternehmensleitung zur **Lösung von Zielkonflikten** Strategien entwickeln. So können konkurrierende Ziele vor der Entscheidung gewichtet werden. Es können Rechenmodelle herangezogen werden, in denen eine optimale Lösung ermittelt wird. Es kann auch eine demokratische Einigung auf einen Zielkompromiss geben. Notfalls muss die Geschäftsleitung eine Entscheidung ohne Auswahlgrundlage herbeiführen.

Beispiele:

1. Das Ansehen des Unternehmens durch umweltgerechte Produktion wird höher bewertet als die Gewinnmaximierung.
2. Innerhalb der Geschäftsleitung erfolgt nach einer Aussprache und Abwägung von Argumenten eine Abstimmung über die Verwendung umweltfreundlicher Umverpackung.
3. Der Zielkonflikt in der Lagerhaltung zwischen jederzeitiger Lieferbereitschaft und Kostensenkung wird durch die Berechnung der optimalen Bestellmenge gelöst.

Konfliktfelder	Lösungsmöglichkeiten
Gesetzliche Sicherheits- und Umweltschutzauflagen, die im Preis an den Kunden weitergegeben werden müssen. **Beispiele:** Rücknahme von Verpackungen, Zahlung für den »grünen Punkt«	Fremdlagerung von gefährlichen Gütern. Die Umweltschutzauflagen müssen von diesen Lagerhaltern erfüllt werden. Der Hersteller oder Händler kann auf einen Umweltschutzbeauftragten verzichten.
Bestimmte Warenart, die ein aufwendiges Handling erfordert. **Beispiele:** Einrichtung von Kühlketten, Beachtung von Hygienevorschriften und Verfalldaten	Einrichtung von eigenen oder fremden Speziallägern für besonders zu behandelnde Güter. Der Hersteller oder Händler muss keine Spezialisten anstellen.
Finanzlage des Unternehmens, durch die moderne Einrichtungen erst möglich werden. **Beispiele:** Moderne Lager- und Umschlagtechniken beschleunigen die Lagerentnahme, die Kommissionierung und Verladung	Belieferung der Kunden im Streckengeschäft. Durch frühzeitigen Bestellvorlauf und rechtzeitige Weitergabe an einen zuverlässigen Lieferanten werden Zeitverluste und Kosten, die bei der Eigenlagerung entstehen können, vermieden.

**Zusammenfassende Übersicht zu Kapitel 4:
Anspruchsgruppen und deren Interessen am Unternehmen unterscheiden und Unternehmensziele herausarbeiten**

Kapitalgeber | **Arbeitnehmer** | **Marktpartner** | **Öffentliche Hand**

Zielsystem des Unternehmens

ökonomische Ziele	**ökologische Ziele**	**soziale Ziele**
Das Unternehmen und der Erfolg stehen im Blickfeld unternehmerischen Handelns.	Die Umwelt und die Gesellschaft stehen im Blickfeld unternehmerischen Handelns.	Der Mensch am Arbeitsplatz und in der Gesellschaft steht im Blickfeld unternehmerischen Handelns.

Unternehmensleitbild
enthält die Leitlinien und Ziele des Unternehmens

Zielbeziehungen

Zielneutralität | **Zielkonflikt** | **Zielharmonie**

verlangt Entscheidungen, Kompromisse oder Verhandlungslösungen

▶ Aufgaben

1. Welche der folgenden wirtschaftlichen Vorgänge zwingen zum Handeln
   a) nach dem Maximalprinzip,
   b) nach dem Minimalprinzip?
   - Sie wollen Ihren Urlaub in Spanien verbringen; dafür stehen Ihnen 750,00 EUR zur Verfügung.
   - Für den Bau eines Einfamilienhauses stehen 90.000,00 EUR Eigenkapital und 340.000,00 EUR Fremdkapital zur Verfügung.
   - Ein Wohnhaus ist zum Verkauf ausgeschrieben. Als »Verhandlungsbasis« ist ein Preis von 490.000,00 EUR genannt.
   - Für einen Aktienfonds können Sie monatlich 40,00 EUR sparen.
2. Warum sollte in der Wirtschaft in der Regel das ökonomische Prinzip angewandt werden?

3. Welche Abweichungen vom ökonomischen Prinzip könnte es in einem Betrieb geben?
4. Welche Interessen der Kapitalgeber und der Arbeitnehmer decken bzw. unterscheiden sich?
5. Weshalb ist der Staat (die Gemeinde) an der Erhaltung und Erweiterung von Unternehmen interessiert?
6.

Unternehmensphilosophie eines Maschinengroßhandelsunternehmens:	Ergebnis einer Besprechung der Unternehmensleitung eines Elektronikherstellers:
»Umweltschutz ist zentraler Bestandteil der Unternehmenspolitik.«	»Die Einrichtung einer eigenen Stelle eines Umweltschutzbeauftragten ist nicht nötig und aus Kostengründen in der derzeitigen Situation nicht vertretbar. Es genügt, wenn jede Mitarbeiterin und jeder Mitarbeiter angewiesen wird, an seinem Arbeitsplatz Umweltschutz zu betreiben.«

   a) Erörtern Sie diese beiden Standpunkte.

   b) Beurteilen Sie, ob diese Aussagen zeitgemäß sind.

7. a) Analysieren Sie die bestehende Umweltschutzorganisation in Ihrem Ausbildungsbetrieb und erstellen Sie dann eine grafische Darstellung dieser Organisation.

   b) Formulieren Sie Umweltleitlinien für Ihren Ausbildungsbetrieb, die sowohl gegenüber Kunden als auch gegenüber Lieferanten als Werbebotschaft eingesetzt werden können.

8. »Vorbeugen ist besser als Heilen.«

   »Was du heute kannst vorsorgen, das verschiebe nicht auf morgen.«

   Inwiefern haben diese Aussagen sowohl für den betrieblichen Umweltschutz als auch für die Umweltgesetzgebung eine Bedeutung?

9. In welchen Bereichen des öffentlichen Lebens sind das Vorsorge- und Verursacherprinzip verwirklicht?
10. Starten Sie eine Umfrage und befragen Sie
    - die Mitschülerinnen und Mitschüler Ihrer Klasse,
    - die Mitschülerinnen und Mitschüler Ihrer Schule,
    - die Mitarbeiterinnen und Mitarbeiter Ihres Ausbildungsbetriebes und
    - Passanten in der Fußgängerzone

    über folgende Themen:

    a) Was ist ein Öko-Audit?

    b) Welche Vorteile verspricht eine betriebliche Umwelterklärung für das Unternehmen und das zu verkaufende Produkt?

    c) Ist der Verbraucher bereit, einen höheren Preis für Güter zu akzeptieren, wenn das Unternehmen durch Umweltauflagen höhere Kosten hat?

11. Erkundigen Sie sich nach den gesetzlichen Anforderungen und Vorschriften, mit denen Ihr Ausbildungsbetrieb bezüglich des gesetzlichen Umweltschutzes konfrontiert ist.

12. Formulieren Sie die Ziele, zwischen denen in den folgenden Situationen ein Konflikt entsteht, und erläutern Sie Lösungsansätze, um diesen Konflikt zu beheben oder einen Kompromiss herbeizuführen:

a) Innerhalb der Materialwirtschaft sollen die Kosten gesenkt werden.

b) Der Lieferant mit dem niedrigsten Preisangebot wird ausgewählt. Die Qualität dieser Waren ist aber geringer als bei anderen Lieferanten.

c) Durch eine Verringerung der Lagerbestände werden die Lagerkosten gesenkt.

d) In einem Automobilwerk wird das kostengünstigste Lackierverfahren gewählt. Dieses Verfahren ist aber gesundheitsschädlicher und weniger umweltverträglich als ein anderes Verfahren.

13. Erklären Sie bei den abgebildeten Zielbeziehungen den Begriff des »magischen Dreiecks der Lagerhaltung«.

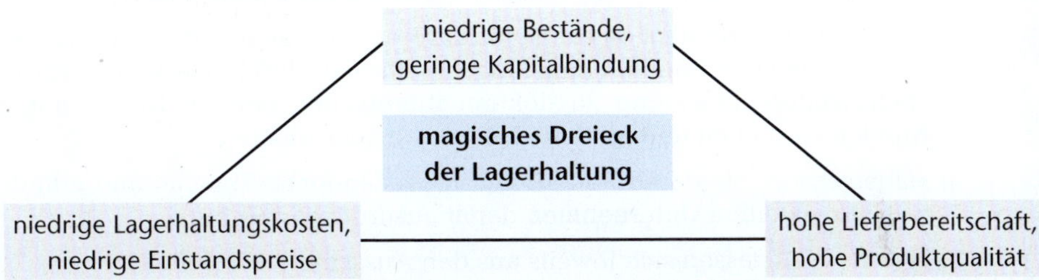

14.

Ziele bzw. Erwartungen	**Anspruchsgruppen**
Abnehmermacht, gutes Preis-Leistungs-Verhältnis, hohe Güterqualität bei günstigen Preisen, große Güterauswahl, guter Service, günstige Lieferungs- und Zahlungskonditionen, prompte Lieferung, schnelle Auftragsabwicklung, Umtauschmöglichkeiten, Garantieleistungen, kompetente Beratung, freundliche Bedienung, positives Image, Abnahmesicherheit, gesicherte und schnelle Bezahlung, hohes Auftragsvolumen, langfristige Verträge, günstige Abnahmepreise, hohe Gewinnspannen, Arbeitsplatzsicherheit, angemessenes (möglichst hohes) Einkommen, Aufstiegsmöglichkeiten, Mitspracherecht, gute Sozialbeziehungen, Anerkennung, Identität, Selbstverwirklichung, Kontrolle und Macht, Beteiligung am Umsatzwachstum und/oder am Gewinn, Sicherheit der Stellung, Job Design, Kontrolle, Information, Wertsteigerung, Umsatz- und Gewinnwachstum, Kursgewinne, Dividende, Bonität, hohe Verzinsung, kalkulierbares Risiko, Macht und Einfluss, Steuern/Gebühren/Beiträge, Einhaltung von Rechtsvorschriften, Beiträge zum Umweltschutz, Schaffung und Sicherung von Arbeitsplätzen, Umweltschutz, soziale und gesellschaftliche Verantwortung, Spenden.	Kunden, Lieferanten, Aktionäre/ Kapitaleigner, Banken, Staat, Öffentlichkeit, Mitarbeiter

a) Suchen Sie Einzelziele des Unternehmens heraus und fassen Sie diese zu den drei Gruppen ökonomische, ökologische und soziale Ziele zusammen.

b) Nennen Sie aus den Unternehmenszielen jeweils drei Zielbeziehungen, die harmonisch, neutral und konkurrierend sind.

c) Ordnen Sie die einzelnen Unternehmensziele den entsprechenden Erwartungen der Anspruchsgruppen zu.

15. Lesen Sie die folgenden Ausschnitte aus Unternehmensleitbildern.

① »Die Einbindung unseres Unternehmens in komplexe Projekte ermöglicht es uns, auch im Interesse unserer Kunden ständig nach neuen Synergieeffekten zu suchen.«

② »Unsere Philosophie ist es, effektive und ganzheitliche Problemlösungen für unsere Kunden zu entwickeln.«

③ »....weil wir der Meinung sind, dass eine professionelle Beratung und Betreuung auch fundiertes Fachwissen voraussetzt.«

④ »Jeder Mitarbeiter stellt seine fachliche Kompetenz in Teamarbeit dem Kunden zur Verfügung – getreu unserem Motto: Den Erfolg des Kunden wollen und fördern!«

⑤ »Wir respektieren vollumfänglich das berechtigte Interesse unserer Kunden an Informationen, die über den reinen Produktnutzen hinausgehen.«

⑥ »Miteinander arbeiten, das heißt für unsere Mitarbeiter, individuelle Energien im Team sinnvoll zu bündeln, Leistungsbereitschaft durch den Willen zur persönlichen Weiterentwicklung zu dokumentieren, den offenen Dialog mit unseren Kunden zu suchen und an ihren Interessen auszurichten.«

a) »Übersetzen« Sie deren Bedeutung in verständliche Sprache und erläutern Sie, was das jeweilige Unternehmen damit ausdrücken möchte.

b) Welche Ziele lassen sich jeweils aus den Ausschnitten ableiten?

Stichwortverzeichnis

A

Agenda 21 . . . 140
Allgemeinverbindlichkeit . . . 35
Altersvorsorge . . . 47
Angebotsinflation . . . 122
Angebotsmonopol . . . 100
Angebotsoligopol . . . 104
Angebotsregel . . . 90
Angebotsüberhang . . . 91
Arbeitgeberverbände . . . 30
Arbeitnehmer . . . 231
Arbeitnehmerentgelt . . . 58, 143
Arbeitslosenquote . . . 124
Arbeitslosenversicherung . . . 43
Arbeitslosigkeit . . . 127
Arbeitsmarktpolitik . . . 128
Arbeitszeitschutz . . . 17
Aufsichtsrat (AR) . . . 222
Ausbilder . . . 12
Ausbildereignungsprüfung . . . 12
Ausbildungsbetrieb . . . 11
Außenverhältnis . . . 215
Außenwirtschaftliches Gleichgewicht . . . 132
Aussperrung . . . 37
Auszubildender . . . 12

B

Basisjahr . . . 57, 117
Beitragsbemessungsgrenze . . . 44
Berufsausbildungsvertrag . . . 12
Berufsschule . . . 11, 12
Berufsunfähigkeit . . . 49
Beteiligungskapital . . . 185
Betriebsrat . . . 24
Betriebsvereinbarung . . . 34
Betriebsversammlung . . . 25
Binnenhandel . . . 166
Bruttoinlandsprodukt . . . 60, 132
Bruttoinlandsprodukt (BIP) . . . 57
Buchführungspflicht . . . 205
BUND . . . 140
Bundesagentur für Arbeit . 179, 184
Business Angels . . . 186
Businessplan . . . 187

D

Deficit spending . . . 111
Deflation . . . 123
Depression . . . 108
Devisenbilanz . . . 133
Dreischichtenmodell der Alterssicherung . . . 47
Duale Ausbildung . . . 11
dynamische Produktivitätsrente . 45

E

Eigentum, öffentliches . . . 69
Eigentum, privates . . . 69
Einkommen . . . 141
Einnahmen-Überschuss-Rechnung . . . 205
Einzelunternehmen . . . 208, 209
Elternschutz . . . 17
Elternzeit . . . 17
Erfolgsziele . . . 236
Erhaltung der natürlichen Lebensgrundlagen . . . 135
Europäische Freihandelsassoziation . . . 169
Europäische Integration . . . 162
Europäischer Betriebsrat . . . 24
Europäischer Binnenmarkt . . . 169
Europäischer Wirtschaftsraum . . 169
Europäisches System der Zentralbanken (ESZB) . . . 154
Europäische Union . . . 170
Europäische Zentralbank (EZB) 154
evolutorische Wirtschaft . . . 55
Existenzgründungsfinanzierung 184
Exportquote . . . 174

F

Fantasiefirma . . . 204
Festpreis . . . 96
Finanzziele . . . 236
Firma . . . 203, 209, 212, 220, 225
Firmenbeständigkeit . . . 204
Firmenmonopol . . . 204
Fiskalpolitik . . . 110
Flächenstreik . . . 37
Flächentarifverträge . . . 32
Förderdarlehen . . . 185
Formkaufleute . . . 206
Frauenschutz . . . 17
Freie Berufs- und Arbeitsplatzwahl . . . 71
Freigestellte Vereinbarungen . . . 81
Freihandel . . . 165, 166
Freihandelszone . . . 169
Friedenspflicht . . . 33
Fürsorge . . . 13

G

GATT . . . 174
Gebietskartell . . . 75
Gehaltstarifverträge . . . 33
Geldstrom . . . 54
Gemeinlastprinzip . . . 139, 239
Gemischte Firma . . . 204
Generalausnahmeklausel . . . 83
Generationenvertrag . . . 45
Geschäftsführer . . . 222
Geschäftsführung . . . 215
Geschäftsklimaindex . . . 109
Gesellschaft des bürgerlichen Rechts . . . 210
Gesellschafterversammlung . . . 223
Gesellschaft mit beschränkter Haftung (GmbH) . . . 219
Gesellschaftsunternehmen . . . 208
Gesundheitsschutz . . . 19
Gewerbefreiheit . . . 70
Gewerkschaften . . . 31
Gewinnquote . . . 60, 144
Gewinnverteilung . . . 213
Gewinnverwendung/-auszahlung . . . 214
Gleichgewichtspreis . . . 92
Gleichordnungskonzern . . . 76
Globalisierung . . . 163
Global Players . . . 78
GmbH & Co. KG . . . 225
Gründermessen . . . 184
Gründerzentren . . . 183
Grundsicherung . . . 47
Güterstrom . . . 54

H

Haftung . . . 212, 220
Handelshemmnisse, nichttarifäre . . . 173
Handelshemmnisse, tarifäre . . . 173
Handelsregister . . . 200
Handelsverbot . . . 13
Handwerkskammer . . . 183
Happy-Planet-Index . . . 62
Hardcore-Kartelle . . . 82
harmonisierter Verbraucherpreisindex (HVPI) . . . 118
Hauptrefinanzierungssatz . . . 157
Haushalte . . . 53
Höchstpreis . . . 96
Homogenität . . . 88
Human Development Index (HDI) . . . 62

I

Industrie- und Handelskammer 183
Inflation . . . 121
Inflation, offene . . . 121
Inflationsrate . . . 119
Inflation, verdeckte . . . 122
Innenverhältnis . . . 215
Istkaufleute . . . 206

J

Jugendarbeitsschutz . . . 20
Jugend- und Auszubildendenvertretung . . . 27

K

Kalkulationskartell . . . 75
Kannkaufleute . . . 206
Kapitalaufbringung . . . 213
Kapitalgeber . . . 230
Kapitalsammelstelle . . . 53
Kartell . . . 74
Kartellbehörde . . . 84
Kaufkraft des Geldes . . . 119
Kaufmannseigenschaft . . . 206
Kommanditgesellschaft . . . 211
Kommanditist . . . 211
Komplementär . . . 211
Konditionenkartell . . . 74
Konjunkturausgleichsrücklage . 111
Konjunkturindikatoren . . . 109
Konjunkturprognose . . . 109
Konjunkturschwankungen . . . 107
Konjunkturzyklus . . . 108
Konkurrenzverbot . . . 216
Konzentration . . . 73
Konzern . . . 75

Kooperation . . . 73
Kooperationsprinzip . . . 139, 240
Krankenversicherung . . . 43
Kündigungschutz, allgemeiner . . 18
Kündigungsschutz, besonderer . . 19
Kyoto-Protokoll . . . 140

L

Ländergruppen . . . 168
Leistungsziele . . . 235
Leitzins . . . 157
Lohn-Preis-Spirale . . . 122, 125, 146
Lohnquote . . . 60, 144
Lohntarifverträge . . . 33

M

magisches Sechseck . . . 146
magisches Viereck . . . 145
Manteltarifverträge . . . 32
Markt, dezentralisierter . . . 89
Marktkonforme Staatseingriffe . . 95
Marktkonträre Staatseingriffe . . . 96
Markttransparenz . . . 88
Markt, unvollkommener . . . 89
Markt, vollkommener . . . 88
Markt, zentralisierter . . . 89
Maximalprinzip . . . 235
Meistbegünstigungsklausel . . . 174
Mengentender . . . 157
Mindestpreis . . . 96
Mindestreservepolitik . . . 158
Mindestreservesatz . . . 158
Mini-GmbH . . . 222
Minimalprinzip . . . 235
Missbrauchsaufsicht . . . 83
Mitbestimmung . . . 26
Mittelstandskartelle . . . 81
Mitwirkung . . . 26
monetäre Analyse . . . 155
Monopol . . . 89
multinationales Unternehmen . . . 78
Musterprotokoll . . . 221
Mutterschutz . . . 17

N

Nachfrageinflation . . . 122
Nachfrageregel . . . 90
Nachfrageüberhang . . . 91
Nachwirkung . . . 33
Nominalverdienst . . . 120
Nutzwertanalyse . . . 195

O

Offenmarktpolitik . . . 156
Öko-Audit . . . 240
Oligopol . . . 89

P

Personenfirma . . . 203
Pfandkreditgeschäft . . . 157
Pflegeversicherung . . . 43
Polypol . . . 89, 90
Präferenzen . . . 88
Präferenzräume . . . 172
Preis-Absatz-Funktion . . . 100
Preiskartell . . . 74
Preis-Lohn-Spirale . . . 122
Preisniveaustabilität . . . 117
Preisstabilität . . . 155
Probezeit . . . 14
Protektionismus . . . 165

Q

Quotenkartell . . . 75

R

Rabattkartell . . . 74
Rahmentarifverträge . . . 32
Rationalisierungskartell . . . 75
Realverdienst . . . 120
Rechtsform . . . 208
Rentenversicherung . . . 43
Rezession . . . 108, 118
Riester-Rente . . . 50

S

Sachfirma . . . 203
Satzung . . . 220
Schlichtung . . . 36
Schutzzoll . . . 173
schwerbehinderte Menschen . . . 17
Schwerpunktstreik . . . 37
Shareholder-Value-Ansatz . . . 231
Soziale Gruppen . . . 231
Soziale Kosten . . . 137
Sozialpartner . . . 30
Sozialpolitik . . . 144
Sozialversicherung . . . 42
Stabilitätsgesetz . . . 116
Stakeholder-Ansatz . . . 232
Standort . . . 193
Standortfaktoren . . . 193
stationäre Wirtschaft . . . 55
Steuerpolitik . . . 144
Streik . . . 36
Submissionskartell . . . 74
Subventionen . . . 112
Subventionsbericht . . . 113
sustainable development . . 132, 238
Syndikat . . . 75

T

Tarifautonomie . . . 30
Tarifvertrag . . . 32
Teilhafter . . . 211
Trust . . . 77

U

Überbeschäftigung . . . 125
Umweltbelastung . . . 137
Umweltbundesamt . . . 140
Umweltlizenzen . . . 139
Umweltschutz . . . 20, 137
Umweltschutzpolitik . . . 138
Unfallschutz . . . 19
Unfallversicherung . . . 43
Unterbeschäftigung . . . 124
Unternehmen . . . 53
Unternehmensleitbild . . . 232
Unternehmens- und Vermögenseinkommen . . . 58, 143
Unternehmensziele . . . 235
Unternehmergesellschaft (haftungsbeschränkt) . . . 222
Unternehmerpersönlichkeit . . . 180
Unterordnungskonzern . . . 75
Urabstimmung . . . 37

V

Verbandstarifverträge . . . 32
Verbotsprinzip . . . 81
Verbraucherpreisindex . . . 118
Vereinigtes Unternehmen . . . 77
Vermögen . . . 141
Vermögenswirksame Leistungen . . . 144
Versorgungslücke . . . 48
Verteilungspolitik . . . 144
Vertragsfreiheit . . . 70
Verursacherprinzip . . . 139, 239
Volkseinkommen . . . 58, 141
Volkswirtschaftlichen Gesamtrechnung (VGR) . . . 57
Vollbeschäftigung . . . 124
Vollhafter . . . 211
Vorsorgeprinzip . . . 139, 238

W

Wachstum, nachhaltiges . . . 132
Wachstum, qualitatives . . . 131
Wachstum, quantitatives . . . 131
Warnstreik . . . 37
wechselseitig beteiligte Unternehmen . . . 76
Welthandel . . . 167
Wertpapierpensionsgeschäft . . . 157
Wettbewerbspolitik . . . 80
Wettbewerbsverbot . . . 13
wirtschaftliche Analyse . . . 155
Wirtschaftsförderung . . . 183
Wirtschaftskreislauf, einfacher . . 52
Wirtschaftskreislauf, erweiterter . 53
Wirtschaftspolitik, Ziele der . . . 116
Wirtschaftswachstum . . . 130
Wohlstandsindikator . . . 62
Wohnungsbauprämie . . . 145
World Trade Organization . . . 174

Z

Zahlungsbilanzüberschuss . . . 133
Zeugnis . . . 13
Zeugnis, qualifiziertes . . . 13
Zielbeziehungen . . . 145, 241
Ziele, ökologische . . . 236
Ziele, ökonomische . . . 235
Ziele, soziale . . . 241
Zielharmonie . . . 147, 241
Zielkonflikt . . . 146, 241
Zielneutralität . . . 241
Zinstender . . . 157
Zusammenschlusskontrolle . . . 82